教育部人文社会科学
重点研究基地

武汉大学社会保障
研究中心

中国社会保障改革与
发展报告 2020–2021

Reform and Development of Social
Security Report 2020–2021

邓大松 刘昌平 等 著

人民出版社

前　言

社会保障是社会稳定的"安全网"、经济运行的"调节器",是构建社会主义和谐社会的重要内容,对于调节收入分配、促进社会公平,增加国内需求、拉动经济增长具有十分重要的作用。改革开放以来,中国政府就一直高度重视社会保障制度建设,党的十四届三中全会《中共中央关于建立社会主义市场经济体制若干问题的决定》明确提出"建立多层次的社会保障制度,为城乡居民提供同我国国情相适应的社会保障,促进经济发展和社会稳定",将社会保障制度作为社会主义市场经济体制的重要支柱;党的十七大明确提出将"建立覆盖城乡居民的社会保障体系"作为构建社会主义和谐社会的主要任务之一,要求到2020年基本建立覆盖城乡居民的社会保障体系,使人人享有基本生活保障;党的十八大提出"要坚持全覆盖、保基本、多层次、可持续方针,以增强公平性、适应流动性、保证可持续性为重点,全面建成覆盖城乡居民的社会保障体系";党的十九大进一步提出"按照兜底线、织密网、建机制的要求,全面建成覆盖全民、城乡统筹、权责清晰、保障适度、可持续的多层次社会保障体系"。

改革开放以来,特别是党的十四届三中全会以来,中国政府抓住国民经济持续快速健康发展的有利时机,在社会保障制度体系建设上作出了不懈努力,取得了重要进展:明确完善社会保障制度的基本原则、总体目标和主要任务,确立社会统筹与个人账户相结合的基本养老保险和基本医疗保险制度,基本建成了涵盖养老保险、医疗保险、失业保险、工伤保险和生育保险,以及城乡居民最低生活保障制度的社会保障体系;普遍实行个人缴费制度,加大中央和地方财政投入力度,建立全国社会保障基金,初步形成了国家、企业和个人的社会保障资金多渠道筹集机制;扩大社会保险制度的覆盖范围,实现了从国有企业向城镇各种所有制企业、灵活就业人员和个体工商户的延伸;实行原行业统筹下放省级管理,解决条块分割的矛盾,建立了上下贯通、覆盖全国的社会保险社会化管理服务体系。社会保障制度的改革与不断完善,对保障人民群众的基本生活需求和维持社会安定团结,对国有企业改革、经济结构调整的顺利推进,对统筹城乡社会经济发展进程,发挥了十分重要的作用。

中国是世界上最大的发展中国家,人民生活还不富裕,社会主义市场经济体制初步建立,影响发展的体制机制障碍依然存在,经济增长和社会发展面临着许多突出问题。正如党的十九大报告所言:"民生领域还有不少短板,脱贫攻坚任务艰巨,城乡区域发展和收入分配差距依然较大,群众在就业、教育、医疗、居住、养老等方面面临不少难题。"中国特色社会主义进入新时代,我国社会主要矛盾已经转化为人民日益增长的美好生活需要和不平衡不充分的发展之间的矛盾。

武汉大学社会保障研究中心作为国家"985"工程社会保障研究创新基地和教育部人文社会科学百所重点研究基地之一,长期以来一直致力于社会保障理论与中国社会保障制度研究,承接了包括国家自然科学基金、国家社会科学基金、教育部、各级政府部门以及国内外相关研究机构和社会组织的大量研究任务,近几年取得了一系列研究成果。《中国社会保障改革与发展报告》是由武汉大学社会保障研究中心组织国内社会保障领域诸多知名学者与专家,共同编著的一份重要的年度研究报告,也是教育部哲学社会科学研究报告资助项目"中国社会保障改革与发展报告"(批准号 10JBG009)的重要研究成果,重点关注社会保障理论研究与国际比较研究中的前沿问题,当前中国经济社会发展过程中凸显的社会矛盾和民生问题,中国社会保障制度改革过程中的焦点、难点和热点问题。

社会保障是一项复杂的社会系统工程,也是一项正在不断改革和完善的社会经济制度,需要解决的问题和面临的困难很多,《中国社会保障改革与发展报告》不可能穷尽当前社会保障领域内的所有方面。因此，我们试图在有限的篇幅和人力条件下，经过编著者的共同努力，将《中国社会保障改革与发展报告》打造成为中国社会保障理论与政策研究的精品与力作。

本年度报告由武汉大学邓大松教授和湖南大学杨晶博士撰写第 1 部分；辽宁大学边恕教授撰写第 2 部分；武汉大学刘昌平教授和上海师范大学毛婷博士撰写第 3 部分；中南财政政法大学吕国营教授和博士生周万里撰写第 4 部分；武汉大学薛惠元副教授和硕士生位慧敏、万诗雨撰写第 5 部分；西安交通大学周忠良教授撰写第 6 部分；武汉大学王增文教授撰写第 7 部分；陆军勤务学院郑传锋教授和博士生刘婷撰写第 8 部分；中国人民大学韩克庆教授和博士生郑林如、秦嘉、李肖亚撰写第 9 部分；武汉大学孟颖颖教授和硕士生张馨蕾、三胤席撰写第 10 部分；清华大学杨燕绥教授和广州市工商学院妥宏武撰写第 11 部分；复旦大学封进教授撰写第 12 部分；武汉大学向运华教授和博士生刘辞涛、王晓慧撰写第 13 部分；上海财经大学杨翠迎教授撰写第 14 部分。

武汉大学社会保障研究中心

2022 年 3 月

目　　录

1

中国多层次社会保障体系：现状、问题与改革进路

1.1 多层次社会保障的内涵和外延

中国社会保障制度经过多年建设与探索,实现了制度从无到有、从零散到系统、从数量式扩张到高质量发展的良好态势。从保障水平和运行效率来看,中国社会保障制度已经渐趋成熟与稳定,且多层次、多支柱成为社会保障制度高质量发展的重要特征。建立健全多层次社会保障制度,影响着国家改革、发展、稳定和繁荣的全局,一直被赋予重要的历史使命和社会责任。早在1993年党的十四届三中全会通过的《中共中央关于建立社会主义市场经济体制若干问题的决定》,就已经提出"建立多层次的社会保障制度,为城乡居民提供同我国国情相适应的社会保障,促进经济发展和社会稳定"。党的十八大以来,以习近平同志为核心的党中央坚持以人民为中心的发展理念,坚持全覆盖、保基本、多层次、可持续的基本方针,从增强公平性、适应流动性、保证可持续性出发,大力推进社会保障体系建设。2017年党的十九大明确提出"我国已基本建立覆盖城乡居民的社会保障体系"。2020年党的十九届五中全会进一步明确提出"健全覆盖全民、统筹城乡、公平统一、可持续的多层次社会保障体系"。2021年习近平总书记在中共中央政治局第二十八次集体学习时明确强调要完善覆盖全民的社会保障体系,促进社会保障事业高质量发展。按照兜底线、织密网、建机制的要求,全面建成覆盖全民、城乡统筹、权责清晰、保障适度、可持续的多层次社会保障体系,已经成为我国社会保障发展战略和重要部署。"多层次"是长期以来的一个目标任务,其关键在于弥补第二、三层保障体系的"短板"。尤其是在以"高龄少子"为特征的老龄化不断加剧的背景下,改革和发展多层次社会保障体系,建成社会保障项目齐全的、"从摇篮到坟墓"的全生命周期长效保障机制,已然成为中国社会保障高质量发展的重要路径。但是,从客观而言,我国的社会保障制度体系发展还存在"第一支柱独大"、多层次社会保障发展不均衡不充分、制度运行效率较低、可持续性不强以及发展长效机制待优化的问题,这与满足人民群众对美好生活的多层次需求之间还存在明显差距,迫切需要进一步发展和完善中国特色的多层次社会保障体系。为此,本部分对中国多层次社会保障制度现状进行剖析,以期为中国多层次社会保障体系的系统性发展和集成式创新提供政策参考。

事实上,中国社会保障制度是一种根植于中国社会"土壤"的产物,有机融汇于新中国 70 年来的伟大成就之中。随着人口老龄化的不断加剧,中国老年人的养老方式和社会保障需求也正在发生改变。国家统计局公布的第七次全国人口普查主要数据结果表明,我国 60 岁及以上老年人口占总人口的 18.70%,65 岁及以上人口占总人口的 13.50%,人口老龄化程度进一步加深,未来一段时期将持续面临人口长期均衡发展的压力。老年人在社会群体中是一个相对脆弱和具有依赖性的群体,社会保障制度安排在很大程度上折射当下的国民保障需求。作为推进我国社会发展的一项重要的基本社会政策,自 20 世纪 90 年代以来中国多层次社会保障体系一直处于"渐进式"改革和发展阶段。理论界和政策界对社会保障的多层次发展问题进行了大量有价值的探讨,这为以后的研究做了很好的理论铺垫,也对建立健全中国特色的多层次社会保障体系提出了一些政策指引。但是,大多数文献没有做出深层次的原因分析,亦没有指出生产力水平的多样性是影响多层次社会保障体系建构和改革的根源问题。就本质而言,中国社会保障体系的多层次性是由多层次的生产力水平决定的。并且,根据不同的社会生产力和经济发展目标,综合运用各种社保计划而形成的多层次制度体系,是多层次社会保障模式改革的基本路径。从理论上而言,在不同的制度阶段,社会生产力和社会保障制度发育状况存在明显的差异,其发挥的功能也是不同的。进一步而言,从社会保障制度运行的规律来看,社会保障多层次化改革的主要原因是生产力水平的差异性。生产力决定生产关系,进而决定社会经济组织形态。一个国家如果其生产力水平相对较高,便能实行相对统一的社会保障制度,反之则反是。事实上,我国经济社会经过数十年建设和发展,各方面都取得了辉煌成就，社会生产力水平也大幅提高。但总体而言，其发展是不充分不均衡的。尤其在社会主义市场经济条件下，各部门、各经济实体单位尚存在相对独立的经济利益，在社会资源配置上，市场仍发挥着决定性作用。于是，我国目前或在相对长的一段时期还不可能建成高度统一且单一的社会保障制度。可见，我国建立健全多层次的社会保障体系是生产力发展、社会进步、缓解社会基本矛盾，实现社会公平和共同富裕的需要。

党的十九大报告提出要在幼有所育、学有所教、劳有所得、病有所医、老有所养、住有所居、弱有所扶上不断取得新进展，体现了多层次社会保障的基本内容体系和项目范畴。党的十九大首次将"幼有所育""弱有所扶"写入报告，这一具体而突出变化的外延和内涵对于发展和改革我国多层次社会保障体系具有重大意义。第一，从多层次社会保障体系的范围上来看，党的十九大提出"七有工程"，这是对党的十七大和党的十八大民生保障范围的新的突破，是新时代民生保障的升级版和拓展版。这种延伸体现了国家对人民实行"从婴儿到老年"更精准、更全面、更具人性化的社会保障措施，覆盖到了每一个社会成员人生的全过程。第二，社会保障作为一项具有经济福利性的、社会化的系统民生工程，与多层次社会保障体系思想是深度融合的。党的十九大提出"七有工程"，突出反映了中国多层次社会保障改革的价值取向和演进趋势，体现了国家对社会成员的多层次权益的重视、尊重和保障。尤其体现了国家对学龄前人口的养育、教育质量的日益重视，对幼小、贫弱者的福利扶持和权利保障。第三，多层次社会保障是再分配和第三次分配的重要调节工具，承担着"保民生、兜底线"的社会功能。党的十九大报告首次将"幼有所育""弱有所扶"写入其中，切合中国国情和现实需求，是社会保障底蕴提升的表现，有助于最大限度地推动经济社会稳定可持续发展，从而实现社会相对公平和增加社会整体福利，实现帕累托改进。第四，"幼有所育""弱有所扶"，补齐了社会保障发展不平衡不充分的"短板"，丰富了民生保障的现实内涵，也对社会保障制度的保障水平和质量提出了更高的要求和目标。"幼有所育""弱有所扶"不仅仅是一种公平概念，即要求国家为所有儿童提供公平的受教育机会和社会支持，为所有处于社会底层的弱势群体提供帮扶，更重要的是一种质量概念，要求通过国家政策干预,提高学前教育及家庭教育的质量和效率,促进弱势群体社会保护的资源供给公平性、可持续性和有效性。

从世界各国社会保障制度的发展和改革来看,对单一层次的社会保障制度进行结构性改革和参数优化,增加社会保障制度的层次性,也已经成为必然趋势。世界银行于1996年提出了包括基本养老金(强制的公共管理支柱)、职业养老金(强制的私人管理支柱)和个人储蓄性养老金(自愿性支柱)的三支柱养老保障方案。2005年世界银行又将三支柱方案延展为包括非缴费的国民养老金的零支柱和家庭养老等非正规养老的四支柱,形成了五支柱的养老保障体系。美国的三支柱养老保障制度包括老残遗保险(OASDI)、职业年金计划、个人退休账户(IRA)。加拿大养老保障体系包括老年保障制度(第一支柱)、加拿大养老金计划(第二支柱)和个人养老金计划(第三支柱)。德国的养老保险包括法定义务养老保险、企业补充养老保险、私人养老保险以及特定群体的养老保险(公务员和自由职业者养老保险)。英国养老保险制度由三个支柱组成,即国家基本养老保险、职业养老保险和个人储蓄性养老保险。

随着社会保障政策变迁,多层次发展成为各国社会保障制度改革的重要趋势。中国特色的多层次社会保障体系主要包括四个层次:基本保障、补充保障、商业性保障和自我保障,即我国多层次社会保障制度是一个由多支柱构成的体系。其中,第一支柱是基本保障;第二支柱是补充保障(涉及企业年金和职业年金);第三支柱是商业性保险保障。完善多层次社会保障体系是我国社会保障"十四五"规划的重要内容,也是社会保障制度改革和发展的重要方向。其中,多层次社会保障体系中的基本社会保险是第一层次的保障,是由政府立法强制推行的、目的在于保障公民最基本生存需要的社会保险,如社会养老保险、医疗保险和生育保险、工伤保险和失业保险等;第二层次的保障(除职业年金外)是非强制性的补充保险,主要是指在政府或国家政策指导下由企业或个人委托保险机构承办的补充养老保险和医疗保险;第三层次的保障是个人储蓄形式的商业保险。[①]

---

① 邓大松:《中国社会保障若干重大问题研究》,海天出版社2000年版。

从中国社会保障体系的基本特征来看，多层次社会保障体系是以社会保险为主体，社会救助为兜底，社会福利、慈善事业、优抚安置等为重要支柱，企业年金、职业年金和商业保险为补充且紧密衔接的制度政策体系。①

1.2 中国多层次社会保障体系的
发展现状与主要问题

1.2.1 发展现状

多层次社会保障作为中国民生领域的基础性制度安排，是保障人民生活的"安全网"和共同富裕的"推进器"，发挥着促进社会经济健康发展的"稳定器"作用。在"基本保障"方面，中国基本形成了以社会保险为主导，社会救助、社会福利、社会优抚、劳动就业、教育和职业技能培训、住房保障等多种制度并存的格局，涉及民生保障的各个方面，且社会保障的具体项目明显增多、覆盖人群不断扩大。根据《2020 年度人力资源和社会保障事业发展统计公报》和《2020 年全国医疗保障事业发展统计公报》，2020 年末参加全国基本医疗保险 13.61 亿人，参加基本养老保险(包括领取养老金人口)9.99 亿人，基本实现全覆盖。2020 年末城镇就业人员7.51 亿人，参加职工基本养老保险 4.56 亿人，参加职工基本医疗保险3.45 亿人，参加失业保险 2.17 亿人，参加工伤保险 2.68 亿人。虽然缺乏准确的统计资料，但值得注意的是，还有相当一部分工薪劳动者没有参加这些社会保险项目。灵活就业人员、农民工、流动人口是社会保障全民覆盖的重点难点，在追求高质量发展阶段，社会保障扩面工作也要强调质量与效益，剩余"应参未参"人员是"难啃的硬骨头"。

---

① 受篇幅所限，教育保障、劳动就业保障等社会保障内容不在本书主要研究范畴。

从养老保障制度发展现状来看,2015—2020 年,我国养老保险参保人数增速整体上较稳定。我国已经建立起覆盖 9.9 亿人口规模的养老保障第一支柱——基本社会养老保险,并随着城乡异地保险和衔接的需要,在国家层面推动建立养老保险的接续和跨区域转移机制。并且,中国农村养老保险从"三元制"到"双轨制"最后终结为"单轨制"的城乡居保制度,遵循社会公平正义理念,呈现出间断转换和增量平衡的双重变迁特征。2014 年"新农保"和"城居保"两项制度在全国范围内的合并实施,在城乡养老保障条块分割向城乡融合发展的进程中,政府对养老保险制度改革给予了财政的有力保障。城乡养老保险制度并轨,是呼应了老农保制度停滞不前亟须改变、城乡居民共享公平的养老保险待遇、公共服务均等化的需求。①《2020 年度人力资源和社会保障事业发展统计公报》显示,2020 年末全国参加基本养老保险人数为 99865 万人,比上年末增加 3111 万人。其中,参加城镇职工基本养老保险和城乡居民基本养老保险的人数分别为 45621 万人、54244 万人,分别比上年末增加 2133 万人、978 万人,而参加企业年金计划的职工仅为 2718 万人。但是,作为第一支柱的基本养老保险制度只能"保基本",在多层次保障成效和制度可持续性提升方面仍然存在短板。中国城镇职工基本养老保险制度替代率已从 2000 年的 70%以上,降低至最近几年的 45%左右。特别是,受新冠疫情对经济的影响,我国 2020 年城镇职工基本养老保险出现严重的支出大于收入的情形。

从医疗保障制度实施现状来看,中国已经构筑起全世界范围内最大的疾病医疗保障网络,形成了以城镇职工基本医疗保险、城乡居民基本医疗保险为主的社会医疗保障制度框架,构建了"基本+大病(补充)+医疗救助+长期护理"的完整保障链条。城镇职工基本医疗保险制度是我国现行医疗保障体系中最先确立的,其在保障职工身体健康和维护社会稳定等方面发挥着积极的作用。为减轻农民"因病致贫,因病返贫"问题,

---

① 郑秉文:《非缴费型养老金:"艾伦条件"下农村养老保险制度变迁与改革出路》,《华中科技大学学报(社会科学版)》2020 年第 3 期,第 2—18 页。

中国在 2009 年开始实施新型农村合作医疗制度。2016 年 10 月,中共中央、国务院印发了《"健康中国 2030"规划纲要》,明确提出"立足全人群和全生命周期两个着力点,提供公平可及、系统连续的健康服务",要求"县和市域内基本医疗卫生资源要按常住人口和服务半径合理布局,实现人人享有均等化的基本医疗卫生服务"。2016 年合并实施后的城乡居民基本医疗保险制度,借助保险机制发挥医疗统筹功能,增加低收入农村流动劳动力群体的医疗服务利用率,降低"有病不治"和"小病拖成大病"的概率。

从社会救助制度发展状况来看,中国社会救助的地位和功能已经渐趋完善。尤其是改革开放以后,中国在改革社会保险制度的同时,也对社会救助存在的问题进行了治理。针对传统的社会救助范围窄、社会救助水平低、社会救助管理不规范以及社会救助经费严重不足等问题,2014年国务院颁布《社会救助暂行办法》(国务院令第 649 号),对最低生活保障、特困人员供养、受灾人员救助、医疗救助、教育救助、住房救助、就业救助、临时救助等进行了明确规定。该办法明确了救助对象范围、救助内容与方法、救助程序、社会组织参与形式和社会救助人员行政职责及法律责任,对社会救助事业的发展起到了强大的助推作用。不同于社会保险的保障目标,中国社会救助制度作为多层次社会保障体系的重要组成部分,通过帮扶由于各种原因而陷入生存困境的公民,给予财物接济和生活扶助,以保障其最低生活需要,对贫困和特殊贫困人口的生计与发展起到兜底作用。并且,随着国家经济实力和社会发展水平的不断提高,以及国家扶贫政策和乡村振兴政策的统筹实施,全国低收入和绝对贫困的社会救助网络在全国范围内普遍建立。截至 2020 年底,全国享受城市最低生活保障人数为 805 万人,较上年减少 56 万人,同比下降 6.5%。享受农村最低生活保障人数为 3621 万人,较上年增加 165 万人,同比增长 4.77%。全国共有享受农村特困人员救助供养的人数为 447 万人,较上年增加 8万人,同比增长 1.82%。2020 年,国家抚恤、补助退役军人和其他优抚对象数量为 837 万人,较上年减少 24 万人,同比下降 2.79%。2021 年,现行标准下 9899 万农村贫困人口全部脱贫,832 个贫困县全部摘帽,12.8

万个贫困村全部出列,区域性整体贫困得到解决,完成了消除绝对贫困的艰巨任务。①

从社会福利制度的发展现状来看,中国已经建构起包括老年人社会福利、妇女和儿童社会福利、残疾人社会福利、公共社会福利等多层次社会福利体系,对于提高国民生活质量、促进社会稳定、调控经济发展产生了重要的作用。② 一是采用"分层次、分类型、分标准"的方式,推进儿童养育、医疗、康复、教育、社会工作的一体化,积极建立起涵盖儿童医疗卫生与保健福利、教育福利、文化福利以及特殊儿童社会福利的多层次体系,有效破解儿童福利机构出现资源闲置、风险防范能力不足和机构专业化水平不高等现实问题。并且,积极健全了孤儿和困境儿童基本生活养育标准动态调整机制,持续巩固儿童基本生活兜底保障。2021 年,民政部、中央编办、国家发展改革委等 14 个部门联合出台的《关于进一步推进儿童福利机构优化提质和创新转型高质量发展的意见》,进一步鼓励具备条件的儿童福利机构拓展服务范围,采取多元方式为困境儿童提供养育医疗等服务。二是全方位提高妇女社会福利保障水平,丰富了妇女特殊津贴和照顾、妇女就业福利、相关卫生保健设施和福利服务等项目的供给。国务院印发实施的《中国妇女发展纲要》,从法律体系上完善保障了中国妇女的权益,促进了妇女全面发展。三是老年人社会福利和服务体系日渐完善,尤其是进入新发展阶段,"十四五"规划纲要和 2021 年《政府工作报告》均提出要"实施积极应对人口老龄化国家战略"。2021 年,国家卫生健康委推进老年人失能(失智)预防干预试点,在社区嵌入养老服务,预防或延缓老年人健康脆弱性,成为当前政府工作的重点内容。养老服务作为老年人社会福利和国家老龄政策的重要内容,以家庭为核心、以社区为依托,依靠专业化的服务,为经济和生活自理困难的居家老年人提供以生活照料为主的社会化服务,构建起更可持续的、多层次的保障体系。此外,在残疾人社会福利和公共社会福利方面,也建立起涵

---

① 资料来源:《中华人民共和国 2020 年国民经济和社会发展统计公报》,见 http://www.stats.gov.cn/ztjc/zthd/lhfw/2021/lh_hgjj/202103/t20210301_1814216.html。

② 钟仁耀:《社会救助与社会福利》,上海财经大学出版社 2019 年版。

盖基本生活、医疗、教育、住房、康复等方面福利保障的多层次政策体系,稳步提升了残疾人生活水平,缩小了残健差距、城乡差距。

作为多层次社会保障体系发展状况的"晴雨表",社会保障基金积累的可持续性得到明显增强。社保基金是政府针对短期和长期的社会财务风险开展的价值储备,保持社会保障基金收支平衡和可持续发展事关政府兑现待遇给付承诺、保障群众的基本生活需要、提高人们的生活水平等一系列国计民生的大事。从我国社会保障基金现状来看:第一,从养老保险基金积累现状来看,2020 年基本养老保险基金收入 49229 亿元,城镇职工基本养老保险基金和城乡居民基本养老保险基金总收入分别为44376 亿元、4853 亿元,基金累计结存分别为 48317 亿元、9759 亿元。①但是,现有基本养老保险基金资产积累仍然难以适应人口老龄化日益加剧的需要。并且,从整体上而言,养老保险基金支出增速大于收入增速。随着经济发展水平的提高,养老保险基金的收支规模不断增长,在大多数年份中,养老保险基金收入增速存在低于支出增速的变化趋势。第二,部分省份阶段性地出现社会保障基金赤字问题。以城镇职工基本养老保险为例,2013 年黑龙江省城镇职工基本养老保险当期收不抵支尚属首例,而其后数年中,职工养老保险基金当年出现赤字风险的省份数量呈阶段性增加趋势。人社部社会保险事业管理中心发布的《中国社会保险发展年度报告 2015》显示,2015 年黑龙江、辽宁、吉林、河北、陕西和青海六省份的城镇企业职工养老保险基金当期收不抵支,这较之 2014 年增加了 3个省份。尽管自社会保障基金设立以来,累计结余较为丰厚,但赤字风险仍然可能影响社会保障体系的可持续发展。除此之外,在经济发展进入新常态、人口老龄化、缴费基数不实、逃费欠费行为、养老金非正常调整、社会保险费率下调等众多因素共同作用下,社会保障基金收不抵支风险不断增高,最终影响社会保障的可持续性发展。随着我国经济发展进入新常态,经济增长速度减缓,工资增速下降,征收收入的增速势必下降;政府

---

① 《2020 年度人力资源和社会保障事业发展统计公报》,见 http://www.mohrss.gov.cn/SYrlzyhshbzb/zwgk/szrs/tjgb/202107/t20210726_419319. html。

表 1-1　2011—2020 年城镇职工基本养老保险基金收支情况

年份	基金收入（亿元）	基金支出（亿元）	基金收入增长率（%）	基金支出增长率（%）	当期结余（亿元）	累计结余（亿元）
2011	16894.7	12764.9	25.9	20.9	4129.8	19496.6
2012	20001	15561.8	18.4	21.9	4439.2	23941.3
2013	22680.4	18470.4	13.4	18.7	4210	28269.2
2014	25309.7	21754.7	11.6	17.8	3555	31800
2015	29340.9	25812.7	15.9	18.7	3528.2	35344.8
2016	35057.5	31853.8	19.5	23.4	3203.7	38580
2017	43309.6	38051.5	23.5	19.5	5258.1	43884.6
2018	51167.6	44644.9	18.1	17.3	6522.7	50901.3
2019	52918.8	49228	3.4	10.3	3690.8	54623.3
2020	44376	51301	−16.1	4.2	−6925	48317

注：当期结余＝当期基金收入−当期基金支出。
资料来源：笔者根据各年度《中国统计年鉴》相关数据整理和计算而得。

财政收入增速减缓，财政对于社会保障的补贴和兜底能力逐渐下降。同时，人口老龄化也给社会保障基金的发展带来了新的冲击，直接导致制度赡养比的变化，领取养老金人数增加，缴费人口减少，不断攀升的赡养比正在增加社会保障基金财务风险。此外，我国养老保险缴费基数存在不实现象，养老金计发基数大于缴费基数，抬高基金支出，不仅减少了基金的累积收入，更加剧了基金收不抵支的风险。企业的利益驱动、个人的短视行为、员工与企业的合谋，为社会保险逃费欠费行为提供了生存土壤，而缴费参数设计和政策执行层的不足，则使缴费主体有机可乘。社会保障基金支出刚性特征进一步要求养老金连年上调，但行政命令式的上调机制在市场环境下矛盾凸显，使社会保障的收支端承受着很大的压力，进而危及社会保障基金积累。庆幸的是，全国社保基金理事会发布的社保基金年度报告显示，全国社保基金从无到有、由小到大，储备规模逐步扩大，投资营运能力明显提高，自 2000 年成立以来，年均投资收益率8.51%，累计投资收益额 16250.66 亿元，且 2020 年社保基金投资收益率

15.84%，创 2010 年来新高。① 这有助于补充、调剂人口老龄化高峰时期社会保障收支缺口，为健全多层次社会保障体系提供持续稳定动能。

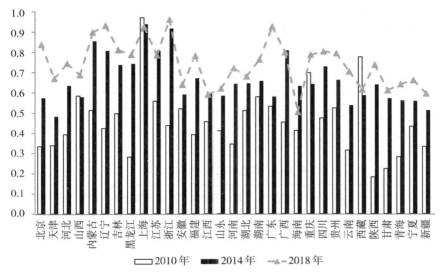

图 1-1　城乡居民基本养老保险基金"支收比"状况

图 1-1 显示了不同时期中国各省份城乡居保（2010 年数据为新农保数据）基金"支收比"状况。本研究使用"支收比"（即当期基金支出与当期基金收入之比）反映养老保险基金收支平衡状况。从 2010 年、2014 年、2018 年养老保险基金收支状况来看，所有省份的基金"支收比"均低于 1，意味着城乡居民基本养老保险并未出现"收入不抵支"问题。然而，通过对比可知，不同制度实施阶段、不同省份之间养老保险基金收支状况存在一定差异。新农保试点阶段，2010 年养老保险基金"支收比"指标超过 0.7 的省份有上海、重庆、西藏。到了城乡居保制度实施阶段，2014 年"支收比"指标超过 0.7 的省份增加到 9 个省份（上海、浙江、内蒙古、辽宁、吉林、黑龙江、上海、广西、四川），2018 年 19 个省份的基金"支收比"

---

① 《全国社会保障基金理事会社保基金年度报告（2020 年度）》，见 http://www.ssf.gov.cn/cwsj/ndbg/202108/t20210817_7948.html。

超过 0.7,且海南、江西、新疆、甘肃、西藏等省份的当期养老保险基金支收均低于全国平均水平,意味着我国城乡居民基本养老保险基金面临着越来越明显的给付风险。此外,从图 1-1 可以看出,广东、浙江、上海等经济较发达省份的养老保险收支平衡波动最为明显,导致城乡居民养老保险基金的省际差异。因此,应考虑不同省份经济发展、劳动力禀赋的差异,积极提高城乡居保制度的财务可持续性、省际协调性。此外,如表 1-2 所示,近年来养老保险财政补贴持续增加,绝对补贴和相对补贴规模不断攀升,这不仅给国家财政造成一定压力,还将经济新常态背景下的社会保障推向风口浪尖。

表 1-2　养老保险财政补贴情况

		2010 年	2011 年	2012 年	2013 年	2014 年	2015 年	2016 年	2017 年	2018 年	2019 年
财政收入(亿元)		83102	103874	117254	129210	140370	152269	159605	172593	183360	190382
财政支出(亿元)		89874	109248	125953	140212	151786	175878	187755	203085	220904	238874
城镇职工基本养老保险	财政补贴(亿元)	1954	2272	2648	3019	3548	4716	6511	8004	—	5825.6
	财政补贴/财政收入(%)	2.35	2.19	2.26	2.34	2.53	3.10	4.08	4.64	—	—
	财政补贴/财政支出(%)	2.17	2.08	2.10	2.15	2.34	2.68	3.47	3.94	—	—
	基金收入(亿元)	13420	16894	20001	22680	25310	29341	35058	43310	51168	52919
	财政补贴/基金收入(%)	14.56	13.45	13.24	13.31	14.02	16.07	18.57	18.48	—	—
	基金支出(亿元)	10555	12765	15562	18470	21755	25813	31854	38052	44645	49228
	财政补贴/基金支出(%)	18.51	17.80	17.02	16.35	16.31	18.27	20.44	21.03	—	—

续表

		2010 年	2011 年	2012 年	2013 年	2014 年	2015 年	2016 年	2017 年	2018 年	2019 年
城乡居民基本养老保险	财政补贴①（亿元）	—	—	1235	1416	1644	2155	2201	2494	—	3005.06
	财政补贴/财政收入（%）	—	—	1.05	1.10	1.17	1.42	1.38	1.45	—	—
	财政补贴/财政支出（%）	—	—	0.98	1.01	1.08	1.23	1.17	1.23	—	—
	基金收入（亿元）	—	—	1829	2052	2310	2855	2933	3304	3838	4107
	财政补贴/基金收入（%）	—	—	67.52	69.01	71.17	75.48	75.04	75.48	—	—
	基金支出（亿元）	—	—	1150	1348	1571	2117	2151	2372	2906	3114
	财政补贴/基金支出（%）	—	—	107.39	105.04	104.65	101.79	102.32	105.14	—	—

资料来源：整理自《人力资源和社会保障事业发展统计公报》和国家统计局资料。

面对人口老龄化加剧和医疗费用上涨过快的冲击，城镇职工基本医疗保险制度的基金收支失衡问题越来越严重。第一，从表 1-3 数据可以看出，基本医疗保险基金结余增速放缓，2011—2020 年度城镇职工基本医疗保险基金平均结余率仅为 20% 左右，这意味着考察期内基金当期结余明显低于当期基金支出，面临赤字风险。第二，基金的可支付能力弱化，甚至 2015 年和 2020 年城镇职工基本医疗保险基金收入出现了负增长，呈现出了周期性波动特征。第三，城镇职工医疗保险基金筹资和可支付能力也存在明显的地区不均衡问题。尤其从长期来看，基金的收不抵支问题和地区差距日渐显现。表 1-4 资料显示，2019 年各省份城镇职工基本医疗保险基金收入和累计结余最高的是广东省、上海市，累计结余规

---

① 对集体补助忽略不计。利息收入占养老保险基金收入比重低，亦不计算在内。

表 1-3　2011—2020 年中国城镇职工基本医疗保险基金发展现状

年份	基金收入		基金支出		基金结余		
	规模（亿元）	增长率（%）	规模（亿元）	增长率（%）	当期结余（亿元）	当期结余率（%）	累计结余（亿元）
2011	4945	25.0	4018	22.8	927	23.1	5704
2012	6939	40.3	5543	38.0	1396	25.2	7644
2013	8248	18.9	6801	22.7	1447	21.3	8331
2014	9687	17.5	8134	19.6	1553	19.1	9117
2015	9084	−6.2	7532	−7.4	1552	20.6	10997
2016	10273	13.1	8287	10.0	1986	24.0	12972
2017	12278	19.5	9467	14.2	2811	29.7	15851
2018	13538	10.3	10707	13.1	2831	26.4	18750
2019	15845	17.0	12663	18.3	3182	25.1	22554
2020	15732	−0.7	12867	1.6	2865	22.3	25423

注：当期结余＝当期基金收入−当期基金支出。基金结余率＝基金当期累计结余/基金支出。

资料来源：根据人力资源和社会保障部公布的历年全国社会保险情况以及 2012—2020 年《人力资源和社会保障事业发展统计公报》和《中国统计年鉴》相关数据整理和计算而得。

模分别达到 2913.7 亿元、2920.4 亿元，而西藏的基金收入规模和基金累计结余均最低。2019 年基金支出最高的地方是广东省和北京市，支出规模分别达到 1281.3 亿元、1226.1 亿元。这些数据反映出城镇职工医疗保险基金筹资和可支付能力地区差异明显。

表 1-4　2019 年分地区基本医疗保险基金（含生育保险）收支情况

单位：亿元

地区	基金收入			基金支出			累计结余		
	合计	职工	居民	合计	职工	居民	合计	职工	居民
全国	24420.9	15845.4	8575.5	20854.2	12663.2	8191	27696.7	22554.1	5142.5
北京	1553.6	1483.6	70.1	1320	1226.1	93.9	1108.8	1085.9	22.9
天津	392.2	333	59.2	351.5	303.7	47.8	378	276.9	101
河北	980.6	504.7	475.9	833.6	390	443.7	1054	820.9	233.1

续表

地区	基金收入			基金支出			累计结余		
	合计	职工	居民	合计	职工	居民	合计	职工	居民
山西	472.4	269.3	203.1	449.5	234.4	215.1	507.9	387.2	120.7
内蒙古	382.7	245.5	137.2	325.9	197.8	128.1	419.8	348.8	71
辽宁	735.5	548.8	186.8	677	505.6	171.4	639.2	500.6	138.6
吉林	352.2	205.3	147	320	166	154	401.3	326.2	75.2
黑龙江	509	341.4	167.5	457.3	302.1	155.2	577.3	432	145.4
上海	1445.3	1356.6	88.6	971.1	891.8	79.4	2931.2	2920.4	10.8
江苏	1801	1336.4	464.6	1556	1091.8	464.2	2089.9	1857.7	232.2
浙江	1625.1	1154.5	470.6	1370.5	950.5	420	2110.3	1941.1	169.2
安徽	787.8	351	436.8	710.2	266.2	444	710.8	502.4	208.4
福建	607.5	373.4	234.1	539.5	297.5	242	796.7	700.9	95.7
江西	588.9	237.1	351.8	522.4	190.9	331.5	607.6	343.4	264.2
山东	1655.5	1041.9	613.7	1426.1	867	559.2	1537.7	1158.4	379.3
河南	1142.8	487.3	655.5	1091.2	408.5	682.7	936.9	665	271.8
湖北	876.6	513.1	363.6	784	427.4	356.6	770.6	510.7	259.9
湖南	843.6	406.4	437.2	753.4	325.6	427.9	815.9	585.8	230.1
广东	2177.7	1656.6	521.1	1764.4	1281.3	483	3329	2913.7	415.3
广西	638.2	276.5	361.8	561.8	221.6	340.2	786.7	401.2	385.5
海南	152.9	98	54.9	117.6	67.1	50.5	199.9	159.8	40.2
重庆	522	320.2	201.8	461.4	274.5	186.9	444.8	280.9	163.9
四川	1311.3	753.7	557.6	1071.2	574.8	496.4	1694.1	1267.2	427
贵州	530.3	219.1	311.2	427.3	163.1	264.2	445.1	259.5	185.6
云南	652.8	324.3	328.5	565.9	254.2	311.7	619.6	443.2	176.3
西藏	69.7	50.9	18.8	47.3	21.4	25.9	117	114.2	2.7
陕西	580.1	323	257.1	505.4	257.9	247.5	552.1	461.7	90.5
甘肃	317.6	148.6	169	287.3	124.1	163.2	233.1	168.3	64.8
青海	125.8	80.7	45	93.4	61.5	31.9	157	122.1	34.9
宁夏	117.3	71.5	45.8	91.6	52	39.6	130.2	102.6	27.6
新疆	472.6	333.1	139.5	400.3	266.9	133.4	594.3	495.5	98.7

资料来源：《中国统计年鉴2020》。

"补充保障"支柱方面，企业年金有了一定规模，但是作用还不够。截至2020年底，全国已经有10.5万户企业建立了企业年金，参加职工人数达到 2718 万人①,比上年增加约 170 万人,但仅占当年全国参加城镇职工基本养老保险人数(45621 万人)的 5.96%,覆盖面不广。并且,从 2015 年开始,我国企业年金参保职工的增长率接近停滞,呈现出发展动力不足、增长趋缓的特征。在建立企业年金的企业类型方面,建立企业年金的公司基本集中在证券、银行、电力等高收益国有大型企业或电力、钢铁、烟草、能源等垄断性行业,并且主要分布在上海、北京、广东等经济发达省市。在职业年金方面,中国虽然从 2014 年 10 月 1 日起实施机关事业单位工作人员职业年金制度,并且启动了职业年金基金市场化投资运营(2020 年末投资规模为 1.29 万亿元,全年累计收益额为 1010.47 亿元)。但是,从长期来看,即便职业年金实现全覆盖,也仅限于 3000 多万的机关事业单位工作人员。因此,总体来看,我国第二支柱(年金产品)发展空间仍然有待拓展。

如表 1-5 所示,在多层次社会保障中,作为补充支柱的企业年金发展相对滞后且覆盖面非常小。2019 年全国企业法人单位约 2109 万个,其中建立企业年金的单位 10.52 万个,建立企业年金的单位仅占全国企业法人单位的 0.5%。2020 年参加企业年金职工人数为 2717.53 万人,参加企业年金职工人数占城镇职工基本养老保险参保人数的比重也非常低。尽管近几年企业年金发展趋势有所改善,但在建立企业数量、参加职工人数、基金积累规模和待遇领取人数上总体增速仍不稳定(见图 1-2)。

表 1-5　2012—2020 年全国企业年金基本情况

年份	建立企业(个)	增长率(%)	参加职工(万人)	增长率(%)	基金积累(亿元)	增长率(%)	当年待遇领取人数(万人)	增长率(%)
2012	54737	—	1847	—	4821	—	51	—
2013	66120	20.8	2056	11.32	6035	25.18	58	13.73
2014	73261	10.80	2293	11.53	7689	27.41	48	−17.24

---

① 数据来源于 2020 年度的《人力资源和社会保障事业发展统计公报》,见 http://www.mohrss.gov.cn/xxgk2020/fdzdgknr/ghtj/tj/ndtj/202106/t20210604_415837.html。

续表

年份	建立企业（个）	增长率（%）	参加职工（万人）	增长率（%）	基金积累（亿元）	增长率（%）	当年待遇领取人数（万人）	增长率（%）
2015	75454	2.99	2316	1.00	9526	23.89	90	87.50
2016	76298	1.12	2325	0.39	11075	16.26	105	16.67
2017	80429	5.41	2331	0.26	12880	16.30	128	21.90
2018	87368	8.63	2388	2.45	14770	14.67	156	21.88
2019	95963	9.84	2548	6.70	17985	21.77	180	15.38
2020	105227	9.65	2717.53	6.65	22496.8	25.09	225.71	25.39

资料来源：整理自各年度《全国企业年金基金业务数据摘要》。

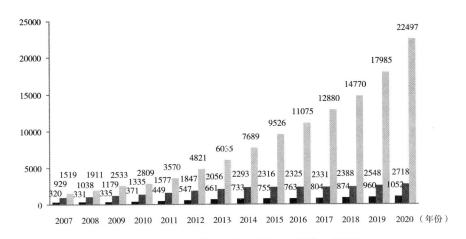

图 1-2　2007—2020 年全国企业年金基本情况柱状图

资料来源：《2020 年度全国企业年金基金业务数据摘要》，见 http://www.mohrss.gov.cn/shbxjjjds/SHBXJDSzhengcewenjian/202103/t20210322_411561.html。

个人储蓄型保障（理财产品）和商业性保险是社会保障第三支柱的重要方面，目前我国商业养老保险整体市场规模已超过 1 万亿元。但是，多层次社会保障体系中的第三支柱商业保险项目发展并不健全。与巨大的市场需求相比，商业养老保险远远无法满足人民群众对于养老保障的多样化需求。总体来看,社会保障第三支柱的发展短板亟须补齐。为推动商业保险的发展,国务院先后印发《关于加快发展现代保险服务业的若干意见》《关于加快商业养老保险发展的若干意见》《加快商业健康养老保险的发展》等文件,要求构筑民生保障网,完善多层次社会保障体系的新要求。2021年政府工作报告也提到,要"推进养老保险全国统筹,规范发展第三支柱养老保险",这些文件均有助于长期内发展商业养老保险制度。积极发展适应各层次养老人群的商业养老保险产品,成为巩固社会保障多支柱体系、弥补社会保障第三支柱发展短板的重要抓手。在"十四五"时期,第三支柱养老保险迎来发展"窗口期"。根据银保监会的资料显示,利用传统的寿险产品为个人储备养老准备金,现在已经达到近3300亿元,并在29个城市率先探索了住房反向抵押养老保险业务,在上海、福建和苏州这些地区开展个人税收递延型商业养老保险业务。2020年承办长期护理保险项目96个,保障人群达到4200万人,协调解决高龄、失能、失智老人的护理难题。此外,启动开展"支付有保险、看病有医院、养老有社区"的多层次养老社区建设,探索保险服务养老新模式。[①]

在多层次的社会保障体系中,相对于社会保险,商业保险的发展非常不充分。银保监会资料显示,2020年中国保险业总保费为4.53万亿元;2018年保险密度为412美元,相当于20年前世界平均保险密度;保险深度为4.15%,1980年世界平均保险深度为4.2%,2015年达到6.2%。并且,"新国十条"提出到2020年,保险深度(保费收入/国内生产总值)达到5%,保险密度(保费收入/总人口)达到3500元/人。此外,根据《保险蓝皮书——中国保险市场发展分析(2017)》,健康险保费规模增高,但可以发现很多健康险实质上是中短存续期的产品。在2020年全国卫生支出中,健康险赔付为2921亿元,同比增长24.3%。总的来看,我国商业保险发展仍处于初级阶段,商业保险的保费规模小、人均保费低,商业保险

---

① 《银保监会国新办新闻发布会答问实录》,2021年3月2日,见 http://www.cbirc.gov.cn/cn。

产品的有效供给相对不足。保险公司投入市场的商业保险产品品种相对较为匮乏,可供选择的商业保险产品种类较少,仍然难以满足多样化的、多层次的保障需求。特别是随着人口老龄化加剧,灵活就业、弹性就业等新型就业形式不断出现,养老保险体系三支柱难以满足高收入阶层个人养老以及新型、新兴业态就业群体的保险需求。

1.2.2 主要问题

整体来看,多层次社会保障体系的第一支柱面临严峻的不可持续发展压力,而第二支柱和第三支柱发展动力不足。因此,完善社会保障多支柱已经非常迫切。从发展成就来看,我国三支柱养老保障制度建设成形,一体化医疗保障改革成效突出,其他各社保项目改革取得新进展。但是,社会保障全民覆盖尚未到位、社会保障的"保基本"仍显不足、社会保障发展的不平衡性问题突出、多层次社会保障体系存在短板、社会保障主体之间的权责不清,社会保障可持续性令人担忧。

一、多层次社会保障全民覆盖和全国统筹推进机制待优化

第一,全民覆盖工作有待持续推进。在"人人享有基本社会保障"目标的驱动下,我国全面实施的全民参保计划逐渐成为世界上最大的社会保障体系。经济发展进入新常态以后,社会保障制度建设注重"高质量发展",更加强调补全漏洞、查漏补缺,我国社会保障全覆盖的漏洞在于尚未实现人群"全覆盖",其中主要包括流动人口、灵活就业人员、农民工;短板在于,多层次社会保障体系的统筹衔接机制还不够完善以及补充性社会保障制度发展相对滞后。并且,受制于关联性参保、强制参保等措施,部分参保人群缺乏积极性和主动性,导致已参保人员中缴费人数少于应缴费人数,社会保障面临覆盖人群退保风险。可见,单方面提升覆盖面的发展方式难以实现社会保障高质量发展。虽然社会保障基本实现了全覆盖,但是,现行制度体系仍然存在缴费激励不足及稳定性隐忧。例如,城乡居民基本养老保险在制度建立的时候不存在转制成本,并且其基础养老金来自财政补贴,个人账户部分实行的基金积累制,只要财政补贴能够按时足额到位,就不存在财务不可持续的问题,但是,目前我国城乡居保制度可持续方面仍存在一些不容忽视的问题。一是养老保险筹资方面，仍然实行的是弹性缴费标准，部分农民收入有限，不愿意缴费。新农保阶段大多数农民按照最低缴费标准进行缴费，即使农民有缴费能力，还是倾向于选择较低的缴费标准。而缴费与待遇领取直接挂钩，农村居民缴费低必然会影响到养老金领取水平。现行的征缴机制缺乏前瞻性、灵活性、针对性。二是对于城乡居保政府财政补贴与农民缴费之间的比例关系，没有清晰的、长期性的机制，而且在很大程度上带有政策随意性。农民对个人养老金积累与终生净收益等相关概念的认识不清晰，部分农民"持观望态度，不知道划不划算"，这可能削弱再分配机制功效。在全国统筹背景下，养老保险费由税务部门征缴、如何保值增值等都需要认真研究和切实加以解决。

第二，社会保障全国统筹进展较为缓慢。在相当长的一段时期内，由于各省份统筹层次和经济发展水平存在差异，基金管理主体较为分散，省级统筹下地方分治、条块分割管理，社会保障基金的收支结余也分散于各个省份或地区，这就提高了社会保障基金投资营运的管理成本，也对社会保障基金的资本存量规模产生影响，削弱了基金投资营运的规模效益。社会保障统筹层次低，使得社会保障基金难以在较大范围内调剂使用，进而社会保障互助互济、分散风险的功能发挥受到约束。虽然中国社会保障已经基本实现全覆盖并建立了养老保险中央调剂金制度，但由于不同地区、不同层级政府的统筹政策执行效果和社会效益与经济效益不均衡，社会保障制度在短期内实现实质上的全国统筹还有较大难度。这种状况显然不利于解决城乡之间、地区之间、人群之间社会保障待遇差别过大、贫富不均、可持续性不强等问题。在社会保险费由税务部门征缴之前，部分地方政府为了谋求自身利益，采取压低工资基数、缴费比例等变通方式来维护本地区利益，而国内又缺乏有效的政策进行调剂，这一定程度上降低了基金运转效率，容易造成政策扭曲。中央调剂金制度是全国统筹的重要抓手，2020 年企业职工基本养老保险基金中央调剂的比例提高到4.0%，但基金调剂规模仅为 7400 亿元，应加大力度，采取更加有效的基金调剂方案，尽快实现基金全国统筹。

第三,全国统筹背景下社会保险费由税务部门征收引起的连带问题。一方面,改革涉及的工作交接与部门职能转换问题。尽管征缴主体改为税务部门,但是,社会保险的申报、管理等工作仍由社保部门负责,只有征缴工作被划分至税务部门。事实上,税务部门不具备与征缴工作相匹配的社会保险费申报、缴费基数核定、信息变更、征收计划、欠费处罚等管理权限,尽管税务部门掌握企业的实际工资水平,但只能按照人社部门的数据来征收社保费,部门之间的信息互通困难,对企业缴费申报不实的情况存在监管缺位、税务部门与社保部门对接不畅等问题。在政策执行初期,部分地区的税务部门"接受业务,不接受人员",税务部门增加了征收社保费的业务,但是熟悉相关业务的人员没有增加,由于社保费征缴业务对税务人员来说是一个全新的工作领域,税务部门工作压力显著增加。部分社保部门开通了企业网上申报系统,企业可以通过系统进行网上申报和查询业务,但无法通过系统进行缴费。政策实施后,税务部门的业务量将大幅增加引致了与社保征缴部门业务对接失序的问题。另一方面,改革之后存在信息系统分割、数据储存分散的问题。社会保险信息系统与社会保险的社会化服务和信息化管理水平紧密相关,在社会保险的管理工作中发挥着重要的作用。在改策实施中,社保经办部门和税务部门共同负责,势必出现信息系统不兼容或者兼容性较差的情况。由于部门之间许多数据不能及时共享和交换,只能通过人工沟通与传送的方式进行,信息传递的时效性较差。建立共享系统或者在已有线上系统的基础上增添社保费子系统,需要消耗大量人力物力去开展数据迁移、清洗等工作。两个部门之间不能及时准确掌握真实情况,会造成参保缴费人员个人信息记录不及时,也会给参保缴费人员带来不必要的麻烦。这种信息共享不及时的情况也会大大降低两个办事部门的效率,难以满足统计和报表的需求,影响社保征缴绩效。

二、多层次社会保障发展不平衡不充分问题突出

(一)多层次社会保障制度结构失衡,第三支柱发展滞后

第一,多层次社会保障制度结构失衡。在我国社会保障体系中,各项制度在社会保障体系中的定位各不相同:社会救助为民生兜底,社会保险

追求权利义务相对应,社会福利则在前两者的基础上提供更进一步的、更高层次的民生福利。然而,三者由低到高的保障层次在政策制定和执行过程中缺乏有效的区分和顺序规范,甚至出现低层次的保障超出高层次保障的现象。社会保障体系多层次发展还存在社会救助制度提供的保障水平不高、社会救助的体制机制和管理方式大多依赖于社会福利等问题。社会福利来自经济社会发展红利,在我国,社会福利大多面向老人、儿童、残疾人等特殊群体,即我国的社会福利属于一种切入点小的、零散的"补缺型"政策支持,兼顾了社会救助职能。比如在社会保险中,涉及范围广、基金规模大、民生关系密切的养老保险、医疗保险等受到社会广泛和深远的关注,而针对性强、切入点小的工伤保险、失业保险等社会救助政策的发展现状难以与前者相提并论。另一方面,第一层次的基本养老保险制度(包括城镇职工基本养老保险制度、城乡居民基本养老保险制度)在实践中日益成熟稳定,近年来基本实现了人口全覆盖,但是多层次养老保险体系中的企业补充养老保险和个人储蓄性养老保险的参保率、覆盖面以及基金管理方面还存在巨大的发展空间。而企业年金的覆盖范围还仅局限于部分行业、企业和职工,在基金积累规模、覆盖水平和替代水平方面相对较低。由此可知,中国基本养老保险制度结构不平衡的问题依然较为突出。

第二,社会保障第三支柱发展滞后,商业保险与社会保险未实现高质量融合。构建一个"激励相容"的社会养老保险和商业养老保险发展体系,对国家的养老保障体系的稳定性和可持续性具有极其重要的意义。发展多层次社会保险体系不能忽视商业保险对于提高社会保障的运行效率、减轻国家财政负担的作用。但是,在多层次社会保障制度改革的过程中,对于如何妥善处理好商业养老保险和社会养老保险的融合以及二者之间的关系,相关政策方案仍然不明确。例如,社会养老保险与商业养老保险都是目前我国中老年人保障老年生活所选择的主流保障形式,推动商业养老保险和社会养老保险融合发展是一种促进社会保障制度"梯度融合"的重要政策选择。总体而言,目前商业保险和社会保险的关系难以优化,其症结在于对商业养老保险补充角色的被动定位和简单定位。

本研究认为,商业保险和社会保险并非完全竞争性关系,而是不冲突的两个层次社会保障。从理论上而言,中国社会保险制度及其业务是法定规范下实施的,其作用边界和政策着力点是明晰的,而商业保险往往是自愿参与的。并且,社会保险和商业保险都需要集中大量的同质风险,运用大数法则加以测算,拟定费率,目的在于缓冲由不可预知和不期望发生的纯粹风险造成的损失。因此,商业保险与社会保险之间实质上是一种"互补"和"合作"的双边关系。社会保险和商业保险在参保对象、业务范围、补偿标准和基本目的方面是存在互补的,在济贫救困、防灾减灾、慈善公益等方面则具有一定的合作空间,从这点上说,商业保险与社会保险存在一种"双赢"的发展状态,而不是单纯的"相互冲突、相互矛盾"的关系。随着社会经济发展水平的提高以及国民保险需求量不断增大,社会保险和商业保险均存在明显的发展空间和增长空间。

(二)多层次社会保障发展水平不平衡问题

第一,城镇与农村之间多层次社会保障的多维度差距。中国经济发展的城乡二元特征直接导致了社会保障发展城乡分割,无论是在项目设置、保障水平还是在可持续性方面,城镇的社会保障发展均明显优于农村地区。城镇与农村之间多层次社会保障的多维度差距主要体现在项目设置、待遇水平以及服务能力三方面。与城市的社会保障项目相比,农村在医疗保险和生育保险、就业帮扶和职业伤害等方面覆盖不全、保障不足,使我国社会保障埋下了公平缺失的种子。虽然城乡经济发展水平和消费水平存在客观差异,但是考虑到中国市场体制下的劳动力流动性,如果把农村地区的养老金水平放到全国范围进行比较,那么其保障农民基本生活的作用几何,需要进一步考量。随着农村基层治理水平和服务能力的提升,农村社会保障服务不断优化升级,但受制于基础设施建设、技术普及程度及地缘因素,农村与城市之间存在天然的"数字鸿沟",使得社会保障项目在信息化、便捷化的尺度上仍然处于劣势地位。为了进一步为城乡统筹发展提供更加便利的社会制度环境,需要强化城乡之间社会保障的衔接机制建设,提高各个社会保障项目的便携性、流动性、可衔接性并缩小制度保障水平的差异,以适应城乡统筹发展的要求。

第二,由地区社会经济发展水平差距决定的社会保障发展区域不平衡表现尤为突出。社会保障作为一种制度是社会生产力发展到一定阶段的产物,而我国不同地区甚至是不同省份之间社会经济发展呈现出分化特征。而不同时期的经济发展的不平衡直接影响社会保障水平区域差距,这种社会保障发展区域不平衡突出表现在经济较发达地区社会保障发育状况比经济劣势地区社会保障财政补贴充足、待遇水平高、保险经办能力强。而经济劣势地区参加社会保障的缴费人数可能更少、社保缴费水平相对较低、人口老龄化程度可能更严重、财政补贴能力和兜底保障能力有限,其社会保障基金更容易陷入"收不抵支"困境。随着人口老龄化的不断加剧,社会保障基金的区域发展不平衡的问题已经成为新时代养老保险制度非均衡发展的表征。

第三,除了城市居民和农村居民、中东部地区人群和西部地区人群,社会保障发展不平衡还体现在由制度碎片化导致的职业群体之间不平衡。当前中国社会保障制度极具"身份"特征,突出表现在机关事业单位人员的社会保障待遇高于其他职业(企业、集体企业等)特征的人员,特别是在养老保障这一项目上,二者的退休金替代率差别高达30个百分点左右。而造成这一差别的原因既有市场经济转型中的制度路径依赖,也有当前社会保障征缴体制的固有缺陷。要化解这一问题,必须坚持权责对等、完善社会保障征缴体制以及建立多层次的社会保障体制。以养老保险为例,伴随着城乡居民"身份轨迹"的变迁,大致经历了身份构建、身份整合、身份分化、身份重组的四个阶段。在身份建构期(1949—1958年),重点分为干部和工人身份,分别对应退休金制度和劳动保险制度,机关事业单位和企业职工之间处于不同的养老保险制度体系下。在身份整合阶段(1958—1978年),重点是为了缓和社会矛盾建立了以"职工"身份为核心的养老保险制度,首次将工人和干部身份进行整合,而身份的差异性仍然存在但相对隐蔽。在身份分化阶段(1978—2010年),该阶段将事业单位和企业养老保险制度剥离,干部、工人、农民身份分别成为退休金保障制度、劳动保险养老制度和新老农保制度的身份基础,随着社会主义市场经济体制的逐步完善,劳动用工制度的市场化和企事业单位保险制度的变革，"三元制"的养老保险体系逐步过渡到"双轨制"的城镇职工养老保险、城镇居民养老保险与农村养老保险。在身份重组阶段（2010年至今），随着《社会保险法》颁布后农民工与城镇职工养老保险体系的逐步融合，实现了"企业职工"的身份重组或整合，社会养老保险制度体系构建逐步打破了"工人""干部""农民"身份的界限，城乡居保"一元制"的社会保险体系逐步成为适应城乡融合发展客观需要的制度保障，标志着农村养老保险从"三元制"到"双轨制"最后终结为"单轨制"的城乡居民基本养老保险制度。但是，因为历史原因，城市居民、农村居民、城镇职工、机关事业单位工作人员适用的社会保险制度也各有不同，近几年，城乡居民基本养老保险和城乡居民基本医疗保险虽然已经实现制度整合，但社会保险制度仍然呈现多轨并存的状态。这种碎片化特征会导致形式不公平，同时也会带来实质不公平，具体表现为不同制度带来的投入产出比差异、缴费分担主体差异、保障水平差异等问题。不仅如此，多轨并存还容易造成福利分层和群体分化，这种状态是不利于经济社会协同发展的，甚至可能进一步激化社会矛盾，导致社会不稳定。

第四，同一层次社会保障项目的群体受益分化与不均等问题。在社会养老保险制度变革过程中，采取了渐进式推进的"先行先试"模式，这种制度安排实际上将初次分配形成的收入差距地区化，且虽然在中央相关政策推动下，我国社会养老保险制度地域分割有所弥合，养老金"碎片化"及统筹低层次问题得到一定程度的缓解，但是，养老保险制度资金难以实现全国层面的统筹和调剂，绝大部分养老保险基金留在了地方，养老保险基金收支、待遇给付状况存在明显的省际差距。此外，中国城乡养老保险制度的公平性不足还体现在城乡居保与城职保之间、不同省域和地区之间享受的养老保障权益和待遇水平的差异性，以及户籍制度城乡分割下城乡居保、城职保制度的转移接续机制仍然不够顺畅。例如，新农保、城乡居保转移成城职保在理论上是具有一定可操作性的，就是可以将新农保个人账户全部储额转入城镇职工养老保险合并计算，但是因为比起城镇职工养老保险，新农保缴费水平较低，并入后缴费年数将大打折扣。在此背景下，中国养老保险制度的实质公平性有待提高。

（三）多层次社会保障发展不充分问题

第一，多层次社会保障项目设置不充分。为满足不同的保障需求、实现不同的保障目标，应综合运用各种保障项目、保障方式，划分不同主体的责任范围，建立实现国家社会保障总体目标的制度体系。当前我国社会保障已建立了包括社会保险、社会救助、社会福利以及社会优抚（军人保障）的制度框架。但在一些领域社会保障制度的设置依然是空白。目前我国社会保障存在重保险轻救助轻福利、重养老重医保轻就业、重经济保障轻服务保障的取向，这显然不利于从整体上构建多层次社会保障体系目标的实现。为实现社会保障充分发展必须完善多层次社会保障体系，以适应人民群众对社会保障的多元化需求。必须指出的是，社会保障项目设置不充分一方面会导致或者加剧我国经济社会发展的不充分，因为社会保障是重要的经济制度、社会制度与再分配制度；另一方面，经济发展不充分也会导致社会保障自身的不充分发展，影响制度的公平性和效率。

第二，社会保障制度的保障水平发展不充分，难以满足人民日益增长的美好生活需求。随着人民生活质量的不断提升，人民对于社会保障的多层次需求呈现多元化特征，要求和标准也不断提高。然而，目前我国在社会保障资源方面的投入与现实需求相比，还明显不足，且供给和需求严重失衡。政府需要加强社会保障资源的投入并广泛引导社会资源参与发挥市场的作用。例如，新农保制度建立初期的养老保障水平相对较低，2010年农民人均月养老金水平仅为58元，试点几年后很多地区都在这个基础上提高了标准，到了城乡居保时期，养老金水平有了明显提升。虽然农村养老保险基本待遇已逐年提高，但是这笔钱对农村居民而言实在是数额太少。自新农保制度实施以来，国家多次调整了基础养老金的最低标准，但仍与连续十年上调的企业退休人员基本养老金存在巨大的差距。并且，低水平替代率无法满足农民的基本生活需求，老年农民依然面临沉重的生活负担。更为严重的是，大量参保农民因收入所限依旧选择最低档次的缴费标准，在此基础上个人账户的储蓄额非常低，从长期来看农民养老保险再分配效应不均衡问题未得到根本解决。制度调整是一项系统工程，涉及调整时间、调整幅度、保障水平以及财政支付能力等方面因素，应统筹规划实施。

第三，医疗保险基金收支不均衡与医疗费用不合理支出的增长问题。虽然我国已经基本形成较为系统的基本医疗卫生制度框架，但是，随着人口老龄化加剧，居民慢性病患病率提高，对医疗资源的需求进一步扩大。看病难、看病贵问题导致居民个人医疗费用负担重，进一步致使医疗保险基金入不敷出。同时，不完善的医疗保险基金的筹集和结算制度、基金管理成本和难度大、严重的道德风险等也是影响医疗保险基金收支平衡的重要原因。在人口老龄化日益加剧背景下，随着全民医保目标的实现，大规模、粗放式的扩面已无空间，城镇职工医疗保险制度可能会遭遇因缴费职工增加数量锐减、基金收入增幅下降、筹资能力明显不足的同时，医保基金费用却呈现出持续增加的整体趋势，因此，医疗费用增长失控已经成为影响城镇职工医疗保险制度可持续性的重要障碍。随着新一轮医疗保险制度改革的推进，不同省份、不同地区的医疗保险筹资标准和保障水平差异化问题有待解决。理论上，各地区人口年龄结构、劳动力情况和迁移特征的巨大差异，使得基金收支平衡调剂能力及持续性还有较大提升空间。不同省份之间面临的基金收支失衡程度也不一致，省际基金收支结余差距非常悬殊，应当采取有效的措施促进协调发展。此外，"统账结合"的医疗保险基金筹集模式和信息不对称条件下的"总额控制"结算制度、基金管理成本高和保值增值投资渠道狭窄也是造成城镇职工医疗保险基金运行效率不高的重要原因。必须研判城镇职工医疗保险基金收支风险，适时嵌入实现城镇职工医疗保险基金的财务平衡和可持续发展政策，及时消解城镇职工医疗保险基金收支失衡风险。

第四，各种类型的灵活就业人员权益保障和境外务工人员的社会保障转移接续问题仍然较为突出。一是国内人口迁移背景下流动农民工、灵活就业人口在不同保险制度、不同统筹地区之间流动，保险关系转移接续还存在一定障碍。例如，大量农村"乡—城"迁移劳动力仅实现了空间流动，而其身份并未完全转换成市民身份，难以享有和城镇居民平等的社会资源和福利，且面临着劳动就业、社会保险以及医疗服务等方面的社会排斥和生计风险。基本医疗保险制度是我国近年来深化医疗卫生体制改革取得的重要成果，对于调节医疗资源的合理分布、提高参保农民医疗服务的可及性、优化城乡医疗资源配置和提升广大农村居民的健康水平都有着重要的意义。但是，人口迁移背景下流动农民工、灵活就业人口的社会保障服务可及性仍然有待提高。二是海外劳工社会保障转移接续问题突出。由于跨越国界的社会保障权利义务关系非常复杂，导致社会保障国际化合作多流于形式。我国与部分国家虽然签订了社会保障双边协定，但是大多数的合作险种和形式较为单一，仅针对缴费方面的社会保障项目，互免险种范围主要局限于养老保险、失业保险。而目前，有些社会保障项目想要实现国际合作还有一定困难，存在着合作范围偏窄、结构不合理、跨国便携性不足等问题。由于各个国家社会保障模式的差异，不同国家在参保对象、缴费年限、缴费水平和待遇支付等方面也有差异。部分跨国流动就业者可能被迫同时参加两国的社会保障，甚至也可能"被排斥"在其他国家社会保障系统外。

第五，退役军人社会保险转移接续问题。其一，退役军人社会保险关系接不上、养老补助金沉积现象突出。由于军人保险账户目前没有专门建立统筹基金这一部分，只是在军人及其随军配偶退出军队时再统一划转，从而导致地方社会保险经办机构在接转军队人员保险关系时出现政策上的冲突。并且，部分士兵退伍后，存在不回原籍、不参加城镇职工基本养老保险等情况，保险资金如何再次转移的手续不清晰，使得地方社保经办机构不愿意接收部队保险资金，退役人员也有顾虑。退役军人补助资金到账后未能及时办理保险关系接续手续，造成了大规模的社会保险补助金沉积在经办机构而无法及时分账。其二，工作机制不够健全，业务对接不顺畅，军地保险数据信息对接网络化程度较低。虽然2014年已经搭建起了退役军人养老保险关系转移部级信息系统平台，但实际上，退役军人养老保险信息的网上数据对接水平低，部分省份网上数据对接困难，只能通过退役军人自己携带数据信息光盘来完成数据交接，这就造成了军地之间、民政部门与社保机构之间信息不对称，缺乏统一的信息反馈机制和纠错处理机制，难以有效跟踪分析和监督管理。其三，军人退役社会保险权益保障不健全。部分退役军人计划安置，没有被安置的人员，均需要再就业，也就需重新参加社会基本养老保险。但众多退役军人长期服役，对社会养老保险的重要性和必要性了解不足，导致忽视自己的养老保险权益。军人在再就业和自主择业时可能只看到短期利益，而忽视长期利益，选择不参加社会保险，这实际上是因为受益群体普遍对于社会保障相关政策缺乏了解，导致参保的主动性不够和积极性不高，再加上从众心理，最终丧失了自己的权益。此外，军人社会保险计发标准不一致，妨碍军人退役安置工作。以养老保险为例，现阶段制度安排的发放军人退役养老保险补助是根据不同的军人群体、退役转业不同的去向而有所差异的，这就会导致军人转业安置时出现分歧和争议，甚至直接因为担心而不愿转业的现象。并且，制度安排对于军人养老金的计发标准与企事业单位基本养老金的计发标准不一致，这种差异给接收军人转业安置的单位在为转入军人设立养老保险账户时造成不便。

三、不同层次社会保障制度的政策实施效果仍存较大提升空间

第一，多层次社会保障的"保基本"功效仍显不足。"保基本"是社会保障的重要目标之一，主要是指社会保障应提供可以满足居民最基本需求的物质条件，以化解社会基本风险。而社会保障提供最基本的物质条件是一个动态的过程，显然这与社会保障的刚性特征之间存在矛盾，因此"保基本"本身是一个相对的概念，"保基本"的物质标准必然会随着社会经济的发展而不断上升。近年来，尽管我国各项社会保障的待遇水平不断上升，但是否能够对应现阶段"保基本"的标准还需要进一步考察。数据显示，我国城镇职工基本养老保险养老金待遇的平均工资替代率尚较低，仍有一定的发展空间。而与养老保险相比，医疗保险领域"保基本"功效更加不足，医疗服务本身的复杂性制约了社会保险基本保障目标的实现。一方面，基本医疗保障难以界定，经济角度和服务角度对于基本医疗保障的定义存在差异，即相同的医疗费用不一定能买到相同的医疗服务；另一方面，医疗服务需求个性化突出，居民的医疗服务需求具有较大的异质性，医疗服务需求和费用负担的差别较大，因此居民对于基本保障的心理期望各不相同；此外，不同医疗需求背后的技术和成本差异显著，社会很难在供给端通过成本的标准来衡量医疗保险"保基本"这一面向需求端的活动成效。总之,医疗服务的复杂性特征使得"保基本"的实现更为困难。

第二,后扶贫时代社会保障制度的多维减贫效能尚不稳定。"社会保障兜底"是消除贫困、改善农村人口生活质量的重要抓手。随着社会进步和经济快速发展,人们对美好生活的需要从单一物质需要向多元化高层次需要转变,贫困表现从单一经济维度向多维度贫困转变。在绝对贫困快速消除的同时,相对贫困凸显,意味着贫困内涵从绝对贫困向相对贫困转变。在"满足人民多样化多层次的美好需要"理念和"积极应对人口老龄化"形势下,社会保障依然是我国最基础的、关系国计民生的民生保障制度。但是,在收入差距不平衡和我国正推进巩固脱贫成效的背景下,如何持续有效发挥社会保障制度的增收减贫效应,是新时代减贫防贫、实现共同富裕的重大挑战。例如,城乡居民基本养老保险政策可持续从入口代缴、出口提标、贫困人员适度优先等方面发力,进行扶贫和防贫。此外,社会保障助力脱贫攻坚背景下"数字脱贫"及社会福利政策、低保政策衔接异化问题仍然存在。尽管中国反贫困工作已经取得了巨大成就,但由于中国人口基数大,贫困人口占全部人口的相对数虽下降明显,贫困人口生计改善问题仍较为艰巨,农村社会保障政策的减贫效果持续性不稳定、局部失灵等问题并未得到妥善解决。[①] 在缓解区域性整体贫困的战略目标达成后,中国进入"后扶贫时代"。在"后扶贫时代",中国减贫战略方向将发生转向,将由以应对经济贫困为主转变为应对经济贫困、社会贫困、资产贫困和生态贫困并存的现象;由主要解决绝对贫困向主要解决相对贫困转变;"数字脱贫"、偶发型贫困、相对贫困和慢性贫困也将影响社保政策改革。

第三,新时代社会保障调节居民收入分配差距的作用仍有待提高。社会保障制度变迁从地方试点、城乡分立到全国推开、城乡统筹,本质上

---

① 熊景维、于丹丹、季俊含:《农村社会保障减贫的局部失灵:一个政策过程分析的视角》,《中国行政管理》2021 年第 6 期,第 105—111 页。

是在特定的宏观制度、政治变量、关键节点下制度生成、持续与演化的过程,是凝聚着中国政治、体制和文化特色的中国经验在当代发展实践中的必然体现。社会保障制度发挥了调节居民收入分配差距的作用,且随着社会保障制度的变迁,这种再分配效应得到强化。从总体上看,社会保障制度是缩小收入差距的,但是的确存在一些扩大收入差距的制度安排①,且部分社会保障项目的逆向调节问题一直受到学者们的诟病。例如,由于目前农村居民医疗保障在制度设计上存在的某些缺陷,以及财政补助存在的某些偏差,致使农村居民医疗保障呈现出"逆向"的收入再分配效应。② 为进一步充分发挥社会保障制度在缩小收入不平等方面的作用,应统筹增加对弱势群体的补贴,增进社会保障的"涓滴效应"和"亲贫效应",实现正向再分配。

1.3 新时代多层次社会保障体系改革进路

　　社会保障是国家为社会成员应对基本风险提供基本保障的制度安排,其多层次体系有助于解除全体社会成员在生存和发展方面的后顾之忧,降低多元社会风险,提高全社会的多维福祉。党的十九大报告中明确指出,要"按照兜底线、织密网、建机制的要求,全面建成覆盖全民、城乡统筹、权责清晰、保障适度、可持续的多层次社会保障体系",这为我国社会保障制度建设指明了方向。按照党的十九大的要求,为进一步落实"七有工程"建设目标,多层次社会保障体系改革的内容涉及基本养老保

---

　　① 王延中、龙玉其、江翠萍、徐强:《中国社会保障收入再分配效应研究——以社会保险为例》,《经济研究》2016 年第 2 期,第 4—15 页。
　　② 詹长春、郑珊珊:《农村居民医疗保障"逆向"收入再分配效应形成机制及克服——以江苏省为例》,《农业经济问题》2018 年第 10 期,第 85—93 页。

险、基本医疗保险和生育保险、失业保险、工伤保险、社会救助、妇女儿童合法权益、社会福利、慈善事业、优抚安置、住房保障、教育保障和劳动就业等。全面建成多层次社会保障体系,需要优化权责清晰、保障适度、可持续发展的社会保障政策框架,加强多层次社会保障体系的顶层设计,以建成全覆盖、可持续、纵向一体化的社会保障体系为目标,促成社会保障高质量发展。在宏观层面,多层次社会保障体系与经济社会多维度发展目标的关系需要处理好。这就需要坚持社会保障与经济发展相适应的原则,并着重处理好养老保障、医疗保障等社会保障具体项目与公共财政的关系,为实现不同群体社会保障的均衡、协调、高质发展提供动力。在发展和改革社会保障体系的过程中,要重点关注社会保障制度建设中的共建与共享关系,坚持共建共享,保证人人都能享受到公平合理的社会保障服务。同时统筹安排好社会救助、社会保险、社会福利三大基础性保障系统的结构与职责分工,实现有序协同推进,促使其有机协调持续发展。本研究认为,应当从以下几个方面着手破解当前中国多层次社会保障发展所面临的困局。

1.3.1　构建全民覆盖的、层次丰富的多层次社会保障体系

第一,全面实施全民参保计划,是全面建成多层次社会保障体系的基本目标和任务之一。建立全面覆盖的社会保障体系,进一步实施全民参保计划,通过扩大社会保障各项目的参与率,确保应参尽参、应保尽保的工作质量。不分城乡、不分年龄、不分职业,把所有符合要求的居民都纳入社会保障体系的覆盖范围。建议出台有针对性的政策措施,以"全民参保计划"为契机,对城镇职工基本养老保险所有法定参保人员进行摸底调查和参保登记;同时,签订劳动合同,尤其是将签订固定劳动关系的农民工全部纳入城镇职工基本养老保险。此外,中国的社会保险管理体制一直存在着地区分割和险种分割引起的"碎片化"问题,因此,应当加强新时代中国社会保险管理服务创新。例如,积极利用现代信息技术,进一步创新经办模式,并持续推进运行机制创新。一方面,提高参保人员覆盖率。目前我国社会保障的法定靶向人群更多倾向于流动人口、灵活就

业人员和农民工,针对此类群体存在的特殊服务需求,应加强制度衔接,保证社会保障的参保和给付渠道顺畅、流程简洁,并扩大政策宣传范围,引导群众参保,提升社会保障人群覆盖率。另一方面,在提高覆盖率的同时也要确保工作质量。进一步改进社会保障公共服务品质、创新多层次社会保障体系的工作方式,通过强化社会保障的自身价值引导社会成员的参保主动性和积极性,完善参保项目结构,同时培养参保人的社会保障权益意识,增强参保人员对于社会保障的信心和热情。

第二,明确社会保障"保基本"的政策定位和保障项目的层次结构。总的来说,在我国社会保障三支柱中,基本社会保障发展势头较好,企业年金渐趋瓶颈,而商业保障和个人储蓄型的保障项目发展空间仍然很大。而随着经济发展模式变化,社会保障基金的风险因子逐渐增多、居民综合购买能力不断提升,在此趋势下,应更多鼓励居民参加补充性保障,完善社会保障体系的多元层级。一方面,需要进一步划定各类社会保障项目的职责分工,厘清基础性保障和补充性保障的责任边界和交互关系,明确救助性保障与福利性保障之间差异性的功能定位,强调社会保险权利与义务对等关系的体现,以不断提升社会保障的服务质量和发展水平。与此同时,统筹协调社会救助、社会保险、社会福利三大基本制度体系的关系,坚持以社会保险为主体,并积极优化保基本和社会化、市场化及面向家庭的多层次保障之间的功能定位和目标层次,积极促进社会福利、慈善事业、军人保障等不同层次社会保障制度的协调匹配。另一方面,需要对当前人民对美好生活需要的需求进行回应,建立更加多元的社会保障政策体系。例如当前我国失能人口迅速上升,护理需求却存在缺失,建立长期护理保险制度就是为了维护失能人口的生活水平,同时长期护理制度的建立也能够减轻家庭照料负担,提升家庭成员的生活质量。老龄化社会的深度发展使得老年人的疾病负担加重,也催生日趋庞大的健康保障需求。因此,推动相关社会保障制度联动改革,对于提高人民生活水平、追求美好生活也具有重要意义。此外,逐步实现高龄津贴制度全覆盖、积极完善企业年金制度,鼓励发展商业性养老保险和商业性医疗保险,完善职业教育和住房保障等政策都对与回应人民美好生活需求具有重要政策意蕴。

第三,协同推进基本保障、补充保障、商业保险和家庭保障"四层次"社会保障制度的发展。养老保险的第一层次,基于个人缴费与政府补贴相结合;第二层次,面向在职企业职工与其他灵活从业人员;第三层次,面向全体国民的各类商业性补充养老保险制度;第四层次,面向相对贫困的老年收入保障制度。医疗保险的第一层次,基于个人缴费与政府补贴相结合,体现普惠公平与政府责任。第二层次,面向在职职工与其他从业人员,其中职工医保由个人缴费和单位缴费,其他从业人员自愿参加和缴费,享受国家基本医疗保障待遇。社会救助制度:针对不同禀赋的困难家庭,分类型、分层次进行制度改革。社会福利:分人口进行多层次的制度设计。军人保障:针对军人的贡献进行制度设计。尤其需要强化医疗保险改革,要做好顶层设计,建立一种花钱较少、政府负担较轻、人民满意的医疗保障制度。按照分级诊疗制度,完善现行医疗保障制度,解决长期以来看病难、吃药贵、看不起病、看不好病的现实问题。第一层次,门诊,实行渐进式的免费医疗制度;第二层次,住院、大病,自觉自愿投保,政府政策引导;第三层次为医疗救助,对一些特殊弱势群体进行兜底保障。此外,针对不同收入群体实施多层次的补充医疗保险制度安排。

1.3.2 促成公平统一的、城乡均衡发展的多层次社会保障体系

第一,破除社会保障城乡壁垒,放开灵活就业人员在就业地参保户籍限制。要全面整合城乡社会保障制度,充分考虑并逐步缩小城乡差距、地区差异,保障城乡个体公平享有基本待遇,完善困难群体养老保险帮扶政策,努力促进制度间的参保机会公平、缴费公平、待遇公平,实现社会保障制度城乡统筹发展,切实缩小城乡间居民待遇的差距、实现社会保障城乡一体化。进一步增加农村地区医疗救助、就业帮扶和与职业伤害相关的保障项目,可以更好地解决农村地区社会保障缺位的难题,进而提高农村地区社会保障待遇,缩小城乡社会保障待遇水平差距,提升农村地区社会保障服务能力和信息化水平,逐步实现社会保障城乡一体化发展。同时,

减少进城务工人员参加和享受社会保障的阻碍因素,"松绑"依赖于户籍制度之上的社会保障制度,提供更公平合理的社会保障服务。2021年,中国低保制度已经实现城乡统筹。还要统筹城乡社会救助体系,完善最低生活保障制度,完善社会救助、社会福利、慈善事业、优抚安置等制度。这有助于强化基本民生保障,兜住民生底线,不断提升保障水平。

第二,整合碎片化的社会保障制度。一方面,面向不同人群的社会保障制度亟须整合。在社会保险方面,应该增强对于职工、居民和机关事业单位工作人员的社会保险安排的整合力度;在社会福利方面,针对不同群体的福利政策应该构建统一的运行框架;在社会救助方面,要关注社会救助与其他制度的衔接问题。另一方面,面对社会保障制度城乡差距和多轨并行的"区隔化"问题,建议充分利用可衔接、可相互转移的政策安排,例如,个人可以按照自己的需求在城镇职工基本养老保险与城乡居民基本养老保险中自行选择。由于在不同阶段我国发展社会保障制度的重点不同,我国的社会保障制度表现出了城乡二元体制的特征,因而在新阶段的社会保障制度改革中就需要对现有的城乡差异和地区差异进行调整。当前我国已经实施了城乡居民基本养老保险和城乡居民基本医疗保险,这些制度的合并首先就是在制度层面上消除城乡差异,在此基础上要逐步消除城乡居民和城镇职工在养老保险和医疗保险权益之间的差距,最终实现城乡养老保险和医疗保险制度实质上的融合。此外,推动企业年金的普及。企业年金发展不足与限制条件、激励机制、信息披露相关。因此,可以适当放宽企业参加企业年金的限制条件,例如企业年金实行自动加入机制,企业职工在不签订拒绝协议的情况下,就可以视为自动加入年金制度。增加企业年金参与激励机制,例如通过完善制度安排优化企业年金税优政策,让参保人可以实实在在地受益,激发企业和职工参加的主动性。同时,建立有效的信息披露机制,及时发布相关信息,实现信息的公开透明,强化企业年金参与者的知情权和选择决策权。此外,加快推进社会保障全国统筹,尽快建成企业职工基本养老保险全国统筹信息系统,利用中央调剂金制度缩小地区差距,最终实现全国统筹。

第三,充分发挥多层次社会保障制度对参保群体的收入再分配调控作用。市场机制下的收入分配存在诸多不足之处,例如资源禀赋的异质性导致竞争机会和收入回报不均等,以及初次收入分配政策和再分配政策之间存在的不协调问题,这会在一定程度上导致不同收入组群体之间、拥有不同社会经济条件的省份和地域之间以及不同行业和职业群体之间存在收入分配差距。需要重新审视以往的收入分配政策,构建更加完善的要素市场化配置体制机制,尤其是充分发挥多层次社会保障制度对参保群体的收入分配作用,弥补不合理的要素分配失衡,促使收入分配差距各个指标趋向合理。这就需要建构更全面有效的社会保障体系,改进现阶段的社会保障、公共服务、政府收入转移支付制度,并以积极的财税政策为"抓手",织密民生安全网,缓冲不利于调节收入分配差距的要素。

第四,积极应对人口老龄化,构建多维度、多主体、全方位的养老托育服务政策体系。一是建立养老、托育服务需求评估制度,聚焦需求,扩量提质。在现状评估的基础上,合理确定服务项目、内容和标准,全方位、全周期提高"一老一小"人员养老托育服务质量,以实际需求为导向,突出以高龄、生活不能自理、生计特困人员为重点,实现养老托育服务供给与需求精准对接。建立社区照护服务清单制度,为"一老一小"提供差异化的、精准化的养老托育服务。二是实施服务标准化、规范化建设工程,补齐服务质量短板,促进资源要素有机均衡衔接。加强养老托育服务基础设施建设,推进社区适老化改造;夯实基本公共卫生服务,扩大基本养老服务覆盖面,整合卫生和养老服务,惠及更多"一老一小"人员;协同卫健、民政、发改、财政、医保、药监、人社、商务、老龄和残联等部门的行动,尤其是推动医疗机构与养老服务机构、社区老年照料机构对接,将发展"物质救助+服务保障"照料服务纳入发展规划,推动"一老一小"人员委托照料服务的相关人力资源合理流动和优化配置。三要进一步加强现代技术的应用,搭建智慧养老托育服务平台,建立养老托育服务基础数据库,实现社区照护服务信息全覆盖,充分利用线上线下服务平台,整合、配置"通信网络、智能呼叫、互联网"等手段,建立由个体提出服务需求、服务商提供专业服务、平台进行服务质量评价的完整服务链条。此外,积极引入多元化的社会力量,利用社会组织专业服务优势开展非正式监管,促进"一老一小"养老托育服务的可持续供给。

1.3.3　完善制度顶层设计并强化可持续,健全多层次社会保障长效机制

第一,积极推进医保支付方式改革,建构多元复合型医疗保险费用支付方式。改革医保支付模式,重构产业链条,力争平抑医疗费用的同时,进一步提高医疗服务水平,同时进一步抑制和裁减医疗保险基金的刚性支出。一方面,以基本保障和责任分担为原则,进一步构建医保基金、收支预算和长效增长机制。改革医保付费总额控制制度,以医保基金的历史数据和当期收入状况为依据,医保经办机构确定基金支出总额,同时形成明确具体指标,层层分解到医保定点医院,在"以收定支、收支平衡、略有结余"的原则下,"结余留用、超支分担"。通过合理的分解布局,实现在不增加甚至减少总体医疗费用的同时,为患者提供更加规范、有效的医疗服务。另一方面,加强对医保参保人和医疗服务提供方的监管,进一步打击"医患合谋""小病大医"等医疗服务的欺诈和滥用行为,并对疾病进行统筹划分,合理分配医疗资源,加强对药品供应的监督和谈判,确保对居民需求迫切的药品低价保供。同时,应当建立系统的医疗费用共付机制,从制度上控制城镇职工过度医疗现象。需要改进和完善材质补贴调整机制,根据不同医疗费用增长率划分合理的保障水平区间和最低财政补贴比例,控制医疗费用的不合理增长,提高医疗资源覆盖范围和运作效率。

第二,加强商业保险的顶层设计,促进不同层次社会保障项目的"梯度"融合。商业保险是社会保障的重要支柱之一,积极引导商业保险发展是构建多层次的社会保障制度中必不可少的内容。一方面,社会保障要保持适度水平,尽量避免和减少社会保障对商业保障的挤出效应;另一方面,加强对于商业保险的政策倾斜,如发展个税递延型商业保险、加强商业保险监督、引导公众商业保险等。一是壮大商业个人储蓄养老保险。首先,加大对商业养老保险的税收政策支持。我国税法规定,居民个人购买商业养老保险,在领取养老金时无须缴纳个人所得税。但商业养老保

险缴费阶段却缺少一定的税惠政策。遵照上述企业年金的税惠思路,如果企业职工以个人名义为自己购买商业养老保险的费用能够全部或按某个百分比部分扣除个人所得税的应纳税额,那么势必将鼓舞居民个人购买商业养老保险的积极性。其次,鼓励将商业养老保险纳入银行保险销售渠道。银行保险销售模式在 20 世纪 90 年代从国外传播到我国,已经成为国内各保险公司产品销售的主要途径之一,可以为保险公司带来一定的利润。二是提高商业养老保险产品创新水平和服务保障水平。一方面,要加强商业养老保险产品创新。社会基本养老保险的保障水平较低,一般只能满足人们退休后的最基本生活需求,难以有效满足居民复杂的生活需求。同时,补充性养老保险计划提供的保障水平有限。社会经济发展和消费结构的升级使得社会成员对退休后生活质量有了新的更高的需求,基础养老金难以满足社会成员的养老需求。与之相对的,商业养老保险产品和服务具有多样化和个性化的特点,可以对现有的社会保障体系进行有效补充。另一方面,应设置标准化的业务流程,规范灰色地带,解决理赔难、误导消费等问题,提高保险行业整体的服务水平。三是加强保险行业监管和风险控制。商业养老保险的健康发展离不开系统的法制环境和规范的市场秩序。商业补充保险作为一个新兴行业,缺乏完善的市场运作机制,整体上管理难度更大,更加需要政府依法履行监管职责,对整个保险行业进行监管和引导。应该进一步赋权银保监会,强化其作为保险领域直接监督机构的行业监管职能,营造健康的行业氛围和积极的市场环境。此外,针对我国商业养老保险与社会养老保险发展协调度提升还有较大空间,一方面可通过财政倾斜,适度加大对商业养老保险的投入,通过政策扶持鼓励商业养老保险的发展。鼓励高收入群体在参加社会养老保险以后,也可以投保商业养老保险。另一方面鼓励商业保险产品创新,积极培育第三支柱的保险市场,进而丰富社会保障的总体层次。商业保险的保障范围可大可小,可集中可分散,只要符合可保风险的条件就可以设立险种,满足人们多层次的、特殊的社会保障需求。

第三,加强医疗保障基金的统筹管理。坚持精算平衡,建立与筹资水平相适应的待遇支付标准动态调整机制。医疗保险统筹基金对门诊和住院医疗费用的支付比例要适度,尤其要避免过快提升统筹基金支付比例。一方面,大力推动医养结合保障模式,分级诊疗,并探索慢性病的预防和管理机制,建立更加优质高效的医疗卫生服务体系,实施一种政策引导患者分流,把优质医疗资源下沉到基层,患者小病不用再挤三级医院,让小病和一些慢性病能够在基层医院解决,将大中型医院承担的一般门诊、康复和护理等分流到基层医疗机构,以此缓解"大医院人满为患""看病难、看病贵",遏制医疗费用过快上涨。另一方面,提高医疗卫生财政投入效率,改善社区医疗机构服务水平,从单一医疗向集医疗、预防、保健、康复、健康促进、健康教育为一体的模式转变,同时可借助"互联网"和"健康大数据"等手段打造智能社区。建立老年人医疗保障制度,鼓励医疗单位合理使用闲置床位,可以将其转化为老年病科床位,或者将其改造成康复医疗机构,如在医院内开设老年康复中心、企业职工医院将服务对象转向老年护理等,既可以缓解老年人费用负担,也可以降低老年人发病概率和减少国家医疗费用开支。此外,城镇职工医疗保险制度区域不平衡的禀赋条件,对不同财务状况下各省份的疾病预防增加专项基金,构建以健康为中心的多层级、多支柱的治理整合型服务体系。

第四,筑牢"后扶贫时代"兜底保障网。社会保障是国家反贫困、推进共同富裕的基础性制度安排,也是国民收入再分配的重要途径。在后扶贫时代,中国减贫战略将发生转变,偶发型贫困、相对贫困和慢性贫困将成为"后扶贫时代"的主要矛盾。在贫困治理重心向相对贫困聚焦的大背景下,需要全方位多层次筑牢社会保障网,从相对贫困识别、微观主体参与到基层组织治理、宏观减贫政策设计等方面综合施策,助力扶贫政策转化为长效治理机制,提高脱贫质量,保障脱贫的可持续性。需要充分发挥社会保障的就业扶贫和社会救助扶贫制度的功能,造血输血协同,更有力地、更有效地培育贫困人口的自我发展能力。探索建立完善包括大病保险、慈善医疗救助、商业健康保险等针对贫困群体的各类兜底保障机制,推动实现社会保障、乡村振兴、共同富裕等相关政策的组合使用与有效衔接。2021 年 8 月,人力资源和社会保障部、民政部等 6 部门联合印发了《关于巩固拓展社会保险扶贫成果,助力全面实施乡村振兴战略的通知》,强调要充分发挥社会保险在保障和改善民生、维护社会公平、增进人民福祉等方面的积极作用,有效防止参保人员因年老、工伤、失业返贫致贫,并从减轻困难群体参保缴费负担、推进社会保险法定人员全覆盖、提高社会保险待遇水平、提升基金安全性和可持续性、加强社会保险经办服务能力等方面巩固拓展脱贫攻坚成果、全面推进乡村振兴。

1.3.4 注重加强多层次社会保障体系信息基础建设和政策协同

第一,完善社会保险费税务部门征缴政策。一方面,要考虑到改变社会保险筹资方法可能会带来的企业和职工的负担加剧,故为了降低收税的阻力,降低社会保险费率是关键。而费率设计既要充分考虑实际支出的需要,又需要与现阶段的社会总体负担水平相协调,同时还要关注人口老龄化等新问题。降低税率要逐步推进不能一蹴而就,企业养老保险费率从 20%逐步降低到适当水平,其他社会保险视情况也可同步降费。另一方面,按照分类指导的原则,政府应高度重视中小企业产业优化升级,提高其盈利能力,并在所得税、增值税制度上给予一定比例的扣除或设定浮动税率,同时,对初创期、成长期和成熟期的企业采用不同的税率征收等方式为其提供政策支持。此外,应完善社会保险费税务部门征缴的相关法制配套措施和社会保险费的信息化服务建设。一是从我国国情及完善社会保险费征缴模式角度出发,从法律层面明确税务机关作为唯一的社会保险费征缴主体地位,不再赋予各省份自主选择权,采用全国统一的社会保险费征缴模式,实现社会保险费真正统一征收。二是在《中华人民共和国社会保险法》的框架下,进一步完善实施细节和配套的法律法规建设,明确征收流程各个环节的业务规范,使税务机关能够有法可依,提高执法刚性。三是完善社会保险费的信息化服务建设,加强部门之间网络互通和数据共享。

第二,建立统一完善的信息系统。一是全国统一规划、统一标准。由国家主导,统一组织,由国家和地方财政共同负担,共同建设一个全国范围内功能统一、能够异地办理业务、能够跨区域跨险种处理业务的社会保险费征缴信息系统。二是将社会保险费征缴系统嵌入"金税工程"征税系统。利用税务机关全国统一的征管系统，自动完成税收信息与社会保险信息的比对工作，通过大数据手段核查税收基础信息，将个人所得税、企业所得税与社会保险费之间的勾稽关系进行逻辑比对，检验社会保险费数据的真实性和完整性。同时主动对系统中的错误数据、疑点数据进行排查、清理、整改，及时对社会保险费征收环节中的问题进行预警，提高社会保险费的征缴效率。三是建立全国统一的缴费单位和个人编号。在建立全国性的统一信息系统时，应该建立全国统一的社保编号，企业可以采用统一社会信用代码证号作为参保编号，个人可以采用居民身份证号作为社会保障号码，便于对缴费单位和个人的数据信息管理及统计，避免企业和人员在各统筹区之间流动时需重复办理登记等业务。四是统一社会保险费入库程序。同时，税务部门、财政部门和社会保险经办机构根据各险种类别，分统筹基金和个人账户两类记账和统计，并定期开展对账工作，加强审核，规范程序。

第三，加强部门之间网络互通和数据共享。我国的社会保险参保单位及参保人数众多，参保单位及参保人员的登记信息、缴费情况等信息需要在税务部门和社会保险经办机构间互相传递。为保证每一位参保人的社会保险权益，每次信息传递所涉及的信息数量大、传递数据频繁、数据准确性要求高。这就要求搭建一个社会保险信息网络，改变目前各部门信息孤岛、数据不能共享的状况，实现社会保险的参保登记、险种核定、申报征收、欠费追缴、稽核处罚等信息在税务机关、社会保险经办机构、财政部门的三方联网系统上实现数据的实时交换。此外，还可以根据审计工作需要将审计部门接入三方系统，及时网络互通，对社会保险费征缴工作进行实时有效的监督，保证社会保险费征缴工作及社会保险基金管理工作有序、透明、规范。

第四，完善社会保险费征管体制机制建设，加大行政部门监督管理力度。一是要加强对社会保险费征缴工作的监督管理。相关的监督管理部门应当制定相应的指标体系，对社会保险的征收面、征缴率、入库时间进行考核，确保社会保险费做到应收尽收，社会保险资金应及时妥善存入社会保险基金账户,以保证资金安全。二是要加强对社会保险基金监管,降低运营风险。三是要加强社会保险资金支出及管理的审计工作,杜绝挪用社会保险费等违规现象发生。另外,完善信息披露,引入社会监督机制。建立定期信息披露制度,定期向社会公众公开披露社会保险资金的相关信息。信息披露应当包括社会保险费的征收、支出和结余、社会保险资金的投资运营及收益等情况。同时,引入社会公众对社会保险资金的监督,利用新媒体及互联网的优势,加强社会公众对社会保险资金的监督,使社会保险资金的管理及行政部门监督更规范、有效。

第五,促进慈善事业发展。慈善事业在发挥第三次分配作用、推进共同富裕过程中具有重要的作用。2016 年 9 月 1 日起实施的《中华人民共和国慈善法》明确了政府在发展慈善事业中的职责。通过建设政社协同、管理有序的整体性慈善治理体系,整合多元主体资源,明确政府部门在慈善事业中的地位和作用,进而提高成效。因此,政府部门应高度重视慈善事业,积极发挥自身作用,将政府在慈善活动中的主导功能逐渐向引导作用过渡,开放民间组织从事慈善的空间,推动全社会共同支持慈善事业。一方面,做好减法,简化程序,提高服务质量。政府部门应该将其角色聚焦在承担促进慈善事业大发展的责任上,强化法制建设、财税支持和有效监管,确保政府在履责中不缺位、不越位、不错位。另一方面,要做好加法,政府在强化对慈善组织和慈善活动有效监督管理的同时,主动与慈善组织实现良性互动,并为其提供有力保障,激发社会组织的活力,积极引导慈善事业发展。此外,应着力引入慈善组织的力量,促进扶贫开发与慈善事业融合发展。需促进扶贫开发与社会保障有效衔接,整合社会救助与扶贫政策,建立新型社会救助体系。减贫是一项长期性、系统性的工程,慈善力量(尤其是企业扶贫)在减贫中大有可为。但是,目前我国慈善力量参与减贫还存在资源有限、效率不高,现代性、专业性程度有待提高,运行机制不够健全,相关政策法规不完善等问题,需要健全减贫制度体系,建立贫困信息共享平台,加强慈善组织专业化与现代化建设,完善促进慈善力量参与减贫的政策法规体系,激发公众尤其是贫困者本身的参与积极性。

　　此外,多举措促进军人社会保险转移接续。首先,逐步建立健全军地保险制度顺畅衔接的体制机制,需要重点关注制度层面的衔接、信息层面的衔接以及保险项目的衔接。例如,结合军人的职业特点进行灵活选择,进一步完善军人医疗保险、军人养老保险和未就业随军配偶保险等项目,将军人服役的年限与随军配偶的随军年限都视同参加社会保险的年限,实现军地保险项目和个人账户的衔接。其次,健全军人保险基金筹集管理和监管体制。在已有军人保险基金的筹集渠道基础上,通过政策上的鼓励以及一定的宣传、引导,调动各种社会力量积极投入参与军人保险,扩充保险基金。在基金管理和运营方面,建议实行相互分离又相互制衡的军人保险基金监管体制。一要加强对保险基金的保值增值管理。二要分类核算,专款专用。在管理上,要不断加大业务监管和审计监督力度,以确保军人保险基金的绝对安全。再次,从军人保险的长远发展考虑,在管理上,要充分利用互联网以及信息技术,搭建军人保险网络平台,在实现军队内部的独立的保险管理的同时,也将部分可公开的数据与国家社保信息平台对接,实现信息的互联、互通和共享。最后,应建立多样化的保险模式。针对军人职业的特殊性,为了充分保障军人保险权益,应该适当增设新的险种,以更好地应对军人可能面对的各种风险。在多层次社会保障体系建构中,一方面,适时建立军人补充保险。军人补充保险是军队保险险种的重要组成部分,是运用商业保险和社会保险机制,弥补军人基本保险不足、提高保障水平的一种辅助性保险。推进军人保险与商业保险相结合,为军人保险提供支撑。同时,也要不断拓展商业保险项目类型,逐步形成军人保险"多支柱、多层次"的保障模式。另一方面,适时增设退役军人补充医疗保险,既可更好地解决军地保险衔接问题,又能改善军人退役后的医疗保险待遇,为退役军人提供可靠保障。

2

发展多层次、多支柱养老保险体系

2.1 职工基本养老保险与机关事业单位养老保险制度的改革实践及发展趋势

  2020 年新冠肺炎疫情的突袭,给中国经济和社会发展带来巨大冲击。面对来势汹汹的疫情,社会保险制度充分发挥了社会稳定的"安全网"功能,保障养老金准时足额发放,阶段性减免社会保险费为推动企业复工复产发挥重要作用。回顾近两年制度发展历程,以养老保险为主的社会保险制度改革的总体思路始终围绕着公平、可持续、改善民生与构建权责统一的制度环境四条主线,调整养老保险制度参数,梳理养老保险制度权责关系,为未来进一步深化社会保障供给侧结构性改革奠定基础。

2.1.1 职工基本养老保险与机关事业单位养老保险制度的改革措施

  近两年的养老保险制度改革措施主要目标是从"双轨制"运行向制度趋于统一迈进,因此无论是职工基本养老保险制度还是机关事业单位养老保险制度其改革措施是渐近一致的。改革措施主要是以参数改革为核心,配合征管体制与统筹层次变化的深层次供给侧结构性改革。

一、降低社会保险费率综合方案

（一）降低养老保险单位缴费比例

  2019 年 4 月,国务院办公厅印发《降低社会保险费率综合方案》,通过降低社会保险费率以减轻企业负担,营造公平的营商环境,同时进一步完善社会保险制度。此次降费率综合方案的重点是降低养老保险单位缴费比例,全国各地区养老保险单位缴费比例统一为 16%。与国际平均水平相比较,我国养老保险名义费率较高是不争的事实。从企业雇主的缴费来看,中国过去20%的单位缴费率是法国的2倍,美国、日本的3倍,加拿大、瑞士和韩国的4倍,因此我国的企业缴费负担远远高于上述发达国家,企业竞争实力会受到劳动力成本的影响。[①] 通过降低养老保险费率的方式可以有效降低企业的劳动力成本,进而提升其竞争力,这是降费率综合方案实施的主要原因之一。

其次,党的十九大报告中明确提出尽快实现养老保险全国统筹。由于地区间发展水平不同,在过去很长时间内地区间缴费差异是现实存在的。同时由于人口结构差异造成的地区间制度赡养率不同,地区间养老保险收支差异现象较为突出。上述两个问题是养老保险实现全国统筹所要解决的问题,但这也是目前阻碍全国统筹和养老保险可持续发展的核心难题。通过统一养老保险费率为16%,可以进一步解决缴费差异的问题,也为收支平衡问题的解决以及未来的全国统筹提供了政策空间。

最后,参保扭曲效应的存在迫使养老保险需要降费。过去我国养老保险高费率造成了部分企业为降低运行成本而选择延期缴费或逃避缴费,因此出现了高费率与低基金收入的扭曲现象。养老保险降费率最直观的反映便是养老保险收入减少,基金存在支付风险。但是由于拉弗曲线的存在,养老保险基金可能会进一步增加,即降低费率抑制了一部分逃费行为的出现。但是如果要解决高费率导致的参保扭曲效应,单一的降低费率是不可持续的。严格征缴,提高逃费成本才是解决问题的关键。

(二)调整社保缴费基数

根据《降低社会保险费率综合方案》的要求,社保缴费基数由过去城镇非私营单位就业人员平均工资调整为城镇非私营单位就业人员平均工资和城镇私营单位就业人员平均工资加权计算的全口径城镇单位就业人员平均工资。同时进一步明确个体工商户和灵活就业人员的缴费政策,个体工商户和灵活就业人员在参加职工基本养老保险时,可以在全口径城镇单位就业人员平均工资的60%至300%之间选择适当的缴费基数缴

---

① 郑秉文:《供给侧:降费对社会保险结构性改革的意义》,《中国人口科学》2016年第3期,第2—11页。

纳养老保险。

调整缴费基数为全口径城镇单位从业人员平均工资更能体现实际参保人员的平均工资水平,使得缴费基数核定更为合理,降低了部分中小企业以及工资待遇较低职工的缴费负担,由此进一步体现了公平原则。同时进一步降低了缴费门槛,个体工商户和灵活就业人员可以根据自身情况在上下限之间自由选择基数进行缴费,有利于提高养老保险的覆盖范围,进一步给予参保人员缴费自主权,同时可以促使参保扭曲效应得到进一步修正,提高基金收入。

(三)加快推进养老保险省级统筹

《降低社会保险费率综合方案》提出在 2020 年底前实现真正意义上养老保险省级统筹,完成基金省级统收统支,2020 年《政府工作报告》也进一步提出实现企业职工基本养老保险基金省级统收统支。最早提出关于养老保险省级统筹的文件是 1998 年《国务院关于实行企业职工基本养老保险省级统筹和行业统筹移交地方管理有关问题的通知》,然而许多省份并没有做到真正意义上的省级统筹,其实质是省级调剂金制度的省级统筹,并不是统收统支的省级统筹。统筹层次的提高可以提高养老保险基金抵抗风险的能力,提升财政兜底能力,减轻基金支付压力,对养老保险制度可持续发展和社会公平具有重要意义。截至 2020 年底,所有省份已经实施养老保险基金省级统收统支,为下一步养老保险全国统筹奠定了基础。

(四)提高养老保险基金中央调剂比例

《降低社会保险费率综合方案》中提出将职工养老保险基金中央调剂比例从 3% 提高至 3.5%,进一步解决各省份之间的养老金负担差距,确保养老金按时足额发放,避免未来由于养老基金收支缺口过大所造成的财政风险。

养老保险基金 3% 的中央调剂比例并没有完全解决部分省份的基金缺口,如若大幅度提高中央调剂比例,则可能出现逆向调节效果,基金贡献省份累计结余被快速消耗,首次赤字时点大幅前移,中央调剂金制度效果大打折扣,同时违背了公平原则。此次调剂比例微调可以有效增强中央调剂金制度的政策效果,同时也进一步平衡了公平与效率之间的关系。

（五）实施养老保险征收体制改革

实施征收体制改革是《降低社会保险费率综合方案》提出的重要改革举措。该方案提出职工养老保险暂按现行征收体制继续征收,"成熟一省、移交一省";机关事业单位养老保险如期划转为税务部门征收,同时强调不得自行对企业历史欠费进行集中追缴。

过去,税务部门与社保经办机构之间关于社会保险的征收进行长时间的"博弈"。从征收体制来看,税务部门征收社会保险费可以提高征缴强度,提高了逃费成本,有效避免逃费行为的出现。同时,进一步提高养老保险实际缴费率和实际征缴率,抑制了参保扭曲效应,进而配合了降费率等改革政策的实施,保障养老保险制度可持续性。2020年11月多个省份发布公告,企业社会保险费将全部交由税务部门征收,二元征收主体之争就此画下句号。

二、阶段性减免社会保险费

2020年初,受到新冠肺炎疫情的影响,给我国经济和社会发展带来巨大冲击,部分企业遭受到生存危机,为了帮助企业渡过难关,减缓疫情造成的冲击风险,有效推动复工复产,2020年2月20日,人力资源和社会保障部等多部门联合印发《关于阶段性减免企业社会保险费的通知》。通知具体要求除机关事业单位外,从2月起进行不超过五个月的免征中小微企业基本养老保险、失业保险和工伤保险三项社会保险单位缴费,对大型企业单位缴费进行不超过三个月的减半征收。针对湖北省则是免征各类参保单位三项社会保险,期限不超过五个月。同时职工基本养老保险中央调剂比例调整为4%,进一步解决基金缺口地区的支付压力。

2020年6月,人力资源和社会保障部等多部门联合印发《关于延长阶段性减免企业社会保险费的通知》,针对中小微企业免征三项社会保险延长至当年12月底,其余减免政策延长至6月底。从2020年2月到12月底,阶段性减免企业社会保险费合计减免、缓交1.54万亿元[1],有效推动企

---

[1] 李心萍:《社保基金累计结余6.13万亿元》,《人民日报》2021年2月2日,第13版。

业复工复产,降低缴费负担,减缓资金周转风险,充分发挥了社会保障"安全网"的角色,进一步帮助中国经济走出疫情低谷,实现有序稳定发展。

2.1.2 职工基本养老保险与机关事业单位养老保险制度的发展状况

养老保险制度在近两年中不断改革完善,在调整制度参数的同时,进一步梳理了养老保险的管理体制与权责关系,为日后养老保险全国统筹和延迟退休顺利实施打下了坚实的制度基础。机关事业单位养老保险制度也逐步完成"并轨"工作,与职工基本养老保险逐步形成一体化的养老保险制度。

一、职工基本养老保险发展状况

2020 年,新冠肺炎疫情影响经济平稳运行,职工基本养老保险受到一定的冲击。但总体来看,职工基本养老保险运行平稳。人力资源和社会保障部公布的数据显示①,2020 年参保人数突破 4.5 亿人,较 2019 年参保人数增长约 5%,养老保险覆盖率进一步提高;受到疫情以及阶段性减免社会保险费政策的影响,2020 年的职工基本养老保险基金收入为43971.8 亿元,较 2019 年下降约 17%;在基金支出方面,2020 年基金支出51189 亿元,比 2019 年基金支出多 1961 亿元。

从基金平衡的视角考量,2019 年基金收入 52919 亿元,基金支出 49228亿元,基金收支略有盈余;基金累计结余 54623 亿元,基金结余进一步增长;职工基本养老保险基金中央调剂规模 6303 亿元,有效缓解部分地区基金收支紧张问题。2020 年,职工基本养老保险基金收支存在缺口,基金收入43971.8 亿元,基金支出 51189 亿元,收支缺口 7217.2 亿元。从表面数据来看,职工基本养老保险基金可持续能力受到一定的挑战,但考虑到 2020 年底阶段性减免社会保险费政策到期,2021 年养老保险将恢复正常征收,同时部分缓交的社会保险费将陆续补齐,实际情况较数据反馈而言将会有所好转。表 2-1 为 2019—2020 年城镇职工基本养老保险基金基本情况。

---

① 数据来源于 2019 年度和 2020 年度《人力资源和社会保障事业发展统计公报》,见 ht-tp://www. mohrss. gov. cn/xxgk2020/fdzdgknr/ghtj/tj/ndtj/202009/t20200911 _ 385449. html;ht-tp://www.mohrss.gov.cn/xxgk2020/fdzdgknr/ghtj/tj/ndtj/202106/t20210604_415837.html。

表 2-1　2019—2020 年城镇职工基本养老保险基金基本情况

年份	统计指标	单位	数量
2019	期末参保人数	万人	43488
	基金收入	亿元	52919
	基金支出	亿元	49228
	基金累计结余	亿元	54623
	基金调剂规模	亿元	6303
2020	期末参保人数	万人	45638
	基金收入	亿元	43971.8
	基金支出	亿元	51189

资料来源:2019 年数据根据《2019 年度人力资源和社会保障事业发展统计公报》整理;2020 年数据根据《2020 年人力资源和社会保障统计快报数据》整理。

二、机关事业养老保险发展状况

自 2015 年国务院印发《关于机关事业单位工作人员养老保险制度改革的决定》以来,机关事业单位养老保险开始与企业职工基本养老保险"并轨",其目标是建立缴费率、缴费基数以及计发办法等制度参数与企业职工基本养老保险相统一的养老保险制度,结束"碎片化"制度时代。近两年的制度改革均与企业职工基本养老保险保持一致,自 2019 年 1 月起,全国多地陆续发布公告,机关事业单位社会保险由社保经办机构转为税务部门征收。2019 年 4 月,《降低社会保险费率综合方案》关于降低费率、调整缴费基数及计发办法等举措均与企业职工基本养老保险制度一并调整。

机关事业单位养老保险改革进一步彰显了社会保障制度公平性,结束了公共部门养老保险制度特权时代,逐步缩小与企业之间的待遇差距,同时保障了机关事业单位工作人员养老保险缴费权益。从长期来看,制度"并轨"进一步降低了财政负担,避免"碎片化"制度带来的支付风险。但是从短期来看,制度负担较大,这里主要体现在制度改革中"老人""中人""新人"之间的"并轨"成本。因此设置了 10 年过渡期以解决制度衔接问题,弥补"老人"和"中人"在制度改革过程中产生的待遇差距。当然更为重要的是,机关事业单位养老保险制度"并轨"打破了封闭运行的旧制度体系,打通了职工基本养老保险与机关事业单位养老保险之间的联系,消除公共部门与私人部门之间劳动力流动的制度障碍,有利于劳动要素的自由流动,推动劳动力资源合理配置。

2.1.3　职工基本养老保险筹资与待遇调整机制设计

筹资和待遇调整问题是职工基本养老保险制度如何实现可持续发展的重要议题。《中共中央关于制定国民经济和社会发展第十四个五年规划和二〇三五年远景目标的建议》中,提出要健全基本养老保险筹资和待遇调整机制。说明筹资与待遇调整机制已经成为进一步完善我国职工基本养老保险制度的主要目标。

一、职工基本养老保险筹资机制设计

（一）制度参数调整

2019 年 4 月出台的《降低社会保险费率综合方案》,从制度参数上调整了职工养老保险筹资机制。一是将养老保险单位缴费比例降为 16%,除浙江和广东两省外,其余省份均统一了单位缴费比例,浙江和广东则是逐年过渡至 16% 的单位缴费比例。二是降低了养老保险缴费基数,缴费基数的计算方法调整为城镇非私营单位就业人员平均工资和城镇私营单位就业人员平均工资加权计算的全口径城镇单位就业人员平均工资,同时明确了缴费基数上下限。调整后的制度参数有利于纠正先前高费率与低基金收入的扭曲效应,同时降低了制度准入门槛,更有利于扩大养老保险覆盖范围,提高基金收入。

（二）实施国有资本划转

2017 年 11 月,国务院印发《划转部分国有资本充实社保基金实施方案》,统一划转企业国有股权的 10% 充实社保基金,以解决因社会保障制度改革转型遗留下来的基金缺口。2019 年五部门联合印发《关于全面推开划转部分国有资本充实社保基金工作的通知》,通知要求符合条件的中央企业于 2019 年底前完成国有资本划转工作,存在部分困难的企业于

2020 年底前完成。地方国有企业等单位于 2020 年底前完成国有资本划转工作。根据财政部公布的数据,截至 2020 年末,符合条件的中央企业和中央金融机构国有资本划转工作全面完成,共划转 93 家中央企业和中央金融机构国有资本总额 1.68 万亿元。①

实施国有资本划转对于完善养老保险筹资机制意义重大。随着人口老龄化程度进一步加深,人口抚养比的逐步上升以及少子老龄化问题日益严峻,严重威胁着以缴费型养老金为主的养老保险制度可持续发展。党的十九届五中全会提出实施积极应对人口老龄化战略,健全多层次的养老保险体系,健全基本养老保险筹资与待遇调整机制。实施国有资本划转作为调整筹资机制的重要改革举措,解决过去制度转制遗留下来的基金缺口,降低了养老保险支付压力,有利于实现未来养老保险制度的收支平衡与代际公平,保障养老保险制度的可持续发展,同时也进一步体现国有经济发展成果全民共享。

(三)养老保险基金投资

养老金保值增值一直是健全基本养老保险筹资机制的重要手段之一,但是自 1997 年职工养老保险统账结合制度实施以来,养老保险基金投资渠道十分单一,2015 年以前多数养老保险基金仅以活期存款形式存在银行。同时基金投资管理缺乏顶层设计,没有合理的投资规范办法,且受到过去计划经济影响,投资受到严格限制。较低的基金收益率甚至低于通货膨胀率,养老金缩水贬值已成既定事实。基金贬值显然不利于基金可持续健康发展。

2015 年,国务院发布《基本养老保险基金投资管理办法》,为养老金保值增值提供了新的"赛道"。经过近 5 年的探索实践,养老保险基金投资取得了一定的成绩。基金投资规模方面,2019 年末,社保基金会已先后与 22 个省(区、市)签署委托投资合同,合同总金额 1.09 万亿元,实际

---

① 中华人民共和国财政部:《中央层面划转部分国有资本充实社保基金全面完成》,见 http://zcgls.mof.gov.cn/gongzuodongtai/202101/t20210112_3642788.htm。

到账资金 9081.77 亿元。① 2020 年末,所有省份均启动实施基本养老保险基金委托投资工作,合同规模达 1.24 万亿元,到账金额 1.05 万亿元。② 基金投资业绩方面,基本养老保险基金权益投资收益额 663.86 亿元,投资收益率 9.03%,累计投资收益额达 850.69 亿元。③

上述数据表明,近年来的养老保险保值增值工作取得了关键进展,基金投资业绩明显优于过去保守的保值策略下的业绩,在促进养老保险基金保值增值的同时,也推动了资本市场健康发展。随着入市比例的提高,养老保险基金将成为资本市场的中流砥柱,为我国资本市场带来活力的同时增加市场稳定,也为诸多拥有良好业绩的公司注入新的力量,带动实体经济的发展壮大,为经济高质量发展提供动力。

二、职工基本养老保险待遇调整机制设计

(一)改革计发办法

《降低社会保险费率综合方案》提出以本省城镇非私营单位就业人员平均工资和城镇私营单位就业人员平均工资加权计算的全口径城镇单位就业人员平均工资作为缴费基数的计算方法。调整后的全口径城镇单位就业人员平均工资更能反映城镇参保人员的平均工资水平,扩大统计口径也在一定程度上降低了缴费基数,降低了缴费门槛。与此同时,以平均工资为计发基数的基本养老金计发办法也相应需要进一步调整,确保退休人员的待遇水平不受影响,平稳过渡。

根据 2019 年和 2020 年公开数据,目前全国各省份没有直接采用全口径城镇单位就业人员平均工资作为计发基数,2019 年多数省份仍然按照小口径确定基本养老金计发基数,但是 2020 年多数省份并未公开计发基数的计算方法,2019 年和 2020 年两个年度的计发基数均明显高于以全口径平均工资计算的缴费基数。由此从短期来看,在过渡期内,较高的

① 《基本养老保险基金受托运营年度报告(2019 年度)》,见 http://www.ssf.gov.cn/yljjtzgl/202011/t20201123_7821.html。

② 李心萍:《社保基金累计结余 6.13 万亿元》,《人民日报》2021 年 2 月 2 日,第 13 版。

③ 《基本养老保险基金受托运营年度报告(2019 年度)》,见 http://www.ssf.gov.cn/yljjtzgl/202011/t20201123_7821.html。

计发基数对于基金收支存在一定的压力。目前国家和各个省份并未颁布过渡办法规定现有计发基数如何过渡至全口径平均工资,公布的计发基数文件也未告知。但是根据以往养老金制度参数调整的经验,国家及各个省份会设立 3—5 年的过渡期按照一定的调整比例,逐步将统计口径调整一致。

(二)调整基本养老金水平

在经济新常态和物价水平上升的宏观环境下,基本养老金会受到通货膨胀以及经济增速放缓等多重影响,设定有效的待遇调整机制可以根据经济参数变动进而调整基本养老金水平,确保退休人员的生活水平不受影响,保障养老保险制度可持续发展。人力资源和社会保障部与财政部在 2019 年和 2020 年分别印发《关于调整退休人员基本养老金的通知》,基本养老金总体调整水平分别按照 2018 年和 2019 年的退休人员人均退休金水平的 5% 进行确定,养老金实现 16 年连涨。

基本养老金待遇水平的调整方法为定额调整、挂钩调整与适当倾斜相结合的方法。机关事业单位与企业职工退休人员统一调整。其中定额调整为每月定额增加金额,主要体现制度公平;挂钩调整主要与缴费年限与本人养老金等进行挂钩,主要体现制度多缴多得的激励机制;适当倾斜主要针对高龄老人以及艰苦地区退休人员进行政策倾斜,适度提高养老金调整水平。待遇调整在重视公平的同时兼顾效率,逐年调整在一定程度上降低了制度的改革成本,保证养老保险制度的可持续发展,同时也做到了使经济建设发展成果人民共享。

2.1.4 渐进式延迟法定退休年龄的进展

劳动年龄人口的下降以及人口老龄化与少子老龄化的日益加剧,使得养老保险制度风险在逐步提高,提高法定退休年龄是多数发达国家应对老龄化风险做出的战略选择。我国法定退休年龄在国际上处于较低水平,但人均预期寿命在 2019 年已经达到 77.3 岁,因此,无论从劳动力市场还是养老保险可持续发展的角度考虑,选择实施延迟退休都是一种理性选择。

一、延迟退休的顶层设计

关于延迟退休的顶层设计一直是各界关注的焦点。早在"十二五"时期,《社会保障"十二五"规划纲要》提出研究弹性延迟领取养老金年龄的政策。2019 年 11 月,国务院印发《国家积极应对人口老龄化中长期规划》,提出健全更加公平更可持续的社会保障制度,推进人力资源开发利用,实现更高质量和更加充分就业,确保积极应对人口老龄化的人力资源总量足、素质高。从侧面表达了实施延迟退休的意愿。2020 年 11 月,《中共中央关于制定国民经济和社会发展第十四个五年规划和二〇三五年远景目标的建议》中明确指出实施渐进式延迟法定退休年龄。这一重要论述明确了"十四五"时期,延迟法定退休年龄政策将正式实施。

二、延迟退休的研究展望

2019 年至 2020 年出现了许多有关延迟退休的设计思路或方案。主要研究方向分为四类:延迟退休对养老保险制度的影响、延迟退休对宏观经济的影响、延迟退休的福利效应以及延迟退休意愿。

（一）延迟退休对养老保险制度的影响

近期关于养老保险制度影响的研究大都聚焦于延迟退休对养老保险制度可持续性与养老金替代率的影响。针对可持续性的研究统一结论为:如果实行延迟退休政策,养老金制度可持续性得到明显提升,可以有效缓解养老金支出压力,缓解基金收支缺口[1][2],但是资本产出弹性的大小会在一定程度上影响养老金收支平衡,进而影响养老金财政负担[3][4];针对养老金替代率的研究分析发现,延迟退休可以使得养老金替代率上

---

① 杨钒:《延迟退休对养老金可持续性影响研究》,《宏观经济研究》2020 年第 5 期,第91—101 页。

② 曾益、魏晨雪、李晓琳、杨思琦:《征收体制改革、延迟退休年龄与养老保险基金可持续性——基于"减税降费"背景的实证研究》,《公共管理学报》2019 年第 4 期,第 108—118 页。

③ 耿志祥、孙祁祥:《延迟退休年龄、内生生育率与养老金》,《金融研究》2020 年第 5 期,第 77—94 页。

④ 曹阳、徐升、黄冠:《人口老龄化、延迟退休与养老金财政负担》,《西安交通大学学报(社会科学版)》2019 年第 6 期,第 64—75 页。

升①,但在减税降费的大背景下,延迟退休给予了调整目标替代率的政策空间②,因此如果要维持目标替代率,应该实施延迟退休和降低费率联动政策③。

(二)延迟退休对宏观经济的影响

在实施延迟退休政策对宏观经济的影响方面,研究成果的焦点集中在退休年龄与人力资本、经济增长以及就业之间的关系上。在人力资本方面,不同的延迟退休方案效果不一,但是延迟退休增加的劳动力教育水平都比较高,尤其是女性尤为显著。④ 在人口老龄化加剧造成养老金收支失衡的情况下,延迟退休政策存在人力资本投资激励效应⑤。在经济增长方面,延迟退休存在不同程度的经济效应,但是生育率变化在其中扮演重要角色。⑥ 在就业角度,从 OECD 国家的经验来看,延迟退休对青年人就业存在一定的冲击,但是冲击效应不仅局限于短期效应,长期效应也要关注⑦⑧。

(三)延迟退休的福利效应

延迟退休的福利效应是近两年受到较多关注的研究方向。从不同的视角分析延迟退休的福利效应,结论不尽相同。多数文献支持延迟退休

---

① 景鹏、陈明俊、胡秋明:《延迟退休能破解养老保险降费率"不可能三角"吗?》,《财经研究》2020 年第 10 期,第 64—78 页。

② 邱牧远、王天宇、梁润:《延迟退休、人力资本投资与养老金财政平衡》,《经济研究》2020 年第 9 期,第 122—137 页。

③ 周心怡、邓龙真、龚锋:《人口老龄化、养老保险缴费率与基本养老金目标替代率》,《财贸研究》2020 年第 2 期,第 57—67 页。

④ 杨李唯君、冯秋石、王正联、曾毅:《延迟退休年龄对中国人力资本的影响》,《人口研究》2019 年第 1 期,第 102—112 页。

⑤ 邱牧远、王天宇、梁润:《延迟退休、人力资本投资与养老金财政平衡》,《经济研究》2020 年第 9 期,第 122—137 页。

⑥ 景鹏、郑伟:《预期寿命延长、延迟退休与经济增长》,《财贸经济》2020 年第 2 期,第 39—53 页。

⑦ 曾霞、姚万军:《延迟退休年龄政策的就业冲击效应——基于 OECD 国家数据的实证检验》,《西北人口》2020 年第 2 期,第 27—38 页。

⑧ 李磊、席恒:《我国延迟退休年龄政策对青年人的就业效应研究》,《管理评论》2019 年第 1 期,第 255—267 页。

可以改善福利水平①②；但是从代际支持视角分析，延迟退休会损害老年人福利③；从效用视角分析，延迟退休存在异质性，针对偏好闲暇的职工，延迟退休会减少其总效用④。上述观点在不同视角上虽存在一定分歧，但是相关研究均提出适度提高养老保险替代率，以提升延迟退休的福利效果。

（四）延迟退休意愿

分析延迟退休意愿是反映社会民众对于延迟退休接受程度的重要依据。根据近两年延迟退休意愿的研究结果，延迟退休意愿存在性别差异，女性更反对延迟退休政策的实施，同龄退休是讨论的焦点⑤⑥；学历程度、健康状况以及工资级别等因素是决定职工是否支持延迟退休的重要因素⑦。

2.1.5 职工基本养老保险与机关事业单位养老保险制度发展趋势

养老保险改革发展趋势始终围绕着四个核心改革逻辑：坚持制度公平原则；保障制度可持续发展；在发展中保障和改善民生；构建权责统一的制度环境。

---

① 杨华磊、沈政、沈盈希：《延迟退休、全要素生产率与老年人福利》，《南开经济研究》2019年第5期，第122—144页。

② 杨华磊、吴远洋、沈盈希、沈政：《延迟退休、劳动人口负担与主观福利》，《贵州财经大学学报》2020年第4期，第69—77页。

③ 杨华磊、王辉、胡浩钰：《延迟退休能改善老年人福利？——基于代际支持视角》，《经济社会体制比较》2019年第2期，第44—55页。

④ 殷红：《延迟退休对职工福利水平的影响——基于效用视角》，《人口与经济》2019年第1期，第80—94页。

⑤ 王军、李向梅：《中国城镇职业女性的延迟退休政策态度研究》，《南方人口》2019年第5期，第15—23页。

⑥ 李倩倩、陈鹏军：《中国城镇职工同龄退休意愿影响因素研究——基于延迟退休背景》，《财经问题研究》2020年第3期，第103—110页。

⑦ 路春艳、张景鸣：《城镇职工延迟退休意愿分析》，《调研世界》2019年第9期，第17—23页。

一、坚持制度公平原则

改革发展始终坚持制度公平原则。实施机关事业单位养老保险与职工基本养老保险制度并轨,解决了一直以来被社会所诟病的养老金"特权",逐步缩小与企业之间的待遇差距,体现了改革朝向制度公平的发展趋势;实施降低养老保险费率以及征收体制改革均是为解决地区之间的发展不平衡而做出的战略选择,实行统一的费率和征收管理体制确保地区间制度公平,修正以往存在的地区制度不平衡现象;调整缴费基数政策使其更为合理地体现城镇地区的平均工资,进一步覆盖个体工商户和灵活就业人员,降低制度门槛,使得人人都可以参加养老保险,彰显参保公平;坚持逐年调整养老金待遇,结合物价水平和经济发展水平计算每年调整比例,确保经济发展成果同人民共享,体现待遇公平;实施国有资本划转,解决由于制度历史转型造成的转轨成本缺口,确保养老保险制度的代际公平。

二、保障制度可持续发展

养老保险制度改革在确保制度公平的前提下,注重保障制度可持续发展。降低养老保险费率与征收体制改革旨在解决养老保险扭曲效应,解决目前制度名义费率高、实际缴费率低与基金收入低的现实情况,确保基金收支平衡;实行养老保险省级统筹,通过统筹层次的提高,提升抵御风险的能力;中央调剂金制度通过基金调剂解决基金收支不平衡地区的基金缺口,稳定养老保险制度运行,确保基金足额按时发放;实施国有资本划转与养老金入市,弥补收支缺口,通过养老保险基金的保值增值,确保基金可持续发展。

三、在发展中保障和改善民生

2019 年至 2020 年,我国遭遇了中美贸易摩擦以及新冠肺炎疫情的冲击。中央政府根据企业实际运行情况,通过降低养老保险费率、调整缴费基数统计口径和阶段性减免社会保险费等政策帮助企业和个人渡过难关,降低企业缴费负担,推动企业复工复产,恢复经济平稳运行。同时养老金连续 16 年连涨,继续提高退休人员的养老金待遇,国有资本划转进入社保基金,推动国有企业改革。在养老保险政策改革中,始终坚持在发展中保障和改善民生,使发展成果被全体人民共享。

四、构建权责统一的制度环境

近两年的供给侧结构性改革愈发走向"深水区",改革不仅仅是调整养老保险的制度参数,同时也进一步完善了养老保险的权责关系,通过征收体制的改革,完成了养老保险交由税务部门征收的工作,结束了持续多年的征收主体二元之争;2020年底进一步做实省级统筹,各个省份完成真正意义上的"六统一"要求;实施中央调剂金制度,为未来养老保险全国统筹奠定基础;明确在"十四五"时期实施延迟退休政策,进一步谋划养老保险的顶层设计。改革进一步理清了中央与地方之间管理体制机制与权责划分,明确了养老保险事权所属,解决了长期以来的制度痛点难点问题,确定了未来的发展方向。

2.2　城乡居民养老保险制度的改革实践与发展趋势

城乡居民基本养老保险制度是由政府主导建立的基本养老保险制度,由农村新型养老保险制度和城镇居民养老保险制度合并而来,参保范围是"本地户籍,年满16周岁(不含在校学生),非国家机关、事业单位、社会团体工作人员及不属于职工基本养老保险制度覆盖范围的城乡居民"。城乡居民基本养老保险制度自2014年正式建立以来,为扩大社会保障覆盖范围、促进民生发展作出不可磨灭的贡献。随着经济社会发展,城乡居民养老保险事业发展过程中面临着新的机遇和挑战,区域不平衡不充分问题以及城乡居民养老保险待遇水平提高问题引起广泛重视。城乡居民基本养老保险制度在实践中不断发展,以推进省级统筹促进实现全国统筹成为城乡居民养老保险发展的重要特征。

2.2.1　城乡居民养老保险制度的改革措施

国家宏观政策正向引导下,城乡居民养老保险制度改革在优化养老保险基金来源结构、确保养老待遇稳步提升上积极作为,无论是国家层面还是省级层面改革都主要是围绕个人缴费档次标准调整、缴费补贴动态调整、基础养老金调整机制等方面进行。

一、城乡居民养老保险基金来源结构优化

（一）个人缴费档次不断调整

参加城乡居民养老保险的人员需按规定缴纳养老保险费。2014 年《国务院关于建立统一的城乡居民基本养老保险制度的意见》规定了缴费标准分为每年 100 元、200 元、300 元、400 元、500 元、600 元、700 元、800 元、900 元、1000 元、1500 元、2000 元 12 个档次,且省（区、市）人民政府可以根据实际情况增设缴费档次,最高缴费档次标准原则上不超过当地灵活就业人员参加职工基本养老保险的年缴费额,并报人力资源和社会保障部备案。人力资源和社会保障部会同财政部依据城乡居民收入增长等情况适时调整缴费档次标准,参保人自主选择档次进行缴费。2019—2020 年,包括广东、浙江、陕西、天津、江苏、内蒙古在内的多个省份根据实际情况增设缴费档次,鼓励多缴多得。2019 年云南省城乡居民基本养老保险缴费在原有 12 个档次标准基础上,增设 3000 元缴费档次标准。2020 年内蒙古自治区将城乡居民养老保险缴费 12 个档次调整为200 元、300 元、400 元、500 元、600 元、700 元、800 元、900 元、1000 元、3000 元、5000 元、7000 元;天津市在保持 1—5 档标准不变的基础上将6—10 档标准适当提高,调整为 2400 元至 4800 元,档差 600 元;北京市城乡居民养老保险缴费标准上限达 9000 元。最低缴费标准的提高、高缴费档次的增设进一步释放了制度的激励效能。

（二）集体补助贯穿始终

有条件的村集体经济组织应当对参保人缴费给予补助,补助标准由村民委员会召开村民会议民主确定,鼓励有条件的社区将集体补助纳入社区公益事业资金筹集范围;鼓励其他社会经济组织、公益慈善组织、个

人为参保人缴费提供资助;补助、资助金额不超过当地设定的最高缴费档次标准。① 例如,2020年山西省颁布《关于建立城乡居民补充养老保险制度的实施意见》明确鼓励农村集体经济组织和社区对年满50周岁、不足65周岁、参加补充养老保险的个人(赡养人员、家庭)缴费给予补助,具体标准由农村集体经济组织和社区自行研究确定。

(三)政府补贴力度提高

城乡居民社会养老保险的资金来源除个人缴费外,还有政府对参保人缴费给予的补贴,个人缴费越多,政府补贴也越多,而且个人缴费和政府补贴全部计入参保人的个人账户。政府对符合领取城乡居民养老保险待遇条件的参保人进行不同程度的补助,其中,中央财政对中西部地区按中央确定的基础养老金标准给予全额补助,对东部地区给予50%的补助。地方人民政府应当对参保人缴费给予补贴,对选择最低档次标准缴费的,补贴标准不低于每人每年30元;对选择较高档次标准缴费的,适当增加补贴金额;对选择500元及以上档次标准缴费的,补贴标准不低于每人每年60元,具体标准和办法由省(区、市)人民政府确定。对重度残疾人等缴费困难群体,地方人民政府为其代缴部分或全部最低标准的养老保险费。各省份根据国家统一部署,结合自身经济社会发展和财政情况,适时调整政府缴费补贴最低标准。2020年随着缴费档次的调整,部分省份对选择较高档次缴费标准的投保人适当增加了补贴金额,以内蒙古自治区为例,其调整个人缴费档次的同时也相应加大政府补贴力度,3000元补贴90元,5000元补贴95元,7000元补贴100元。

二、城乡居民养老保险待遇水平逐渐提高

(一)基础养老金适度增加

城乡居民社会养老保险的养老金由个人账户养老金和基础养老金两部分构成。中央确定基础养老金最低标准,建立基础养老金最低标准正常调整机制,根据经济发展和物价变动等情况,适时调整全国基础养老金

---

① 《国务院关于建立统一的城乡居民基本养老保险制度的意见》(国发〔2014〕8号),见 http://www.gov.cn/zwgk/2014-02-26/content_2621907.htm。

最低标准;地方人民政府可以根据实际情况适当提高基础养老金标准;对长期缴费的,可适当加发基础养老金,提高和加发部分的资金由地方人民政府支出,具体办法由省(区、市)人民政府规定,并报人力资源和社会保障部备案。① 2020 年 9 月,人社部、财政部发布了《关于 2020 年提高城乡居民基本养老保险全国基础养老金最低标准的通知》,明确提出将全国基础养老金标准从 7 月 1 日起由每月 88 元上调至每月 93 元。随之,多个省份城乡居民基础养老金出现上涨,吉林省城乡居保基础养老金由原来每人每月 103 元上涨到 108 元;福建省将基础养老金由每月 123 元上调至每月 130 元。广东省 2020 年实行对缴费年限超过 15 年的参保人,每超过 1 年每个月增加不少于 3 元基础养老金;对年满 65 周岁及以上的高龄参保人,每月适当加发基础养老金。基础养老金的增加为城乡居民养老保险待遇的提升奠定了基础,在一定程度上有利于提高城乡居民养老保险保障水平。

(二)个人账户养老金

个人账户养老金的月计发标准,目前为个人账户全部储存额除以 139(与现行职工基本养老保险个人账户养老金计发系数相同)。参保人死亡,个人账户资金余额可以依法继承。城乡居民养老保险待遇领取人员死亡的,从次月起停止支付其养老金。有条件的地方人民政府可以结合本地实际探索建立丧葬补助金制度。社会保险经办机构应每年对城乡居民养老保险待遇领取人员进行核对;村(居)民委员会要协助社会保险经办机构开展工作,在行政村(社区)范围内对参保人待遇领取资格进行公示,并与职工基本养老保险待遇等领取记录进行比对,确保不重、不漏、不错。② 2020 年内蒙古对其 2018 年出台的《内蒙古自治区城乡居民基本养老保险丧葬补助办法》进行了修订,取消了丧葬补助金申报时限,规定受益人或法定继承人应及时办理注销登记;因未及时办理导致养老金逾

① 《国务院关于建立统一的城乡居民基本养老保险制度的意见》(国发〔2014〕8 号),见 http://www.gov.cn/zwgk/2014-02/26/content_2621907. htm。

② 《国务院关于建立统一的城乡居民基本养老保险制度的意见》(国发〔2014〕8 号),见 http://www.gov.cn/zwgk/2014-02/26/content_2621907. htm。

期支付的,将从丧葬补助金和个人账户余额中抵扣;不足抵扣的按规定将予以追回,进一步简化了申报程序,提高了城乡居民养老保险的经办服务质量。

2.2.2　城乡居民养老保险制度的发展状况

城乡居民养老保险的统一是中国的基本养老保险制度改革迈出的重要一步。城乡居民养老保险的发展,不仅能让亿万老年人能够"老有所依"、生活无忧,更增强了全社会的安全感和凝聚力。此外,它还有利于促进人口纵向流动,对于拉动消费、鼓励创新创业,同样具有重要意义。随着城乡居民基本养老保险制度的不断完善和发展,受益人群不断扩大,制度在具体运行过程中取得了良好的效果。

一、中国城乡居民养老保险制度普及率持续上升

2019 年中国城乡居民社会养老保险参保人数达到 53266 万人,相比上一年增长约 1.67%;城乡居民社会养老保险实际领取待遇人数达到 16032.1 万人,相比上一年增长约 0.84%;城乡居民社会养老保险基金收入达到 4106.9 亿元,相比上一年增长约 7.01%;城乡居民社会养老保险基金支出达到 3114.3 亿元,相比上一年增长约 7.18%;城乡居民社会养老保险累计结余 8249.4 亿元,相比上一年增长约 13.78%。城乡居民社会养老保险基金收入和城乡居民社会养老保险基金支出水平都在逐年上升,并且城乡居民社会养老保险累计结余也逐年上升,说明制度普及率正逐年提升,公民对于我国城乡居民养老保险制度的实施充满信心。

表 2-2　中国城乡居民养老保险制度发展状况

	城乡居民社会养老保险参保人数(万人)	城乡居民社会养老保险实际领取待遇人数(万人)	城乡居民社会养老保险基金收入(亿元)	城乡居民社会养老保险基金支出(亿元)	城乡居民社会养老保险累计结余(亿元)
2019 年	53266	16032.1	4106.9	3114.3	8249.4
2018 年	52391.8	15898	3837.7	2905.6	7250.2

资料来源:国家统计局。

二、中国各区域城乡居民养老保险制度发展速度存在异质性

由于各区域的经济发展水平、传统文化和风俗、人口老龄化程度、自然地理条件等因素的不同,使中国各个区域城乡居民养老保险制度的发展速度和特点也表现出差异。

(一)东部地区城乡居民养老保险制度发展速度略高于全国水平

2019 年中国东部地区 10 个省市(包括北京市、天津市、河北省、上海市、江苏省、浙江省、福建省、山东省、广东省和海南省)的城乡居民社会养老保险参保人数达到 16572.9 万人,相比上一年增长约 0.32%,增长率低于全国总水平;城乡居民社会养老保险实际领取待遇人数达到 5864.1 万人,相比上一年增长约 1.48%,增长率高于全国总水平;城乡居民社会养老保险基金收入达到 1839.4 亿元,相比上一年增长约 7.91%,增长率高于全国总水平;城乡居民社会养老保险基金支出达到 1473.9 亿元,相比上一年增长了约 10.83%,增长率高于全国总水平;城乡居民社会养老保险累计结余 3658.1 亿元,相比上一年增长约 11.32%,增长率低于全国总水平。

表 2-3 东部地区城乡居民养老保险制度发展状况

	城乡居民社会养老保险参保人数(万人)	城乡居民社会养老保险实际领取待遇人数(万人)	城乡居民社会养老保险基金收入(亿元)	城乡居民社会养老保险基金支出(亿元)	城乡居民社会养老保险累计结余(亿元)
2019 年	16572.9	5864.1	1839.4	1473.9	3658.1
增长百分比	0.32%	1.48%	7.91%	10.83%	11.32%

资料来源:国家统计局。

(二)中部地区城乡居民养老保险制度发展速度低于全国水平

2019 年中国中部地区 6 个省份(包括山西省、安徽省、江西省、河南省、湖北省和湖南省)的城乡居民社会养老保险参保人数达到 17974 万人,相比上一年增长约 1.42%,增长率低于全国总水平;城乡居民社会养

老保险实际领取待遇人数达到4839.7万人,相比上一年增长约-0.45%,呈现负增长趋势;城乡居民社会养老保险基金收入达到1098.2亿元,相比上一年增长约5.84%,增长率低于全国总水平;城乡居民社会养老保险基金支出达到748.1亿元,相比上一年增长约3.83%,增长率低于全国总水平;城乡居民社会养老保险累计结余2262.3亿元,相比上一年增长约18.3%,增长率高于全国总水平。

表2-4 中部地区城乡居民养老保险制度发展状况

	城乡居民社会养老保险参保人数(万人)	城乡居民社会养老保险实际领取待遇人数(万人)	城乡居民社会养老保险基金收入(亿元)	城乡居民社会养老保险基金支出(亿元)	城乡居民社会养老保险累计结余(亿元)
2019年	17974	4839.7	1098.2	748.1	2262.3
增长百分比	1.42%	-0.45%	5.84%	3.83%	18.3%

资料来源:国家统计局。

(三)西部地区城乡居民养老保险制度发展速度略低于全国水平,但普及增长速度快

2019年中国西部地区12个省份(包括内蒙古、广西壮族自治区、重庆市、四川省、贵州省、云南省、西藏自治区、陕西省、甘肃省、青海省、宁夏回族自治区和新疆维吾尔自治区)城乡居民社会养老保险参保人数达到16043.2万人,相比上一年增长约3.32%,增长率高于全国总水平;城乡居民社会养老保险实际领取待遇人数达到4352.9万人,相比上一年增长约1.12%,增长率高于全国总水平;城乡居民社会养老保险基金收入达到979.2亿元,相比上一年增长约5.38%,增长率低于全国总水平;城乡居民社会养老保险基金支出达到737.5亿元,相比上一年增长约3.68%,增长率低于全国总水平;城乡居民社会养老保险累计结余2076.7亿元,相比上一年增长约13.18%,增长率低于全国总水平。

表 2-5　西部地区城乡居民养老保险制度发展状况

	城乡居民社会养老保险参保人数（万人）	城乡居民社会养老保险实际领取待遇人数（万人）	城乡居民社会养老保险基金收入（亿元）	城乡居民社会养老保险基金支出（亿元）	城乡居民社会养老保险累计结余（亿元）
2019 年	16043.2	4352.9	979.2	737.5	2076.7
增长百分比	3.32%	1.12%	5.38%	3.68%	13.18%

资料来源：国家统计局。

（四）东北地区城乡居民养老保险制度发展速度高于全国水平

2019 年中国东北地区 3 省（包括黑龙江省、吉林省、辽宁省）的城乡居民社会养老保险参保人数达到 2676.5 万人，相比上一年增长约 2.10%，增速高于全国总水平；城乡居民社会养老保险实际领取待遇人数达到 975.4 万人，相比上一年增长约 2.33%，增速高于全国总水平；城乡居民社会养老保险基金收入达到 190.1 亿元，相比上一年增长约 14.24%，增速高于全国总水平；城乡居民社会养老保险基金支出达到 154.8 亿元，相比上一年增长约 7.57%，增速高于全国总水平；城乡居民社会养老保险累计结余 252.3 亿元，相比上一年增长约 16.27%，增速于全国总水平。

表 2-6　东北地区城乡居民养老保险制度发展状况

	城乡居民社会养老保险参保人数（万人）	城乡居民社会养老保险实际领取待遇人数（万人）	城乡居民社会养老保险基金收入（亿元）	城乡居民社会养老保险基金支出（亿元）	城乡居民社会养老保险累计结余（亿元）
2019 年	2676.5	975.4	190.1	154.8	252.3
增长百分比	2.10%	2.33%	14.24%	7.57%	16.27%

资料来源：国家统计局。

三、城乡居民养老保险制度发展尚存不足

（一）城乡居民养老保险相关制度还不完善，从业人员素质不高

目前，在城乡居民基本养老保险制度方面，只有一些中央和地方的政策规定，现行的相关法律规定中虽有提及，但规定太少且并不具体。由于缺乏相关的法律法规依据，使得城乡居民基本养老保险在实施过程中存在着一些问题。社会保障经办服务工作在基层比较薄弱，特别是村一级没有一支专职的社会保障经办队伍，多数均由其他岗位的人员兼任。有些地区信息化水平落后，导致社会保障经办部门工作量较大，因而存在信息丢失和错误的风险。目前监管部门对于保险基金的监管大多集中在存入基金环节，忽视了对基金缴纳和支付环节的监管，为违规操作等一系列问题的出现留下隐患。

（二）城乡居民养老保险基金筹集和保值增值存在困难

城乡居民养老保险基本金由个人缴费、集体补助、政府补贴三方面构成。某些地区个人收入水平低，居民个人缴费能力不足；参保率较低的地区大部分位于我国中西部地区，经济条件相对落后，基层政府补贴保险基金能力不足；村集体创收能力有限。社区、社会经济组织、公益慈善组织或个人提供补助的体系并不完善，集体补助筹集力度较低。同时，城乡居民养老保险基金的投资方式为存入银行或购买国债，增值方式单一，增值有限，难以实现较大收益，从长远看，不利于城乡居民基本养老保险制度的可持续发展。

（三）居民缴费力度不足，缴费激励机制有待完善

某些地区的居民对城乡居民养老保险制度仍然不太了解，同时，某些地区居民因对城乡居民基本养老保险保障水平并不满意，参保缴费意愿不强。并且城乡居民养老保险缴费激励机制仍不够完善，所以参保人员对待遇保障水平期望值较低，很多居民在参保时会选择最低缴费档次和最低缴费年限，而不会选择符合自身收入水平的缴费档次和缴费年限，存在居民缴费力度不足的现象。

2.2.3　城乡居民养老保险制度的发展趋势

城乡居民养老保险制度是应对中国人口老龄化的重要制度设计。城

乡居民养老保险制度使得城镇居民与农村居民的养老保险得到统一管理,节省了人力物力。从未来发展趋势看,其待遇水平将不断提高,制度体系会越来越完善,与企业职工养老保险的协调程度也会不断提高。

一、城乡居民养老保险待遇水平将不断提高

城乡居民养老保险的待遇水平代表着老年居民的养老需求满足程度。随着社会经济水平的不断提高,人民对生活质量的要求也越来越高,老年人的基本生活要求也在不断提升,城乡居民养老保险制度作为一项普惠式的社会养老保险制度,其养老保险待遇水平的提高有利于促进整个社会养老水平的提升,缓解人口老龄化带来的赡养压力。

二、城乡居民养老保险与企业职工养老保险的衔接度将不断提高

目前中国城乡居民养老保险与企业职工养老保险两种制度在待遇发放上存在巨大差距,对于两者在缴费以及待遇计发方面的衔接目前没有具体的规定,因此很难实现统筹与衔接,需要政府在法律制度层面缩小城乡居民养老保险与企业职工养老保险在缴费和待遇计发方面的差距,进而实现两种制度的有效衔接。城乡居民养老保险与企业职工养老保险的有效衔接、协调发展有利于中国养老保险制度体系的规范化、完善化。在未来应不断探索提高城乡居民养老保险与企业职工养老保险衔接度的方法和措施,以促进城乡居民养老保险与企业职工养老保险的协调发展。

三、城乡居民养老保险基金的筹资水平不断提高

面对不断加深的人口老龄化程度,城乡居民养老保险的筹资水平未来将不断提高,这是提升城乡居民养老保险待遇水平的基础。随着经济水平的提高以及人民对生活质量要求的不断提升,政府对养老保险基金的补贴将会进一步增加;此外,需要鼓励城乡居民选择高层次的缴费档次,利用多种融资方式发展养老基金,加大对社区、社会经济组织、公益慈善组织或个人筹资的鼓励力度。

四、城乡居民养老保险从业人员素质不断提高

基层社会保障经办服务工作是城乡养老保险制度实施的重点之一,需要不断提高城乡居民养老保险从业人员的专业素养,对从业人员进行定期培训,培养社会保障经办服务人才,特别需要在村一级组建一支专职的社会保障经办队伍,经常宣传城乡居民养老保险制度的重要意义,提高居民对城乡居民养老保险制度的认识。通过宣传与经办服务,一方面增强居民的参保缴费意愿,另一方面起到鼓励城乡居民选择适合自身承受能力的较高缴费档次和增加缴费年限的作用。

2.3 企业年金与职业年金制度的改革实践与发展趋势

随着我国人口老龄化的加速,养老负担逐渐加重。目前我国形成了以基本养老保险、企业补充养老保险和个人商业养老保险的三支柱养老保险制度。从我国目前的养老金结构上看,与发达国家相比仍处于"头重脚轻"的状态,即第一支柱占比过高,第二支柱偏低,第三支柱缺位。第一支柱逐渐出现当期资金缺口,并且这一收支赤字呈现不断扩大的趋势。随着收支压力的增大,我国对于第二支柱和第三支柱的发展需求变得更加迫切。

我国养老保险的第二支柱为补充养老保险,主要是由个人和企业主导的职业年金制度和企业年金制度,这两者是补充保障的核心制度,同时也是对基本养老保险制度的重要补充。目前我国企业年金的发展遇到一定的瓶颈,而从2015年开始推进的职业年金制度成为短期内改善养老金结构的重要突破点,2015年4月,国务院发布《机关事业单位职业年金办法》要求机关事业单位在参加基本养老保险的基础上建立补充养老保险制度及企业年金制度,并对职业年金基金实施市场化的投资运营,这标志着机关事业单位养老保险制度改革取得了新的进展,也标志着我国养老"并轨"向前推进了一步。在2019年2月,中央国家机关及其所属事业单位职业年金划入壹号计划受托财产账户,标志着职业年金市场化投资运营正式启航,第二支柱将迎来进一步的发展。

2.3.1 企业年金与职业年金制度的改革措施

一、国家层面出台的主要政策文件

近年来,我国加快推动职业年金与企业年金制度建设,先后出台多个政策文件,积极推动年金制度的实施,但同时也说明我国的职业年金与企业年金制度建设仍处于探索过程中,制度的完善与落实任务仍然较为艰巨。

2020 年 4 月 10 日,人力资源和社会保障部印发《关于延期开展 2020 年企业年金基金管理机构资格延续工作的通告》,对企业年金基金管理机构资格延续评审工作做出调整。延期开展 2020 年企业年金基金管理机构资格延续评审工作,从 2021 年 7 月起将每三年统一开展一次全行业的企业年金基金管理机构资格延续评审工作,职业年金有关数据指标将被纳入考核评价体系,不断完善企业年金基金管理机构资格管理工作,健全企业年金基金管理机构资格"有进有出"机制。

2020 年 10 月 23 日,人力资源和社会保障部正式印发《关于支持海南自由贸易港人力资源和社会保障事业创新发展的实施意见》,在社会保障方面提出,指导海南探索建立企业年金自动加入机制,创新企业年金集合计划管理模式,畅通为高层次高技能人才建立企业年金的机制。

2020 年 12 月 30 日,人力资源和社会保障部印发《关于调整年金基金投资范围的通知》,并配套印发《关于印发调整年金基金投资范围有关问题政策释义的通知》,明确了年金基金的定义,首次在文件中整合企业年金和职业年金基金投资规定和要求,规定了年金基金财产的新投资范围,提高了权益类资产投资比例上限,进一步规范年金基金投资行为。促进年金市场健康发展,实现年金基金资产保值增值。

二、省级层面出台的主要制度文件

在国家层面相关政策文件出台的基础上,各地结合自身的实际推出了相应的年金制度实施方案,依托中央文件的框架与精神对实施意见进行细化,努力推动年金制度的实施。2019 年以来各地政府相继出台了有关企业年金和职业年金的政策文件,并不断推进实施进程。

2019年6月10日,广西壮族自治区人社厅、财政厅联合印发《广西壮族自治区职业年金基金管理实施办法(试行)》,指出职业年金基金采取自治区集中委托、专业机构市场化运作的模式进行运营管理。切实加快广西职业年金基金管理机构的选定和基金委托投资运营步伐,规范广西职业年金基金管理和经办管理。

2019年11月28日,天津市人社局、财政局、税务局发布《关于规范天津市机关事业单位职业年金制度有关问题的通知》,规范全市机关事业单位职业年金制度运行。规定职业年金征收机构应积极完善征收流程和征收系统,参保单位应缴未缴的职业年金应及时足额补缴费。

2019年12月20日,广东省人社厅发布《关于进一步完善我省港澳台居民养老保险措施的意见》,鼓励和支持用人单位为包括高层次人才在内的职工建立企业年金。在国家政策规定范围内,用人单位与职工一方可以在企业年金方案中约定向高层次人才倾斜的条款。

2019年12月31日,北京市人社局、科委、财政局、金融监管局、人才工作局、文资中心六部门联合印发《关于促进本市企业年金集合计划发展的若干措施》,鼓励企业与职工集体协商制定企业年金方案,并提交职工(代表)大会讨论通过后,加入由年金管理机构设立的集合计划。

2020年5月7日,福建省人力资源和社会保障厅、福建省财政厅联合印发了《关于加强职业年金基金监管的通知》,明确了福建省职业年金基金行政监管部门、职业年金基金代理人、受托人、托管人、投管人的职责分工。

2020年9月30日,湖北省人社厅会同省财政厅印发《关于加强职业年金基金监管工作的通知》,强调"两个强化一个落实",进一步明确了各级人社部门、财政部门行政监管职责和代理人、各职业年金基金管理机构管理职责,对切实发挥监管部门行政监督作用、规范职业年金基金管理运营、有效防范化解风险具有积极探索意义。

2.3.2　企业年金与职业年金制度的发展状况

目前我国老龄化面临规模大和增速快的特点,据国家统计局数据显示,2019 年中国 65 岁及以上人口数量达到 17603 万人,占全国总人口的 12.6%。随着第二次人口高峰(1963—1972 年)出生人群逐渐步入老龄阶段,而第三次人口高峰(1985—1991 年)出生女性逐渐超过黄金生育年龄,未来我国老龄化的速度可能进一步加快,由此带来的人口赡养负担以及养老保障体系压力逐步增加。当前我国总体上形成了三支柱的养老保障体系,但是非常依赖第一支柱养老体系,第二支柱和第三支柱尚没有建立起足够的资金积累。我国养老保险基金结构性问题依旧突出。根据人社部数据①,截至 2019 年末,中国基本养老保险基金累计结存 62873 亿元,在养老保险基金总结存额中的占比达到 77.76%,企业年金基金累计结存 17985 亿元,占比仅为 22.24%。可见第一支柱的比重过高,第二支柱的比重偏低,而第三支柱仍处于起步阶段。从 2013 年开始,基本养老保险的当期收支出现赤字,且随后缺口一直扩大,当前老龄化的人口结构对严重依赖第一支柱养老保险的养老保障体系产生很大的冲击,这也将加大企业成本,降低企业的活力。仅靠第一支柱无法实现养老保障体系的健康可持续发展,因此迫切需要第二支柱与第三支柱的全面发展。

我国养老保险的第二支柱主要由企业年金和职业年金构成,前者的覆盖对象为参加年金计划的企业职工,并不具有强制性,员工自愿参保,而后者则适用于国家机关事业单位,具备强制性。

表 2-7　企业年金和职业年金区别

	企业年金	职业年金
覆盖人群	企业职工	机关事业单位工作人员
强制性	否	是
参保条件	依法参加基本养老保险并履行缴费义务,同时具有相应的经济负担能力	机关事业单位在参加基本养老保险的基础上,为其工作人员建立职业年金

---

① 数据来源于 2019 年度《人力资源和社会保障事业发展统计公报》,见 http://www. mohrss.gov.cn/xxgk2020/fdzdgknr/ghtj/tj/ndtj/202009/t20200911_385449.html。

续表

	企业年金	职业年金
缴费机制	企业和职工个人共同缴费,年合计缴费不超过本企业职工工资总额的12%,其中企业缴费不超过职工工资总额的8%	单位和职工个人共同缴费,单位缴纳工资总额的8%,职工缴纳本人工资的4%
领取方式	二选一:1)从个人账户按月、分次或一次性领取企业年金;2)将本人企业年金个人账户资金全部或部分购买商业养老保险产品,依据合同领取待遇并享受相应继承权	二选一:1)按照本人退休时对应的计发月数按月领取,发完为止,个人账户余额享有继承权;2)一次性购买商业养老保险产品,依据合同领取待遇并享受相应继承权

资料来源:根据《机关事业单位职业年金办法》和《企业年金办法》整理。

一、企业年金制度的发展状况

(一)覆盖率低,增速下滑

从历年企业年金建立企业数与参保人数来看,企业年金的覆盖范围在逐年的扩大。截至 2019 年底,共有 9.6 万家企业参加了企业年金,相比于 2008 年的 3.3 万家增长了两倍,参加企业年金的职工总数达到 2548 万人。在一些民营企业之外,能源、电力、交通等行业基本上建立起了企业年金制度,覆盖范围在逐步扩大。

但另一方面,2019 年企业年金参保人数占当年就业人数的比重仅为 3.29%。占当年城镇职工基本养老保险参保人数的比重仅为 5.86%,说明企业年金的覆盖率仍然偏低。从同比增速上看,企业年金的发展遇到瓶颈,参保人数与设立企业年金的企业数这两组数据的增幅在 2015 年后显著下滑。2015 年企业年金参保人数同比增速从上一年的 11.53% 大幅下降至 1%,而设立企业年金的企业数的同比增速从上一年的 10.61% 显著下降到 4.1%。针对企业年金发展瓶颈的问题,国家修改了《企业年金办法》(于 2018 年 2 月正式实施),弱化了参与的自愿性质,鼓励引导符合条件的企业建立企业年金,并扩大了使用范围。随后这两组数据缓慢回升,2019 年企业年金参保人数同比增速为 6.7%,建立年金制度的企业数的同比增速为 10.34%,较 2017 年和 2018 年提升明显,但这一增速仍明显偏低,政策效果有待进一步观察。

表 2-8 2008—2019 年企业年金与城镇职工基本养老保险发展情况对比

年份	参保人数 (万人)	参保人数 同比增速 (%)	制度建立 企业数 (万家)	制度建立 企业数同比 增速(%)	比重1 (%)	比重2 (%)
2008	1038	11.73	3.30	3.12	1.37	4.74
2009	1179	13.58	3.40	3.03	1.55	5.01
2010	1335	13.23	3.70	8.82	1.75	5.19
2011	1577	18.13	4.50	21.62	2.06	5.55
2012	1847	17.12	5.50	22.22	2.41	6.07
2013	2056	11.32	6.60	20.00	2.67	6.38
2014	2293	11.53	7.30	10.61	2.97	6.72
2015	2316	1.00	7.60	4.11	2.99	6.55
2016	2325	0.39	7.60	0.00	2.99	6.13
2017	2331	0.26	8.00	5.26	3.01	5.82
2018	2388	2.45	8.70	8.75	3.08	5.71
2019	2548	6.70	9.60	10.34	3.29	5.86

注:比重1=企业年金参保人数÷就业人口;比重2=企业年金参保人数÷城镇职工基本养老保险
参保人数。

资料来源:根据历年《人力资源和社会保障事业发展统计公报》整理。

(二)规模偏小,增速放缓

表 2-9 表明,2008—2019 年企业年金积累基金规模逐年上升,从 2008 年的 1911 亿元增长至 2019 年的 17985 亿元,年均增长率为 23.07%,同时可以发现,企业年金积累基金的同比增速近年来有所放缓,从 2012 年的 35.04%下降至 2019 年的 21.77%。与同期的 GDP 相比,企业年金的累计结余规模偏小,2019 年企业年金积累基金仅占同期 GDP 的 1.82%。

表 2-9   2008—2019 年企业年金积累基金情况

年份	企业年金积累基金(亿元)	积累基金同比增速(%)	占同期 GDP 的比重(%)
2008	1911	25.81	0.60
2009	2533	32.55	0.73
2010	2809	10.90	0.68
2011	3570	27.09	0.73
2012	4821	35.04	0.90
2013	6035	25.18	1.02
2014	7689	27.41	1.19
2015	9526	23.89	1.38
2016	11075	16.26	1.48
2017	12880	16.30	1.55
2018	14770	14.67	1.61
2019	17985	21.77	1.82

资料来源:根据历年《人力资源和社会保障事业发展统计公报》和《中国统计年鉴》整理。

(三)省际差距明显,区域发展失衡

从表 2-10 可以看出各省份企业年金的发展状况差距较为明显。2019 年上海市参加企业年金的企业数为 9789 个,参与职工账户数为 1416633 个,企业年金的资金总量达到 839.73 亿元,而同期西藏自治区参与企业年金的企业仅 24 个,参与职工账户数为 9329 个,企业年金基金总量仅 7.62 亿元。从地域分布来看,东部地区省份无论在企业账户数、职工账户数或是基金资产总额上均远超中西部地区。发达地区企业账户数多,参与职工账户数多,资产金额规模大,而欠发达地区企业账户数量少,覆盖职工数量少,基金规模较小。从企业性质上看,中央企业占全国企业年金资产总额的 56.39%。

表 2-10　2019 年分地区企业年金情况表

	企业账户数（个）	职工账户数（人）	资产金额（万元）
中央企业	24452	12726425	101424791.52
上海市	9789	1416633	8397261.81
北京市	4533	882596	6634594.08
江苏省	3324	592585	4776104.58
广东省	3314	674812	4459346.56
浙江省	3522	522861	3772673.20
山东省	2180	535284	3762592.79
山西省	1219	634462	3646660.96
安徽省	1728	571120	3365014.46
陕西省	1120	499384	3091247.62
福建省	1802	334007	2961380.32
深圳市	2063	665798	2884471.90
四川省	1562	448160	2852412.61
湖北省	1210	320394	2631605.64
云南省	1564	358081	2406352.28
河南省	1426	645734	2405354.73
湖南省	810	250196	1889063.87
河北省	1042	399693	1794997.45
辽宁省	1197	339834	1716059.00
吉林省	586	135572	1705217.69
内蒙古自治区	820	281358	1451255.90
江西省	1207	273006	1448204.81
贵州省	488	193501	1305295.85
甘肃省	545	214710	1275452.27
天津市	1629	233978	1197341.91
广西壮族自治区	3017	183954	1057866.22

续表

	企业账户数（个）	职工账户数（人）	资产金额（万元）
黑龙江省	1113	167936	953810.52
重庆市	902	186393	934873.27
新疆维吾尔自治区	893	126155	924068.24
厦门市	12049	210179	636866.32
青岛市	1971	109000	374935.79
宁夏回族自治区	419	55043	363275.46
青海省	223	75395	352109.47
大连市	1448	93211	350216.24
宁波市	456	49142	248596.11
海南省	241	49982	207102.68
新疆生产建设兵团	75	13519	118685.05
西藏自治区	24	9329	76152.13
合计	95963	25479422	17953311.31

注：本表统计按照分级管理和属地原则，统计在人社部备案的单一计划及加入集合计划的中央企业，各省（区、市）统计在该地备案的单一计划及参加集合计划的当地企业；单一计划以计划登记号（备案地）划分，集合计划以企业注册地划分。

资料来源：根据《2019年度全国企业年金基金业务数据摘要》整理。

（四）收益率稳定，波动较小

从历年企业年金的投资收益率来看，总体收益率较为稳定，波动幅度较小。除了2008年和2011年经历小幅下降以外，其余年份的收益率均保持在3%—10%之间。与同期社保基金的投资收益率相比，部分年份投资收益率低于社保基金的投资收益率，在涨幅较低的同时保持了较低的下降率，比如在2008年金融危机时，企业年金的当年投资收益率仅下降了1.83个百分点，而社保基金当年的投资收益率大幅下降了6.79个百分点。同样的，2018年企业年金的收益与社保基金负收益相比也保持了较强的优势。与衡量通货膨胀水平的CPI相比，企业年金收益率在大部分年份跑赢了通货膨胀率。

表 2-11 2008—2019 年企业年金与社保基金投资收益率对比

年份	企业年金当年 投资收益率（%）	社保基金当年 投资收益率（%）	CPI 增长率（%）
2008	−1.83	−6.79	5.93
2009	7.78	16.12	−0.73
2010	3.41	4.23	3.18
2011	−0.78	0.86	5.55
2012	5.68	7.10	2.62
2013	3.67	6.20	2.62
2014	9.30	11.69	1.92
2015	9.88	15.19	1.44
2016	3.03	1.73	2.00
2017	5.00	9.68	1.59
2018	3.01	−2.28	2.07
2019	8.30	14.06	2.90

资料来源：根据历年《人力资源和社会保障事业发展统计公报》与《全国社会保障基金理事会社保基金年度报告》整理。

企业年金的受托人包括信托机构、商业银行和保险机构，而保险机构是企业年金的最主要受托人。从 2019 年数据上看，各机构单一计划企业年金固定收益类投资组合收益率在 5%—8%之间，含权益类组合的投资收益率在 7%—11%之间。

表 2-12 2019 年主要企业年金投管人单一计划投资收益率

企业年金基金管理机构	固定收益类组合（%）	含权益类组合（%）
平安养老	5.53	7.70
泰康资管	5.95	9.77
中国人寿养老	5.51	8.51
太平养老	5.71	9.69
华夏基金	5.50	7.89
工银瑞信基金	5.04	10.44

续表

企业年金基金管理机构	固定收益类组合（%）	含权益类组合（%）
易方达基金	7 63	10.07
南方基金	5 08	8.08
中信证券	6 15	8.88
长江养老	5 41	7.52
中国人民养老	5 02	7.42

资料来源：根据《2019 年度全国企业年金基金业务数据摘要》整理。

二、职业年金制度的发展状况

第二支柱中的职业年金制度仅适用于机关与国家事业单位职工，其制度起步晚于企业年金制度。在 2015 年 4 月，国务院办公厅印发《机关事业单位职业年金办法》，要求机关事业单位全面建立职业年金制度，并规定职业年金制度的资金来源、缴费比例、领取方式与基金管理等制度细则。由于职业年金制度具备强制性，因而其覆盖率及发展速度远超企业年金。职业年金的市场化投资运营同样晚于企业年金制度。在 2019 年 2 月，中央国家机关及其所属事业单位职业年金计划第一笔缴费划入壹号计划受托财产账户，标志着职业年金市场化投资运营的开端。职业年金的具体发展情况目前缺乏政府口径的公开数据，但根据 2019 年 7 月中国养老金融 50 人论坛的报告可知[1]，截至 2019 年 5 月 31 日，职业年金累计结余 6100 亿元，参加基本养老保险的机关事业单位工作人员有 3612 万人，其中加入职业年金的人数有 2970 万人，覆盖率达到 82%，实际缴费人数占比为 96.5%，在职业年金的支付中，90% 的参保者选择分期支付，说明职业年金发展较快、覆盖率高，符合政策的预期与政策的安排。由于职业年金制度仅适用于机关事业单位人员，适用的对象有限，且目前的参保覆盖率已处于较高位，预期未来的提升空间有限。

从职业年金的实施范围上看，职业年金适用的单位与工作人员范围

---

① 胡晓义：《职业年金结余 6100 亿，迫切需要市场化投资》，《中国养老金融 50 人论坛·2019 年养老金融文集汇编（下）》，2019 年，第 7—8 页。

与基本养老保险的范围一致。从职业年金的制度模式看，与基本养老保险制度的社会统筹与个人账户相结合的模式不同，职业年金采用完全的个人账户管理模式，但个人账户并不是完全的实账积累，而是虚账与实账相结合的方式。根据单位的性质不同而采取不同的积累方式，财政全额供款的单位采用记账的方式，非财政全额付款的单位采用实账模式。从资金筹集上看，单位与个人共同缴费，两者的缴费并不一致，单位缴费为本单位工资总额的 8%，而个人缴费为本人缴费工资的 4%；从基金投资上看，主要针对实账积累形成的职业年金基金进行市场化的投资运营。职业年金的投资范围限定于境内投资，可以投资较多类型的非标准债权资产，其中流动性资产的比例限制大于等于资产净值的 5%，固定收益类资产的投资比例限制小于等于资产净值的 135%，权益类资产的比例限制小于等于资产净值的 30%，另类资产的比例限制小于等于资产净值的 30%，可见职业年金的投资范围和比例限制与企业年金完全相同。其委托管理的模式类似于企业年金制度，受托人、托管人、投管人均出自具有相应企业年金基金管理资格的机构。

表 2-13　职业年金与企业年金投资范围相关规定

投资范围	下限	上限
活期存款、央行票据、债券回购和货币市场基金	5%	无
固定收益类资产	0%	135%
其中：理财、信托、基础设施债权投资计划、特定资产管理计划及其类型养老金产品	0%	30%
其中：信托及其养老金产品	0%	10%
股票、股票基金、混合基金等	0%	30%

资料来源：《职业年金基金管理暂行办法》和《关于扩大企业年金基金投资范围的通知》。

职业年金与企业年金的投资运营存在一些差异之处，首先，职业年金的来源更为稳定。由于职业年金属于强制性的补充养老保险，因此每年的新增缴费较为稳定，而企业年金并不具有强制性，受到企业每年经营效益的波动影响较大，因此职业年金账户的收入稳定性更高。其次，两者在信托管理模式上存在差异。职业年金在同一地区会同时选择多个受托人,再由受托人分别选择投资管理人,而同一家企业的企业年金只对应一个受托人。因此在职业年金的运作过程中,多个受托人之间存在竞争关系,使得不同职业年金受托人之间存在督促和监督的作用。最后,职业年金的投资风格更加谨慎。由于职业年金的委托人为机关事业单位,代理人为省级社保经办机构,对于职业年金的投资约束更强,投资目标上更加注重绝对收益率,投资风格上偏稳健,以固定收益类资产为主。

2.3.3 企业年金与职业年金制度的发展趋势

一、强化企业年金制度的参与普遍性

目前我国企业年金制度在一些盈利能力较高的企业中建立较多,而在经济效益偏低的中小企业建立较少,因此降低中小企业的加入门槛,有利于扩展年金的覆盖范围,发挥企业年金的规模效应。从其他国家的经验看,美国以雇员为切入点推出自动加入机制,在工资发放时自动扣除相应的参保费用,有利于降低雇员做出决策的复杂性,从而提高企业年金的参与率。有些国家则以雇主为切入点,强制雇主推行企业年金计划,可以针对性地降低中小企业在基本保险方面的缴费,颁布鼓励中小企业建立企业年金的政策,提高中小企业加入企业年金的意愿。此外,还应尝试拓展企业年金市场的深度,延伸养老金融及其产业链,在养老产业、养老服务、养老产品、养老地产等方面进行挖掘,提高企业年金制度的保障升值能力。通过提高企业年金制度的普遍性增大企业年金的参与规模,推动更多的企业与职工加入企业年金制度,并由此产生更加稳定持续的参保资金,从而扩大资本市场的配置效应,增强基金投资能力。企业年金投资收益率的提升将会进一步提高企业职工参保的积极性,两者相互促进,相互增强,从而有利于提高企业年金的参与广度。

二、改善年金相关的税收方式与税收优惠

稳定且长期的企业年金税收优惠政策是企业年金制度发展的重要助推因素,同时也是提高企业年金覆盖范围的最直接刺激手段。因此未来需要对企业年金相关的税收方式与税收优惠政策进行改善。首先,提高

税收优惠的幅度。税收优惠力度的提高可以体现政府对制度发展支持力的增强,并且可以增加企业与员工的参保吸引力。未来可以根据实际情况逐步增加税收优惠比例的上限,并通过相应的精算结果确定企业年金缴费额度的上限与下限,以保障制度的激励性与公平性。提高职工与企业参与的积极性,同时保障职工养老的可持续性。其次,优化企业年金个人所得税的计税方式。目前我国企业年金实施的是个人所得税 EET 税收方式,在企业年金的领取阶段征税,但在缴费与投资阶段免税。这种计税方式有利于征收管理,但是会降低企业年金的激励性。未来可以根据职工的收入水平设置差别税率,这样有利于加快企业年金账户的资金积累,提高企业年金在投资市场的收益,促进职工选择长期参加企业年金计划。目前企业年金的领取包括按月领取或一次性领取等方式,为了提高企业年金发展的可持续性,发挥税收优惠政策的激励性,应在税收优惠上应给予差别对待,进一步降低按月领取的税率,在税收政策上引导员工选择按月领取的方式。

三、改革职业年金"虚账运行"管理方式

在基金管理方面,职业年金基金目前采取实账与虚账并存的方式。虽然在一定程度上降低了财政的压力。但是从中长期来看,"虚账运行"对于财政造成的负担压力会更大,"虚账"将导致"先受益后受累"的巨大财政风险,导致代际不公平和地区不公平[①],并且记账利率与实际投资利率之间的差距也会导致参保人的利益受损,不利于职业年金基金的投资以及管理。实账运行是职业年金投资的基础,自从机关事业单位养老保险制度改革以来,大部分职业年金个人账户存在虚账运行。因此逐步改革虚账运行的管理方式,将记账账户做实,有利于强化职业年金的规模效应,增加基金的初始规模,提高基金的使用效率,使得代理人、委托人在进行职业年金投资时提高整体的管理效率,降低管理的风险。职业年金缴费做实具有时段性和积累性的特点,前者是指参保职工在退休前的任意

---

① 郑秉文:《机关事业单位职业年金"委托代理"中的风险与博弈》,《开发研究》2017 年第 4 期,第 1—12 页。

时点均可进行部分或全部资金的做实,而后者是指做实部分除了缴费金额外,还包括按照国家公布记账利率所积累的收益。因此做实程度越高,当期财政支付的规模将越大,而后期财政支出的规模将减小。此外,做实程度将影响职业年金基金现金流的收支情况,做实时点的提前有利于平滑基金的现金流。将职业年金做实有利于制度的长期发展,因此应逐步做实当期财政缴费,明确财政责任,降低后期记实隐患。

四、优化资产配置结构与投资组合计划

在资产配置结构中,最重要的是确定权益类与固定收益类资产的比例。由于企业年金具备当期缴费延期领取的特点,因此投资机制需要坚持稳健投资与长期投资相结合,动态地调整投资组合计划。作为期限长和规模大的金融产品既要追求收益率,同时也应尽量避免投资损失,降低因看重短期收益而造成长期的风险隐患。虽然我国总体经济发展依然稳中向好,但也应认清到国内外投资市场的复杂形势。目前企业年金的基金投资面临着资本市场波动、保费收入不及预期、政策变动风险及公司经营风险,在这种复杂多变的背景下,基金投资更应注重分散风险、动态应对、保障收益。

随着我国资本市场的日益成熟,政府在未来也将逐步放松对于年金基金投资范围和比例的硬性限制,逐步转向谨慎管理。年金基金拥有更广阔的投资空间,为资本市场带来更加稳定和大规模的长期资金,促进资本市场进一步健康发展,使得养老基金与资本市场产生良性互动。从长期资本市场看,权益类资产的收益率显著高于固定收益类资产,因此在企业年金长期投资的目标下,资产配置结构可以忽视短期的阶段性波动,通过增加权益类资产,也就是提升股票配置的比例来获得更加长期的投资收益率。通过权益法股权投资、高股息股票、稳定现金流类权益资产和私募股权投资(PE 投资)等方式,实现权益类投资内部的分散化,提升权益类资产的配置比例,在降低组合波动性的同时,提高长期的收益率。[①]　此

---

① 段国圣、段胜辉:《年金投资管理:评价、问题与建议》,《保险研究》2020 年第 4 期,第 11—12 页。

外,受托人与投资管理人除了要考虑宏观经济发展因素,还可以结合企业与参保职工的特点、企业发展情况、抗风险能力等制订更加多样的企业年金投资组合计划,比如企业与参保职工年轻人比重较大,抗风险能力较强,基金积累时间较长,则可以适当提高股票类权益投资项目的比例,增强基金的长期收益率,兼顾基金的收益性和流动性。

五、统筹推进职业年金与企业年金制度发展

职业年金与企业年金同属于补充养老保险,是我国补充养老保险的两大核心制度,但从当前发展状况来看,职业年金无论在覆盖率、替代水平或是发展速度上均全面超过企业年金,两者之间的巨大差异会导致养老保险制度形成新的不公平,因此企业年金与职业年金制度需要统筹协调推进。避免企业年金与职业年金形成新的双轨制割裂局面,统筹推进职业年金与企业年金,重点是推进企业年金达到符合预期的覆盖率、替代率,增强养老保险制度的公平性与可持续性。未来可以分阶段推进企业年金与职业年金制度的发展:首先,在现有的制度框架下缩小职业年金与企业年金在筹资水平与待遇水平方面的差异,尽量拓宽企业年金的参与广度。在机关事业单位人员频繁流动的背景下,充分保护机关事业单位人员在流动过程中的职业年金权益,完善职业年金的转移接续办法,增强制度的流动性,通过做实缴费避免"空账"转移,促进单位之间的转移接续。在国家层面,可以规划建立统一的职业年金与企业年金信息系统,在统筹设计的基础上确保信息衔接的顺畅有序,达到企业年金与职业年金的自由转移,最终实现企业年金制度的完善。

2.4　商业养老保险制度的改革实践与发展趋势

党的十九届五中全会通过的《中共中央关于制定国民经济和社会发

展第十四个五年规划和二〇三五年远景目标的建议》明确提出"发展多层次、多支柱养老保险体系",商业养老保险作为多层次、多支柱养老保险体系的重要组成部分,对于更好地衔接第一支柱基本养老保险制度以及第二支柱企业年金和职业年金具有重要意义,对于优化覆盖全民、统筹城乡、公平统一、可持续的多层次社会保障体系具有显著促进作用。在我国人口老龄化问题逐渐显现的大背景下,商业养老保险的重要补充作用愈发凸显出来。个人购买商业养老保险产品,不仅可以实现养老资金的稳健增值和终身领取,更有利于有效化解投资风险和长寿风险,从而促进国家养老保障水平的整体性提高。因此,梳理商业养老保险制度的改革实践与发展现状、探讨商业养老保险制度的发展趋势,加快商业保险参与多层次社会保障体系建设的步伐显得至关重要。

2.4.1　商业养老保险制度的改革措施

商业养老保险是商业保险的一个分支,商业养老保险将人的生命或身体作为保险对象,当被保险人年老退休或保期届满的时候由保险公司按合同规定向被保险人支付一定的养老金。2019—2020 年国家政策持续发力,商业养老保险进行了一系列改革,取得了一定成效,为满足不同社会群体多样性的养老需求做出了显著贡献,切实发挥了社会"减震器"的重要效果,为打造继基本养老保险、企业年金和职业年金之后的养老保险第三支柱起到了重要作用。

一、统筹加强商业养老保险发展的宏观部署

继 2017 年国务院办公厅印发《关于加快发展商业养老保险的若干意见》(国办发〔2017〕59 号)(以下简称《意见》),明确界定商业养老保险范畴,统筹规划商业养老保险改革后,近年来商业养老保险发展迎来新的契机。2019—2020 年国家积极加强统筹商业养老保险发展的宏观部署,截至 2020 年,《意见》提出的"基本建立运营安全稳健、产品形态多样、服务领域较广、专业能力较强、持续适度盈利、经营诚信规范的商业养老保险体系"目标已基本实现;商业养老保险切实成为"个人和家庭商业养老保障计划的主要承担者、企业发起的商业养老保障计划的重要提供者、社

会养老保障市场化运作的积极参与者、养老服务业健康发展的有力促进者、金融安全和经济增长的稳定支持者"。①

党中央、国务院高度重视商业养老保险的发展,积极加强商业养老保险发展宏观部署。2019 年 4 月出台的《国务院办公厅关于推进养老服务发展的意见》(国办发〔2019〕5 号)鼓励发展商业性长期护理保险,鼓励为参保人提供个性化长期照护服务,鼓励居家社区养老服务机构投保雇主责任险和养老责任险。2019 年 8 月,国务院常务会议在部署扩大养老服务供给、促进养老服务消费时倡导支持发展商业养老保险;2019 年 9 月,国务院总理李克强在国务院常务会议上明确要求发展医养保险、增加老年人可选择的商业保险品种,加快推进长期护理保险试点、发挥保险的支撑作用。2019 年 12 月,国务院常务会议强调积极发展社会服务领域商业保险,加快发展商业养老保险。

2020 年 1 月,中国银保监会、国家发展改革委等 13 部门发布《关于促进社会服务领域商业保险发展的意见》(银保监发〔2020〕4 号),指明要加快发展商业养老保险,强化商业养老保险保障功能。2020 年 12 月 16 日,银保监会相关负责人表示将加快发展商业养老保险,积极服务多层次、多支柱养老保险体系建设。2020 年 12 月,中央经济工作会议明确强调要规范发展第三支柱养老保险,指出发展第三支柱养老保险是一项整体工程,要坚持系统观念,按照"小步慢跑、总体渐进"的思路,加快推进顶层制度设计。

二、注重提高商业养老保险产品和服务质量

2020 年 12 月 9 日,国务院常务会议听取银保监会关于人身保险发展的专题汇报时提到按照统一规范要求,将商业养老保险纳入养老保障第三支柱加快建设。强化商业养老保险保障功能,支持开发投保简便、交费灵活、收益稳健的养老保险,积极发展年金化领取的保险产品。针对新产业新业态从业人员和各种灵活就业人员需要,开发合适的补充养老保

---

① 国务院办公厅印发《关于加快发展商业养老保险的若干意见》,见 http://www.gov.cn/xinwen/2017-07/04/content_5207924.htm。

险产品。鼓励保险公司提供老龄照护、养老社区等服务,鼓励保险业参与长期护理保险试点。①

2019年12月30日,李克强总理主持召开国务院常务会议指出,首先要支持开发多样化的养老年金保险产品以及适应60岁以上老人需求的医疗、意外伤害等保险产品,同时加快发展商业长期护理保险,以此优化养老保险结构,推动商业养老保险发展;其次,就商业保险产品和服务质量而言,鼓励保险机构适应消费者需求,提供涵盖医疗、照护、生育等多领域的综合性保险产品,逐步将医疗新技术、新产品等纳入健康保险,发展面向低收入人群和新业态从业人员的保险产品。②

2.4.2　商业养老保险制度的发展状况

国家不断对商业养老保险的政策体系进行完善,商业养老保险为应对人口老龄问题积极作为并取得长足发展,为构建多层次养老保险体系作出了重要贡献。但是,以商业养老保险为主的第三支柱仍处于初级发展阶段,现阶段商业养老保险发展尚存在许多制约因素,我国商业养老保险发展仍有较大提升空间。

一、商业养老保险市场总体活跃、潜力巨大

(一)商业养老保险规模扩大

在银发经济背景下,作为保险业养老服务金融最主要形式的商业养老保险产品在做大养老保险"蛋糕"方面积极作为。随着养老保障三支柱体系建设的持续加快,商业养老保险总体规模扩大。

根据中国银保监会公布的数据,2019年保险业新增保单495.4亿件,2020年全年新增保单件数达到526亿件,同比增长6.3%。2019年保险业实现原保费收入42645亿元,同比增长12.17%。其中,人身险保费收入30995亿元,增长13.76%。2020年保险行业在新冠疫情影响下保持稳定发

---

① 《国常会部署人身险发展举措,支持开发更多针对大病的保险产品》,见 http://www. gov.cn/zhengce/2020-12/10/content_5568720. htm。

② 《国务院常务会议部署加快发展商业养老保险》,见 http://www.gov.cn/zhengce/ 2019-12/31/content_5465429. htm。

展势头,实现保费收入总计 45257 亿元,同比增长 6.13%,其中,人身险 33329 亿元,同比增长 7.53%。2020 年人身险原保费收入中,寿险原保费收入为 23982 亿元,占比 72%;健康险原保费收入 8173 亿元,占比 24%;人身意外伤害险原保费收入为 1174 亿元,占比 4%,如图 2-1 所示。

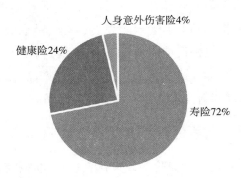

图 2-1　2020 年人身险中各险种原保费收入占比

资料来源:《2020 年 12 月保险业经营情况表》,中国银保监会官网。

　　虽然 2020 年人身意外伤害险保费收入呈负增长,但是人身险中寿险和健康险保费收入均呈增长态势,增长率分别为 5.4% 和 15.7%,2020 年人身险保费增长主要靠健康险拉动。可见,随着我国人均 GDP 的提高,人们对商业养老保险产品的需求有所提升,进一步推动了商业养老保险业务保费收入的增长。

表 2-14　2019—2020 年部分险种经营情况

单位:亿元

	原保险保费收入		原保险赔付支出	
	2019 年	**2020 年**	**2019 年**	**2020 年**
寿险	22754	23982	3743	3715
健康险	7066	8173	2351	2921
人身意外伤害险	1175	1174	298	316

资料来源:2019 年数据根据中国银保监会《2019 年 1—12 月保险业经营情况表》整理;
　　　　　2020 年数据根据中国银保监会《2020 年 12 月保险业经营情况表》整理。

就原保险赔付支出情况而言,2019 年原保险业务赔款与给付支出1.3 万亿元,2020 年赔款与给付支出总计 1.4 万亿元,同比增长达到7.9%。寿险赔付支出由 2019 年的 3743 亿元减少至 2020 年的 3715 亿元,同比减少 14.72%;2020 年健康险合计 2921 亿元,人身意外险占比合计 316 亿元,较 2019 年均有所增长。

中国银保监会公布的《2020 年 12 月人身险公司经营情况表》显示,2020 年人身险业务保持稳健增长,原保费收入 3.17 万亿元,同比增长6.9%。其中,寿险业务占比 76%,实现保费 23982 亿元,同比增长 5.4%;健康险业务保费收入达到 7059 亿元,同比提升 13.37%;意外险保费收入633 亿元,同比呈现下行趋势,意外险保费的减少在一定程度上与新冠疫情影响有关,疫情导致居民外出行为减少,但从整体来看,人身险公司经营状况良好。此外,中国银保监会公布的数据显示,保险业偿付能力充足:2020 年三季度末纳入统计范围的保险公司平均综合偿付能力充足率为 242.5%,平均核心偿付能力充足率为 230.5%;98 家保险公司风险综合评级被评为 A 类,73 家保险公司被评为 B 类,5 家保险公司被评为 C类,1 家保险公司被评为 D 类。

(二)商业养老保险尚有巨大发展潜力

中国银保监会负责人于 2020 年 10 月在金融街论坛年会上介绍:"当前我国居民金融总资产已达到 160 万亿元,其中 90 多万亿元为银行存款,而且绝大多数低于一年期限。这些存款可转换为终身养老财务资源的金融资产,规模十分庞大,优势非常明显。"可见,居民收入的提高带来了储蓄量的增加,雄厚的储蓄积累构成了商业养老保险潜在的资金来源,为未来商业养老保险市场的发展提供了巨大潜力。

但是在现实中商业养老保险的潜力还没有充分释放。2020 年三季度末相关数据显示,如果暂不考虑战略储备性质的全国社会保障基金,我国多层次养老保险基金总计约 9.3 万亿元。其中,第一层次(基本养老保险)约 5.74 万亿元,占比 61.7%;第二层次(企业年金和职业年金)约 3万亿元,占比 32.3%;第三层次(个人商业养老年金保险等)约 0.56 万亿元,仅占比 6%,我国的商业养老保险发展仍相对滞后。以寿险为例,

2020 年虽然原保费收入 2.39 万亿元,同比增长 5.4%,但就保单件数来看却同比下降了 15.61%,新单增长方面较为乏力。受保险精算技术水平不高、产品丰富程度低、税收优惠吸引力弱、商业养老保险缺乏个性化服务等影响,商业养老保险整体潜力释放不足。

此外,商业养老保险发展区域差异也不容忽视,根据中国银保监会公布的数据,从规模来看,2020 年广东省、江苏省保费收入分别达到 4199.34 亿元、4015.1 亿元,成为全国仅有的两个保费收入超过 4000 亿元的地区。相比之下,西藏自治区全年的保费收入不足百亿元,差距很大,商业养老保险发展潜力仍需开拓。

二、个税递延型商业养老保险实践现状

(一)个税递延型商业养老保险试点成就初现

个人税收递延型商业养老保险是商业养老年金保险的一种,主要面向对象为缴纳个人所得税的社会公众,公众在购买该商业养老保险时可以在税前先支付保费,在养老金增值收益阶段免税,当领取养老金时再相应地缴纳个人所得税,即保费支出部分对应的个人所得税先不缴纳,等到领取养老金时再依据相应的税率缴纳,这对投保人而言具有一定的税收优惠作用。

税延养老保险在上海市、苏州市(工业园区)和福建省进行了试点,参与试点的保险公司根据《关于开展个人税收递延型商业养老保险试点的通知》(财税〔2018〕22 号)、《个人税收递延型商业养老保险产品开发指引》(银保监发〔2018〕20 号发布)、《个人税收递延型商业养老保险业务管理暂行办法》(银保监发〔2018〕23 号发布)以及其他有关规定,设计开发面向缴纳个人所得税社会公众的养老保险产品。目前,获批运营的保险公司经营模式已从产品制转变为账户制,保险公司将新设立的专项个人商业养老资金账户当作个人参保载体,并将税优资金转入该账户;保险公司业务量得到了大幅提升,保费收入规模也相应扩大。[①] 2019 年底,

---

① 霍艾湘、赵常兴:《个税递延型商业养老保险:实践困境与优化建议》,《西南金融》2021 年第 3 期,第 1—13 页。

参保人数为4.7万人,保费收入2.45亿元①,此后个税递延型商业养老保险市场主体数量不断增加。根据中国银保监会的数据,2020年4月底,中国银保监会共发布了五批税延养老险保险公司名单,总计23家保险公司参与个税递延型商业养老保险,其中19家公司出单,累计实现保费收入3亿元,累计参保人数达到4.76万人。② 其中,上海市共有3.06万投保人,缴纳保费2.42亿元,试点取得了初步成效。

(二)个税递延型商业养老保险试点存在的问题

个税递延型商业养老保险目前试点面较窄,规模小。试点到期后,直至2020年仍未由试点转为常规性政策。试点开展过程中由于新个税法案调整后个税起征点的提高,对低收入群体来说遥不可及,使得个税递延型商业养老保险受惠人群被压缩,投保纳税人总基数减少。加之个税递延型商业养老保险相关宣传力度不够,个税递延型商业养老保险普及率低,民众对税延型养老保险产品的认知度低;税收优惠吸引力弱,养老金替代率不高,税延型养老保险产品优惠"获得感"较低,在一定程度上也削弱了纳税人购买的积极性,使得总体参保人数和保费收入总体规模不大。

除此之外,个税递延型商业养老保险税务申报流程烦琐,申报涉及投保人、保险公司、中国银保信平台、保险当地税务局以及投保人所在企业人力部门五个主体。投保人信息填报流程多,投保人购买产品需先激活"中国银保信平台",每月打印税优商业养老保险扣税凭证,并交由扣缴人的单位进行申报抵税,其流程较长,操作手续烦琐,工作量极大,严重影响了个人和单位的积极性。③ 综合来看,个税递延型商业养老保险试点在实际开展中遇冷,在进军养老保险市场过程中甚至略显吃力,其实际市

---

① 数据来源于中国银保监会《银保监会国务院政策例行吹风会答问实录》,见 http://www.cbirc.gov.cn/cn/view/pages/ItemDetail.html? docId=940131&itemId=915&generaltype=0。

② 央视网,见 https://jingji.cctv.com/2020/05/27/ARTIP9FJHvRtB0fwL4VyRdFZ200527.shtml。

③ 郑秉文:《商业保险参与多层次社会保障体系的方式、作用与评估——基于一个初步的分析框架》,《辽宁大学学报(哲学社会科学版)》2019年第6期,第1—21页。

场运营结果距政策预期存在偏差,政策效应未完全显现。

2.4.3　商业养老保险制度的发展趋势

　　加快商业养老保险发展是应对人口老龄化和缓解基本养老保险收支压力的现实诉求。商业养老保险制度逐渐迈入可持续性、开放式、规范化发展阶段,深化社会保障制度改革、健全多层次与多支柱社会保障体系是开启"十四五"规划的全新征程的必然要求,进一步有效发挥商业养老保险重要补充作用已成为必然选择。

一、商业养老保险可持续性发展

(一)商业养老保险政策支持将持续发力

　　面对严峻的人口老龄化形势,将商业养老保险纳入养老保险制度改革总体部署总基调早已确定,深化商业养老保险供给侧结构性改革,从政策上进一步促进商业养老保险发展势在必行。2020年1月,中国银保监会为推动银行业和保险业高质量发展,促使其更好地服务现代化经济体系建设,发布了《关于推动银行业和保险业高质量发展的指导意见》;2020年2月发布了《普通型人身保险精算规定》,3月发布了《关于加快推进意外险改革的意见》,2020年12月国务院常务会议更是部署了促进人身保险扩面提质稳健发展的措施。从政策支持层面看,将商业养老保险切实纳入第三支柱养老保险制度建设,促进商业养老保险高质量发展将会有更多相关的制度、政策出台,包括完善多层次财税政策支持政策、商业养老保险监管政策、加强商业养老保险风险防控等诸多政策支持。

(二)商业养老保险创新试点稳步推进

　　个税递延型商业养老保险试点早已期满,总结个税递延型商业养老保险试点工作,完善个税递延型商业养老保险政策,多措并举推进个税递延型商业养老保险扩面扩容,进而推广至全国将成为未来加快"第三支柱"养老保险制度发展的重要着力点之一。一方面,在深入调研的基础上对政策的效应进行科学而深入的综合性观察和分析,就个税递延型商业养老保险试点以来暴露出的问题对症下药,个税改革的同时进一步落实对个税递延型商业养老保险的系统性优化。另一方面,通过强有力的税收优惠政策增强投保人的获得感。通过群众喜闻乐见的、线上线下相结合的方式向更多民众普及个税递延型商业养老保险,提高民众投保的积极性,进而扩大个税递延型商业养老保险覆盖范围,让更多人享受政策红利,从而充分彰显个税递延型商业养老保险的公平性和普惠性。此外,随着"互联网+""大数据"等先进理念与技术的普及应用,一体化的智能便捷税收递延型商业养老保险服务平台建设将成为必然,投保人可以利用信息平台便捷地实现税务申报,从而推动税延养老保险储蓄账户更好地与政府养老金账户及企业养老储蓄账户实现衔接和关联。

二、商业养老保险制度开放式发展

(一)商业养老保险制度开放升级加速

2019 年 12 月 30 日,国务院常务会议讨论了要加快推进保险市场对外开放,以公平竞争促进保险业升级的问题。2020 年 12 月 16 日,中国银保监会主要负责人在银保监会召开的国务院政策例行吹风会上强调扩大商业养老保险领域对外开放。可见,随着商业养老保险制度的发展,商业养老保险制度对外开放将进一步扩大,积极借鉴国际经验,适当引进具有先进老年人保险产品开发和管理经验的保险机构,促进我国商业养老保险产品优化升级,推动销售模式与时俱进,进一步提高对外资保险公司经营商业养老保险业务的支持力度,提升我国商业养老保险服务质量。

(二)商业养老保险制度包容性增强

增强商业养老保险制度包容性已成为商业养老保险制度发展的必然趋势。瞄准公众差异化的需求,结合老年人风险特征和需求特点有针对性地促进商业养老保险制度的扩面升级;优化商业养老保险产品结构、丰富商业养老保险产品类型,特别是满足新产业、新业态从业人员和各种灵活就业人员等不同收入群体、不同需求群体的养老需求,进而提高全社会商业养老保险投保率,这已成为商业养老保险制度发展的重要方向。商业养老保险发展可适时开展专属商业养老保险试点,鼓励和支持有能力的商业保险机构积极为民众提供包括医疗、疾病、康复、照护等覆盖群众生命周期、满足不同收入群体需要的个性化和差异化的养老产品和服务,提供更加灵活的养老金缴款和便捷领取服务,充分发挥商业养老保险的补充作用,夯实养老保险基金储备。

（三）商业养老保险供给方合作交流加强

首先,随着商业养老保险的扩面式发展,第一支柱、第二支柱养老保险服务供给方的合作交流已逐渐加强。为避免业务流转机制复杂而挫伤民众投保商业养老保险的积极性、保障全社会养老金水平,相关部门间必须要建立良好的沟通协调机制,以便更好衔接"三支柱"之间的缴费记录、基金转移接续等事务,简化现行税收优惠政策涉税流程,维护商业养老保险投保者的合法权益。再者,随着商业养老保险试点工作的开展,国家税务总局与银保监会、中保信公司的数据交流共享显得尤为重要。建立商业养老保险管理和服务一体化信息平台,提供科学而准确的商业养老保险发展相关数据,将为下一步试点政策的推广打好基础,也将为创新养老保险产品和优化制度设计提供现实遵循。最后,商业养老保险制度的发展离不开商业养老保险供给方即保险公司之间的产品协作和互信共赢。面对未来的商业养老保险迸发式需求,商业养老保险公司之间结合行业特点和现状,加强开放式学习和合作,面向养老市场实现协同互动发展,以公平竞争促进商业养老保险业升级将成为养老保险领域共同的追求和发展趋势。

三、商业养老保险制度规范化发展

（一）强化商业养老保险监管制度

一系列有关优化营商和消费环境、简化审批、创新监管的文件出台加强了商业养老保险监管体系建设,促进了商业养老保险制度迈向规范化发展。2020 年 1 月,中国银保监会发布《银行保险违法行为举报处理办法》,中国银保监会等 13 部门联合发布《关于促进社会服务领域商业保险发展的意见》（银保监发〔2020〕4 号）。2 月,中国银保监会办公厅颁发《关于进一步规范健康保障委托管理业务有关事项的通知》,该通知的总体思路是:重塑健康保障委托管理业务监管框架,回归业务本源,补齐监管短板,防范潜在风险,促进健康保障委托管理业务与商业健康保险业务协同发展,更好满足企事业单位人员的健康保障需求,服务国家医疗保障体系建设。3 月,中国银保监会发布《关于加快推进意外险改革的意见》,

明确指出通过开展意外险市场清理整顿、制定统一的意外险专项监管制度、建立健全信息披露机制、建立健全意外险保单信息共享机制来强化对市场行为监管。5月,中国银保监会发布了《关于落实保险公司主体责任加强保险销售人员管理的通知》和《关于切实加强保险专业中介机构从业人员管理的通知》,提出加强保险销售人员和保险专业中介机构从业人员管理。6月,中国银保监会发布的《中国银保监会行政处罚办法》对银行业保险业行政处罚程序作了全面规范。11月,中国银保监会发布《关于使用〈中国人身保险业重大疾病经验发生率表(2020)〉有关事项的通知》。12月,中国银保监会发布《互联网保险业务监管办法》。

2020年12月,中央经济工作会议提出要规范发展第三支柱养老保险;在国务院政策例行吹风会上银保监会主要负责人也强调完善数据标准,规范商业养老保险相关统计标准和统计规范,加强商业养老保险信息统计和保单管理。商业养老保险制度逐渐走向规范化发展,政府部门越来越重视对保险业的监管。在现行趋势下,相关监管主体还将继续完善商业养老保险规范,杜绝税收优惠措施的滥用乱用,坚决打击或取缔商业养老保险业违规活动,整体规范发展第三支柱养老保险,为积极应对人口老龄化夯实更多的养老资产储备。

(二)健全商业养老保险风险防控机制

强化资产负债管理,加强商业养老保险风险防控,推动投资渠道多元化,从而有效实现资金的保值增值一直以来是商业养老保险发展的目标之一。我国一直坚持深入治理行业乱象,严厉打击资金运用、销售理赔、数据等方面存在的违法违规行为,依法接管违法违规经营和风险隐患较大的人身险公司,致力于保护投保者的合法权益。养老保险公司同时积极配合探索和完善账户制经营模式,做好对个人税收递延型商业养老保险项目的投资,建设专业化商业养老保险服务人才队伍,加强商业养老保险风险防控建设。2020年12月,我国人身险公司综合偿付能力充足率236.5%,是监管标准的2倍多;2020年以来人身险公司经营活动现金净流入1.6万亿元,为近年来的最高值。可见,商业养老保险风险防控机制的逐渐健全正在推动着商业养老保险的规范化和持续性发展。

　　总之,未来一段时期,健全多层次社会保障体系为商业保险带来了新的发展机遇,商业养老保险发展将逐渐迈入可持续、开放式、规范化发展的新阶段,它将以更好的姿态发挥其在社会保障体系中的重要作用,为发展多层次、多支柱养老保险体系作出新的贡献。

3

推进社保转移接续、实现基本养老保险全国统筹

3.1 基本养老保险关系转移接续的现实意义与理论依据

3.1.1 基本养老保险关系转移接续的现实意义

基本养老保险关系转移接续不又是养老保险政策业务本身的突破和发展,从更高的层面来看,由于就业和社保息息相关,社保关系的自由"流动"促进了就业流动,基本养老保险关系的自由转移接续,能为全国人才的自由流动创造更好的条件。转移接续制度不仅是应对人口老龄化挑战的重要举措,对于保障流动人员养老权益、满足自由的劳动力市场构建的需要、适应养老保险制度的配套改革和改变城乡养老保险制度的"碎片化"格局也具有重要意义。

一、应对人口老龄化的挑战

根据国际标准[①],我国于 2000 年正式步入老龄化社会,此后老龄化程度不断加深,于 2014 年进入严重老龄化时期(见表 3-1)。2019 年,我国 65 岁及以上老年人口达 1.76 亿人,占比 12.6%,老年抚养比达到 17.8%。"十四五"时期,随着新中国成立后第二次生育高峰出生人口进入老年期,我国将进入老龄化的急速发展阶段。[②]

---

① 1956 年联合国《人口老龄化及其社会经济言果》确定,当一个国家或地区 65 岁及以上老年人数量占总人口的比例超过 7%时,这个国家或地区进入老龄化社会。1982 年维也纳老龄问题世界大会确定,当一个国家或地区 65 岁及以上老年人数量占总人口的比例超过 10%时,这个国家或地区进入严重老龄化社会。

② 李志宏:《"十四五"时期我国人口老龄化的新特征》,《中国老年报》2020 年 11 月 18 日,第 004 版。

表 3-1　1998—2019 年我国人口老龄化现状

年份	65 岁及以上老年人口占比（%）	老年抚养比（%）	年份	65 岁及以上老年人口占比（%）	老年抚养比（%）
1998	6.7	9.9	2009	8.5	11.6
1999	6.9	10.2	2010	8.9	11.9
2000	7	9.9	2011	9.1	12.3
2001	7.1	10.1	2012	9.4	12.7
2002	7.3	10.4	2013	9.7	13.1
2003	7.5	10.7	2014	10.1	13.7
2004	7.6	10.7	2015	10.5	14.3
2005	7.7	10.7	2016	10.8	15
2006	7.9	11	2017	11.4	15.9
2007	8.1	11.1	2018	11.9	16.8
2008	8.3	11.3	2019	12.6	17.8

资料来源：2020 年《中国统计年鉴》表 2-5，见 http://www.stats.gov.cn/tjsj/ndsj/2020/indexch.htm。

除了发展速度快以外，我国人口老龄化还体现出区域差异大和代际负担重的特点（见表 3-2）。2019 年，全国平均老年抚养比为 17.8%，老年抚养压力高于全国平均水平的地区有 12 个，老年抚养比排名前三位的地区分别是山东省（23.82%）、四川省（23.2%）和重庆市（22.61%），排名后三位的地区是青海省（11.85%）、广东省（11.37%）和西藏自治区（8.86%）。在全国统筹尚未实现的情况下，差异化的养老负担水平会在一定程度上加剧中央政府与地方政府以及地方政府间的博弈。

表 3-2　2019 年分地区的老年抚养比

地区	老年抚养比（%）	地区	老年抚养比（%）
北京	14.66	湖北	18.32
天津	15.56	湖南	19.66
河北	19.32	广东	11.37
山西	14.93	广西	14.95

续表

地区	老年抚养比（%）	地区	老年抚养比（%）
内蒙古	13.28	海南	13.09
辽宁	21.55	重庆	22.61
吉林	17.73	四川	23.2
黑龙江	18.07	贵州	17.5
上海	22.07	云南	13.71
江苏	21.2	西藏	8.86
浙江	19.25	陕西	16.41
安徽	20.73	甘肃	16.13
福建	13.67	青海	11.85
江西	14.57	宁夏	13.62
山东	23.82	新疆	11.9
河南	17.23	全国	17.8

资料来源：2020 年《中国统计年鉴》表 2-12，见 http://www.stats.gov.cn/tjsj/ndsj/2020/indexch.htm。

此外，受计划生育政策影响，"十四五"时期我国独生子女一代的父辈将陆续进入老年阶段①，我国老年社会将呈现出显著的独居化、空巢化和少子化特征，这些特征为我国应对人口老龄化提出了新的挑战。一方面，家庭内部的独生子女一代面临着"养老"和"抚幼"的双重压力；另一方面，家庭外部的政府和社会将面临着养老资源供给不足和专业护理人才短缺的双重考验。

二、保障流动人员养老权益和满足自由的劳动力市场构建的需求

改革开放以来，伴随着社会主义市场经济体制的发展与完善，各种限制人口流动的政策和制度得以不断消除，人口迁移的自主性、流动性和多元性不断加强，特别是人口从农业向非农产业、从农村向城镇地区、从中

---

① 中国老龄协会政策研究部主任李志宏在 2020 年 11 月 18 日的《中国老年报》中提到，"随着补偿性生育高峰出生的'60 后'父母进入老年期，'十四五'末期，这一批'新生代'老年人口将占老年人口的 28%左右。'独一代'的'60 后'父母进入老年队列，叠加'独一代'的'50 后'老年父母，使'十四五'时期独生子女老年父母数量快速增加"。

西部地区向东部地区的迁移规模逐渐增大,基本进入一个持续稳定的发展过程。[①] 从表 3-3 可以看出,从 2010 年开始,我国流动人口占总人口的比例就在 17% 左右波动。

表 3-3　2010—2019 年我国流动人口规模及占总人口的比例

年份	流动人口（亿人）	流动人口占比（%）	年份	流动人口（亿人）	流动人口占比（%）
2010	2.21	16.48	2015	2.47	17.97
2011	2.3	17.07	2016	2.45	17.72
2012	2.36	17.43	2017	2.44	17.55
2013	2.45	18.01	2018	2.41	17.27
2014	2.53	18.50	2019	2.36	16.86

在社会主义市场经济体制的背景之下,劳动力作为基本生产要素之一,为了获取更高的劳动报酬而在地区之间、产业之间以及公共部门和私营企业之间进行工作转换的频率越来越高。随之而来的基本养老保险基金应当具有便携性、关系转接灵活性和产权的明晰性,这是保障参保职工养老金受益权的现实要求,也是完善社会保障制度和促进劳动力合理流动的本质要求。

与劳动力流动的类型相对应,养老保险关系转移接续根据社会养老保险的参保人由于户籍、工作地点、单位类型和参保种类等方面的变动情况的不同,可以分为两种养老保险制度间、两个统筹区域间以及同时跨制度和跨统筹区域的养老保险关系转移接续的情形。养老保险转移接续关系到基本养老保险制度的持续稳定发展,对于保障职工养老保险权益不因转移而受损具有重要意义。

三、适应养老保险制度改革的配套需要

"文化大革命"以后,针对新中国成立初期创立的养老保障制度的整

---

① 刘昌平:《社会养老保险制度城乡统筹之路探索》,《社会保障研究》2009 年第 2 期,第 14—17 页。

顿、恢复和探索工作有序进行。党政机关、群众团体、企业和事业单位的干部和工人的养老保险制度首先恢复,1980 年 7 月的《中华人民共和国中外合资经营企业劳动管理规定》和 1983 年 4 月的《关于城镇集体所有制经济若干政策问题的暂行规定》发布以后,养老保险制度覆盖面从政府机关、事业单位以及国营企业等职工扩大到城镇集体企业职工和中外合资合营企业职工。

1991 年 6 月,《关于企业职工养老保险制度改革的决定》(国发〔1991〕33 号)正式确立了社会统筹与个人账户相结合、职工个人参与缴费、退休费用社会统筹的企业职工基本养老保险制度。1995 年 3 月,《关于深化企业职工养老保险制度改革的通知》(国发〔1995〕6 号)将企业职工基本养老保险制度的参保范围扩大到城镇各类企业职工和个体劳动者。1997 年 7 月,《关于建立统一的企业职工基本养老保险制度的决定》(国发〔1997〕26 号),对企业职工基本养老保险制度进行了统一。至此,尽管企业职工基本养老保险制度在设计层面得到了统一,但受制于较低的统筹层次,参保人员在流动过程中仍旧面临养老保险关系转移接续的问题。

2005 年 12 月,《国务院关于完善企业职工基本养老保险制度的决定》(国发〔2005〕38 号)再次扩大参保范围,将城镇个体工商户和灵活就业人员纳入保险范围。灵活就业人员的工作性质对基本养老保险制度转移接续提出了更高要求。

同时,在探索和建立企业职工基本养老保险制度的同时,机关事业单位工作人员的养老保险制度经历了与企业职工基本养老保险制度分开、并轨、再次分开、并轨探索和并轨改革的发展历程。企业职工基本养老保险制度和机关事业单位养老保险制度的并轨从根本上解决了机关事业单位与企业职工之间的双轨制矛盾,但是分开管理的基金意味着两大制度之间的转移接续问题仍然存在。

在城镇各类职工基本养老保险制度探索与构建的同时,城乡居民基本养老保险制度也经历了农村社会养老保险制度、新型农村社会养老保险制度与城镇居民社会养老保险制度并行以及城乡居民基本养老保险制度等三个代表性时期。2006 年 10 月,党的十六届六中全会通过《中共中央关于构建社会主义和谐社会若干重大问题的决定》,提出到 2020 年基本建立覆盖城乡居民的社会保障体系;2008 年 10 月,党的十七届三中全会通过《中共中央关于推进农村改革发展若干重大问题的决定》,进一步提出"建立新型农村社会养老保险制度","创造条件探索城乡养老保险制度有效衔接办法"。2014 年 2 月,《国务院关于建立统一的城乡居民基本养老保险制度的意见》(国发〔2014〕8 号)标志着新型农村社会养老保险制度和城镇居民社会养老保险制度的正式合并,城镇职工基本养老保险和城乡居民基本养老保险两大制度的并行给基本养老保险关系在两项制度之间的转移接续提出了新的要求。

可以看出,基本养老保险关系转移接续的相关规定是伴随着养老保险制度的发展和完善而产生的,因此,基本养老保险关系的转移接续也应当适应和满足养老保险制度改革的配套需要。

四、改变城乡养老保险制度的"碎片化"格局

新中国成立以来,为了适应城乡二元结构的发展进程,我国基本养老保险制度是基于参保者身份建立起来的。具体做法为以城镇基本养老保险制度和农村基本养老保险制度为分界,始终沿着城乡分割的两条发展路径演变,使得我国城镇基本养老保险制度和农村基本养老保险制度有着显著不同的制度模式和发展轨迹,经历了从传统社会养老保险制度的初创、发展,到形成覆盖城乡和惠及全民的社会养老保险体系,实现了保险制度从无到有、覆盖人群从少到多和待遇水平从低到高的历史性转变。

这种基于城乡二元结构条件的暂时的、特殊的制度安排,加之"试点先行"的运作模式,使得各地区的城镇职工基本养老保险制度和城乡居民基本养老保险制度内部以及两种制度之间的模式各异、差别悬殊、衔接困难,造成养老保险制度"重复"和"空白"交织的局面,带来了制约社会保障发展的诸多问题和影响社会和谐建设的不公平现象。

基本养老保险制度的转移接续政策,就是旨在通过完善同一制度内部不同统筹层次之间以及不同制度之间的衔接机制,来降低参保人员的便携性损失,消除社会养老保险制度城乡有别的体制障碍,缩小城乡养老保险制度待遇过大的差异,从而形成一个能够体现普遍性和公平性的社会养老保险体系。这是推进城乡社会养老保险统筹发展、实现城乡社会保障一体化的必由之路。

3.1.2 基本养老保险关系转移接续的理论依据

一、公平与效率理论

公平与效率是社会政策制定和运行所追求的根本目标。公平是指社会成员之间权利和利益分配的合理化,指人与人之间的利益关系以及利益关系间遵循的原则符合社会发展的需要。基于权利和义务相对等的公平理念是社会保障制度的核心理念和基本价值目标。[①] 作为一种重要的收入再分配制度,社会保险制度不仅应当实现代内的城乡公平、区域公平和群体公平,还应当实现代际公平。效率是指资源配置的效率,指资源投入和生产产出的比率,制度运行的高效率是指以有限的资源获得更大的产出,效率追求的是有限资源的优化配置。

公平和效率是一种对立而又统一的关系,二者相互依存。具体体现为效率是公平的物质前提,而公平能够促进效率。若仅以公平为目标,容易阻碍发展;若仅以效率为目标,容易丧失公平。社会保险制度作为一种重要的社会再分配制度,必然以公平作为首要目标,但也不能忽视效率,否则,过于追求公平的制度容易引发道德风险,降低利益相关者的积极性,进而影响制度的可持续发展。在基本养老保险转移接续制度中,应当公平与效率并重。注重公平体现在,当参保个体在两种制度之间或者同一制度的不同统筹区域之间进行转移接续时,应当享有同等的社会保障权利;注重效率体现在,无论参保个体在哪种制度或者哪一统筹地参保,都应当认可其对制度的缴费贡献,并且计入养老保险受益权中。

二、社会保障权利和义务相匹配理论

基本养老保险制度的转移接续直接关系到流动人口的基本权益,必

---

① 肖严华:《中国养老保险制度公平问题研究》,《上海经济研究》2008 年第 8 期,第 18—23 页。

须在建构现代意义上的社会保障制度时,以公平和效率为基本原则,妥善处理社会保险关系的转移接续。基本养老保险关系转移接续中的权利和义务相匹配理论是指,当参保个体履行了缴费义务时,无论是否进行养老保险关系转移,且无论是在不同制度之间转移还是在同一制度的不同统筹区域之间转移,都应当获得与其缴费义务相对等的基本养老保险受益权的肯定。

社会保障权是指社会成员从社会获得基本保障的一种权利,是弱势群体在生存压力下的基本保障权。作为人类最基本人权的社会保障权主要包括社会优抚权、社会救助权、社会福利权和社会保险权等内容,再加上为获得上述权益的请求权、受益权和救济权等内容。社会保障的特征是社会性、共济性、福利性和强制性。社会保障的目的,是为民众提供持续和稳健的未来生活保障。从社会保障权利均等化的角度来看,解决好基本养老保险制度的转移接续问题是基本养老保险制度的内在要求。只有整合并逐步实现相关制度之间的衔接,同时统筹考虑和高效配置各种社会资源,才能够建立公平、可持续的社会保障制度。

三、城乡一体化发展理论

改革开放以后,城乡隔离发展导致的各种经济社会矛盾不断出现,城乡一体化发展理论开始在国内受到重视。城乡一体化是指,在生产力发展到一定程度后,通过城乡之间劳动力以及生产要素的自由流动,形成新的城乡关系,实现城乡之间在思维模式、社会经济、生活水平和生态环境等方面的广泛融合,达到物质文明、精神文明和政治文明的一体化发展,从而使整个城乡经济持续、稳定和协调发展。

我国城乡二元结构的严重性和复杂性,决定了城乡一体化发展具有至少四方面的内容。第一,城乡经济一体化,即消除人为设置的阻碍劳动力流动的各种障碍,打破城乡二元分割的桎梏,建立城乡一体化的要素市场,实现各要素之间的自由流动从而优化资源配置,从而发挥市场对资源配置的决定性作用;第二,城乡社会一体化,即打破城乡二元分割的桎梏,缩小城乡居民在基本公共服务和公共资源之间的差距水平,使城乡居民能够共享现代化成果;第三,城乡政治一体化,即通过对目前户籍制度的改革,进一步消除城乡居民的差异,使城乡居民在政策制定和社会管理中获得同等权利,从而逐渐消除城乡分割政策的形成基础;第四,城乡文化一体化,即通过在城镇化进程中对农村的人文关怀和教育普及,逐步改变农民落后的理念模式,保留淳朴的民风,推动城市文化和农村文化的交流融合,形成具有中国特色的新型城乡文化。

城乡居民基本权益均等化是实现城乡一体化发展的前提。城乡居民基本权益均等化体现在养老、教育和医疗等方方面面。养老保险制度作为劳动力的一项重要的福利制度,其顺畅的转移接续对于促进劳动力自由流动和城乡一体化发展具有重要意义。基本养老保险关系转移接续中的城乡一体化发展理论有两方面含义。其一,顺畅的基本养老保险关系转移接续是城乡区域统筹协调发展的内在要求,城乡区域统筹协调发展要求社会保障制度不因城市和农村的地域不同而存在转续壁垒;其二,以城镇职工基本养老保险制度和城乡居民基本养老保险制度为代表的两大基本养老保险制度的改革方向应当遵循城乡一体化的发展理论,随着城乡收入差距的不断缩小,以两种制度的同一模式运行逐步实现制度间无障碍转移接续。

3.2　基本养老保险关系转移接续的现状分析

3.2.1　基本养老保险关系转移接续的历史沿革

我国基本养老保险关系转移接续的政策演进,是伴随着经济改革的深化和综合国力的增强而逐步走向成熟的。一系列政策的相继出台,在一定程度上解决了养老保障和劳动关系的处理、退休地的确定、异地权益的认同、统筹基金转移的比例和待遇计发的方法等敏感问题,较好地化解了现实存在的矛盾和转移接续过程中的冲突。在衔接时点、转移方向、转移条件和转移资金以及缴费年限、重复参保和待遇领取等方面都做了越来越详细的规定。

一、基本养老保险关系转移接续制度构建的第一阶段(初建时期)

基本养老保险关系转移接续制度是随劳动保险制度的创立而萌生的。这一阶段,全国范围内的职工流动稀少,多为享受劳动保险待遇的退休退职人员从工作地返回原籍地,得益于全国调剂的劳动保险制度,劳动保险待遇的移地支付和工龄确认十分顺畅,不仅此时的劳动保险关系转移相对顺畅,还解决了劳动保险关系转移接续背后的地区间基金利益冲突。

表 3-4　基本养老保险关系转移接续制度初建时期的文件梳理

时间	颁布部门	文件名称	制定目的或主要内容
1949.2	东北行政委员会	《东北公营企业战时暂行劳动保险条例试行细则》	明确"劳动保险待遇移地支付""机构和工作单位变动后的工龄计算"等
1953.1	政务院	《中华人民共和国劳动保险条例实施细则修正草案》	明确调动工龄的规定、迁移劳动保险待遇支付的规定
1960.7	全国总工会	《关于享受长期劳动保险待遇的移地支付试行办法》	为方便移地居住的退休退职人员及时享受劳动保险待遇,并减轻基层汇寄负担
1963.1	全国总工会	《关于享受长期劳动保险待遇的移地支付暂行办法》①	职工和家属在转移居住地点时,可照常享受劳动保险待遇,退休费、因工伤残抚恤金、非因工伤残救济费和因工死亡供养直系家属抚恤费可以异地领取,由移居地的工会组织发给
1964.4	全国总工会劳动保险部	《关于劳动保险问题解答》和《关于试行"劳动保险委员会工作纲要"的通知》	明确"有关工龄计算问题"以及"人员调动时,劳动保险卡片转移的手续"
1965.8	全国总工会	《关于企业干部退休后办理移地支付问题的函》	进一步明确企业干部退休后的移地支付相关问题

---

① 该项办法解决了当时被动员回家乡或者下放农村的大批职工及其家属的后顾之忧。

二、基本养老保险关系转移接续制度构建的第二阶段（停止与恢复时期）

这一阶段包括"文化大革命"时期基本养老保险关系转移接续制度的停止和"文化大革命"后的恢复等两个主要历史时期。养老保险关系转移接续制度乃至养老保险制度在经历了"文化大革命"期间的被重创之后，随着社会经济生产和日常生活的恢复，养老保险制度得以重构，企业职工基本养老保险制度的构建开始了初步探索，基本养老保险关系转移接续制度也随之恢复。

表3-5 基本养老保险关系转移接续制度停止与恢复时期的文件梳理

时间	颁布部门	文件名称	制定目的或主要内容
1969.2	财政部	《关于国营企业财务工作中的几项制度的改革意见（草案）》	规定"企业不再缴纳劳动保险费，劳动保险待遇从企业营业外账户列支"，随着全国劳动保险费社会统筹的废止，养老保险待遇的移地支付制度也随之被迫停止
1978.5	国务院	《关于安置老弱病残干部的暂行办法》和《关于工人退休、退职的暂行办法》	对国家机关、事业单位职工①以及企业职工②的移地支付办法和适用范围及其内容作了新的规定
1979.12	财政部、中华全国总工会	《关于原来享受劳动保险待遇的退休职工移地支付的退休费用仍列入地方财政预算开支的通知》	恢复了"文化大革命"以前的移地支付办法
1987.6	劳动人事部、公安部	《关于全民所有制单位劳动合同制工人跨地区转移工作单位有关问题的通知》	明确了养老保险基金的转移和转移前后缴纳养老保险基金的年限等内容

---

① 国家机关、事业单位职工按规定退休、退职以后，如果易地安置的，退休费、退职生活费分别由负责管理的组织、人事和县级民政部门另列预算支付，同时，还可以按规定享受易地安家费、途中车船费、旅馆费、行李搬运费、伙食补助费以及住房补助等待遇。

② 企业职工除享受安家补助费、途中车船费、旅馆费、行李搬运费、伙食补助费等待遇以外，退休费、退职生活费仍由企业行政负责支付，不实行移地支付办法。

续表

时间	颁布部门	文件名称	制定目的或主要内容
1992.8	劳动部	《关于使用〈职工养老保险手册〉的通知》	规定"职工调动时,《职工养老保险手册》随同调动手续一并转移"

三、基本养老保险关系转移接续制度构建的第三阶段(重构时期)

进入基本养老保险关系转移接续制度的重构时期,随着基本养老保险制度"统账结合"基本模式的正式确立,基本养老保险关系转移接续制度也随之做出了相应的改变。这一阶段,养老保险制度的统账结合模式正式确立的同时,给养老保险关系转移接续工作带来了挑战。一方面,较低的统筹层次制约了养老保险关系的正常转续;另一方面,"分灶吃饭"的财政体制和以"只转个人账户,不转统筹基金"为原则的转移接续办法加剧了各级政府间博弈,让养老保险关系的正常转续工作雪上加霜。

表 3-6 基本养老保险关系转移接续制度重构时期的文件梳理

时间	颁布部门	文件名称	制定目的或主要内容
1996.3	劳动部	《关于企业职工基本养老保险基金转移问题的通知》①	明确了职工在统筹范围内外流动时的养老保险基金处理方式②
1997.4	劳动部	《关于印发〈社会保险业务管理程序〉的通知》	明确异地转移业务管理程序
1997.7	国务院	《关于建立统一的企业职工基本养老保险制度的决定》	建立个人账户,并规定个人账户在职工调动时全部随同转移;职工或退休人员死亡,个人账户中的个人缴费部分可以继承

---

① 该文件于 1996 年 3 月 13 日颁布,1998 年 1 月 1 日失效。
② 规定"职工在统筹范围内流动时,只办理职工养老保险关系的转移,养老保险基金不转移。职工跨统筹范围流动时,应办理基本养老保险基金和职工养老保险关系的转移。基金转移额为基本养老保险个人账户中累计个人缴费部分(本息之和)"。

续表

时间	颁布部门	文件名称	制定目的或主要内容
1997.12	劳动部办公厅	《关于印发职工基本养老保险个人账户管理暂行办法的通知》	明确了个人账户转移等内容①
1999.7	劳动和社会保障部办公厅	《严格执行职工基本养老保险个人账户转移政策的通知》	进一步明确严格按照国家规定办理基本养老保险个人账户转移手续,不得自行制定与国家规定不符的政策②
2001.9	劳动和社会保障部、财政部、人事部、中央编办	《关于职工在机关事业单位与企业之间流动时社会保险关系处理意见的通知》	明确了职工在机关事业单位和企业单位之间流动时的社会保险关系转续处理办法③
2001.10	劳动和社会保障部办公厅	《关于规范企业职工基本养老保险个人账户管理有关问题的通知》	明确要做好个人账户的接续、清理和转移工作

---

① 规定"职工在同一统筹范围内流动时,只转移基本养老保险关系和个人账户档案,不转移基金。职工跨统筹范围流动时,转移基本养老保险关系和个人账户档案。对职工转移时已建立个人账户的地区,转移基金额为个人账户中 1998 年 1 月 1 日之前的个人缴费部分累计本息加上从 1998 年 1 月 1 日起记入的个人账户全部储存额"。此外,该文件对职工转移时仍未建立个人账户的地区的参保职工转移基金额也做了具体规定。1998 年 1 月 1 日之前转移的,1996 年之前参加工作的职工,转移基金额为 1996 年 1 月 1 日起至调转月止的职工个人缴费部分累计本息;1996 年、1997 年参加工作的职工,基金转移额为参加工作之月起至 1997 年底的个人缴费部分累计本息。1998 年 1 月 1 日之后转移的,转移基金额为 1998 年之前按前述规定计算的职工个人缴费部分累计本息,加上从 1998 年 1 月 1 日起按职工个人缴费工资基数 11%计算的缴费额累计本息。未建个人账户期间,计算个人缴费部分的利息按中国人民银行一年期定期城乡居民储蓄存款利率计算。

② 该文件规定与 1997 年 12 月劳动部办公厅颁布的《关于印发职工基本养老保险个人账户管理暂行办法的通知》相同。

③ 具体规定为:职工由机关事业单位进入企业工作之月起,参加企业职工的基本养老保险,退休时按企业的办法计发基本养老金。其中,公务员及参照和依照公务员制度管理的单位工作人员,在进入企业并按规定参加企业职工基本养老保险后,由同级财政按照"本人离开机关上年度月平均基本工资×在机关工作年限<0.3%×120 个月"的标准根据本人在机关(或单位)工作的年限给予一次性补贴,并转入本人的基本养老保险个人账户。职工由企业进入机关事业单位工作之月起,执行机关事业单位的退休养老制度。其原有的连续工龄与进入机关事业单位后的工作年限合并计算,退休时按机关事业单位的办法计发养老金。已建立的个人账户继续由社会保险经办机构管理,退休时,其个人账户储存额每月按 1/120 计发,并相应抵减按机关事业单位办法计发的养老金。

续表

时间	颁布部门	文件名称	制定目的或主要内容
2001.12	劳动和社会保障部	《关于完善城镇职工基本养老保险政策有关问题的通知》	首次明确农民合同制职工退保的处理办法①
2002.5	劳动和社会保障部办公厅	《关于对户籍不在参保地的人员办理退休手续有关问题的复函》	明确了参保人员因工作流动在不同地区参保地,享受基本养老金的条件②

四、基本养老保险关系转移接续制度构建的第四阶段(完善时期)

这一阶段,《城镇企业职工基本养老保险关系转移接续暂行办法》和《城乡养老保险制度衔接暂行办法》的实施,打破了同一制度内部的地区分割壁垒和不同制度之间的城乡分割壁垒,维护了以农民工为主的流动劳动力在养老保险关系转移接续中的合法权益,为人力资源在劳动力市场的流动起到了重要保障作用。

表 3-7 基本养老保险制度转移接续制度完善时期的文件梳理

时间	颁布部门	文件名称	制定目的或主要内容
2009.9	国务院	《关于开展新型农村社会养老保险试点的指导意见》	明确了新型农村社会养老保险制度的衔接问题

---

① 规定:参加养老保险的农民合同制职工,在与企业终止或解除劳动关系后,由社会保险经办机构保留其养老保险关系,保管其个人账户并计息,凡重新就业的,应接续或转移养老保险关系;也可按照省级政府的规定,根据农民合同制职工本人申请,将其个人账户个人缴费部分一次性支付给个人,同时终止养老保险关系,凡重新就业的,应重新参加养老保险。农民合同制职工在男年满60周岁、女年满55周岁时,累计缴费年限满15年以上的,可按规定领取基本养老金;累计缴费年限不满15年的,其个人账户全部储存额一次性支付给本人。

② 具体规定为:"缴费年限:参保人员因工作流动在不同地区参保的,不论户籍在何地,其在最后参保地的个人实际缴费年限,与在其他地区工作的实际缴费年限及符合国家规定的视同缴费年限,应合并计算,作为享受基本养老金的条件。待遇领取地:参保人员达到法定退休年龄时,其退休手续由其最后参保地的劳动保障部门负责办理,并由最后参保地的社会保险经办机构支付养老保险待遇。"

续表

时间	颁布部门	文件名称	制定目的或主要内容
2009.12	国务院办公厅	《关于转发人力资源社会保障部、财政部城镇企业职工基本养老保险关系转移接续暂行办法的通知》①	首次明确了"部分统筹基金"加"个人账户"的转移模式
2010.10	十一届全国人大常务委员会第十七次会议	《中华人民共和国社会保险法》	对待遇领取的缴费年限和转移条件等进行了规定
2011.6	国务院	《关于开展城镇居民社会养老保险试点的指导意见》	明确了城镇居民社会养老保险制度的衔接问题
2012.6	国务院	《关于批转社会保障"十二五"规划纲要的通知》	明确"以农民工为重点,妥善解决人员流动过程中社会保险关系转移接续问题,实现制度的有效衔接"
2014.2	国务院	《关于建立统一的城乡居民基本养老保险制度的意见》	就城乡居民基本养老保险"转移接续和制度衔接"的相关问题做出了规定

---

① 该文件下发以后,国家先后出台了一系列配套政策。《人力资源社会保障部关于贯彻落实国务院办公厅转发〈城镇企业职工基本养老保险关系转移接续暂行办法〉的通知》(人社部发〔2009〕187 号)、《人力资源社会保障部关于印发城镇企业职工基本养老保险关系转移接续若干具体问题意见的通知》(人社部发〔2010〕70 号)、《人力资源社会保障部关于开展城镇企业职工基本养老保险关系转移接续系统建设和应用工作的通知》(人社部函〔2010〕124 号)、《人力资源社会保障部办公厅关于贯彻实施〈城乡养老保险制度衔接暂行办法〉有关问题的通知》(人社厅发〔2014〕25 号)、《关于城镇企业职工基本养老保险关系转移接续若干问题的通知》(人社部规〔2016〕5 号)、《人力资源社会保障部办公厅关于印发〈机关事业单位基本养老保险关系和职业年金转移接续经办规程(暂行)〉的通知》(人社厅发〔2017〕7 号)、《人力资源和社会保障部办公厅关于职工基本养老保险关系转移接续有关问题的补充通知》(人社厅发〔2019〕94 号)、《人力资源社会保障部办公厅关于进一步做好养老保险关系转移接续经办服务工作的通知》(人社厅函〔2019〕185 号)等。

续表

时间	颁布部门	文件名称	制定目的或主要内容
2014.2	人力资源和社会保障部、财政部	《关于印发城乡养老保险制度衔接暂行办法》	就城乡居民基本养老保险和城镇职工基本养老保险关系之间的转移接续办法做出相关规定①
2015.1	国务院	《关于机关事业单位工作人员养老保险制度改革的决定》	明确做好机关事业单位养老保险关系转移接续工作
2015.9	人力资源和社会保障部、财政部、总参谋部、总政治部、总后勤部	《关于军人退役基本养老保险关系转移接续有关问题的通知》《关于军人职业年金转移接续有关问题的通知》	对军人退役基本养老保险关系转移接续工作做出了规定
2017.1	人力资源和社会保障部、财政部	《关于机关事业单位基本养老保险关系和职业年金转移接续有关问题的通知》	就机关事业单位基本养老保险关系转移接续、机关事业单位参保人员养老保险关系转移接续后的职业年金补记、相关待遇计发参数、待遇领取地确定以及职业年金转移接续、职业年金和企业年金个人账户管理和待遇计发等问题做出了相关规定

3.2.2 基本养老保险关系转移接续的政策现状

养老保险关系转移接续源于养老保险制度发展历程中的去身份化和制度碎片化。按照参保人群类型进行划分，我国现行的基本养老保险制

---

① 具体规定为:(1)适用范围。参加城职保、城乡居保、尚处于缴费期、未领取养老保险待遇的人员。(2)转换条件。城职保缴费年限满 15 年的,可以申请从城乡居保转入城职保;城职保缴费年限不足 15 年的,可以申请从城职保转入城乡居保。(3)转移额度。个人账户的全部储存额随同转移,不转移城职保统筹基金。(4)缴费年限。从城职保转入城乡居保,其参加城职保的缴费年限,可合并累计计算为城乡居保的缴费年限;从城乡居保转入城职保,其参加城乡居保的缴费年限,不合并计算或折算为城职保的缴费年限。

度主要分为:企业职工基本养老保险制度、机关事业单位工作人员基本养老保险制度和城乡居民基本养老保险制度三大类。对应于三种不同的基本养老保险制度,我国基本养老保险关系的转移接续类型包括不同制度间的转移接续和同一制度的跨统筹区域转移接续两大类。

一、跨统筹区域的基本养老保险关系转移接续

同一制度的跨统筹区域转移接续包括企业职工基本养老保险关系的跨统筹区域转移接续、机关事业单位基本养老保险关系的跨统筹区域转移接续和城乡居民基本养老保险制度的跨统筹区域转移接续等三大类。

(一)企业职工基本养老保险关系的跨统筹区域转移接续

现阶段,企业职工基本养老保险关系的跨统筹区域转移接续规则主要由《城镇企业职工基本养老保险关系转移接续暂行办法》(国办发〔2009〕66号文)规定,该项暂行办法对适用对象、原则性概念、转移资金、转移接续手续办理地点和程序、待遇领取地和待遇领取条件以及基本养老金待遇计发参数等事项做出了规定(见表3-8)。

表3-8 企业职工基本养老保险关系跨统筹区域转移接续的相关规定

项目	相关规定
适用对象	参加城镇企业职工基本养老保险的所有人员,包括农民工
原则性概念	参保人员跨省流动的,其基本养老保险关系应随同转移到新参保地;参保人员达到基本养老保险待遇领取条件的,其在各地的参保缴费年限合并计算,个人账户储存额累计计算;未达到待遇领取年龄前,不得终止基本养老保险关系并办理退保手续
转移资金	个人账户储存额全部转移;统筹基金以本人1998年1月1日后各年度实际缴费工资为基数,按12%的总和转移
转移接续手续办理地点	参保人员返回户籍地就业参保的,由户籍所在地的社保经办机构办理转移接续手续;参保人员未返回户籍地就业参保地,由新参保地的社保经办机构办理转移接续手续,但对男性年满50周岁和女性年满40周岁的,在原参保地继续保留基本养老保险关系,同时在新参保地建立临时基本养老保险缴费账户,待参保人员再次跨省流动就业或在新参保地达到待遇领取条件时,将临时基本养老保险缴费账户中的全部缴费本息,转移归集到原参保地或待遇领取地

项目	相关规定
转移接续手续办理程序	参保人员在新就业地按规定建立基本养老保险关系和缴费以后,应当由用人单位按照向社保经办机构提出书面申请、新参保地社保经办机构15个工作日内审核并发出同意接收函、原参保地社保经办机构在接到同意接收函的15个工作日内办理转移接续各项手续、新参保地在收到转移的基本养老保险关系和资金后15个工作日内办结手续
待遇领取地和待遇领取条件	基本养老保险关系在户籍所在地的,在户籍所在地享受基本养老保险待遇;基本养老保险关系不在户籍所在地,且基本养老保险关系所在地的累计缴费年限满10年,则在该地享受当地的基本养老保险待遇;基本养老保险关系不在户籍所在地,且基本养老保险关系所在地的累计缴费年限不满10年,将基本养老保险关系转回上一个缴费年限满10年的原参保地办理待遇领取手续;基本养老保险关系不在户籍所在地,且每个参保地的累计缴费年限均不满10年,则将基本养老保险关系和相应资金归集到户籍所在地,由户籍所在地办理待遇领取收取
基本养老金待遇计发参数	参保人员转移接续基本养老保险关系后,符合待遇领取条件的,以本人各年度缴费工资、缴费年限和待遇领取地对应的各年度在岗职工平均工资计算其基本养老金

（二）机关事业单位基本养老保险关系的跨统筹区域转移接续

机关事业单位基本养老保险关系的跨统筹区域转移接续规则主要由《人力资源和社会保障部、财政部关于机关事业单位基本养老保险关系和职业年金转移接续有关问题的通知》(人社部规〔2017〕1号文)规定,该项通知对适用对象、原则性概念、转移资金、待遇领取地、基本养老金待遇计发参数以及职业年金补记和职业年金转移接续等做出了相关规定(见表3-9)。

表3-9　机关事业单位基本养老保险关系跨统筹区域转移接续的相关规定

项目	相关规定
适用对象	机关事业单位参保人员
原则性概念	参保人员在同一统筹范围内的机关事业单位之间流动时,只转移基本养老保险关系,不转移基金;参保人员在机关事业单位制度内跨统筹范围流动的,在转移基本养老保险关系的同时,转移基金。参保人员在机关事业单位和企业之间流动的,养老保险关系转移接续后的基本养老保险缴费年限(含视同缴费年限)和个人账户储存额累计计算

项目	相关规定
转移资金	个人账户储存额全部转移；统筹基金以本人 1998 年 1 月 1 日后各年度实际缴费工资为基数，按 12% 的总和转移
待遇领取地	参加机关事业单位养老保险制度的人员达到退休年龄时，其退休时的基本养老保险关系所在地为待遇领取地；参保人员从机关事业单位流动到企业的，待达到退休年龄时，按照国办发〔2009〕66 号文件等规定确定待遇领取地
基本养老金待遇计发参数	参保人员在机关事业单位之间跨统筹范围流动的，待达到退休年龄时，视同缴费指数根据本人退休时的职务职级或技术职称所对应的待遇领取地的视同缴费指数标准确定

（三）城乡居民基本养老保险关系的跨统筹区域转移接续

城乡居民基本养老保险关系的跨统筹区域转移接续规则主要由《关于建立统一的城乡居民基本养老保险制度的意见》规定，国家为每个参保人员建立终身记录的养老保险个人账户，个人缴费、地方人民政府对参保人的缴费补贴、集体补助及其他社会经济组织、公益慈善组织、个人对参保人的缴费资助，全部记入个人账户。个人账户储存额按国家规定计息。参加城乡居民养老保险的人员，在缴费期间户籍迁移、需要跨地区转移城乡居民养老保险关系的，可在迁入地申请转移养老保险关系，一次性转移个人账户全部储存额，并按迁入地规定继续参保缴费，缴费年限累计计算；已经按规定领取城乡居民养老保险待遇的，无论户籍是否迁移，其养老保险关系不转移。

二、跨制度的基本养老保险关系转移接续

不同制度间的转移接续包括企业职工基本养老保险和机关事业单位基本养老保险之间、企业职工基本养老保险和城乡居民基本养老保险之间以及机关事业单位基本养老保险和城乡居民基本养老保险之间的转移接续等三大类。现阶段对跨制度的基本养老保险关系转移接续进行规定的文件主要由《关于职工在机关事业单位与企业之间流动时社会保险关系处理意见的通知》（劳社部发〔2001〕13 号）、《人力资源和社会保障部和财政部关于机关事业单位基本养老保险关系和职业年金转移接续有关问题的通知》（人社部规〔2017〕1 号文）和《关于印发城乡养老保险制度衔接暂行办法》(人社部发〔2014〕17号文)规定。

(一)机关事业单位基本养老保险和企业职工基本养老保险间的转移接续

根据人社部规〔2017〕1号文,参保人员从机关事业单位流动到企业的,在转移基本养老保险关系的同时,转移基金,其中,个人缴费部分按照计入本人基本养老保险个人账户的全部储存额计算转移,单位缴费部分以本人改革后各年度实际缴费工资为基数,按12%的总和转移。参保人员从企业流动到机关事业单位的,在转移基本养老保险关系的同时,个人缴费部分和单位缴费部分转移比照国办发〔2009〕66号文件相关规定执行。

(二)城镇职工基本养老保险和城乡居民基本养老保险间的转移接续

人社部发〔2014〕17号文对城镇职工基本养老保险和城乡居民基本养老保险之间转移接续的条件、待遇领取地的确定、是否合并计算缴费年限、重复参保和办理程序等都做了相关规定(见表3-10)。

表3-10 城镇职工和城乡居民基本养老保险间的转移接续的相关规定

项目	相关规定
转移接续的条件	(1)参加城镇职工养老保险和城乡居民养老保险的人员,在达到城镇职工养老保险法定退休年龄之后,城镇职工养老保险缴费年限满15年的,可以申请从城乡居民养老保险转入城镇职工养老保险,按照城镇职工养老保险办法计发相应待遇; (2)城镇职工养老保险缴费年限不足15年的,可以申请从城镇职工养老保险转入城乡居民养老保险,待达到城乡居民养老保险规定的领取条件时,按照城乡居民养老保险办法计发相应待遇。
待遇领取地的确定	(1)参保人员在办理制度衔接手续时,从城乡居民养老保险转入城镇职工养老保险的,在城镇职工养老保险待遇领取地提出申请办理; (2)从城镇职工养老保险转入城乡居民养老保险的,在转入城乡居民养老保险待遇领取地提出申请办理。
是否合并计算缴费年限	(1)参保人员从城乡居民养老保险转入城镇职工养老保险的,城乡居民养老保险个人账户全部储存额并入城镇职工养老保险个人账户,城乡居民养老保险缴费年限不合并计算或折算; (2)参保人员从城镇职工养老保险转入城乡居民养老保险的,城镇职工养老保险个人账户全部储存额并入城乡居民养老保险个人账户,参加城镇职工养老保险的缴费年限合并计算为城乡居民养老保险的缴费年限。

续表

项目	相关规定
关于重复参保的规定	（1）参保人员若在同一年度内同时参加城镇职工养老保险和城乡居民养老保险的，其重复缴费时段只计算城镇职工养老保险缴费年限，并将城乡居民养老保险重复缴费时段相应个人缴费和集体补助退还本人。 （2）参保人员不得同时领取城镇职工养老保险和城乡居民养老保险待遇。
关于办理程序的规定	（1）参保人员本人向待遇领取地的社会保险经办机构提出申请； （2）待遇领取地的社保经办机构受理并审核参保人员的书面申请，并在15个工作日内向原养老保险关系所在地的社保经办机构发出联系函； （3）参保人员原养老保险关系所在地的社保经办机构在接到联系函的15个工作日内，完成制度衔接的参保缴费信息传递和基金划转手续； （4）待遇领取地的社保经办机构在收到转移的养老保险关系和资金后，在15个工作日内办结相关手续。

3.2.3　基本养老保险关系转移接续的发展现状

一、流动人口现状

　　根据第六次人口普查数据可得我国分地区的流动人口数据（见表3-11），可以分别从规模、比例、类型和空间分布等四个角度分析我国流动人口现状。

表3-11　分地区的我国流动人口信息表

单位：万人

	（1）流动人口（=（2）+（5））	（2）省内流动人口（=（3）+（4））	（3）市辖区内流动人口	（4）省内非市辖区内流动人口	（5）跨省流动人口	（6）流动人口占比①（%）	（7）非市辖区内流动人口占比②（%）
北京	1049.8	345.4	273.8	71.5	704.5	53.5	73.9
天津	495.2	196.1	151.3	44.8	299.2	38.3	69.5

---

① 指流动人口占总人口的比例。
② 指非市辖区内流动人口占流动人口的比例。

续表

	（1） 流动人口 （=（2）+ （5））	（2） 省内流动 人口 （=（3）+ （4））	（3） 市辖区内 流动人口	（4） 省内非市 辖区内流 动人口	（5） 跨省流 动人口	（6） 流动人口 占比① （%）	（7） 非市辖区 内流动人 口占比② （%）
河北	829.7	689.3	162.2	527.0	140.5	11.5	80.4
山西	676.5	583.3	124.5	458.8	93.2	18.9	81.6
内蒙古	717.1	572.7	104.2	468.5	144.4	29.0	85.5
辽宁	931.0	752.4	297.7	454.6	178.7	21.3	68.0
吉林	446.2	400.6	131.2	269.4	45.6	16.3	70.6
黑龙江	555.8	505.1	134.3	370.8	50.6	14.5	75.8
上海	1268.5	370.8	307.1	63.7	897.7	55.1	75.8
江苏	1822.7	1084.8	256.1	828.7	737.9	23.2	86.0
浙江	1990.1	807.7	128.2	679.5	1182.4	36.6	93.6
安徽	710.1	638.3	143.0	495.3	71.7	11.9	79.9
福建	1107.5	676.1	83.0	593.0	431.4	30.0	92.5
江西	530.2	470.1	83.2	387.0	60.0	11.9	84.3
山东	1369.8	1158.3	236.2	922.1	211.6	14.3	82.8
河南	976.4	917.2	172.6	744.6	59.2	10.4	82.3
湖北	925.0	823.7	192.4	631.3	101.4	16.2	79.2
湖南	789.9	717.4	103.8	613.6	72.5	12.0	86.9
广东	3680.7	1530.9	248.7	1282.1	2149.8	35.3	93.2
广西	629.2	545.0	72.3	472.7	84.2	13.7	88.5
海南	184.3	125.5	18.0	107.5	58.8	21.3	90.2
重庆	544.1	449.6	119.8	329.8	94.5	18.9	78.0
四川	1173.5	1060.7	134.8	925.9	112.9	14.6	88.5
贵州	463.0	386.6	48.2	338.4	76.3	13.3	89.6
云南	605.4	481.7	49.4	432.3	123.7	13.2	91.8
西藏	26.2	9.7	0.0	9.7	16.5	8.7	100.0
陕西	589.4	492.0	95.5	396.5	97.4	15.8	83.8

续表

	（1）流动人口（=（2）+（5））	（2）省内流动人口（=（3）+（4））	（3）市辖区内流动人口	（4）省内非市辖区内流动人口	（5）跨省流动人口	（6）流动人口占比① （%）	（7）非市辖区内流动人口占比② （%）
甘肃	311.3	268.0	51.4	216.6	43.3	12.2	83.5
青海	114.1	82.3	14.8	67.5	31.8	20.3	87.0
宁夏	153.4	116.6	24.2	92.4	36.8	24.4	84.2
新疆	427.7	248.5	28.7	219.9	179.2	19.6	93.3
全国	26093.8	17506.2	3990.7	13515.5	8587.6	19.6	84.7

（一）流动人口规模

根据第六次人口普查数据显示，2010 年中国流动人口为 2.61 亿人，相比第五次人口普查结果增加了 1.17 亿人，增长了 81.03%。根据 2015 年全国 1%人口抽样调查数据显示，同 2010 年第六次人口普查相比，我国流动人口再次增加 3108 万人，增长了 11.89%。根据 2020 年农民工监测调查报告，2020 年全国农民工总量 2.86 亿人，其中，外出农民工达 1.70 亿人，占比 59.38%，本地农民工达 1.16 亿人。在外出农民工中，跨省流动农民工 7052 万人，在省内就业的外出农民工 9907 万人。省内就业农民工占外出农民工的比重为 58.42%。①

（二）流动人口比例

从全国流动人口比例历年来的变化趋势来看，根据《中国统计年鉴 2020》，2010 年我国流动人口占总人口的比例为 16.48%，此后流动人口占比不断增加，2014 年我国流动人口占总人口的比例达到 18.5%，之后各年该比例有下降趋势，到 2019 年我国流动人口比例为 16.86%。根据第六次人口普查数据显示，2010 年我国流动人口占总人口的比例为 19.6%，其中非市辖区内流动人口占流动人口的比例为 84.7%。从流动

---

① 《2020 年农民工监测调查报告》，见 http://www.gov.cn/shuju/2021 - 04/30/content_ 5604232.htm。

人口比例的地区差异来看,北京市和上海市的流动人口占比均超过50%,成为流动人口占比最多的两个地方;天津市、浙江省、福建省和广东省流动人口占比也都超过 30%;西藏自治区的流动人口占比则低于 10%。

(三)流动人口类型

按照第六次人口普查的做法,若以流动人口的流入地与流出地的空间距离远近为依据,可将流动人口分为省内流动和省外流动两种类型,其中省内流动又可以分为市辖区内流动和非市辖区内流动两种类型。从表3-11 中可以看出,全国范围内,省内非市辖区内的流动人口数量最多,占总流动人口的比例达到 51.8%,其次是省外流动人口数量,占总流动人口的比例达到 32.9%,占比最少的是市辖区内流动人口,仅 15.3%。此外,受经济社会发展水平的影响,不同地区的流动人口类型有着各自的特点,总体呈现出北京市、天津市、上海市、浙江省、广东省和西藏自治区的跨省流动人口规模远远高于省内流动人口规模的趋势。

(四)流动人口的空间分布

根据第六次人口普查的相关数据,流动人口占总人口的比例排名前六位的地区分别是上海市、北京市、天津市、浙江省、广东省和福建省,这些地区的流动人口超过当地人口的三成。流动人口占总人口的比例排名后六位的地区分别是西藏自治区、河南省、河北省、江西省、安徽省和湖南省,这些地区的流动人口仅占总人口的 10%。从空间分布来看,东部经济发达地区的流动人口占比远高于中西部经济欠发达地区;同时,从流动人口类型来看,相比于中西部地区,东部地区的跨省流动人口规模也要远高于省内流动人口规模。

二、转移接续制度运行现状

养老保险制度转移接续的运行现状可以从转移接续手续的办理人数、统筹层次的推进历程以及转移接续系统的发展状况来体现。

(一)转接手续办理人数

从近年来的实施情况来看,养老保险关系转移接续总体比较平稳,取得了较好效果。2018 年,全国城镇职工养老保险关系跨省转移约 270.39

万人次,转移资金 806.42 亿元;城乡养老保险制度转接约 19.81 万人次,转移资金 10.74 亿元。全年通过人力资源和社会保障部的转移系统发起企业职工养老保险转移联系函 78 万笔,转出方回复信息表 45.35 万笔,回复率为 60%。①

（二）统筹层次推进历程

"统筹"一词首次在社保领域出现,是在"文化大革命"后成立的社保基金统筹办公室这一机构名称中,其对应的英文为"pooling",代表基金风险池。当前政府文件与学界术语中采用的"统筹"二字均指社会统筹的概念。基本养老保险基金的社会统筹是指由社会保险管理机构在一定范围内统一征集、统一管理、统一调剂退休费用的制度,其具备统一的社会统筹与个人账户结构与规模、统一的缴费基数计算口径、统一的缴费率和统一的基金收益回报率②。标准的社会统筹模式下,由社会保险机构或税务机关按照一定的计算基数与提取比例向企业和职工统一征收退休费用,形成由社会统一管理的退休基金;企业职工退休费用由社会保险机构直接发放,或委托银行、邮局代发以及委托企业发放,以达到均衡和减轻企业退休费用负担、为企业的平等竞争创造条件的目的。

表 3-12 以代表性文件为节点列出了基本养老保险统筹层次的主要变迁与发展史,可以看出其经历了从企业内部统筹到县市与行业统筹并存,并逐渐扩大到省级统筹的过程,目前正处在实施中央调剂制度,并积极推进基础养老金全国统筹的阶段,总体呈现自低统筹层次向高统筹层次的发展趋势。其发展进程大致可以划分为新中国成立初期计划经济体制下由总工会负责的全国调剂时期(1951—1968 年)、"文化大革命"后

---

① 数据来源于郭建华发表在 2019 年第 6 期《中国社会保障》上的文章《一部关系接续史,4 个方便快捷招》。

② 郑功成:《从地区分割到全国统筹——中国职工基本养老保险制度深化改革的必由之路》,《中国人民大学学报》2015 年第 3 期,第 2—11 页。

的单位保障时期(1969—1982 年)、养老保险体制改革初期的县市级统筹时期①(1983—1990 年)、养老保险体制改革转型期的省级统筹时期(1991—2009 年)以及作为党的十九大改革目标的全国统筹新时期(2010 年至今)五个阶段。

表 3-12　基本养老保险统筹层次的主要变迁与发展史

时间	事　件
1951.2	政务院颁布《劳动保险条例》,对职工养老做出规定: (1)满足一定条件的男女职工可在退休后每月领取退休养老金,直到退休者死亡,养老金由劳动保险基金给付。 (2)劳动保险基金则由企业提取,国家统一筹集和使用 (3)由地方各级工会履行保险业务日常管理之责,以职工工资总额为基数,按照 3%的比例征缴劳动保险金。 (4)单位工会留存组织运行、管理费用后上解上一级工会,资金由中华全国总工会在全国范围内统筹调剂使用
1969.2	财政部颁布《关于国营企业财务工作中几项制度的改革意见(草案)》,要求:(1)国营企业停止劳动保险基金的提取,企业退休职工的养老保险开支在营业外独立列支,只得从利润中予以扣除。 (2)取消全国总工会,养老基金由各单位自筹经费、自我管理,实行企业内部自我保障
1984	劳动部门在江苏省泰州市、广东省东莞市、广东省江门市和辽宁省黑山县等地开展国营企业退休人员养老费用县市级统筹试点实践
1986	国务院发布《关于发布改革劳动制度四个规定的通知》(国发〔1986〕77 号),要求建立全国县、市一级的退休费统筹机制,参加社会统筹的企业规定一定的缴费率来建立统筹基金

① 此处需要说明的是,在 20 世纪 80 年代提出地方统筹改革试点之时,行业统筹是彼时的另外一种养老保险制度改革试点形式。行业统筹最初在铁道部、信息产业部(原邮电部)、国家电力公司(原电力部)、水利部和中国建筑工程总公司等 5 个行业实行,1993 年国务院 49 号文件又批准交通部、煤炭局(原煤炭部)、银行系统(工商银行、农业银行、中国银行、建设银行、交通银行、中保集团)、民航总局、中国石油天然气集团公司和中国石油化工集团公司(原石油天然气总公司部分)和有色金属局(原中国有色金额工业总公司)等 6 个行业实行,11 个行业统筹的局面由此形成。自行业统筹实行之日起,地区、部门以及相关人士针对行业统筹还是地方统筹展开了激烈争论。直到 1997 年,国务院 26 号文件明确提出"待全国基本实现省级统筹后,原经国务院批准由有关部门和单位组织统筹的企业,参加所在地区的社会统筹",明确了实现地方统筹的改革方向。1998 年,国务院颁布《关于实行企业职工基本养老保险省级统筹和行业统筹移交地方管理有关问题的通知》(国发〔1998〕28 号),更进一步明确了行业统筹移交地方管理的进程。

续表

时间	事　件
1991.6	国务院颁布《关于企业职工养老保险制度改革的决定》，规定： （1）职工以不超过本人标准工资 3% 的比例缴费，实行国家、企业和个人三方共担机制。 （2）提出由市县级统筹逐步过渡到省级统筹
1997.7	国务院发布《关于建立统一的企业职工基本养老保险制度的决定》（国发〔1997〕26 号），规定"逐步由县级统筹向省或省授权的地区统筹过渡，待全国基本实现省级统筹后，原经国务院批准由有关部门和单位组织统筹的企业，参加所在地区的社会统筹"，"加快建立基本养老保险基金的省级统筹，为最终实现全国统筹创造条件"
1998.8	国务院颁布《关于实行企业职工基本养老保险省级统筹和行业统筹移交地方管理有关问题的通知》（国发〔1998〕28 号），更进一步明确了行业统筹移交地方管理的进程
1999.9	党的十五届四中全会通过《中共中央关于国有企业改革和发展若干重大问题的决定》，提出"要进一步完善基本养老保险省级统筹制度，增强基金调剂能力"
1999.12	劳动和社会保障部、财政部发布《关于建立基本养老保险省级统筹制度有关问题的通知》（劳社部发〔1999〕37 号），提出将原企业统筹企业纳入省级统筹，加快建立省级统筹制度，在省、区、市范围内统一管理和调度使用基本养老保险基金，统一企业和职工个人缴纳基本养老保险费的缴费基数和缴费比例，统一基本养老金的支付项目、计发办法和调整制度。尚未实现省级统筹的省份，在省级范围内实行基金调剂，2000 年内取消县（市）统筹，改为地（市）统筹或省级调剂等
2000.12	国务院发布《完善城镇社会保障体系试点方案》，将企业缴费率确定为职工工资总额的 20%，职工个人缴费率确定为本人工资的 8%，并规定"企业缴费部分不再划入个人账户，全部纳入社会统筹基金，并以省（自治区、直辖市）为单位进行调剂"
2003.10	党的十六届三中全会通过《中共中央关于完善社会主义市场经济体制若干问题的决定》，提出"建立健全省级养老保险调剂基金，在完善市级统筹基础上，逐步实行省级统筹，条件具备时实行基本养老金的基础部分全国统筹"
2005.12	《国务院关于完善企业职工基本养老保险制度的决定》（国发〔2005〕38 号）强调，"进一步加强省级基金预算管理，明确省、市、县各级人民政府的责任，建立健全省级基金调剂制度，加大基金调剂力度。在完善市级统筹的基础上，尽快提高统筹层次，实现省级统筹，为构建全国统一的劳动力市场和促进人员合理流动创造条件"

续表

时间	事件
2006. 10	党的十六届六中全会通过《中共中央关于构建社会主义和谐社会若干重大问题的决定》,提出"完善企业职工基本养老保险制度,强化保险基金统筹部分征缴,逐步做实个人账户,积极推进省级统筹,条件具备时实行基本养老金基础部分全国统筹"
2007	原劳动和社会保障部、财政部联合发布《关于推进企业职工基本养老保险省级统筹有关问题的通知》(劳社部发〔2007〕3号),就基本养老保险省级统筹工作提出要求,明确规定了"六统一"的企业职工基本养老保险省级统筹标准,即在全省范围内统一制度和政策,统一缴费规定,统一待遇计发办法,统一基金使用管理,统一业务规程,并统一编制和基金预算
2010. 10	《中华人民共和国社会保险法》以法律形式明确"基本养老保险基金逐步实行全国统筹"。《中共中央关于制定国民经济和社会发展第十二个五年规划的建议》提出,"完善实施城镇职工和居民养老保险制度,实现基础养老金全国统筹"
2011. 3	《中华人民共和国国民经济和社会发展第十二个五年规划纲要》提出,"完善实施城镇职工和居民养老保险制度,全面落实城镇职工基本养老保险省级统筹,实现基础养老金全国统筹"
2012. 6	《社会保障"十二五"规划纲要》提出,"全面落实企业职工基本养老保险省级统筹,实现基础养老金全国统筹"
2012. 11	党的十八大报告《坚定不移沿着中国特色社会主义道路前进 为全面建成小康社会而奋斗》提出,"改革和完善企业和机关事业单位社会保险制度,整合城乡居民基本养老保险和基本医疗保险制度,逐步做实养老保险个人账户,实现基础养老金全国统筹"
2013. 2	国务院批转国家发改委等部门《关于深化收入分配制度改革若干意见的通知》,提出"全面落实城镇职工基本养老保险省级统筹,'十二五'期末实现基础养老金全国统筹"
2013. 11	党的十八届三中全会通过《中共中央关于全面深化改革若干重大问题的决定》,提出"坚持社会统筹和个人账户相结合的基本养老保险制度,完善个人账户制度,健全多缴多得激励机制,确保参保人权益,实现基础养老金全国统筹"
2014. 3	《国家新型城镇化规划(2014—2020年)》提出"完善职工基本养老保险制度,实现基础养老金全国统筹"
2015. 10	《中共中央关于制定国民经济和社会发展第十三个五年规划的建议》提出,"实现职工基础养老金全国统筹,建立基本养老金合理调整机制"
2016. 3	《中华人民共和国国民经济和社会发展第十三个五年规划纲要》提出,"实现职工基础养老金全国统筹"

续表

时间	事　　件
2016.7	《人力资源和社会保障事业发展"十三五"规划纲要》提出，"实现职工基础养老金全国统筹，研究制定职工养老保险基础养老金全国统筹经办规程、经办机构建设和经费保障制度"
2017.10	党的十九大报告《决胜全面建成小康社会　夺取新时代中国特色社会主义伟大胜利》提出，"完善城镇职工基本养老保险和城乡居民基本养老保险制度，尽快实现养老保险全国统筹"
2017	国务院《关于2016年中央和地方预算执行情况与2017年中央和地方预算草案的报告》首次提出，建立"基本养老保险基金中央调剂制度"
2018.6	国务院发布《关于建立企业职工基本养老保险基金中央调剂制度的通知》（国发〔2018〕18号），提出"确保养老保险基金中央调剂制度顺利实施，同时抓紧制定养老保险全国统筹的时间表、路线图"，并规定中央调剂基金上解比例从3%起步
2019.3	政府工作报告指出，"加快推进养老保险省级统筹改革，继续提高企业职工基本养老保险基金中央调剂比例"
2019.4	国务院办公厅印发《降低社会保险费率综合方案》（国办发〔2019〕13号），提出"加快推进企业职工基本养老保险省级统筹，逐步统一养老保险参保缴费、单位及个人缴费基数核定办法等政策，2020年底前实现企业职工基本养老保险基金省级统收统支"和"加大企业职工基本养老保险基金中央调剂力度"，将2019年基金中央调剂比例提高至3.5%

注：作者根据相关文件整理。

（三）转接系统发展状况

从转移接续的办理方式来看，随着养老保险制度的改革完善以及数字化、智能化和信息化的发展，各级社保经办机构的服务便捷指数和服务能力不断提升。1995—2009年期间，养老保险转移接续手续办理主要以线下方式为主，由于涉及个人账户转移的多张表单，转移接续手续办理比较繁杂。

为简化办事流程，维护参保人员切身利益，随着国办发〔2009〕66号文的颁布，2010—2018年间，养老保险转移接续手续办理方式发展为线下和线上并存。这一阶段，一方面，开始探索部级养老保险关系的线上异地转移接续系统和平台，并要求各级经办机构按照统一的规范接入；另一方面，针对线下办理方式进行工作流程的简化，除了提交书面申请外，其他手续由转入地和转出地的社保经办机构沟通协调,大大提高了手续办理的便捷程度。

2019 年以来,一方面,转移接续的配合证明材料和表单进一步精简,流程得以进一步优化;另一方面,随着社会保险经办机构的数字化水平逐步提升,各地社保经办机构全面接入全国转移系统,国家社会保险公共服务平台正式上线,"掌上 12333"APP 同步开通,已提供包括转移接续在内的 9 类 22 项全国"一网通办"的社保服务,彻底改变了以往转移接续手续办理费时费力的艰难局面。

根据《2019 年度人力资源和社会保障事业发展统计公报》,2019 年末全国社会保障卡持卡人数为 13.05 亿人,覆盖所有地市和 93.2%人口。电子社保卡在所有地市共 297 个 APP 等渠道开通申领服务,累计签发 9092.5 万张,形成社会保障卡线上线下"一卡通"服务。"掌上 12333"APP 总访问量超过 5000 万人次。全国 12333 电话服务全年来电总量约 1.48 亿次,其中接听总量约 1.2 亿次,综合接通率为 81%,人工服务实现了地市级全覆盖。

3.3 基本养老保险关系转移接续存在的问题及原因

3.3.1 基本养老保险关系转移接续存在的问题

从个人、地区以及养老保险制度三个角度来看,我国基本养老保险关系的转移接续面临着个体权益损失、地区权益损益不平等和制度权益损益不清晰等三个方面的问题。个体权益损失主要体现在复杂的转移接续程序带来的参保人员时间与精力的损耗和多地参保、异地退休带来的退休后的保障缺失与不充分问题,相应的,个体权益的损失使得参保人员的参保积极性受到影响,在参保缴费的过程中也更容易出现道德风险问题。

地区权益损益不平等主要是指由"跨统筹区域的资金是否转移"的问题引发的对于转入地和转出地的养老保险基金可持续性的影响。制度权益损益不清晰主要是指参保人员在城乡居民基本养老保险制度和城镇职工基本养老保险制度之间进行转移时可能加大两项制度的可持续性风险。

一、个体权益损失及由此带来的问题

（一）转移接续程序复杂

尽管现行办法对于跨统筹区域以及跨制度的转移接续办法的规定十分细致，但是在实际操作过程中受到制度碎片化的影响以及各地社保经办机构信息化程度、人员素质、硬件软件系统供应和机构设置等方面的不同，以及缴费基数、缴费年限、补缴年限和个人账户记账比例等隐性门槛带来的资金转移金额难以协调等原因，转移接续业务的高效率经办并不容易实现。相比于耗时费力的复杂的转移接续手续，参保人甚至更愿意选择直接退保或者要求退还个人账户。

2010 年，全国流动人口总量为 2.61 亿人，其中跨省城镇流动人口为 7158.95 万人，截至当年底，全国城镇职工基本养老保险的参保职工人数为 1.94 亿人，其中农民工参保人数为 3284 万人。[①] 2010 年，全国累计开具参保缴费凭证人数、办理跨省转移接续人次和建立临时缴费账户人数分别为 113.91 万人次、28.75 万人次、19.91 万人。[②]

从转移接续的绝对规模上来看，2010—2014 年，全国跨省转移人次从 28.7 万人次增加到 182 万人次；2010—2013 年，参保农民工办理转移人次从 2010 年的 9.67 万人次增加到 2013 年的 40 万人次，全国跨省转移资金从 33.33 亿元增加到 268.1 亿元，跨省转移人次和转移资金绝对规模显著提高。[③]

---

① 褚福灵：《职工基本养老保险关系转移现状的思考》，《社会保障研究》2013 年第 1 期，第 3—5 页。

② 韦樟清：《省级统筹模式下地区间养老基金平衡研究——基于养老保险关系转移接续视角》，《福建论坛（人文社会科学版）》2016 年第 12 期，第 138—144 页。

③ 褚福灵：《职工基本养老保险关系转移现状的思考》，《社会保障研究》2013 年第 1 期，第 3—5 页。

但是,从转移接续的相对比例来看,2010 年,转出人数占全国参保人数的比例仅 0.1%,即使到 2013 年,该比例也仅 0.3%。2011 年,全国办理基本养老保险关系转移接续的人次仅占当年参保农民工总人数的 0.6%。[①] 因此,在养老保险关系转移接续办法实施的初期,尽管转移接续的人次和资金均有所提高,但应当办理与实际办理转移接续手续的人次相差甚远。

(二)参保地和退休地不一带来的待遇损失和道德风险问题

根据基础养老金的计发办法,个人退休后的基础养老金只与当地上年度在岗职工平均工资和替代率相关,因此,待遇领取地的经济发展水平将直接影响参保人员的退休待遇。而关于待遇领取地的确定,现有文件以缴费年限为基本原则,优先选择缴费年限满 10 年的地区作为待遇领取地,若各参保地的参保年限均不满 10 年则确定户籍地为待遇领取地。这一做法存在的问题是,如果个体在东部沿海经济较为发达的地区参保,却因缴费年限不足等原因只能回户籍地退休,这其中的待遇损失是否应该得到补偿?应该如何得到补偿?

与之相应的,由于参保地和退休地不一致也会带来参保人员的道德风险问题。我国基础养老金的计发标准与当地上年度在岗职工平均工资挂钩,参保者为了在退休后获得更高的养老金待遇,倾向于在退休前两年转移到社平工资较高的地区去工作。虽然这种道德风险通过以缴费年限长短来确定最终待遇领取地的方式得到了规避,但并不能完全根除。

(三)参保不积极

待遇领取地与缴费年限长短挂钩的做法不仅会使得流动人员在参保缴费地和待遇领取地不一致时的养老保险权益遭受损失,更有甚者,会导致流动人员在城镇职工基本养老保险制度和城乡居民基本养老保险制度之间进行跨制度转移时因累计缴费年限不足而只能选择保障水平较低的

---

① 韦樟清:《省级统筹模式下地区间养老基金平衡研究——基于养老保险关系转移接续视角》,《福建论坛(人文社会科学版)》2016 年第 12 期,第 138—144 页。

城乡居保待遇。由于城镇职工基本养老保险制度的待遇领取条件为缴费年限必须满15年,如果个体的缴费年限不足以获得城职保的养老金领取资格,则参保者只能申请从城镇职工养老保险转入城乡居民养老保险,且从城乡居保转入城职保的缴费年限不予认可,不合并计算或折算为城职保的缴费年限。尽管在达到城乡居民养老保险规定的领取条件时,参保人员可以按照城乡居民养老办法领取相应待遇,但城乡居保待遇与城职保待遇的巨大差距正是养老保险制度转移接续制度不公平的根本原因。

在城镇企业工作却在户籍地参加养老保险,由于累计缴费年限不足而不得不在不同制度之间转换而带来的退休后的保障损失与不充分问题是基本养老保险关系转移接续中个体权益损失的代表性问题,并由此引发了流动人口参保不积极现象,直接影响基本养老保险制度的扩面,同时降低民众对于基本养老保险制度的信任。

二、参保职工跨统筹地区转移时的地区权益损益不平等

根据现行基本养老保险制度转移接续的相关规定,参保人员在跨省流动就业转移基本养老保险关系时,以本人的实际缴费工资为基数,按12%的总和转移统筹账户基金。这种做法虽然折中考虑了转入地与转出地的利益,试图平衡各统筹地区之间的养老基金,但事实上,不论是对于转入地而言,还是对于转出地而言,其基本养老保险制度的可持续性都将受到一定程度的影响,养老保险转移接续制度在平衡不同统筹区域的养老基金上所起到的作用有限。

(一)转入地财务不平衡风险

直观来看,现行基本养老保险转移接续工作办法中的资金转移办法使得转入地存在资金结余,但事实上,如果转入地是待遇领取地,则由于转移接续带来的资金的差额应该如何解决?更有甚者,如果参保职工面临多次转移的情况,则转移的统筹资金大打折扣。此外,基本养老保险基金的实账转移与目前我国基本养老保险制度个人账户空账运行的实际情况相悖。一方面,如果养老保险关系转入地成为职工退休地,那么,转移接续关系办理时未从转出地全部转移的资金将成为转入地养老待遇支付的缺口①;另一方面,由于死亡风险的不确定性存在,尽管养老保险关系转移接续规定了部分资金转移,但并未进行死亡风险贴现,转入地将承担转入参保人员生存时期内的养老金无限支付责任。②

（二）转出地财务不平衡风险

直观来看,现行基本养老保险转移接续工作办法中的资金转移办法使得转出地存在资金不足。如果在某一个时间段内,一个统筹区域的转出人数过多,同样会对该统筹区域的当期养老金支付造成压力。

三、参保职工跨制度转移时的制度权益损益不清晰

与跨统筹区域转移的基本养老保险关系转续规定相类似,参保人员在城镇职工基本养老保险制度和城乡居民基本养老保险制度之间进行转移时,只转移个人账户资金,不转移统筹账户资金。然而,城乡居民基本养老保险制度的统筹账户为虚拟账户,导致"只转移个人账户资金而不转移统筹账户资金"的做法将存在以下两方面问题。其一,如果参保人员因城镇职工基本养老保险制度的缴费年限不足而从城镇职工基本养老保险制度转到城乡居民基本养老保险制度,且在城乡居民基本养老保险制度下退休时,由于"只转移个人账户,不转移统筹账户"的规定,城乡居民基本养老保险制度将为额外转入的参保人员负担退休后的基础养老金,而城镇职工基本养老保险制度将获得来自农村流动劳动力的"养老金红利"。其二,如果参保人员从城乡居民基本养老保险制度转移到城镇职工基本养老保险制度,由于缴费年限不累计,很可能导致参保人员因缴费年限过短而无法获得城镇职工基本养老保险制度的待遇领取资格,加之流动人口本身的工作不稳定等特征,很有可能出现再次从城镇职工基本养老保险制度回流至城乡居民基本养老保险制度的现象,城乡居保制度将面临同样的制度可持续性风险。

---

① 韦樟清:《省级统筹模式下地区间养老基金平衡研究——基于养老保险关系转移接续视角》,《福建论坛(人文社会科学版)》2016 年第 12 期,第 138—144 页。
② 殷宝明:《社会养老保险关系转续的资金转移困境》,《人口与经济》2020 年第 6 期,第112—120 页。

3.3.2 原因

不同制度采取的模式差异以及较低的统筹层次是影响跨制度的转移接续和跨统筹区域的转移接续顺利进行的重要因素,而城乡二元经济体制和地方政府间的利益博弈则是不同制度采取不同模式和同一制度的统筹层次提升困难的原因。因此,可以认为我国基本养老保险制度转移接续难是制度因素、经济因素、体制因素和操作层面的因素共同作用的结果。其中制度因素体现在不同养老保险制度设计存在壁垒,养老保险转移接续制度设计存在漏洞,户籍管理政策存在弊端;经济因素体现在城乡二元经济结构使得仅有较低缴费能力的城乡居民无法参保城镇职工基本养老保险制度,必须为其设计与之相适应的基本养老保险制度;体制因素主要体现在"分灶吃饭"的财政体制下的地方财政利益博弈,造成转移接续困难;操作层面因素主要体现在统筹管理手段欠缺,参保职工和地方政府的逆向选择与道德风险行为无法避免。

一、制度间设计壁垒导致基础养老金便携性差

城镇职工基本养老保险制度和城乡居民基本养老保险制度之间不同的缴费模式和待遇领取模式设计使得基础养老金受益权的便携性较差,从而导致跨制度转移困难。城镇职工基本养老保险制度和城乡居民基本养老保险制度的不同主要体现在制度模式、参保性质、缴费标准、待遇计发和平均养老金水平等五个方面(见表3-13)。

表3-13 城镇职工基本养老保险制度和城乡居民
基本养老保险制度之间的差异

	城镇职工基本养老保险制度	城乡居民基本养老保险制度
制度模式	社会统筹+个人账户	社会统筹+个人账户
参保性质	强制性	自愿性
缴费标准	用人单位:16% 职工个人:8%	地方根据实际情况设置不同的缴费档次

续表

	城镇职工基本养老保险制度	城乡居民基本养老保险制度
待遇计发	新人新办法、中人过渡办法、老人老办法 基本养老金＝基础养老金＋个人账户养老金 基础养老金＝(个人指数化月平均缴费工资＋当地上年度在岗职工月平均工资)/2×缴费年限×1% 个人账户养老金＝个人账户养老金储存额/计发月数	基本养老金＝基础养老金＋个人账户养老金 基础养老金最低标准：88 元/月/人① 个人账户养老金＝个人账户养老金储存额/计发月数
平均养老金水平②	40151.4	1942.6
统筹层次	省级统筹	省级统筹

（一）制度模式不同

城镇职工基本养老保险制度采取社会统筹加个人账户的运行模式，其中社会统筹部分体现互助共济和社会再分配，个人账户部分体现激励机制和运行效率。城乡居民基本养老保险制度同样采取社会统筹加个人账户的运行模式，不同之处在于社会统筹部分的资金来源不一样，城镇职工基本养老保险制度的社会统筹部分来源于企业缴费，而城乡居民基本养老保险制度的社会统筹部分为虚拟账户，没有缴费主体。

（二）参保性质不同

城镇职工基本养老保险制度为强制性参保，由单位代扣代缴，而城乡居民基本养老保险制度则为自愿参保，政府采用相关激励机制鼓励和引

① 参见《关于 2018 年提高全国城乡居民基本养老保险基础养老金最低标准的通知》，自 2018 年 1 月 1 日起，全国城乡居民基本养老保险基础养老金最低标准提高至每人每月 88 元，即在原每人每月 70 元的基础上增加 18 元。

② 根据《中国统计年鉴 2020》，2019 年末，全国参加城镇职工基本养老保险人数为 43487.9 万人，其中待遇领取人数为 12310.4 万人，当年基金支出 49228 亿元，人均养老金水平为 40151.4 元；同年，全国城乡居民基本养老保险制度的参保人数为 53266 万人，实际领取待遇人数为 16031.9 万人，当年基金支出为 3114.3 亿元，人均养老金水平为 1942.6 元，与城镇职工基本养老保险制度的人均养老金水平相差 20.67 倍。

导个人参保。不同的参保性质决定了个人,尤其是工作不稳定的农民工在不同制度间的重复参保现象十分普遍,表现为农民工进程务工以前参加城乡居民基本养老保险制度,在城镇工作时参加城镇职工基本养老保险制度而城乡居民基本养老保险制度缴费并未中断。

(三)缴费标准不同

城镇职工基本养老保险制度以全口径就业人员平均工资的一定比例核定参保个人的缴费基数上下限,用人单位缴费比例为16%,参保个人缴费比例为8%,其中用人单位缴费部分计入社会统筹账户,参保个人缴费部分计入个人账户。城乡居民基本养老保险制度则以每年固定金额(100元、200元、300元、400元、500元、600元、700元、800元、900元、1000元、1500元和2000元等)确定缴费档次,且个人缴费部分和地方政府缴费补贴均计入个人账户。

(四)待遇计发办法不同

城镇职工基本养老保险制度和城乡居民基本养老保险制度的计发办法均分为基础养老金计发办法和个人账户养老金计发办法,两种制度的个人账户养老金计发办法相同。在基础养老金计发办法上,城镇职工基本养老保险账户基础养老金以待遇领取地当地上年度在岗职工平均工资和个人指数化月平均缴费工资的均值为计发基数,每满1年发放1%,而城乡居民基本养老保险制度的基础养老金则以每人每月固定金额计发。

(五)平均养老金水平不同

从基础养老金水平来看,在缴费办法上,城镇职工基本养老保险制度的基础养老金来源为单位缴费,而城乡居民基本养老保险制度的基础养老金来源为财政补贴;在计发办法上,城镇职工基本养老保险制度基础养老金计发与平均工资挂钩,城乡居民基本养老保险制度则为固定金额。从个人账户养老金水平来看,尽管两种制度的待遇计发办法相同,但缴费金额相差甚远。因此,无论从平均基础养老金水平来看,还是从平均个人账户养老金水平来看,城镇职工基本养老保险制度的平均养老金水平都要远远高于城乡居民基本养老保险制度。

二、养老保险关系转移业务繁重,经办压力大

除了城镇职工基本养老保险制度和城乡居民基本养老保险制度之间由于制度设计产生的壁垒以外,养老保险关系的转移接续制度设计也存在一定的问题,比如过渡期重复参保和重复缴费现象并未得到很好的解决、养老保险关系转移后可能导致养老金待遇水平出现"双低"现象和补缴政策制约转移接续等问题,由此导致的养老保险关系转移接续的实际操作业务较为繁杂,主要体现在以下四个方面。

（一）资金的转移计算规则比较复杂

由于实际工作中的转移接续规则比较复杂,在转移时需要转移个人账户部分以及单位缴费部分,而单位缴费部分有"一般账户"和"临时账户"的区别,如果是"一般账户",则按照1998年以后各年度的实际缴费工资为基数,以12%的比例转移;如果是"临时账户",则单位缴费比例低于12%的,按12%转移,高于12%的,按实际缴费比例转移。

事实上,随着中央调剂制度的实施,养老保险基金全国统筹已经是确定之事。随着统筹层次的提高,单位缴费部分是否转移,以及转移多少并不会影响参保人员的权益,因此,在转移接续的规则上也不应当设计得过于复杂,从而增加转移的难度。

（二）"超3年补缴"情况下的文书材料提供困难

在《关于城镇企业职工基本养老保险关系转移接续若干问题的通知》(人社部规〔2016〕5号)规定:对于符合国家规定一次性缴纳养老保险费超过3年(含)的,转出地应向转入地提供人民法院、审计部门、实施劳动保障监察的行政部门或劳动争议仲裁委员会出具的具有法律效力证明一次性缴费期间存在劳动关系的相应文书。在实际工作中,部分省市虽然以比较高层级的规范性文件的形式出台过养老保险补缴政策,但这些补缴政策基本上和四部门无关,没有强制性作用。因此,由于各地的补缴政策并不是参保人员能够决定的,导致无法提供补缴所需的相关文书而无法转移接续的不利后果,不应当由参保人员承担。为解决这个问题,2019年,《关于职工基本养老保险关系转移接续有关问题的补充通知》(人社厅发〔2019〕94号)明确规定了不需要参保人员负责提供四部门文书,但实际上,无论是否由参保人员提供材料,增加相关文书材料都会影响转移接续业务的进度。

(三)不同地区的社保经办机构对政策的理解以及沟通不顺畅影响转移接续的办理周期

基本养老保险关系的转移接续过程中比较核心的就是养老保险基金的转移接续,养老保险基金的转移接续不仅涉及转入地和转出地的社保经办机构之间的沟通,还涉及转入地和转出地两地的金融机构之间的沟通。中间任意一个环节出现问题,都需要退回重新转移。①

养老保险关系转入与转出两地的社保经办机构之间需要互相传递联系函和信息表,受到参保人员具体转移接续情形的影响,两地社保经办机构之间的联系函和信息表的传递并非一定能够顺畅进行。如果参保人员在转出地未停止缴费,或者未等第一次转接流程处理完毕,该参保人员又回到原转出地就业参保,或者参保人员存在多地重复缴费,在操作退费时退费失败,或者参保人员在办理养老保险关系转移接续手续的时候,发现之前的养老保险缴费信息存在问题并未及时处理,均有可能导致转移接续工作的失败。

(四)经办机构工作人员有限且信息化平台建设不足加剧工作压力

由于养老保险关系转移接续工作的复杂性,参保人员在进行养老保险关系转移接续时,寻求社保机构帮助的意愿强烈。与之形成强烈对比的是,一方面,制度建立初期社保经办机构工作人员有限,导致社保机构能够提供的咨询电话有限,电话接通率不高;另一方面,国家公共服务平台尚未建成,各地的网上查询机制也不完善,即使参保人员接通电话,工作人员也无法在较短时间内便捷地完成查询工作。

三、管理分散和统筹层次较低导致制度内转移接续不便

养老保险关系转续难的根本原因在于养老保险统筹层次过低、管理过于分散和各统筹地区从自身利益出发制定的各种"土政策"。1997年国务院发布《关于建立统一的企业职工基本养老保险制度的决定》以来,

---

① 陈曙光:《搬走绊脚石,"转续"大提速》,《中国社会保障》2021年第1期,第54—55页。

全国大部分地区的基本养老保险制度实行县、市级统筹,尽管政府和职能部门一直提出要由县级统筹过渡到省级统筹,但提高统筹层次依然步履维艰。直到中央调剂制度的出台,才倒逼省级统筹加快实现。较低统筹层次的结果是全国存在多个统筹区域,参保职工只要出现跨统筹区域的工作转换,必将面临养老保险关系难以转续的问题,从而限制劳动力的流动性。

统筹层次的提高多年来举步维艰的原因是多方面的。概括起来主要包括:第一,先试点后推广的制度路径。我国养老保险制度走的是渐进式改革道路,从 20 世纪 90 年代开始实行,允许地方试点探讨和发挥地方在征缴等方面的积极性,虽然多年来中央一直试图统一制度参数,但地方的路径依赖惯性难以改变,各地制度在政策和管理上都呈现出碎片化的不一致特征。第二,财政分灶体制下地方利益冲突问题。在中央和地方财政"分灶"吃饭的体制下,当一个地方出现养老保险支出缺口时,中央和地方等各级政府都要承担一定的财政补贴责任,即养老保险将各级财政"裹挟"。① 随着统筹层次的提升,兜底支付等责任随之上移到中央政府,地方政府很可能出现征缴工作不积极、领取资格审核不严格等道德风险问题。如何解决中央和地方的"两个积极性"问题,是提高统筹层次面临的一个基本难题。第三,经办管理体制的不统一。各地区不一致的经办管理体系和碎片化的社保信息管理网络等,也在一定程度上制约了全国统筹层次的提高。

四、地方政府利益博弈是统筹层次提升困难的重要原因

统筹层次难以提高的根本原因在于东、中、西部地区之间经济发展水平差距大。地区差异是我国基本养老保险制度全国统筹的基本动因,也是现实阻碍。经济发展状况的巨大差异直接导致基本养老保险制度改革所产生的转制成本在各地区之间的分布极不均衡和偿债压力大小不均。然而,地区间人口与经济发展的不平衡现象在短期内无法消除,即养老保险

---

① 房连泉:《实现基本养老保险全国统筹的三种改革路径及利弊分析》,《北京工业大学学报(社会科学版)》2019 年第 3 期,第 8—16 页。

全国统筹的实现必须建立在承认地区之间人口与经济差距的基础之上。养老保险制度发展的地区差异除了受到人口与经济因素的影响之外，在很大程度上还受到制度参数不统一的作用。养老保险制度参数的统一正好能够解决由制度本身引起的地区割裂现象，但基于我国分权运行的财政体制以及由城乡二元分割所伴生的户籍制度，地区之间的利益纷争加剧，基本养老保险统筹层次的提升将面临第二项现实障碍——政府间利益协调。

养老保险制度是一项准公共产品，政府应当在公共产品与准公共产品的供给中扮演重要角色。这种角色按照内容划分，可以分为"事权"与"财权"两类，"事权"指各级政府在公共物品供给中的职责和权限，"财权"指各级财政在政府履责过程中应当承担的支出责任。① 各级政府在养老保险制度中的"事权"和"财权"与统筹层次紧密相关。协调各级政府间利益就是根据统筹层次的变化重新划分各级政府职能，使各级政府的"事权"与"财权"相适应。

全国统筹意味着中央事权，在全国范围内实行统一费率、统一支付标准，基金统一筹集和拨付，由中央政府的专门机构直接管理。省级统筹意味着地方事权，在各省份范围内实行统一费率、统一支付标准，基金统一筹集和拨付，由省级政府相关机构管理。无论是全国统筹还是省级统筹，各级财政都应当承担相应的支出责任。表3-14对中央政府和地方政府在统筹层次提升过程中的根本目标与基本责任进行了阐释与划分。

表3-14　统筹层次提升中的中央与地方政府分析

	中央政府	地方政府
根本目标	整体福利最大化	地区利益最大化
省级统筹	财政补贴责任	财政补贴责任； 保费征收、基金管理和养老金发放责任

---

① 王国清、吕伟：《事权、财权、财力的界定及相互关系》，《财经科学》2000年第4期，第22—25页；曾康华、李思沛：《合理划分政府间事权和支出责任的思考》，《财政监督》2014年第14期，第5—7页；周宵、刘洋：《中国基本养老保险统筹升级路径研究——基于政府间事权和支出责任视角》，《学习与探索》2019年第4期，第126—132页。

续表

	中央政府	地方政府
全国统筹	财政补贴责任； 基金管理方； 保费征收与养老金发放委托方	财政补贴责任； 保费征收与养老金发放代理方

可以看出：其一，对中央政府和地方政府做"理性经济人"假设，中央政府以实现整体福利最大化为根本目标，而地方政府以实现地区利益最大化为根本目标。如何协调属地管理模式以平衡中央与地方政府利益是推进养老保险全国统筹的难点之一。

其二，省级统筹状况下，养老保险费征缴和养老金发放责任与基金管理责任都在地方政府，而随着统筹层次的提高，中央政府和地方政府的事权和支出责任部分发生变化。原本集中在地方政府的基金管理"财权"和保费征收与养老金发放"事权"出现分离，"财权"上升至中央政府，"事权"仍需借助地方政府执行，因而在中央政府和地方政府之间形成"事权"上的"委托—代理"关系。

其三，无论何种统筹层次，各级政府都应当对出现养老保险基金亏空的省份进行相应财政补贴。根据历史数据，从补贴的绝对规模来看，各级财政补贴基本养老保险基金规模由 2013 年的 3019 亿元增加到 2017 年的 8004 亿元；从补贴的相对规模来看，各级财政补贴占当期养老保险基金收入的比例由 13.3% 增加至 2017 年的 18.5%。[①] 在省级统筹层次的"暗补"模式下，中央与地方各级财政的补贴具体规模则无法获取，统筹层次提高带来的央地权责重新划分将为财政补贴养老保险基金从"暗补"转为"明补"提供重要契机。

政府间利益博弈不仅是统筹层次提升困难的重要原因，"分灶吃饭"的财政体制下地方政府利益博弈也是导致跨统筹区域转移困难的重要原因，地方政府的行动逻辑核心是通过追求经济绩效来实现晋升最大化；用人单位的行动逻辑核心是尽可能减少流动人口参保来控制成本实现利润

---

① 数据来源于各年度《人力资源和社会保障事业发展统计公报》。

最大化;中央政府的行动逻辑核心是通过考察地方政府的核心行动来追求社会福利最大化。[①] 因此,在"分灶吃饭"的财政体制下,即使中央层面有具体文件针对转移接续的程序和金额做了细致规定,但是在实际操作过程中,受到操作层面的影响,地方政府仍旧会出于自身利益考量而人为设置转移接续的壁垒,比如在基本养老保险关系转移接续中设置户籍障碍、缴费年限障碍和缴费基数障碍等诸多门槛。

比如,在涉及基金转移的问题上,当基本养老保险关系和基金的转移接续过程给转入地带来较大的资金负担时,转入地必然因此设立转移接续壁垒,从而导致流动人口的养老保险关系转移接续困难。

五、城乡二元经济体制是制度间差异化模式设计的根本原因

城乡二元经济结构矛盾和地区经济发展不平衡是导致跨制度转移困难的根本原因,我国现阶段按照城镇职工和城乡居民分别设置的养老保险制度是城乡二元经济结构矛盾的必然结果。

城乡二元经济结构一般是指以社会化生产为主要特点的城市经济和以小农生产为主要特点的农村经济并存的经济结构。我国城乡二元经济结构主要表现为:城市经济以现代化的大工业生产为主,而农村经济以典型的小农经济为主;城市的道路、通信、卫生和教育等基础设施发达,而农村的基础设施落后;城市的人均消费水平远远高于农村;相对于城市,农村人口众多等。这种状态既是发展中国家的经济结构存在的突出矛盾,也是这些国家相对贫困和落后的重要原因。

与城乡二元经济结构相对应,基本养老保险制度的面向群体可分为城镇职工和城乡居民两大类。城镇职工指在城镇居住、生活和工作的,有正当职业和稳定收入的群体。城乡居民则包括城镇居民和农村居民两大类,城镇居民指包括未就业居民在内的在城镇居住和生活的群体;农村居民指拥有农村户口,以从事农业生产劳动、种植业或养殖业和渔业为主的劳动者。城镇职工和城乡居民的上述特点决定了在基本养老保险制度的

---

① 贾洪波、杨昊雯:《流动人口养老保险治理现代化——中央、地方政府和用人单位三方博弈视角》,《北京航空航天大学学报(社会科学版)》2021年第1期,第50—61页。

设计中,必须考虑到两类群体之间不同的缴费能力。城镇职工因为有正当职业和稳定收入,从而具有较强的缴费能力,而城乡居民没有稳定的收入来源,缴费能力较低。

事实上,我国基本养老保险制度的发展正是考虑到了不同群体的经济能力和接受水平,从而先行建立城镇职工基本养老保险制度,而后以区别于城镇职工基本养老保险制度的设计模式建立了新型农村基本养老保险制度和城镇居民基本养老保险制度,后经过合并成为城乡居民基本养老保险制度。因此,城乡二元经济体制正是导致我国社会养老保险制度的安排产生差异的重要原因,而差异化的社会养老保险制度安排正是我国社会养老保险制度衔接存在困难的重要原因。

3.4 实现基本养老保险关系 有效转续的对策建议

3.4.1 提高基本养老保险统筹层次

基本养老保险统筹层次的提高对于增强基本养老保险制度的再分配功能和增强养老保险基金的统筹调剂能力具有重要意义。

基本养老保险统筹层次的提高可以解决同一制度内的跨统筹区域转移接续问题。同时,考虑到基本养老保险全国统筹的确定趋势,可考虑及时修订转移基金政策,即在现行同一制度不同地区之间的基本养老保险关系转移接续时,"只转关系不转钱"。"账随人走,钱随人走"的基本养老保险关系转移接续原则在十年前确立。十年间,随着提高基本养老保险基金统筹层次工作的推进,个人账户和统筹基金的转移也将随之失去意义。

显然,如果在基本养老保险关系转移接续过程中只转关系不转资金的话,将会大大减少转移接续工作的中间财务环节。当然,也应当解决养老保险基金统筹层次提高过程中可能面临的地方政府之间的道德风险问题。提高基本养老保险统筹层次可以从完善中央调剂制度、健全政府间责任分担机制、统一养老保险缴费和待遇计发办法以及建立高效的信息关系系统等方面入手。

一、完善中央调剂制度

2018年6月，《国务院关于建立企业职工基本养老保险基金中央调剂制度的通知》(国发〔2018〕18号文)正式发布，在现行企业职工基本养老保险省级统筹基础上，以均衡地区间企业职工基本养老保险基金负担和实现基本养老保险制度可持续发展的中央调剂制度正式实施。2019年4月，《国务院办公厅关于印发降低社会保险费率综合方案的通知》(国办发〔2019〕13号)发布，规定加大企业职工基本养老保险基金中央调剂力度，将2019年基金中央调剂比例提高至3.5%，进一步均衡各省份之间养老保险基金负担。

中央调剂制度实施以来，基本实现了地区间养老保险基金的正向再分配，并且减少了财政负担，且上解比例的提高也加强了上述积极效应，但该制度也存在长期作用有限和部分地区出现逆向调节趋势的缺点。[1]为了更好地发挥中央调剂制度的作用，推动基本养老保险制度统筹层次的提升，必须首先明确，中央调剂制度仅仅是全国统筹实现以前的过渡性制度，并非长期性制度，它能够在一定程度上缩小地区之间的差距，能够缓解部分省份的支付风险，却无法改变地区之间差距不断扩大的趋势，也无法弥补全国总量上的支付缺口。因此，应当审慎考虑上解比例的调整，同时应当构建中央调剂制度的自动调节机制，配套改革基本养老保险制度，为全国统筹的最终实现以及基本养老保险制度跨统筹区域的顺畅转移做好制度性准备工作。

二、健全政府间责任分担机制

政府间责任分担机制包括中央政府与地方政府之间的财政事权与支出责任划分，以及地方政府与地方政府之间的财政事权与支出责任划分。

---

① 毛婷：《中央调剂制度的综合效应分析》，《经济体制改革》2020年第4期，第33—41页。

随着统筹层次的提升,各级政府的"财权"和"事权"理应重新划分以适应新的统筹层次。随着统筹层次的上移,养老保险的财政兜底责任由当前统筹层次下的地方政府上移,随着兜底责任的上移,如何调动下级政府的征收积极性、如何规避下级政府在养老金计发上的道德风险等是需要解决的重要问题。以预算管理等方式健全各级政府间的责任分担机制,建立全国垂直管理的独立于地区行政系统的地方养老保险经办与管理机构,是实现基本养老保险制度全国统筹的重要组织保障。

三、统一养老保险缴费和待遇计发办法

统一养老保险缴费和待遇计发办法是基本养老保险全国统筹的应有之义。尽管《社会保险法》以及其他文件规定了统一的城镇职工基本养老保险制度缴费和待遇计发规则,但是试点先行和允许地方政府依据自身实际情况酌情调整政策的做法使得制度统一仅在形式上实现,实质上,在现行省级统筹的城镇职工基本养老保险制度中,参保个体的缴费负担以及待遇水平均存在非常大的地区差异,这种巨大的地区差异不利于全国统筹的实现。消除城镇职工基本养老保险制度在不同统筹区域的缴费和待遇计发办法之间的差异是实现全国统筹的必然要求。

四、建立高效的信息管理系统

高效的信息管理系统是实现全国统筹的重要基础设施建设,建立高效的信息管理系统体现在建立高效的基本养老保险制度转移接续系统以及推进全民社会保险信息的一站式中心构建两方面。在建立高效的基本养老保险制度转移接续系统上,应当加强社会保险信息系统建设,开设申报、缴费办理窗口,减少农民工参保和转移的手续与环节,便于其养老保险关系转续;在推进全民社会保险信息的一站式中心构建上,应当加快推进社会保险制度信息化建设,完善基本养老保险经办管理方式,实现参保缴费和退休领取待遇信息的互联互通。

3.4.2 有效衔接不同基本养老保险制度

一、确定基本养老保险受益权

赋予社会统筹账户基础养老金受益权,使统筹账户成为一个受益保障权可以携带的账户形式,实现异地转移就业农民工养老保险关系转移与接续;赋予基础养老金既得受益权不仅能在统筹层次较低的现实情况下解决养老保险关系的转续问题,同时能够还原基本养老保险制度的功能、发挥基础养老金的作用和保护劳动者的合法养老保障权益。完善个人账户养老金计发办法,通过账户转移的方式规范提前支取和一次性返还政策,实现社会养老保障的目标。

二、制定城乡两类社会养老保险制度的衔接办法

为满足农村劳动力转移就业与回乡时的养老保险关系转移接续需要,城乡两类社会养老保险制度必须安排相应的衔接机制与办法,如统一城乡两类制度的经办管理主体和管理方式,推进经办管理服务的规范化、信息化和专业化建设,实现两类制度的账户信息共享等。当农村劳动力在城乡之间转移就业时,可以将城镇基本养老保险制度与新型农村社会养老保险制度中的统筹账户受益权和个人账户基金结余顺利转移;对于被征地农民,可以通过转换新型农村社会养老保险的受益权和"土地换保障"方式,获得城镇基本养老保险制度基础养老金受益权。

3.4.3 有机整合不同基本养老保险制度

积极探索社会养老保险制度城乡统筹路径是建立覆盖城乡居民的社会保障体系、构建社会主义和谐社会的重要战略任务。

随着经济社会结构趋于统一和城乡收入均等化程度提高,应逐步通过合并城乡两类制度的方式,建立覆盖城乡居民的社会养老保险制度。

具体整合办法为:在现行城镇职工基本养老保险制度和城乡居民基本养老保险制度的管理模式的基础上,城镇职工基本养老保险制度的基础养老金与城乡居民基本养老保险制度的最低养老金合并建立中国最低养老金制度或者国民养老金制度,城镇职工基本养老保险制度的个人账户养老金与城乡居民基本养老保险制度的个人账户养老金合并建立强制性个人账户养老金制度。

在合并过程中应当注意,城乡两类社会养老保险制度应当分别保持财务可持续性。当前我国城镇职工基本养老保险制度面临十分严重的财务不平衡问题,各级财政对于城镇职工基本养老保险制度的补助逐年增加,在预期人口老龄化程度不断加重的趋势下,城镇职工基本养老保险的基金缺口还会持续增大。如果在合并城乡社会养老保险制度以前,不通过划转国有资本等措施从根本上解决城镇职工基本养老保险制度的财务不可持续问题,很有可能出现城乡居民社会养老保险制度为城镇职工基本养老保险制度买单的情况。

此外,应当科学规划社会养老保险制度城乡统筹的推进策略,认真研究统筹城乡两类社会养老保险制度的推进步骤与方法。在推进步骤方面,应根据我国城乡间和地区间经济发展水平不平衡的基本现实,鼓励经济发展水平相对较高的地区先行进行社会养老保险制度城乡统筹;在推进方法上,应充分考虑城乡经济发展水平的差异与劳动力流动的特点,实行人员分类推进、保障项目分层次推进的方法,使得社会养老保险制度城乡统筹有助于促进经济增长、缩小城乡差别以及消除资本市场与劳动力市场的扭曲现象,从而实现经济与社会的持续、稳定和协调发展。

4

完善基本医疗保障体系

"十三五"时期是我国医保改革推进力度最大、医保功能作用发挥最充分、群众获得感最强的五年,为全面建成小康社会夯实了基础①。特别是党的十八大以来,全民医疗保障制度改革持续推进,在破解"看病难、看病贵"问题上取得了突破性进展。2018年,国家医保局成立以来,坚决贯彻党中央、国务院决策部署,坚持以人民为中心的发展思想,把改革作为医保旗帜上最鲜明的底色,坚持"起跑就是冲刺",全力保障人民群众基本医疗权益,在以往工作基础上,取得新的成就。② 目前,已建立起世界上规模最大的基本医疗保障网,基本医疗保险覆盖超过13.6亿人,其中,参加职工基本医疗保险34423万人,参加城乡居民基本医疗保险101677万人,参保率稳定在95%以上③(见图4-1),全民医保目标基本实现。

　　"为人民谋幸福,是中国共产党人的初心。我们要时刻不忘这个初心,永远把人民对美好生活的向往作为奋斗目标"④,在中央全面深化改革委员会第十二次会议上,习近平总书记深刻指出,"我们建立全民医保制度的根本目的,就是要解除全体人民的疾病医疗后顾之忧"⑤。2020年3月5日,中共中央、国务院发布了《关于深化医疗保障制度改革的意见》(以下简称《意见》),明确了"1+4+2"的总体改革框架,即建立以基本医疗保障为主体,医疗救助为托底,补充医疗保险、商业健康保险、慈善捐赠、医疗互助为补充的多层次医疗保障体系,并进一步提出要建立公平适度的待遇保障机制、稳健可持续的筹资运行机制、管用高效的医保支付机制和严密有力的基金监管机制,强化医药服务供给侧改革和优化医保公共管理服务。《意见》回应了新时代中国医疗保障制度改革发展亟待回答的重大问题,为我国未来医疗保障制度改革指明了方向,是发展和完善

---

　　①　胡静林:《推动医疗保障高质量发展》《学习时报》2021年3月5日,第1版。
　　②　胡静林:《推动医疗保障高质量发展》《学习时报》2021年3月5日,第1版。
　　③　国家医疗保障局:《2020年医疗保障事业发展统计快报》,见 http://www.nhsa.gov.cn/art/2021/3/8/art_7_4590.html。
　　④　习近平:《在党的十九届一中全会上的讲话》,《共产党人》2018年第1期。
　　⑤　习近平:《全面提高依法防控依法治理能力 健全国家公共卫生应急管理体系》,《求是》2020年第4期。

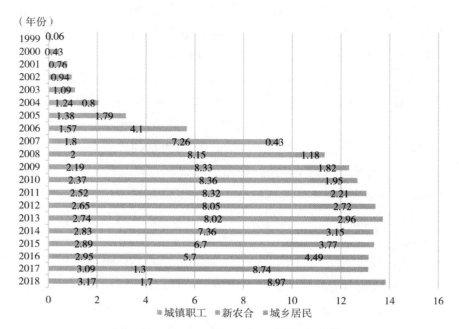

（年份）

图 4-1　1998—2018 年全国基本医保参保情况

注：2016 年、2017 年新农合参保人数未公布。

资料来源：1999—2007 年《劳动和社会保障事业发展统计公报》、2008—2017 年《人力资源和社会保障事业》统计公报、2018 年和 2019 年《全国基本医疗保障事业发展统计公报》、国家统计局数据库。

中国特色医疗保障制度的纲领性政策文件，是中国医疗保障制度改革与发展的里程碑。

《意见》在充分肯定了 20 多年来我国医疗保障建设取得成就的基础上，明确指出党的十八大以来，全民医疗保障制度改革持续推进，在破解"看病难、看病贵"问题上取得了突破性进展，回答了在新时代社会主要矛盾发生变化的背景下，以基本医疗保险制度为主体的医疗保障制度体系如何适应社会主要矛盾的变化，以及如何继续发展完善，使基本医保为主体的医疗保障体系更加成熟定型。

4.1　我国医疗保障事业进入高质量发展阶段

4.1.1　医疗保障事业新发展

党的十九大报告指出,新时代中国的主要矛盾已经转变为人民日益增长的美好生活需求与不平衡不充分发展之间的矛盾,因此,全面提升医疗保障水平,建立更加公平可持续的医疗保障制度,才能符合中国新时代的需求。党的十九届四中全会提出:"健全幼有所育、学有所教、劳有所得、病有所医、老有所养、住有所居、弱有所扶等方面国家基本公共服务制度体系",强调建设中国医疗保障制度时要尽力而为、量力而行。中共中央、国务院印发的《关于深化医疗保障制度改革的意见》,充分肯定了中国医疗保障制度二十多年来改革和发展的经验,再次重申了中国医疗保障制度改革的正确方向,描绘了未来改革的蓝图。

第一,整合城乡居民基本医保和大病保险制度,推进生育保险和职工基本医保合并实施。正逐步形成以基本医疗保险为主体,医疗救助为托底,其他保障措施共同发展的多层次医疗保障体系。基本医保、大病保险、医疗救助三重制度综合保障,在满足人民群众基本医疗保障方面发挥了重要作用。

第二,切实提高人民群众医保获得感、幸福感和安全感。一是初步建立药品目录动态调整机制,纳入更多新药、好药,显著提升肿瘤、慢性病、儿科疾病等用药保障能力,创新性实施谈判准入,233 个谈判准入药品价格平均降幅超50%。仅2018 年和2019 年谈判准入的114 种药品,2020 年就为患者减负721.9 亿元,新纳入数百种药品,目录内药品达2800 种[1],满足患

---

[1]　国家医疗保障局:《"十四五"全民医疗保障规划一问一答》,见 http://www.nhsa.gov.cn/art/2021/9/30/art_38_6144.html。

者用药需求。二是完善慢性病门诊保障政策,建立健全城乡居民高血压、糖尿病门诊用药保障机制,已有7200多万"两病"患者受益,累计减负250亿元。① 三是适应新冠疫情背景下的医疗服务模式变化,将符合条件的"互联网+"医疗服务纳入医保支付范围,大力支持"互联网+"医疗服务发展。四是提高医保经办服务质量,规范经办服务行为,便捷群众异地就医,提高优质医疗服务可及性,支持劳动力自由流动,基本解决跨省异地就医患者住院"垫资"、跑腿报销问题,累计惠及群众住院724.83万人次②;稳步推进门诊费用跨省直接结算试点,累计惠及群众门诊就医302万人次③。五是不断提高医保管理信息化、标准化、法治化水平,不断提升医保管理和经办服务规范化、便捷化程度,建成国家医保信息平台主体,所有省份均开通医保码激活服务,用户累计超过4.5亿人。④

第三,以医保"小切口大改革"引领医改走向深入。一是集中带量采购逐步常态化,有效挤压药耗水分、减轻群众负担、净化行业生态、规范医疗行为。仅2020年,国家组织第二批和第三批药品集中带量采购,共覆盖87个品种,平均降价53%。⑤ 首次国家组织高值医用耗材集采,中选冠脉支架价格降幅90%以上,预计每年节约医疗费用117亿元。⑥ 治理高值医用耗材改革,取消医用耗材加成。二是持续巩固基金监管高压态势,2020年以来共查处违法违规定点医药机构73万家,追回医保资金

---

① 国家医疗保障局:《国家医疗保障局对十三届全国人大四次会议第2334号建议的答复》(医保函〔2021〕79号),见 http://www.nhsa.gov.cn/art/2021/8/13/art_26_5776.html。

② 国家医疗保障局:《2020年医疗保障事业发展统计快报》,见 http://www.nhsa.gov.cn/art/2021/3/8/art_7_4590.html。

③ 国家医疗保障局:《"十四五"全民医疗保障规划一问一答》,见 http://www.nhsa.gov.cn/art/2021/9/30/art_38_6144.html。

④ 国家医疗保障局:《国家医疗保障局对十三届全国人大四次会议第2254号建议的答复》(医保函〔2021〕23号),见 http://www.nhsa.gov.cn/art/2021/8/13/art_26_5776.html。

⑤ 国家医疗保障局:《2020年医疗保障事业发展统计快报》,见 http://www.nhsa.gov.cn/art/2021/3/8/art_7_4590.html。

⑥ 国家医疗保障局:《推进健康扶贫和医保扶贫 确保贫困人口基本医疗有保障发布会》,见 http://www.nhsa.gov.cn/art/2020/12/25/art_89_4203.html。

348.7亿元,有力地促进了医疗机构规范诊疗行为。[①] 三是持续深化支付方式改革,在30个城市开展疾病诊断相关分组(DRG)付费、在71个城市开展区域点数法总额预算和按病种分值(DIP)付费试点[②],推进紧密型县域医共体支付方式改革,引导医疗机构主动规范诊疗行为,初步形成总额预算基础上的多元复合支付方式[③]。

第四,创新性应对突发重大公共卫生事件。一是在2019年末新冠肺炎疫情暴发后,国家医保局第一时间出台"两确保"政策,将患者、疑似患者的诊疗费用纳入医保并对异地就医者实行先救治后结算的政策,为抗击疫情提供了有力保障;二是阶段性减免企业职工基本医疗保险缴费,助力企业复产复工;三是指导各地开展新冠病毒检测试剂集中采购,核酸和抗体检测试剂价格分别下降七成和四成以上[④];四是探索开展"长处方""互联网+医保"等便民服务和措施,优化经办服务。

第五,助力精准扶贫。为决战决胜医疗保障脱贫攻坚战,2020年累计资助7837.2万贫困人口(含动态调出)参加基本医疗保险,资助参保缴费支出140.2亿元,人均资助178.9元,参保率稳定在99.9%以上。[⑤]各项医保扶贫政策累计惠及贫困人口就医1.8亿人次,减轻贫困人口医疗费用负担1188.3亿元。[⑥]

4.1.2　医疗保障领域的不平衡与不充分问题

1998年国务院出台《关于建立城镇职工基本医疗保险制度的决定》(国发〔1998〕44号,简称"44号文"),标志着我国开始全面的医疗保障制

---

① 国家医疗保障局:《"十四五"全民医疗保障规划一问一答》,见http://www.nhsa.gov.cn/art/2021/9/30/art_38_6144.html。

② 国家医疗保障局:《2020年医疗保障事业发展统计快报》,见http://www.nhsa.gov.cn/art/2021/3/8/art_7_4590.html。

③ 胡静林:《推动医疗保障高质量发展》,《学习时报》2021年3月5日,第1版。

④ 胡静林:《推动医疗保障高质量发展》,《学习时报》2021年3月5日,第1版。

⑤ 国家医疗保障局:《2020年医疗保障事业发展统计快报》,见http://www.gov.cn/guoqing/2021−04/09/content_5598659.htm。

⑥ 国家医疗保障局:《2020年医疗保障事业发展统计快报》,见http://www.gov.cn/guoqing/2021−04/09/content_5598659.htm。

度改革,44 号文明确了城镇职工基本医疗保险制度的任务、原则和要求,要求地方结合实际情况精心实施。经过 20 多年的探索和发展,完成了从公费、劳保医疗到社会保险制度的历史性转变,建立了以医疗保险为主体的多层次全民医疗保障体系。我国已经构建起了世界上最大的医疗保障体系,惠及占全球人口约 19% 的人口,创造了人类发展史上的医保改革与发展奇迹。但随着中国特色社会主义进入新时代,人民群众对健康福祉的美好需要日益增长,医疗保障领域发展不平衡不充分的问题逐步显现。

一、医疗保障领域的不平衡

(一)保障待遇差距较大,"攀比"问题严重

医疗保障领域的不平衡具体表现在地区间、制度间和人群间的医保待遇差距较大,比如某省职工医保住院政策范围内支付比例最高与最低的两个统筹地区相差近 20 个百分点[①],保障不足和过度保障并存。不仅起付线、封顶线和共付比存在差异,而且"三大目录"也存在较大的差异,产生了严重的攀比问题。

待遇攀比问题严重,主要由两个方面造成。一方面,近年来部分地区出现了以高报销比例简单换取群众满意度的行为,导致医保基金压力陡增,部分地方官员片面地将医保待遇与民生建设水平高低联系在一起,搞政绩工程,不考虑基金的结余情况和财政可承受能力,随意提高保障待遇与其他地区进行医保待遇的攀比。另一方面,随着市级统筹的实施,患者会比较本市和邻市的医保待遇水平,对"三大目录"和报销比例进行研究,和高保障待遇地区进行攀比,要求提高所在地区的待遇水平。待遇攀比导致"水涨船高",一些地区甚至将待遇水平提高到超出基金支付能力的程度,极大地损害了医保基金的安全和可持续性。

(二)叠床架屋,制度碎片化

不平衡的主要原因在于各地制度设计差异较大,叠床架屋,碎片化问题严重。一些地方乱开政策口子,"头疼医头,脚疼医脚",不从根源上解决问题,不断"打补丁",实施多重保障。例如,某地区仅门诊医疗待遇项

---

① 王宗凡:《医疗保障待遇政策的完善》,《中国医疗保险》2019 年第 10 期。

目就包括门诊个人账户、普通门诊、特殊慢性病门诊、家庭病床和家庭医生签约服务。多层次医疗保障体系的"多层次"不是层次越多越好,基本医疗保险建立的初衷是为了分散大额医疗支出风险,必须守住底线,保好基本,不可随意扩大基金的支付范围。

（三）医疗保障筹资与待遇调整机制有待优化

基本医保的保障水平稳步提升,保障范围逐步扩大,享受待遇的人次数和支付水平稳步提高。医疗保障筹资、待遇相挂钩的科学调整机制尚不健全,医疗保障制度的可持续性面临挑战,筹资与待遇之间的调整机制有待进一步合理化,"以收定支、收支平衡"的原则有待深化。当前城镇职工医保按固定比例征收,与工资水平挂钩,城镇居民医保征收固定数额,更多的是与地方财政实力挂钩。而面临的现实问题是医疗保障待遇范围不断扩充、待遇水平不断提高,同时待遇需求刚性增长,使得医疗保障基金支付压力不断增加。

（四）多层次医疗保障体系虽然建立,但制度间衔接不畅

我国已建立基本医疗保险、医疗救助、商业健康保险等多层次的医疗保障制度。但是,这些制度之间存在定位不清、衔接不畅、重复保障等问题,表现在医疗救助与医疗保险的保障范围与待遇水平互相挤占,基本医疗保险与商业医疗保险缺乏科学合理的协作机制等。目前商业健康保险的产品众多,保障范围和水平多样,但由于长期以来受到其在整个医疗保障体系中定位与角色不够明晰、政策支持力度有限、专业经营能力水平有限等因素的影响,商业医疗保险的补充作用尚未发挥出来。

二、医疗保障领域的不充分

（一）重特大疾病的高额医疗支出风险依然严峻

当前,我国的基本医疗保险制度在整个医疗保障体系中占主体地位,由于基本医疗保障主要发挥"保基本"的作用,存在起付线、共付比、封顶线以及"三大目录"等的限制,虽然在政策范围内实现了较高的报销水平,但实际的报销水平还较低。因此,基本医疗保险不能充分分散重特大疾病的高额医疗支出风险。随着人们的风险意识越来越强,尤其是高收入群体,对重特大疾病商业医疗保险的需求量越来越大。而重特大疾病对低收入

群体无疑是"灾难性医疗支出风险",仅靠基本医疗保障制度是无法分散的,需要利用各种资源,发挥各方在重特大疾病和罕见病医疗救助制度中的作用,调动政府部门、社会企业、慈善机构以及患者的积极性,分担医疗费用,减轻患者的负担。因此,需要建立多层次的医疗保障体系以满足不同人群的保障需求,通过强化基本医疗保险、大病保险与医疗救助三重保障功能,促进各类医疗保障互补衔接,提高重特大疾病和多元医疗需求保障水平。

(二)城镇职工基本医保门诊保障能力不足

随着人口老龄化速度的加快和疾病谱的变化,慢性疾病患者数量快速增长。由于慢性病具有发病率高,病程时间长,虽然单次费用不高但累计医疗费用较高的特征,导致老年人的门诊医疗费用负担较重。在门诊保障制度方面,我国城乡居民基本医保建立了统一的门诊保障制度,但职工基本医保一直实行个人账户。使用个人账户相当于使用现金支付,而住院服务可以享受统筹基金报销,所以慢病患者有很强的激励从门诊转向住院,特别是在慢病患者个人账户余额不足的情况下,为了减轻自付压力,更加倾向选择住院服务,出现了大量"门诊转住院"等现象,与门诊服务相比,住院服务更加昂贵,"门诊挤住院"现象不仅增加住院统筹基金的支出,还造成了医疗资源的浪费。

个人账户早期对于激励参保、增强患者的节约意识等起到了积极作用,随着时间的推移,个人账户互助共济性差、资金浪费和滥用严重以及保值、增值难等问题越来越突出,迫切需要对个人账户进行改革,逐步将门诊医疗费用纳入基本医疗保险统筹基金支付范围,建立健全门诊共济保障机制。

(三)基本医保经办能力不足

经办能力不足也是制约我国医疗保障制度高质量发展的因素之一。推动商业保险公司参与基本医疗保险经办管理成为政之所向、大势所趋。早在2009年,《中共中央 国务院关于深化医药卫生体制改革的意见》(中发〔2009〕6号)就明确提出,"在确保基金安全和有效监管的前提下,积极提倡以政府购买医疗保障服务的方式,探索委托具有资质的商业保险机构经办各类医疗保障管理服务"。2013年,党的十八届三中全会强调

"全面正确履行政府职能,推广政府购买服务,凡属事务性管理服务,原则上都要引入竞争机制,通过合同委托等方式向社会购买"。党的十九大明确提出"要打造共建共治共享的社会治理格局"。

以商业保险公司为代表的社会法人组织也已经具备了较强的经办管理能力,推动基本医疗保险社会化改革的历史机遇期已经到来。商业保险参与基本医保的经办是基于国家治理改革角度的考虑,商业保险公司参与经办可以提升医保经办能力,借助商业保险公司专业化管理和市场化运作的优势,弥补政府部门经办能力不足的缺陷,降低基本医疗保险经办的运营成本,使得医保管理部门能够集中精力做好政策设计、监督管理等工作,探索建立共建共治共享的医保治理格局。

(四)应对重大公共卫生事件缺乏法定的制度安排

在此次新冠肺炎防控中,基本医保及时作出政策调整,确保患者不因费用问题影响就医、确保收治医院不因支付政策影响救治,为战胜疫情构筑起了坚实的制度保障。但同时也暴露出医保在应对重大公共卫生事件时缺乏法定的制度安排。基本医保与公共卫生是两码事,医保主要基于大数法则分散风险,但是分散的是非系统性风险,而不是系统风险,而公共卫生问题容易引发系统性风险,疫情一旦大规模暴发,整个人群都可能感染疾病。所以,医保基金和公共卫生基金边界责任必须划分清楚,在预防阶段是公共卫生的责任,一旦确诊进入治疗阶段是医保的责任。《社会保险法》明确规定应当由公共卫生基金负担的医疗费用不纳入基本医疗保险基金支付范围。如何统筹使用医疗保障基金和公共卫生服务资金使用,实现公共卫生服务和医疗服务有效衔接成为亟待解决的问题之一。

4.2　深化医疗保障制度改革

中共中央、国务院 2020 年印发的《关于深化医疗保障制度改革的意见》(以下简称《意见》)一方面充分肯定了经过二十多年形成的行之有效的中国特色医疗保障制度;另一方面,回答了党的十九大以来我国社会主义进入新时代,应该如何破解医疗保障发展不平衡不充分的问题。

《意见》明确指出下一步医疗保障制度需要在继承发展的基础上进行创新,改革的主要方向分别是:第一,强化顶层设计,统一规范已有的制度,推动医保治理体系治理能力现代化,提高治理效能;第二,从百花齐放到统一规范,限制和取消地方的自主权,实现制度的统一和规范化;第三,从叠床架屋到层次分明,理清制度责任与边界,建立多层次的医疗保障体系。不仅要深刻领会把握改革方向,还有要总结在探索和发展过程中的经验和规律,更好地完善基本医疗保障体系。

4.2.1 坚持问题导向

20 多年来,基于国情变化,中国的医疗保险制度经过的多次改革和完善,每一时期的改革目标和内容虽不尽相同,但都是围绕各个时期的具体问题展开的,坚持问题导向。1994 年,为配合国有企业改革,减轻企业负担,国家首先在“两江”地区进行医疗保险制度改革试点,经过多年试点,不断检验思路、发现问题,总结经验。在此基础上,于 1998 年正式颁布了《关于建立城镇职工基本医疗保险制度的决定》(国发〔1998〕44 号,简称“44 号文”)。

虽然 44 号文的出台意味着中国已经建立起城镇职工基本医疗保险制度,但由于城镇职工基本医疗保险的保障对象主要是城镇职工,覆盖面较小,难以满足其他人群的医疗保险需求。因此,2003 年发布了《关于建立新型农村合作医疗制度意见的通知》,开始建立新型农村合作医疗制度,在 2007 年颁布了《关于开展城镇居民基本医疗保险试点的指导意见》,逐步将基本医保的覆盖面扩大到城乡居民,基本上实现了全民医保。为了实现城乡居民公平享有基本医疗保险权益,在 2016 年发布了《关于整合城乡居民基本医疗保险制度的意见》,对原有城乡医疗保险制度进行整合,统一覆盖范围、统一筹资政策、统一保障待遇、统一医保目录、统一定点管理和统一基金管理。进入新时代,地区间医疗保险发展不平衡不充分问题日益突出,对基本医疗保障制度建设和发展提出了新要求,在此背景下,国家医疗保险局应运而生,国家对医疗保险制度建设也愈加重视。

4.2.2　实行渐进式改革,坚持基层探索和顶层设计相结合

《关于建立城镇职工基本医疗保险制度的决定》中指出:中国医疗保险改革应该坚持"中央确定原则、地方分散决策"的原则,中央政府只在实施范围、筹资比例、支付标准和统筹层次等方面制定框架,各地区可以根据实际具体执行。在保障对象上,1998年开始推行的城镇职工基本医疗保险主要针对国有企业职工,之后才进一步将民营企业员工、个体工商户等群体纳入保障范围。直到2003年,我国才开始建立以农村居民为主体的新型农村合作医疗制度,2007年建立城镇居民医疗保险制度。在扩大覆盖面方面,以城镇职工基本医保为例,1989年,国家在丹东市、四平市、黄石市和株洲市进行试点工作,之后扩展到深圳市和海南省,1996年的试点地区扩大到全国58个城市,2007年则进一步扩大到79个城市,2008年,试点地区覆盖全国80%以上城市,2010年基本全面铺开。

由此可见,"尊重地方经验,试点先行"改革方式不仅有助于调动地方的积极性,减少改革阻力,而且能够保证制度设计上的一致性。经过二十多年来的基层探索,各地因地制宜建立了具有本地特色的医疗保障制度,随着人口流动以及医保待遇攀比问题的日益严重,为实现地区之间公平,加强顶层设计变得越来越重要。《关于深化医疗保障制度改革的意见》在总结中国医疗保险制度20多年改革经验的基础上,加强顶层设计,统一各地制度,并使之更加成熟定型。

4.2.3　坚持制度自信

什么是制度自信？制度自信不是说一种制度比另外一种制度好,对不同制度的优劣进行比较,而是要看所建立的制度是否"合脚",符合当时当地的实际情况。制度是多元的,因而制度选择也应该是多样性的,从这个角度来看,中国基本医保制度的自信恰恰是因为结合了中国实际,反

映了社情民意。中国医疗保险制度虽然借鉴了国际经验,但是没有照抄照搬西方发达国家的制度,是自我探索建立起来具有中国特色的医疗保障制度。并且经过 20 多年的不断探索和发展上,已经日渐成熟和完善,成为独特的"中国模式"。

中国医疗保险制度自信还源于制度的连续性和稳定性。党的十九大报告提出"全面建成覆盖全民、城乡统筹、权责清晰、保障适度、可持续的多层次社会保障体系",明确了新时代社会保障事业发展的六方面要求。这"六方面"与《社会保险法》"广覆盖、保基本、多层次,可持续"十二字指导方针一脉相连,是继承和发展的关系。在"六方面"中,有四个方面都是直接从"十二字"方针中继承过来的:"覆盖全民"直接对应"广覆盖";"保障适度"直接对应"保基本",强调既要尽力而为又要量力而行;"多层次"和"可持续"也都出自"十二字"方针。"六方面"还比"十二字"方针多增加了两个方面:一是"城乡统筹",二是"权责清晰"。①

《意见》指出,"要推进法定医疗保障制度更加成熟定型,健全重特大疾病医疗保险和救助制度,统筹规划各类医疗保障高质量发展,根据经济发展水平和基金承受能力稳步提高医疗保障水平"。在这里,不是说以前的制度建设得不好,而是说在肯定已有成就和发展经验的基础上,要坚持制度自信,将中国医疗保障制度建设得更好。经过多年的发展和完善,中国医疗保障制度的覆盖面越来越广,但碎片化比较严重,现在亟须进行顶层设计,从国家层面对医疗保障制度进行统一。即"到 2030 年,全面建成以基本医疗保险为主体,医疗救助为托底,补充医疗保险、商业健康保险、慈善捐赠、医疗互助共同发展的医疗保障制度体系,待遇保障公平适度,基金运行稳健持续,管理服务优化便捷,医疗保险治理现代化水平显著提升,实现更好保障病有所医的目标"。

在新形势下,中国医疗保障制度仍然面临着诸多挑战,比如医疗保险体系发展不充分不平衡、机制不健全,待遇水平差异大,监管体系不完善,

---

① 马国营:《论权责清晰与医保治理体系现代化》,《中国医疗保险》2019 年第 12 期。

"三医联动"不协调等问题①。为此,未来需要继续推进医保治理体系和治理能力现代化,构建以基本医疗保险为主体,大病保险、补充医疗保险、商业健康保险和医疗救助等多层次医疗保障体系;增强医疗保险体系的公平性和协调性,解决地区之间医疗保险发展不充分、不平衡问题,最终实现"病有所医",提高人们的满足感和获得感。

4.2.4　约束地方的权限,实现制度的统一和规范化

从 1994 年"两江试点"开始到党的十九大指出中国特色社会主义进入新时代,我国医疗保障制度进行了大量基层探索,按照摸着石头过河和顶层设计相结合的改革思路,取得了巨大的成就。《意见》的出台标志着医疗保障基层探索阶段已经完成,下一步发展要明确中央和地方的职责权限,限制和取消地方的自主权,实现制度的统一和规范化。其中"统一"一词在《意见》全文中就出现了十次。②

统一具体表现在以下几个方面:一是通过统一制度、完善政策、健全机制、提升服务,增强医疗保障的公平性;二是统一基本医疗保险统筹层次、医保目录,规范医保支付政策确定办法;三是健全统一规范的医疗救助制度;四是巩固提高统筹层次,按照制度政策统一、基金统收统支、管理服务一体的标准,全面做实基本医疗保险市地级统筹;五是合理划分中央与地方目录调整职责和权限,各地区不得自行制定目录或调整医保用药限定支付范围,逐步实现全国医保用药范围基本统一;六是统一医疗保障业务标准和技术标准,建立全国统一、高效、兼容、便捷、安全的医疗保障信息系统;七是构建全国统一的医疗保障经办管理体系。统一意味着要求地方减少"自选动作",强化"规定动作",通过制度统一解决不平衡问题。

医保待遇问题作为医疗保险最基本、最核心的问题之一,直接关系到

---

① 申曙光:《指导医疗保障走向高质量发展的纲领性文件——〈中共中央 国务院关于深化医疗保障制度改革的意见〉解读》,《中国医疗保险》2020 年第 4 期。

② 吕国营:《新时代中国医疗保障制度如何定型?》,《社会保障评论》2020 年第 3 期。

参保人医疗负担的轻重。但我国目前尚未形成这样一套运作规范的调整机制，各类待遇调整措施具有较强的随意性。由于，医疗保障具有"福利刚性"的特征，地区之间的待遇攀比，导致各地的保障水平只能升不能降。在医疗服务需求不断释放、医疗费用持续增长的趋势下，基金收不抵支的情况将会在更多的统筹地区出现。

2019 年 7 月 23 日，国家医保局公布了《关于建立医疗保障待遇清单管理制度的意见（征求意见稿）》向社会征求意见，医疗保障待遇清单包含基本医疗保障的基本制度、基本政策、基金支付的项目和标准，并明确统筹基金不予支付的范围。2020 年《关于深化医疗保障制度改革的意见》明确提出实行医疗保障待遇清单制度。建立健全医疗保障待遇清单制度，规范政府决策权限，科学界定基本制度、基本政策、基金支付项目和标准，促进医疗保障制度法定化、决策科学化、管理规范化。各地区要确保政令畅通，未经批准不得出台超出清单授权范围的政策。严格执行基本支付范围和标准，实施公平适度保障，纠正过度保障和保障不足问题。

针对不平衡问题，改革的方向是消除差距，实现制度统一，我国的基本医疗保障制度坚持保基本的方针不变，保基本就是要实现保障待遇统一，不允许出现不平衡。而不充分改革的方向是实现制度的差异化，差异化要求建立多层次的保障体系，以满足不同的医疗保障需求。

4.3　加强组织建设，成立国家医保局

改革是为了适应我国经济社会的巨大变化，是社会主义制度的自我完善和发展。习近平总书记曾强调，一个国家选择什么样的治理体系，是由这个国家的历史传承、文化传统、经济社会发展水平决定的，是由这个国家的人民决定的。从社会基本矛盾来看，党的十九大报告已指出：新时期我国社会基本矛盾发生了变化，由人民日益增长的物质文化需要同落

后的社会生产之间的矛盾转换为人民日益增长的对美好生活的需要和不平衡不充分的发展之间的矛盾;从经济发展情况上看,我国经济已经从高速增长阶段转向高质量发展阶段,正处在转变发展方式、优化经济结构、转换增长动力的攻关期,应该坚持质量第一、效益优先,以供给侧结构性改革,以新发展理念坚持和完善我国社会主义基本经济制度和分配制度,使市场在资源配置中起决定性作用,更好发挥政府作用。

由此可知,要充分发挥市场的决定性作用,更好发挥政府作用,推进国家治理体系和治理能力现代化,且适应国情新形势,就必然要求深化党和国家的机构改革。而在医疗卫生领域,我国医疗资源在城乡和区域间的不平衡、不充分的配置,以及机构臃肿、职能分割严重、运行机制尚未完善等问题,亟须从管理体系上进行组织变革,国家医疗保障局便应运而生。

2018 年 3 月 17 日,十三届全国人大一次会议表决通过关于国务院机构改革方案的决定,对国务院机构职能体系进行大规模的优化和重构。方案指出,在医疗卫生领域,将人力资源和社会保障部的城镇职工和城镇居民基本医疗保险、生育保险职责,国家卫生和计划生育委员会的新型农村合作医疗职责,国家发展和改革委员会的药品和医疗服务价格管理职责以及民政部的医疗救助职责整合,组建国家医疗保障局作为国务院的直属机构。

其主要职责为拟订医疗保险、生育保险、医疗救助等医疗保障制度的政策、规划、标准并组织实施,监督管理相关医疗保障基金,完善国家异地就医管理和费用结算平台,组织制定和调整药品、医疗服务价格和收费标准,制定药品和医用耗材的招标采购政策并监督实施,监督管理纳入医保范围内的医疗机构相关服务行为和医疗费用等。此外,组建国家卫生健康委员会,职责为拟订国民健康政策,协调推进深化医药卫生体制改革,组织制定国家基本药物制度,监督管理公共卫生、医疗服务、卫生应急,负责计划生育管理和服务工作,拟订应对人口老龄化、医养结合政策措施等。

新时代背景下,国务院机构改革方案提出以国家治理体系和治理能力现代化为导向,组建国家医疗保障局和国家卫生健康委员会。此举不仅有利于在医疗卫生领域发挥市场的决定性作用、更好发挥政府作用,而且此次改革是对"一手托两家"模式的彻底否定,有利于充分发挥医保谈判功能,推进"三医联动",构建大健康的管理格局。政府权力的减法换来市场活力的加法,最终将促进医疗卫生领域的健康发展。国家医保局成立以后,各省(市、区)医保局随后纷纷挂牌成立(见表4-1),招募大量医保新人,通过高效组织开展了大量工作。特别在医保法治化建设、药品价格谈判、医保基金监管方面取得了骄人的成绩。

表 4-1 各省(市、区)医保局成立时间

省(市、区)	成立时间	省(市、区)	成立时间
北京	2018. 11. 30	湖北	2018. 11. 29
天津	2018. 11. 30	湖南	2018. 10. 31
河北	2018. 11. 5	广东	2018. 10. 25
山西	2018. 10. 26	广西	2018. 11. 15
内蒙古	2018. 11. 10	海南	2018. 11. 6
辽宁	2018. 11. 11	重庆	2018. 10. 24
吉林	2018. 10. 25	四川	2018. 11. 9
黑龙江	2018. 10. 25	贵州	2018. 11. 20
上海	2018. 11. 28	云南	2018. 11. 26
江苏	2018. 11. 1	西藏	2018. 10. 29
浙江	2018. 10. 25	陕西	2018. 11. 13
安徽	2018. 11. 28	甘肃	2018. 11. 1
福建	2018. 10. 26	青海	2018. 11. 28
江西	2018. 11. 14	宁夏	2018. 11. 12
山东	2018. 10. 26	新疆	2018. 11. 29
河南	2018. 11. 26		

资料来源:各省(市、区)医保局官网,除西藏外各省(市、区)医保局成立时间是用各省(市、区)医保局挂牌时间,西藏医保局成立时间是根据西藏自治区人民政府2018年10月29日颁布《关于西藏自治区机构改革的实施意见》的时间。

4.4 近两年医疗保障工作重点

4.4.1 打击欺诈骗保

医保基金是人民群众的的"看病钱""救命钱",党中央和国务院一直高度重视基金安全,近两年来医疗保障工作重点都是维护医保基金安全。医保局组建以来始终持之以恒强化医保基金监管,压实监管责任,堵塞制度漏洞,巩固打击欺诈骗保的高压态势。该项工作早在 2018 年已是工作重点,2019 年和 2020 年仍然将其作为工作重点,而且成为了重中之重。从 2019 年起,打击骗保已经成为常态化。骗保问题已经成为了历史顽疾,基金监管形势较为严峻,必须持续下猛药,保持高压态势,才能扭转局面。

近两年,国务院、国家医保局及各省(市、区)医保局出台了多项指导性文件(见表 4-2 和表 4-3),其中《关于深化医疗保障制度改革的意见》明确提出要建立健全严密有力的监管机制,确保医保基金的安全高效使用。各级医保局通过开展专项治理活动压实责任和高压态势的威慑作用实现"不敢骗";通过完善监管制度,堵塞制度漏洞,不留制度"空子",实现"不能骗";通过持之以恒的监管,提升有关方面的道德素养,实现"不愿骗"。

国家医保局构建了全流程的基金安全防控机制,首先做实和做好参保基础数据、基金征缴和征管职责划转;其次强化基金年度预算、决算和报表编制工作;加强"两定"基金申报的审核和基金结算、待遇支付稽核,实现初审全覆盖;另外开展了经办管理服务违法违规问题专项治理,自查自纠,排查隐患,防范风险。①

---

① 《2020 医保经办 10 大重点工作》,《中国医疗保险》2020 年第 5 期。

表 4-2　国务院发布的关于医保基金监管的文件

颁布时间	文件名称
2020 年 2 月 25 日	《关于深化医疗保障制度改革的意见》
2020 年 7 月 9 日	《国务院办公厅关于推进医疗保障基金监管制度体系改革的指导意见》(国办发〔2020〕20 号)

资料来源:中央人民政府网站。

表 4-3　国家医疗保障局发布的关于医保基金监管的文件

颁布时间	文件名称
2019 年 2 月 20 日	《关于做好 2019 年医疗保障基金监管工作的通知》(医保发〔2019〕14 号)
2019 年 4 月 11 日	《医疗保障基金使用监管条例(征求意见稿)》
2019 年 6 月	《医疗保障基金使用监管条例(送审稿)》
2019 年 5 月 21 日	《关于开展医保基金监管"两试点一示范"工作的通知》(医保办发〔2019〕17 号)
2020 年 6 月 2 日	《关于开展医保定点医疗机构规范使用医保基金行为专项治理工作的通知》(医保函〔2020〕9 号)

资料来源:国家医保局官网。

从省级医保局密集出台的多项基金监管文件可以看出(见表 4-4),目前的监管工作主要侧重于以下几个方面:一是强化政府监管,推行行业自律管理,建立健全监督检查制度;二是创新监管方式,推行"双随机、一公开"监管机制,建立和完善日常巡查、专项检查、飞行检查、重点检查等相结合的多形式检查制度;三是全面建立智能监控制度,加快推进医保标准化和信息化建设,严格落实政务信息系统整合共享要求,做好与原有相关系统的衔接,加强部门间信息交换和共享;四是建立和完善举报奖励制度,依照相关规定对举报人予以奖励;五是建立信用管理制度,鼓励行业协会开展行业规范和自律建设。

近几年随着监管制度的不断完善以及医保部门的不断努力,监管工作取得了显著的效果。例如,2019 年开展的打击欺诈骗保专项行动中,现场检查定点医药机构 81.5 万家,查处违法违规违约医药机构 26.4 万

家,处理违法违规参保人员 3.31 万人,追回资金 115.56 亿元。① 在 2020
年,检查机构中超六成被查处,检查定点医药机构 62.74 万家,查处违法
违规违约机构 40.07 万家,查处参保人员 2.61 万人,追回医保资金
223.11 亿元。②

表 4-4　各省份关于医保基金监管的文件

省份	成文时间	文件名称
北京市	2019.3.20	《北京市 2019 年开展打击欺诈骗取医疗保障基金专项工作方案》(京医保发〔2019〕6 号)
	2019.5.16	《北京市欺诈骗取医疗保障基金行为举报奖励实施细则(试行)》(京医保发〔2019〕11 号)
	2020.4.28	《关于开展 2020 年打击欺诈骗取医疗保障基金定点医药机构专项治理工作的通知》(京医保中心发〔2020〕29 号)
天津市	2019.4.3	《天津市欺诈骗取医疗保障基金行为举报奖励办法》(津医保局发〔2019〕9 号)
	2019.12.30	《医疗保障基金使用违法违规行为信息公开实施办法(试行)》(津医保局发〔2019〕72 号)
	2020.3.12	《天津市基本医疗保险行政处罚裁量权实施办法》(津医保规字〔2020〕1 号)
	2020.4.10	《"打击欺诈骗保维护基金安全"集中宣传月活动实施方案》(津医保局发〔2020〕28 号)
	2020.7.27	《天津市医疗保障基金社会监督员管理办法》(津医保局发〔2020〕63 号)
河北省	2019.5.28	《河北省医疗保障基金监管办法》(冀政字〔2019〕28 号)
	2020.6.15	《河北省医疗保障基金监管信用管理办法(试行)》(冀医保规〔2020〕3 号)
	2020.9.30	《河北省人民政府办公厅关于推进医疗保障基金监管制度体系改革的实施意见》(冀政办字〔2020〕161 号)

---

① 国家医疗保障局:《2019 年医疗保障事业发展统计快报》,见 http://www.nhsa.gov.cn/art/2020/3/30/art_7_2930.html。

② 国家医疗保障局:《2020 年医疗保障事业发展统计快报》,见 http://www.gov.cn/guoqing/2021-04/09/content_5598659.htm。

续表

省份	成文时间	文件名称
山西省	2019.7.10	《山西省欺诈骗取医疗保障基金行为举报奖励暂行办法》（晋医保发〔2019〕42号）
	2020.6.24	《医保定点医疗机构规范使用医保基金行为专项治理工作方案》（晋医保函〔2020〕31号）
内蒙古自治区	2019.3.15	《内蒙古自治区医疗保障局关于开展"打击欺诈骗保 维护基金安全"集中宣传月活动的通知》（内医保办发〔2019〕16号）
	2019.4.4	《内蒙古自治区欺诈骗取医疗保障基金行为举报奖励实施细则》（内医保发〔2019〕5号）
	2020.8.20	《内蒙古自治区医疗保障基金监管社会义务监督员管理办法》（内医保办发〔2020〕20号）
辽宁省	2019.1.3	《关于当前加强医保协议管理确保基金安全等有关工作的通知》（辽医保发〔2019〕1号）
	2019.2.12	《辽宁省欺诈骗取医疗保障基金行为举报奖励暂行办法实施细则（试行）》（辽医保发〔2019〕3号）
	2019.3.26	《全省打击欺诈骗取医疗保障基金专项治理工作方案》（辽医保〔2019〕5号）
吉林省	2019.5.9	《吉林省欺诈骗取医疗保障基金行为举报奖励实施细则（试行）》（吉医保联〔2019〕7号）
黑龙江省	2019.3.22	《黑龙江省2019年打击欺诈骗保专项治理方案》（黑医保发〔2019〕18号）
	2019.4.29	《黑龙江省欺诈骗取医疗保障基金 行为举报奖励实施细则（试行）》（黑医保发〔2019〕22号）
	2019.7.31	《关于规范医疗保障基金使用的通知》（黑医保发〔2019〕44号）
	2020.3.23	《黑龙江省医疗保障局关于做好2020年医疗保障基金监管工作的通知》（黑医保发〔2020〕27号）
	2020.11.1	《黑龙江省医疗保障基金监督管理暂行办法》
上海市	2019.7.30	《上海市欺诈骗取医疗保障基金行为举报奖励实施细则（试行）》（沪医保规〔2019〕5号）
	2020.4.13	《上海市基本医疗保险监督管理办法》（沪府令31号）

续表

省份	成文时间	文件名称
江苏省	2019.4.4	《全省医疗保障基金监管年实施方案》（苏医保发〔2019〕25号）
	2019.6.10	《印发医保基金监管"两试点一示范"工作方案》（苏医保发〔2019〕41号）
浙江省	2019.4.10	《浙江省欺诈骗取医疗保障资金行为举报奖励实施办法》（浙医保联发(2019)4号）
安徽省	2019.3.15	《欺诈骗取医保基金行为举报奖励的实施办法（试行）》（皖医保发〔2019〕6号）
	2019.3.28	《安徽省打击欺诈骗取医疗保障基金专项治理方案》（皖医保秘〔2019〕29号）
	2019.10.27	《安徽省医疗保障行政处罚案件办理程序暂行规定》（皖医保发〔2019〕29号）
	2019.10.27	《安徽省医疗保障局医疗保障基金监管飞行检查规程》（皖医保发〔2019〕26号）
	2020.4.1	《2020年全省打击欺诈骗保专项治理工作方案》（皖医保发〔2020〕8号）
福建省	2019.4.30	《福建省欺诈骗取医疗保障基金行为举报奖励暂行实施办法》（闽医保〔2019〕37号）
	2019.10.11	《福建省医保基金监管方式创新试点实施方案》（闽医保〔2019〕76号）
江西省	2019.4.26	《江西省欺诈骗取医疗保障基金行为举报奖励暂行办法》（赣医保发〔2019〕5号）
	2020.12.11	《江西省深化医疗保障基金监管制度体系改革实施方案》（赣府厅字〔2020〕90号）
山东省	2019.3.28	《山东省打击欺诈骗取医疗保障基金行为举报奖励实施细则（试行）》（鲁医保发〔2019〕28号）
	2019.12.3	《山东省医疗保障基金监督管理办法（试行）》（鲁医保发〔2019〕95号）
河南省	2019.11.5	《河南省欺诈骗取医疗保障基金行为举报奖励暂行办法实施细则（试行）》（豫医保〔2019〕8号）
	2020.6.23	《关于开展医保定点医疗机构规范使用医保基金行为专项治理工作》（豫医保函〔2020〕11号）
湖北省	2019.9.12	《湖北省欺诈骗取医疗保障基金行为举报奖励实施细则（试行）》（鄂医保发〔2019〕52号）

续表

省份	成文时间	文件名称
湖南省	2019.6.20	《关于建立医保基金监管工作要情报告制度的通知》(湘医保办发〔2019〕7 号)
	2019.9.12	《湖南省欺诈骗取医疗保障基金行为举报奖励实施细则(试行)》(湘医保发〔2019〕23 号)
广东省	2019.3.27	《关于开展打击欺诈骗保维护基金安全集中宣传月活动实施方案》(粤医保函〔2020〕97 号)
	2020.6.28	《关于开展医保定点医疗机构规范使用医保基金行为专项治理工作的通知》(粤医保函〔2020〕233 号)
广西壮族自治区	2020.4.7	《广西壮族自治区医疗保障基金社会义务监督员管理办法(试行)》
	2020.11.9	《广西壮族自治区医疗保障监管查处基金追回流程管理暂行办法》(桂医保发〔2020〕65 号)
海南省	2019.10.24	《海南省欺诈骗取医疗保障基金行为举报奖励暂行办法实施细则》
重庆市	2019.7.2	《重庆市欺诈骗取医疗保障基金行为举报奖励实施细则(试行)》(渝医保发〔2019〕51 号)
四川省	2019.9.17	《四川省欺诈骗取医疗保障基金行为举报奖励暂行办法》(川医保发〔2019〕30 号)
	2020.12.30	《四川省人民政府办公厅关于推进医疗保障基金监管制度体系改革的实施意见》(川办发〔2020〕83 号)
贵州省	2019.4.26	《省医疗保障局关于做好 2019 年医疗保障基金监管工作的通知》(黔医保发〔2019〕9 号)
	2019.4.26	《贵州省 2019 年打击欺诈骗保专项治理工作方案的通知》(黔医保发〔2019〕10 号)
	2019.4.26	《贵州省开展"打击欺诈骗保 维护基金安全"集中宣传月活动实施方案》(黔医保发〔2019〕17 号)
	2019.6.6	《贵州省欺诈骗取医疗保障基金行为举报奖励实施细则(试行)》(黔医保发〔2019〕30 号)
云南省	2019.4.26	《云南省欺诈骗取医疗保障基金行为举报奖励实施细则(试行)》(云医保〔2019〕45 号)
	2020.12.17	《推进医疗保障基金监管制度体系改革重点任务清单》(云政办发〔2020〕66 号)
西藏自治区	2019.7.22	《西藏自治区欺诈骗取医疗保障基金行为举报奖励办法实施细则(试行)》(藏医保〔2019〕136 号)

续表

省份	成文时间	文件名称
陕西省	2019.4.2	《陕西省医疗保障局 关于开展"打击欺诈骗保　维护基金安全"集中宣传月活动的通知》(陕医保发〔2019〕3 号)
	2019.4.2	《陕西省欺诈骗取医疗保障基金举报奖励实施细则》(陕医保发〔2019〕4 号)
	2019.4.2	《陕西省开展打击欺诈骗取医疗保障　基金专项治理行动方案的通知》(陕医保发〔2019〕6 号)
甘肃省	2019.4.22	《甘肃省欺诈骗取医疗保障基金行为举报奖励实施办法(暂行)》(甘医保发〔2019〕35 号)
	2020.3.23	《甘肃省医疗保障局关于做好 2020 年全省医疗保障基金监管工作的通知》(甘医保函〔2020〕63 号)
	2020.3.26	《关于开展 2020 年"打击欺诈骗保　维护基金安全"集中宣传月活动的通知》(甘医保函〔2020〕69 号)
	2020.4.10	《甘肃省医疗保障基金社会监督员管理办法》(甘医保函〔2020〕79 号)
	2020.7.14	《关于做好医保定点医疗机构规范使用医保基金行为专项治理工作的通知》(甘医保函〔2020〕133 号)
	2020.9.10	《甘肃省医疗保障基金监督检查管理规定》(甘医保发〔2020〕72 号)
青海省	2019.2.13	《青海省欺诈骗取医疗保障基金行为举报奖励暂行办法》(青医保发〔2019〕10 号)
宁夏回族自治区	2020.7.9	《宁夏回族自治区欺诈骗取医疗保障基金行为处理暂行规定》(宁医保规发〔2020〕1 号)
新疆维吾尔自治区	2019.4.25	《新疆维吾尔自治区打击欺诈骗取医疗保障基金行为举报奖励暂行办法》(新医保〔2019〕53 号)
	2020.4.13	《自治区医疗保障局关于做好 2020 年医疗保障基金监管工作的通知》(新医保〔2020〕17 号)
	2020.4.13	《关于开展 2020 年打击欺诈骗保维护基金安全集中宣传月活动的通知》
	2020.6.4	《关于 2020 年打击欺诈骗保专项治理工作方案情况的通报》(新医保办〔2020〕14 号)
	2020.9.25	《自治区医疗保障局 2020 年巩固深化打击欺诈骗保专项治理工作方案》(新医保〔2020〕25 号)
	2020.9.25	《新疆维吾尔自治区医保定点医疗机构规范使用医保基金行为专项治理工作方案》(新医保〔2020〕76 号)

资料来源:根据各省(市、区)医保局相关资料整理所得,西藏自治区从西藏自治区人民政府相关资料整理所得。

4.4.2 加强制度建设

各地医保局组建以来,工作高效,密集出台指导性文件(见表 4-5),内容涉及医疗卫生体制改革、药品招标采购、药品目录调整、药品价格管理、慢性病门诊保障制度建设、大病保险、城乡居民基本医保整合、精准扶贫、个人账户改革、定点药店管理、待遇清单、支付方式改革、新冠疫情、"互联网+"医保服务、城镇职工基本医保企业减费等。这些文件的出台有力地推动了医疗保障制度的改革和完善。

表 4-5 各省份医保局出台的指导性文件

深化医药卫生体制改革		
省份	成文时间	文件名称
上海	2020.7.10	《上海市深化医改重点行动计划(2020—2022 年)》(沪卫医改〔2020〕003 号)
江苏	2018.3.28	《江苏省深化医药卫生体制改革规划(2018—2020 年)》(苏政办发〔2018〕28 号)
山东	2019.7.26	《全省深化医改 2019 年下半年重点工作任务》(鲁医改发〔2019〕1 号)
山西	2019.8.7	《山西省深化医药卫生体制改革 2019 年重点工作任务》(晋政办发〔2019〕64 号)
吉林	2019.4.12	《吉林省深化医药卫生体制改革 2019 年重点工作任务》(吉政办发〔2019〕22 号)
安徽	2019.5.16	《2019 年综合医改重点工作及责任分解》(皖医改发〔2019〕1 号)
福建	2019.6.18	《福建省 2019 年深化医药卫生体制改革重点工作任务及分工方案》
江西	2020.9.9	《江西省深化医药卫生体制改革 2020 年下半年重点工作任务》
山东	2018.5.12	《关于进一步深化医药卫生体制改革的意见》(鲁办发〔2018〕18 号)
河南	2019.7.26	《河南省深化医药卫生体制改革 2019 年重点工作任务》(豫医改〔2019〕2 号)
湖北	2020.10.14	《湖北省深化医药卫生体制改革 2020 年下半年重点工作任务的通知》(鄂政办发〔2020〕53 号)

续表

深化医药卫生体制改革		
省份	成文时间	文件名称
湖南	2018.6.15	《湖南省深化医药卫生体制改革规划（2018—2020 年）》（湘医改办发〔2018〕1 号）
广东	2020.9.28	《广东省深化医药卫生体制改革近期重点工作任务的通知》（粤医改办〔2020〕6 号）
广西	2019.8.20	《广西深化医药卫生体制改革 2019 年重点工作任务的通知》（桂政办电〔2019〕192 号）
重庆	2020.9.7	《贯彻落实国务院办公厅深化医药卫生体制改革 2020 年下半年重点工作任务分工的通知》（渝府办发〔2020〕110 号）
四川	2020.8.20	《四川省深化医药卫生体制改革 2020 年下半年重点工作任务》（川办发〔2020〕53 号）
贵州	2020.9.11	《贵州省深化医药卫生体制改革 2020 年下半年重点工作任务的通知》（黔医改发〔2020〕1 号）
云南	2020.5.22	《云南省深化医药卫生体制改革 2020 年重点工作任务的通知》（云政办发〔2020〕30 号）
甘肃	2020.9.20	《甘肃省深化医药卫生体制改革 2020 年下半年重点工作任务及分工的通知》（甘政办发〔2020〕92 号）
青海	2019.2.25	《青海省 2019 年综合医改重点工作任务安排》（青医改〔2019〕1 号）
宁夏	2020.9.7	《宁夏回族自治区深化医药卫生体制改革 2020 年下半年重点工作任务及责任分工》（宁政办发〔2020〕35 号）
药品招标采购		
省份	成文时间	文件名称
北京	2019.9.5	《关于药品阳光采购实行动态调整机制等有关问题的通知》（京医保发〔2019〕21 号）
北京	2020.4.14	《北京市落实第二批国家组织药品集中采购和使用工作实施方案》（京医保发〔2020〕15 号）
天津	2019.3.9	《关于做好 4+7 试点市药品集中采购未中选品种采购和支付信息调整工作的通知》（津医保局发〔2019〕6 号）
河北	2020.12.23	《关于建立医药价格和招采信用评价制度的实施意见》（冀医保发〔2020〕8 号）

续表

药品招标采购		
省份	成文时间	文件名称
山西	2019.10.17	《山西省推进药品耗材集中带量采购和使用工作实施方案的通知》（晋政办发〔2019〕84号）
内蒙古	2019.6.3	《关于做好内蒙古自治区药品和医用耗材采购管理工作的通知》（内医保办发〔2019〕41号）
	2019.11.5	《内蒙古自治区落实国家组织药品集中采购和使用试点扩围工作实施方案》（内医保发〔2019〕12号）
	2020.7.27	《内蒙古自治区药械集中采购结算业务规程的补充通知》（内医保办字〔2020〕61号）
吉林	2019.11.5	《关于做好国家组织药品集中采购和使用试点扩大区域范围的实施意见》（吉医保联〔2019〕23号）
黑龙江	2019.6.10	《关于进一步做好药品和医用耗材集中采购工作的通知》（黑医保发〔2019〕34号）
	2019.11.25	《黑龙江省落实国家组织药品集中采购和使用试点扩大区域范围实施方案》（黑药采领发〔2019〕1号）
	2019.12.2	《落实国家组织药品集中采购和使用试点扩大区域范围配套措施的通知》（黑医保发〔2019〕64号）
	2020.4.9	《黑龙江省推进药品和医用耗材集中带量采购和使用工作实施方案》（黑药采领发〔2020〕1号）
	2020.7.13	《黑龙江省药品和医用耗材集中采购及价格监督检查办法（试行）》（黑医保规〔2020〕1号）
上海	2019.1.17	《关于调整部分药品纳入本市医保支付后协议采购价的通知》（沪药事药品〔2019〕7号）
	2019.3.5	《关于国家组织药品集中采购本市部分高价协议药品价格调整的通知》（沪药事药品〔2019〕16号）
	2019.11.15	《关于继续做好本市医保药品带量采购有关工作的通知》（沪医保价采〔2019〕93号）
	2020.11.3	《关于本市做好第三批国家组织药品集中采购和使用有关工作的通知》（沪医保价采〔2020〕102号）
	2020.11.20	《关于本市做好高值医用耗材（人工晶体类）集中采购和使用试点有关工作的通知》（沪医保价采〔2020〕105号）

续表

药品控标采购		
省份	成文时间	文件名称
江苏	2019.7.19	《关于推进医用耗材阳光采购的实施意见（试行）》（苏医保发〔2019〕55号）
	2020.7.9	《关于做好医用耗材备案采购工作的通知》（苏医保发〔2020〕60号）
	2020.11.19	《江苏省药品集中带量采购实施方案》（苏医保发〔2020〕105号）
	2020.12.29	《关于做好国家组织冠脉支架带量采购结果执行工作的通知》（苏医保函〔2020〕279号）
浙江	2020.3.27	《江苏省医用耗材阳光采购实施细则（试行）》（苏医保发〔2020〕22号）
	2019.12.13	《浙江省落实国家组织药品集中采购和使用试点扩大区域范围工作实施方案的通知》（浙医保联发〔2019〕22号）
	2020.8.3	《浙江省公立医疗机构部分医用耗材带量采购工作方案的通知》（浙医保发〔2020〕17号）
海南	2019.11.23	《海南省以医保支付结算价为基础的药品（药用耗材）限价阳光采购规则（试行）》（琼医保规〔2019〕2号）
西藏	2020.3.17	《2020年西藏自治区医疗保障局关于做好药品集中采购目录开放及动态调整相关事宜的通知》（藏医保办〔2020〕14号）

药品管理		
省份	成文时间	文件名称
天津	2020.1.11	《关于做好2019年国家医保谈判药品落地工作的通知》（津医保局发〔2020〕1号）
河北	2019.3.8	《河北省医疗保障定点零售药店协议管理办法（试行）》（冀医保规〔2019〕2号）
内蒙古	2019.5.13	《关于开展内蒙古自治区基本医疗保险药品支付标准试点工作的通知》（内医保办发〔2019〕37号）
黑龙江	2019.12.25	《黑龙江省基本医疗保险、工伤保险和生育保险药品目录》（黑医保发〔2019〕66号）
	2020.5.7	《关于进一步加强药品价格管理工作的通知》（黑医保发〔2020〕41号）
	2020.7.13	《黑龙江省药品集中采购价格联动实施方案》（黑药采领发〔2020〕2号）

续表

药品管理		
省份	成文时间	文件名称
江苏	2019.7.8	《关于做好药品集中采购省级入围企业和产品信息变更管理工作的通知》(苏医保发〔2019〕51 号)
	2020.4.10	《关于进一步做好 2019 年江苏省药品集中采购目录药品价格动态调整工作的通知》(苏医保发〔2020〕27 号)
北京	2019.12.23	《关于调整本市基本医疗保险、工伤保险和生育保险药品报销范围有关问题的通知》(京医保发〔2019〕28 号)
上海	2019.12.30	《上海市基本医疗保险、工伤保险和生育保险药品目录(2019 年版)》(沪医保医管〔2019〕110 号)

医保支付方式改革		
省份	成文时间	文件名称
北京	2020.12.29	《北京市医疗保障局关于调整冠脉支架报销标准及开展 CHS-DRG 冠脉支架置入病组付费有关问题的通知》(京医保发〔2020〕38)
天津	2019.6.18	《天津市基本医疗保险付费总额管理办法(试行)的通知》(津医保发〔2019〕19 号)
	2019.7.25	《关于将职工大额医疗费救助资金支付纳入医疗保险付费总额管理有关问题的通知》(津医保局发〔2019〕26 号)
	2019.12.31	《关于进一步扩大基本医疗保险按病种付费和收费实施范围的通知》(津医保局发〔2019〕76 号)
	2020.1.3	《关于扩大丙肝和肾透析按人头付费试点范围有关工作的通知》(津医保办发〔2019〕58 号)
	2020.4.22	《关于新冠肺炎疫情防控期间做好医保支付方式改革有关工作的通知》(津医保办发〔2020〕25 号)
河北	2020.12.30	《关于进一步推进河北省基本医疗保险支付方式改革的实施意见》(冀医保发〔2020〕9 号)
内蒙古	2019.6.21	《内蒙古自治区按疾病诊断相关分组(DRG)付费试点工作方案的通知》(内医保发〔2019〕7 号)
辽宁	2020.6.29	《关于切实做好 2020 年医保支付方式改革重点任务的通知》(辽医保〔2020〕56 号)

续表

医保支付方式改革		
省份	成文时间	文件名称
吉林	2019.2.1	《关于开展肝移植按病种付费试点工作的通知》(吉医保办〔2019〕3号)
	2019.10.31	《关于统一城乡居民42种重大疾病医疗保险支付政策的通知》(吉医保联〔2019〕22号)
	2020.11.19	《关于将农村贫困人口5种专项救治大病纳入我省按病种收付费范围的通知》(吉医保发〔2020〕68号)
浙江	2020.3.28	《关于开展基本医疗保险丙型肝炎(抗病毒治疗)门诊医疗费用按病种支付的通知》(浙医保联发〔2019〕3号)
	2019.7.10	《关于推进全省县域医共体基本医疗保险支付方式改革的意见》(浙医保联发〔2019〕12号)
	2019.11.12	《浙江省基本医疗保险住院费用DRGs点数付费暂行办法》(浙医保联发〔2019〕21号)
	2020.4.30	《浙江省省级及杭州市基本医疗保险住院费用DRGs点数付费实施细则(试行)》(浙医保联发〔2020〕11号)
安徽	2019.11.6	《安徽省基本医疗保险按病种分组付费指导方案(试行)的通知》(皖医保发〔2019〕37号)
	2019.11.13	《安徽省基本医疗保险按病种分组付费病种及医保支付标准(第一批)的通知》(皖医保发〔2019〕41号)
福建	2019.11.8	《关于省属公立医院第四批按病种收付费有关问题的通知》(闽医保〔2019〕91号)
	2019.12.31	《关于开展按疾病诊断相关分组收付费改革试点的通知》(闽医保〔2019〕117号)
	2020.12.25	《关于调整疾病诊断相关分组收付费标准有关问题通知》(闽医保〔2020〕91号)
山东	2019.12.27	《关于重新公布驻济省(部)属公立医疗机构按病种收费有关问题的通知》(鲁医保发〔2019〕106号)
湖南	2019.12.23	《关于完善和扩大按病种收付费的通知》(湘医保发〔2019〕37号)
广西	2020.11.9	《广西基本医疗保险住院医疗费用DRG付费暂行办法》(桂医保规〔2020〕3号)
云南	2019.4.2	《开展县域内城乡居民医疗保障资金按人头打包付费试点工作的指导意见》(云医保〔2019〕35号)

续表

医保支付方式改革		
省份	成文时间	文件名称
青海	2020.7.17	《青海省医疗保险总额付费管理暂行办法》（青医保局发〔2020〕103 号）

市级统筹		
省份	成文时间	文件名称
黑龙江	2019.9.27	《关于进一步巩固完善基本医疗保障市级统筹工作的指导意见》（黑医保发〔2019〕56 号）
江苏	2019.12.26	《关于做好基本医疗保险和生育保险市级统筹经办工作的指导意见》（苏医保发〔2019〕125 号）
江西	2020.5.15	《关于推进医疗保险基金市级统收统支工作意见的通知》（赣府厅字〔2020〕38 号）
江西	2020.6.8	《关于做好医疗保险基金市级统收统支工作的通知》（赣医保发〔2020〕10 号）
湖南	2019.12.31	《关于全面实行基本医疗保险和生育保险市级统筹的实施意见》（湘医保发〔2020〕43 号）
甘肃	2019.5.13	《甘肃省城乡居民基本医疗保险市级统筹实施意见》（甘医保发〔2019〕46 号）

慢性病门诊统筹		
省份	成文时间	文件名称
北京	2020.9.10	《北京市医疗保障局关于将重性精神病门诊治疗等纳入本市基本医疗保险门诊特殊疾病范围的通知》（京医保发〔2020〕25 号）
天津	2019.8.3	《关于明确门诊特定疾病待遇资格鉴定管理有关问题的通知》（津医保局发〔2019〕27 号）
天津	2020.1.1	《关于完善城乡居民高血压糖尿病门诊用药保障机制的实施方案》（津医保局发〔2019〕69 号）
天津	2020.11.25	《关于完善严重精神障碍患者门诊医疗保障机制的通知》（津医保局发〔2020〕86 号）
河北	2020.8.31	《关于进一步完善省本级医疗保险门诊 慢性（或特殊）病认定有关事项的通知》（冀医保规〔2020〕7 号）
河北	2020.12.28	《关于调整省本级基本医疗保险门诊特殊疾病有关政策的通知》（冀医保规〔2020〕9 号）

续表

慢性病门诊统筹		
省份	成文时间	文件名称
内蒙古	2019.10.29	《内蒙古自治区完善城乡居民高血压糖尿病门诊用药保障机制实施方案》（内医保发〔2019〕9号）
辽宁	2019.10.28	《关于做好辽宁省城乡居民高血压糖尿病门诊用药保障工作的通知》（辽医保发〔2019〕17号）
吉林	2019.11.27	《关于做好城乡居民高血压糖尿病门诊用药保障工作的通知》（吉医保联〔2019〕27号）
	2020.3.17	《关于进一步明确我省城乡居民"两病"门诊用药医保支付相关政策的通知》（吉医保发〔2020〕19号）
黑龙江	2019.8.27	《关于进一步规范全省基本医疗保险门诊慢性病管理的通知》（黑医保发〔2019〕50号）
	2019.11.22	《关于完善城乡居民高血压糖尿病门诊用药保障机制的实施意见》（黑医保发〔2019〕59号）
	2020.3.3	《关于切实做好门诊慢性病和特殊治疗医疗保障服务工作的通知》（黑医保发〔2020〕14号）
	2020.12.15	《关于进一步加强基层医疗机构门诊统筹管理的通知》（黑医保发〔2020〕65号）
上海	2019.11.14	《关于做好本市城乡居民高血压糖尿病门诊用药保障工作的通知》（沪医保待〔2019〕94号）
江苏	2019.11.11	《江苏省完善城乡居民高血压糖尿病门诊用药保障机制的实施方案（试行）》（苏医保发〔2019〕97号）
浙江	2019.5.17	《关于建立健全城乡居民医保慢性病门诊保障制度的指导意见》（浙医保联发〔2019〕7号）
安徽	2019.12.11	《关于进一步完善安徽省直职工基本医疗保险门诊特殊疾病管理的通知》
	2020.1.31	《关于做好疫情防控期间医保门诊慢性病等服务管理工作的通知》（皖医保秘〔2020〕13号）
福建	2019.10.18	《关于完善城乡居民高血压糖尿病门诊用药保障机制的实施意见》（闽医保〔2019〕79号）
	2020.3.30	《福建省基本医疗保险家庭共济账户使用管理办法（试行）的通知》（闽医保〔2020〕29号）
江西	2019.10.28	《关于完善我省城乡居民高血压糖尿病门诊用药保障机制工作的实施意见》（赣医保发〔2019〕16号）

慢性病门诊统筹		
省份	成文时间	文件名称
山东	2019. 8. 5	《关于进一步规范省直基本医疗保险门诊慢性病申报及鉴定流程的通知》
河南	2019. 11. 29	《关于完善城乡居民基本医疗保险门诊统筹制度的指导意见》(豫医保〔2019〕12 号)
	2020. 3. 17	《关于规范完善我省重特大疾病医疗保障门诊特定药品使用管理工作的通知》(豫医保〔2020〕2 号)
湖北	2019. 11. 19	《关于完善城乡居民高血压糖尿病门诊用药保障机制的实施意见》(鄂医保发〔2019〕69 号)
湖南	2019. 11. 26	《关于做好城乡居民高血压糖尿病门诊用药保障工作的实施意见》(湘医保发〔2019〕34 号)
	2019. 8. 26	《关于进一步完善城乡居民基本医疗保险门诊医疗保障政策的通知》(湘医保发〔2019〕20 号)
广东	2020. 10. 22	《广东省基本医疗保险门诊特定病种管理办法》(粤医保规〔2020〕4 号)
	2020. 12. 31	《关于广东省基本医疗保险门诊特定病种准入标准(试行)的通知》(粤医保函〔2020〕483 号)
广西	2019. 10. 21	《关于完善广西城乡居民高血压糖尿病门诊用药保障机制的通知》(桂医保发〔2019〕47 号)
	2020. 6. 30	《广西基本医疗保险门诊特殊慢性病药品目录的通知》(桂医保发〔2020〕44 号)
海南	2019. 11. 30	《关于将高血压糖尿病门诊用药纳入城乡居民基本医疗保险保障的通知》(琼医保规〔2019〕4 号)
重庆	2019. 10. 30	《关于完善城乡居民高血压糖尿病门诊用药保障机制的通知》(渝医保发〔2019〕71 号)
	2020. 11. 20	《关于调整基本医疗保险"精神类"门诊特殊疾病等有关事宜的通知》(渝医保发〔2020〕68 号)
	2020. 11. 27	《重庆市城乡居民基本医疗保险普通门诊统筹办法》(渝医保发〔2020〕71 号)
	2019. 10. 30	《关于制定城乡居民高血压糖尿病门诊用药医保支付标准的通知》(渝医保办〔2019〕38 号)
四川	2019. 10. 29	《关于完善城乡居民高血压糖尿病门诊用药保障机制的实施意见》(川医保规〔2019〕1 号)

续表

慢性病门诊统筹		
省份	成文时间	文件名称
贵州	2019.11.4	《关于完善城乡居民高血压糖尿病门诊用药保障机制的实施意见》(黔医保发〔2019〕54号)
云南	2020.12.11	《关于调整全省基本医疗保险部分门诊特殊病慢性病用药范围的通知》(云医保〔2020〕140号)
陕西	2019.7.15	《关于规范门诊特殊疾病管理有关问题的通知》(陕医保函〔2019〕154号)
甘肃	2019.11.13	《关于完善城乡居民高血压糖尿病门诊用药保障机制的实施意见》
青海	2020.7.14	《关于规范门诊特殊病慢性病用药范围的通知》(青医保局发〔2020〕9号)
	2020.10.19	《关于进一步完善基本医疗保险门诊特殊病慢性病政策的通知》(青医保局发〔2020〕164号)
新疆	2019.12.31	《新疆维吾尔自治区城乡居民高血压糖尿病门诊用药保障工作经办规程》(新医保办〔2019〕32号)
	2020.8.28	《关于规范自治区本级基本医疗保险门诊特殊慢性病鉴定工作的通知》
异地就医		
省份	成文时间	文件名称
天津	2019.3.20	《天津市基本医疗保险异地就医住院医疗费用直接结算资金管理经办规程的通知》(津医保局发〔2019〕8号)
	2020.9.10	《关于进一步扩大京津冀跨省异地就医门诊医疗费用直接结算试点范围有关工作的通知》(津医保局发〔2020〕71号)
	2020.12.25	《关于完善本市异地就医有关工作的通知》(津医保局发〔2020〕98号)
内蒙古	2019.8.15	《关于简化异地就医转诊转院备案的通知》(内医保办发〔2019〕51号)
	2020.5.28	《关于进一步做好2020年全区异地就医备案的通知》(内医保办字〔2020〕40)

异地就医		
省份	**成文时间**	**文件名称**
辽宁	2020.8.19	《辽宁省医疗保险异地就医结算管理办法》（辽医保发〔2020〕9号）
	2020.8.26	《辽宁省医疗保险异地就医结算经办规程的通知》（辽医保发〔2020〕10号）
吉林	2019.9.18	《优化异地就医十六条具体举措》（吉医保发〔2019〕34号）
黑龙江	2019.6.10	《关于进一步规范和优化异地就医相关业务经办规程的通知》
	2020.4.1	《关于开展黑龙江省大学生"两城一家"异地就医直接结算工作的通知》（黑医保发〔2020〕30号）
江苏	2019.6.17	《关于切实做好2019年跨省异地就医住院费用直接结算工作的通知》（苏医保发〔2019〕43号）
	2019.8.29	《江苏省异地就医经办服务规程》（苏医保规〔2019〕1号）
	2019.10.31	《关于进一步规范参保人员异地就医相关待遇标准的通知》（苏医保发〔2019〕92号）
安徽	2019.8.14	《关于做好异地就医门诊费用直接结算工作的通知》
重庆	2020.9.7	《关于医疗救助跨省异地就医有关问题的通知》（渝医保发〔2020〕56号）
	2020.12.28	《关于开展门诊慢特病跨省异地就医费用直接结算试点的通知》（渝医保发〔2020〕81号）
四川	2019.7.12	《四川省医疗保险异地就医管理办法》（川医保发〔2019〕16号）
陕西	2019.7.17	《关于规范西安地区异地就医结算经办管理有关问题的通知》（陕医保发〔2019〕12号）
	2020.1.19	《关于进一步做好异地就医住院费用直接结算有关工作的通知》（陕医保函〔2019〕187号）
新疆	2020.4.3	《自治区异地就医直接结算预付金管理和费用清算办法》（新医保〔2020〕30号）

续表

医疗服务价格机制改革		
省份	成文时间	文件名称
北京	2019.5.14	《关于规范调整手术等医疗服务价格项目的通知》（京医保发〔2019〕9号）
	2019.6.10	《关于调整基本医疗保险住院最高支付限额等有关问题的通知》（京医保发〔2019〕14号）
	2019.7.24	《关于规范调整部分医疗服务价格项目的通知》（京医保发〔2019〕19号）
内蒙古	2019.10.25	《关于全面推进〈内蒙古自治区医疗服务项目规范和价格（2018修订版）〉实施工作的通知》（内医保发〔2019〕10号）
辽宁	2019.12.27	《关于制定辽宁省公立医疗机构医疗服务项目最高限价及有关问题的通知》（辽医保发〔2019〕28号）
吉林	2019.6.3	《关于明确吉林省公立医疗机构新增医疗服务价格项目管理有关问题的通知》（吉医保联〔2019〕3号）
浙江	2019.7.1	《浙江省省级公立医院医疗服务价格改革方案》（浙医保联发〔2019〕8号）
山东	2020.12.25	《关于重新公布部分医疗服务项目价格的通知》（鲁医保发〔2020〕78号）
广西	2020.3.12	《关于调整我区公立医疗机构部分医疗服务项目价格的通知》

生育保险和职工医保合并		
省份	成文时间	文件名称
北京	2019.12.25	《北京市生育保险和职工基本医疗保险合并实施意见》（京医保发〔2019〕30号）
天津	2019.10.9	《关于进一步做好职工生育保险和职工基本医疗保险合并实施后基金征缴有关工作的通知》（津医保局发〔2019〕38号）
山西	2019.6.13	《关于做好生育保险和职工基本医疗保险合并实施工作的通知》（晋政办发〔2019〕46号）
内蒙古	2020.5.21	《内蒙古自治区本级生育保险和职工基本医疗保险合并实施细则》（内医保发〔2019〕14号）
吉林	2019.10.30	《吉林省生育保险和职工基本医疗保险合并实施意见》（吉医保联〔2019〕18号）

生育保险和职工医保合并		
省份	成文时间	文件名称
黑龙江	2019.7.17	《关于全面推进生育保险和职工基本医疗保险合并实施的意见》（黑医保发〔2019〕38 号）
	2019.10.23	《省直机关事业单位生育保险和职工基本医疗保险合并实施方案》
上海	2019.11.11	《关于本市落实生育保险和职工基本医疗保险合并实施有关事项的通知》（沪医保规〔2019〕8 号）
江苏	2019.12.26	《关于做好基本医疗保险和生育保险市级统筹经办工作的指导意见》（苏医保发〔2019〕125 号）
浙江	2019.9.11	《关于全面推进生育保险和职工基本医疗保险合并实施方案》（浙医保联发〔2019〕19 号）
安徽	2019.12.18	《安徽省直生育保险和职工基本医疗保险合并实施工作方案》（皖医保发〔2019〕51 号）
福建	2019.11.29	《福建省全面推进生育保险与职工基本医疗保险合并实施工作方案》（闽医保〔2019〕101 号）
江西	2019.11.15	《江西省生育保险和职工基本医疗保险合并实施办法的通知》（赣府厅字〔2019〕94 号）
河南	2019.11.18	《关于全面推进生育保险和职工基本医疗保险合并实施有关工作的通知》（豫医保〔2019〕10 号）
湖北	2019.8.1	《湖北省全面推进生育保险和职工基本医疗保险合并实施意见》（鄂医保发〔2019〕42 号）
湖南	2019.6.11	《关于全面推进生育保险和职工基本医疗保险合并实施的意见》（湘医保发〔2019〕9 号）
广西	2019.7.19	《广西壮族自治区生育保险和职工基本医疗保险合并实施方案的通知》（桂医保发〔2019〕28 号）
海南	2019.9.19	《海南省推进生育保险和职工基本医疗保险合并实施方案》
重庆	2019.12.26	《全面推进生育保险和职工基本医疗保险合并实施方案》（渝医保发〔2019〕89 号）
四川	2019.12.4	《关于全面推进生育保险和职工基本医疗保险合并实施的指导意见》（川医保规〔2019〕4 号）
贵州	2019.9.12	《关于贵州省全面推进生育保险和职工基本医疗保险合并实施的意见》（黔医保发〔2019〕49 号）

生育保险和职工医保合并		
省份	成文时间	文件名称
云南	2019.7.22	《云南省全面推进生育保险和职工基本医疗保险合并实施工作方案的通知》（云医保〔2019〕77号）
陕西	2020.1.18	《陕西省生育保险和职工基本医疗保险合并实施方案》（陕医保发〔2019〕11号）
甘肃	2019.11.7	《关于生育保险和职工基本医疗保险合并实施的意见》（宁政办规发〔2019〕9号）

新冠疫情		
省份	成文时间	文件名称
北京	2020.1.23	《关于做好新型冠状病毒感染的肺炎疫情医疗保障的通知》（京医保发〔2020〕1号）
	2020.1.29	《关于做好新型冠状病毒感染的肺炎疫情医疗保障工作的补充通知》（京医保发〔2020〕2号）
天津	2020.1.24	《关于新型冠状病毒感染的肺炎医疗保障有关措施的通知》（津医保局发〔2020〕3号）
	2020.1.28	《关于进一步做好新型冠状病毒感染的肺炎疫情防控期间门诊处方报销工作的通知》（津医保局发〔2020〕5号）
	2020.2.14	《关于新冠肺炎疫情防控期间社会保险缴费和享受待遇有关问题的通知》（津人社办发〔2020〕25号）
内蒙古	2020.2.14	《关于进一步做好新型冠状病毒感染的肺炎疫情防控期间医保经办工作的补充通知》
辽宁	2020.1.23	《关于做好辽宁省新型冠状病毒感染的肺炎疫情医疗保障工作的紧急通知》（辽医保明电〔2020〕3号）
	2020.2.4	《关于做好新型冠状病毒感染的肺炎疫情防控期间医疗保障经办服务工作的通知》（辽医保明电〔2020〕5号）
吉林	2020.6.12	《关于将新型冠状病毒核酸检测项目纳入我省基本医保支付范围的通知》（吉医保发〔2020〕35号）
黑龙江	2020.1.25	《关于进一步做好新型冠状病毒感染的肺炎疫情医疗保障工作的通知》（黑医保发〔2020〕4号）
	2020.2.9	《关于进一步明确新型冠状病毒疫情救治医疗保障有关问题的通知》（黑医保发〔2020〕7号）

续表

新冠疫情		
省份	成文时间	文件名称
江苏	2020.1.28	《关于做好新型冠状病毒感染的肺炎疫情医疗保障工作的补充通知》（苏医保电传〔2020〕4 号）
	2020.2.6	《关于做好新型冠状病毒感染的肺炎疫情防控期间药品（医用耗材）采购工作的通知》（苏医保发〔2020〕6 号）
浙江	2020.12.10	《关于制定及调整新型冠状病毒相关检测项目价格的通知》（浙医保联发〔2020〕26 号）
安徽	2020.2.4	《新型冠状病毒感染的肺炎治疗药品供应保障工作方案》（皖医保秘〔2020〕16 号）
	2020.3.2	《关于进一步明确新冠肺炎医疗保障有关事项的通知》（皖医保秘〔2020〕22 号）
江西	2020.1.23	《关于做好新型冠状病毒感染的肺炎疫情医疗保障工作的通知》（赣医保电〔2020〕2 号）
河南	2020.2.4	《关于优化医疗保障经办服务推动新型冠状病毒感染的肺炎疫情防控工作的通知》
广东	2020.2.7	《关于进一步做好新型冠状病毒感染的肺炎防控医疗保障工作的通知》（粤医保发〔2020〕7 号）
重庆	2020.1.28	《关于做好新型冠状病毒感染的肺炎疫情医疗保障工作的补充通知》（渝医保发〔2020〕5 号）
四川	2020.2.3	《关于进一步做好应对新型冠状病毒感染肺炎疫情医疗保障工作的通知》（川医保发〔2020〕2 号）
云南	2020.1.28	《关于进一步做好新型冠状病毒感染的肺炎疫情医疗保障工作的补充通知》（云医保〔2020〕10 号）
"互联网+"医保		
省份	成文时间	文件名称
北京	2020.2.18	《关于制定互联网复诊项目价格和医保支付政策的通知》（京医保发〔2020〕7 号）
	2020.2.29	《关于开展"互联网+"医保服务的通知》（京医保发〔2020〕8 号）
天津	2020.2.20	《关于在新冠肺炎疫情防控期间支持定点医疗机构开展互联网诊疗服务的通知》（津医保办发〔2020〕10 号）
	2020.2.18	《关于规范"互联网+"医疗服务价格和医保支付政策的通知》（津医保发〔2020〕12 号）

"互联网+"医保		
省份	成文时间	文件名称
内蒙古	2020.11.9	《关于完善"互联网+"医疗服务价格和医保支付政策的实施意见》(内医保办发〔2020〕18号)
吉林	2019.11.28	《关于制定吉林省医疗机构远程会诊医疗服务价格项目的通知》(吉医保联〔2019〕28号)
	2020.12.31	《关于加快落实"互联网+"医疗服务医保支付工作的通知》(吉医保发〔2020〕80号)
黑龙江	2020.2.21	《关于新冠肺炎疫情防控期间开展"互联网+"医疗服务的通知》(黑医保发〔2020〕9号)
江苏	2020.2.18	《关于新冠肺炎疫情防控期间开展"互联网+"部分医疗服务的通知》(苏医保发〔2020〕10号)
浙江	2020.12.31	《关于公布浙江省第一批"互联网+"医疗服务价格项目等有关事项的通知》(浙医保联发〔2020〕30号)
安徽	2020.3.3	《关于完善"互联网+"医疗服务价格和医保支付政策的通知》(皖医保发〔2020〕2号)
福建	2019.7.9	《关于完善"互联网+诊疗服务"收费有关问题的通知》(闽医保〔2019〕53号)
江西	2020.3.26	《关于制定第一批"互联网+"医疗服务项目价格和医保支付政策的通知》(赣医保字〔2020〕11号)
山东	2019.11.20	《关于完善"互联网+"医疗服务价格和医保支付政策的实施意见》(鲁医保发〔2019〕88号)
河南	2019.11.28	《关于完善"互联网+"医疗服务价格和医保支付政策的通知》(豫医保办〔2019〕45号)
湖南	2020.5.12	《关于公布我省第一批"互联网+"医疗服务试行项目的通知》(湘医保发〔2020〕20号)
	2020.8.26	《关于完善"互联网+"医疗服务价格和医保支付政策的实施意见》(湘医保发〔2020〕35号)
重庆	2020.5.9	《关于"互联网+"医疗服务价格和医保支付政策的实施意见》(渝医保发〔2020〕31号)
四川	2019.12.11	《关于完善我省"互联网+"医疗服务价格和医保支付政策的实施意见》(川医保规〔2019〕5号)

续表

城镇职工阶段性减费		
省份	成文时间	文件名称
北京	2020.3.4	《关于阶段性减征职工基本医疗保险单位缴费的通知》（京医保发〔2020〕11 号）
上海	2020.2.8	《关于 2020 年阶段性降低本市职工基本医疗保险缴费费率的通知》（沪医保待〔2020〕11 号）
天津	2020.3.5	《关于阶段性减征职工基本医疗保险费有关问题的通知》（津医保局发〔2020〕18 号）
内蒙古	2020.2.29	《内蒙古自治区阶段性减征职工基本医疗保险费实施方案》（内医保发〔2020〕2 号）
辽宁	2020.3.5	《关于阶段性减征职工基本医疗保险费的通知》（辽医保发〔2020〕2 号）
黑龙江	2020.3.2	《关于阶段性减征职工基本医疗保险费的通知》（黑医保发〔2020〕13 号）
	2020.5.28	《关于职工基本医疗保险延期缴费有关事宜的通知》
上海	2020.3.5	《关于阶段性减征本市企业职工基本医疗保险费的通知》（沪医保规〔2020〕1 号）
江苏	2020.2.14	《关于施行阶段性降低职工基本医疗保险用人单位缴费率有关政策措施的通知》（苏医保发〔2020〕9 号）
安徽	2020.3.6	《关于阶段性减征省直职工基本医疗保险费的通知》（皖医保发〔2020〕1 号）
福建	2020.3.3	《关于阶段性减征职工基本医疗保险费的实施意见》（闽医保〔2020〕13 号）
湖北	2020.3.12	《关于阶段性减征职工基本医疗保险费的通知》（鄂医保发〔2020〕16 号）
湖南	2020.3.6	《关于阶段性减征及缓缴职工基本医疗保险费的实施意见》（湘医保发〔2020〕10 号）
	2020.3.10	《关于省本级参保单位阶段性减征职工基本医疗保险费的通知》（湘医保发〔2020〕11 号）
广东	2020.3.3	《关于进一步明确阶段性减征职工基本医疗保险费有关意见的通知》（粤医保函〔2020〕62 号）
海南	2020.3.5	《海南省阶段性减征城镇从业人员基本医疗保险费实施办法》（琼医保规〔2020〕1 号）
重庆	2020.3.1	《关于阶段性减征职工基本医疗保险费有关事宜的通知》（渝医保发〔2020〕10 号）

续表

城镇职工阶段性减费		
省份	成文时间	文件名称
四川	2020.3.3	《关于阶段性减征职工基本医疗保险费的通知》（川医保规〔2020〕1号）
新疆	2020.3.12	《关于阶段性减征自治区本级职工基本医疗保险费的通知》（新医保函〔2020〕11号）
大病保险		
省份	成文时间	文件名称
北京	2020.5.13	《关于进一步加强城镇职工大病医疗保障的通知》（京医保发〔2020〕20号）
天津	2019.3.1	《关于实施天津市职工大病保险办法有关问题的通知》（津医保局发〔2019〕4号）
	2019.11.24	《关于明确城乡居民大病保险起付标准有关问题的通知》（津医保局发〔2019〕57号）
	2020.3.20	《关于明确2020年度城乡居民大病保险起付标准有关问题的通知》（津医保局发〔2020〕21号）
内蒙古	2020.12.24	《关于做好呼包鄂乌城乡居民大病保险工作的通知》（内医保办字〔2020〕122号）
吉林	2019.6.28	《关于做好吉林省农村贫困人口25种专项救治大病实行按病种付费相关工作的通知》（吉医保发〔2019〕25号）
上海	2019.10.14	《关于进一步完善本市城乡居民大病保险政策的通知》（沪医保规〔2019〕7号）
江苏	2019.11.19	《关于建立和完善统一的城乡居民大病保险制度的指导意见》（苏医保发〔2019〕103号）
安徽	2019.5.21	《安徽省统一城乡居民基本医疗保险和大病保险保障待遇实施细则（试行）》（皖政办〔2019〕14号）
江西	2020.12.2	《关于统一规范职工基本医疗保险和大病保险政策的实施意见》（赣府厅发〔2020〕35号）
河南	2019.9.20	《关于进一步做好困难群众大病补充医疗保险工作的通知》（豫医保〔2019〕5号）
湖南	2019.9.5	《关于调整城乡居民大病保险政策的通知》（湘医保发〔2019〕22号）

续表

大病保险		
省份	成文时间	文件名称
云南	2019.7.18	《关于公布 2019 年省本级城镇职工大病补充医疗保险费筹资标准的通知》(云医保〔2019〕77 号)
	2020.9.25	《关于公布 2020 年省本级城镇职工大病补充医疗保险筹资标准和支付限额的通知》(云医保〔2020〕115 号)

城乡居民基本医保		
省份	成文时间	文件名称
辽宁	2019.7.24	《关于整合城乡居民医疗保险制度的实施意见》(辽政发〔2019〕12 号)
	2020.7.16	《关于做好 2020 年城乡居民基本医疗保障工作的通知》(辽医保发〔2020〕7 号)
吉林	2019.10.31	《进一步推进城乡居民基本医疗保险保障待遇统一的指导意见的通知》(吉医保联〔2019〕21 号)
黑龙江	2019.7.17	《关于做好 2019 年城乡居民基本医疗保障工作的通知》(黑医保发〔2019〕37 号)
	2020.8.28	《关于做好 2020 年城乡居民基本医疗保障工作的通知》(黑医保发〔2020〕56 号)
	2020.11.25	《关于做好 2021 年度城乡居民基本医疗保险参保征收工作的通知》(黑医保发〔2020〕65 号)
上海	2019.11.25	《关于 2020 年本市城乡居民基本医疗保险有关事项的通知》(沪医保规〔2019〕9 号)
	2020.10.29	《关于 2021 年本市城乡居民基本医疗保险有关事项的通知》(沪医保规〔2020〕10 号)
江苏	2019.6.24	《关于做好 2019 年城乡居民基本医疗保障工作的通知》(苏医保发〔2019〕44 号)
浙江	2019.8.15	《2019 年城乡居民基本医疗保障工作实施方案的通知》(浙医保联发〔2019〕15 号)
山东	2019.8.9	《关于做好 2019 年城乡居民基本医疗保障工作的通知》(豫医保办〔2019〕28 号)
湖北	2020.7.22	《关于做好 2020 年城乡居民基本医疗保障工作的通知》(鄂医保发〔2020〕53 号)
广西	2020.12.10	《关于进一步完善广西城乡居民基本医疗保险制度的通知》(桂医保规〔2020〕5 号)

续表

医疗救助		
省份	成文时间	文件名称
北京	2019. 6. 10	《关于调整社会救助对象医疗救助相关标准的通知》(京医保发〔2019〕15 号)
天津	2019. 8. 14	《关于进一步做好职能划转后医疗救助有关工作的通知》(津医保局发〔2019〕29 号)
	2019. 12. 31	《关于完善因病支出型困难家庭医疗救助有关问题的通知》(津医保发〔2019〕73 号)
	2020. 5. 28	《关于做好重特大疾病医疗救助有关工作的通知》(津医保局发〔2020〕47 号)
黑龙江	2020. 6. 9	《关于做好医疗救助工作的指导意见》(黑医保发〔2020〕46 号)
浙江	2019. 7. 11	《关于进一步加强医疗救助工作的指导意见》(浙医保联发〔2019〕10 号)
广西	2019. 10. 15	《关于完善城乡困难群众医疗救助制度的通知》(桂医规〔2019〕3 号)

资料来源:各省(市、区)医保局。

2009 年新医改开始,医疗卫生体制改革工作已经持续了 20 多年了,医保局成立后,加快推进了改革的步伐,各地区将改革的任务分解的更加具体,给出改革时间表,并强调每一阶段的工作重点,可以看出各地的医改规划有长期、有中期,也有短期,工作重点也是更加的清晰具体。

推动药品招采制度改革,继续做好国家组织药品集中采购和使用试点,加强高值医用耗材流通和使用管理,推动医疗服务价格改革,也是医保局近年来的工作重点之一。2018 年 11 月《4+7 城市药品集中采购文件》发布,正式启动实施国家组织药品集中采购试点。2019 年各级医保局积极推动此项工作,并作为工作重点。从各省医保局出台的相关文件来看,药品采购试点已经扩大到了耗材采购,例如山西、内蒙古、黑龙江、上海等。另外北京、江苏、浙江、海南等地区强调强调药品阳光采购,一是建立采购品种和价格的动态调整机制,二是信息公开透明,三是加强药品采购管理和规范药品购销行为。

医疗保障在缓解贫困人口因病致贫、因病返贫方面发挥了重要作用,始终坚持基本保障、明确责任边界的原则,强调要坚持"尽力而为、量力而行"。尽力而为要求基本医保不缺位,保基本保大病,量力而行强调医保不越位,保证制度的可持续性,防止过度保障,避免医保基金的不可持续。2018 年国家医保局、财政部、国务院扶贫办制定出台了《医疗保障扶贫三年行动实施方案(2018—2020 年)》,医疗保障扶贫按照党中央确定的脱贫攻坚目标和扶贫标准,贯彻精准扶贫精准脱贫基本方略。

过去的两年,各地开始探索建立医保目录动态调整机制,发挥医保战略购买者作用,将更多救命救急的好药纳入医保。一直以来,医保目录的调整随意性很强,缺乏调整机制。建立动态调整机制是医保规范化、制度化和法治化的重要举措。医保目录的调整在短时间内可以实现,但是建立医保目录动态调整机制,则需要较长的时间,目前各地正在加强该方面的立法,强化顶层设计。

医保支付方式是控制医疗费用的重要手段,各地医保部门一直以来不断深化医保支付方式改革,并充分借助大数据等手段,促进医疗资源合理配置。医保支付方式改革是医疗保险改革核心,已经持续了很多年,还将长期进行下去。

4.5 未来瞻望

医疗保障治理作为社会治理的一部分,一直以来都备受重视,党的十八届三中全会提出整合城乡居民基本医疗保险制度,建立健全社会保障待遇调整机制,建立更加公平、可持续的社会保障制度①。党的十九大则

---

① 《中共中央关于全面深化改革若干重大问题的决定》,见 http://finance.people.com.cn/n/2013/1115/c1004-23559387.html,2013 年 11 月 15 日。

提出要全面建成覆盖全民、城乡统筹、权责清晰、保障适度、可持续的多层次社会保障体系的发展目标①。党的十九届四中全会从提高医疗保障水平,加快落实异地就医结算制度方面对医疗保障工作做了重要安排②。党和国家之所以高度重视医疗保障工作,是因为医疗保障问题是民生问题,医疗保障事关人民健康和社会稳定,是国家治理和社会治理的重要抓手。

虽然党的十八届三中全会、十九大、十九届四中全会等都对十八大以来推进国家治理体系和治理能力现代化取得的成就给予了高度肯定,但十九大和十九届四中全会也明确指出国家治理体系和治理能力仍有待加强。医疗保障治理作为社会治理的重要组成部分,虽然在推进医保治理体系和治理能力现代化方面取得了一定成就,但仍然存在一定的问题,未来继续深化医疗保障改革,完善医疗保障体系,需要注意以下几点。

4.5.1　正确处理好医保治理中政府与市场的关系

解决医疗保障领域中的不平衡、不充分,需要引入多方主体参与,实现医疗保障的共建共治共享,发挥市场和政府在医疗保障发展中的作用。政府和市场之间的关系主要体现在政府和市场在资源配置中的作用。党的十八届三中全会提出要发挥市场配置资源的决定性作用,更好发挥政府作用。市场配置资源的决定性作用同样适用于医疗保障领域,特别是在医疗服务供求,医疗服务价格等方面。

未来应当兼顾发挥政府和市场在医疗保障中的作用,继续坚持第三方付费制度,发挥医保基金的谈判功能,深化医疗服务供给侧改革。医保基金向医疗服务供方购买医疗服务其实就是发挥市场在资源配置中的决定性作用,2020 年《关于深化医疗保障体制改革的意见》中"发挥市场配置资源的决定性作用,更好发挥政府作用"明确强调了这一点,深化医疗

---

① 习近平:《决胜全面建成小康社会　夺取新时代中国特色社会主义伟大胜利——在中国共产党第十九次全国代表大会上的报告》,见 http://www.gov.cn/zhuanti/2017-10/27/content_5234876.htm,2017 年 10 月 27 日。

② 《中共中央关于坚持和完善中国特色社会主义制度、推进国家治理体系和治理能力现代化若干重大问题的决定》,见 http://www.xinhuanet.com/politics/2019-11/05/c_1125195786.htm,2019 年 11 月 5 日。

服务供给侧改革就是要发挥医保基金作为最大买家的谈判优势,实行药品、医用耗材集中带量采购,降低药品、医用耗材价格,使医疗服务价格市场化,把医疗保障事业的制度优势转化为治理效能。[①] 通过药品、医用耗材集中带量采购可以推进医保基金与医药企业直接结算,完善医保支付标准与集中采购价格协同机制,进一步体现了市场在医疗资源配置中的决定性作用。

4.5.2　完善医保基金监管机制及体制

确保医保基金安全是基本医保制度稳健持续发展的保证,也是医保治理的关键环节。而加强基金监管和打击欺诈骗保是确保医保基金安全的重要手段,也是医保治理的重要组成部分。要实现基金的有效监管,未来需要改革和完善医保基金监管体制,在继续加强内控机构建设的基础上引入其他行政部门监管,实施跨部门协同监管,同时积极引入社会力量,通过引入第三方监管力量,强化医保基金监管。

这也是《意见》中对今后加强医保基金监管提出的要求,这种方法改变了过去一个机构监管的做法,形成了内控机构、其他行政部门、社会力量三方监管的机制,更有利于增强监管效果。未来可探索建立信用惩戒机制,通过惩戒机制的威慑来减少欺诈骗保行为,可探索建立医疗保障信用体系,在建立信用体系过程中要注意构建多部门联合信用体系。只有多部门联合信用体系建立,信用惩戒机制的震慑作用才能更好发挥,而在多部门联合信用体系的构建中,信息的互联互通至关重要,只有信息互联互通,多部门联合信用体系才能建立起来。同时,要制定完善医保基金监管相关法律法规,规范监管权限、程序、处罚标准等,推进有法可依、依法行政。

4.5.3　推进医疗保障治理法治化

法治化建设是医保治理体系和治理能力现代化的重要保障。无论是

---

① 胡静林:《全面深化医疗保障制度改革　努力把制度优势转化为治理效能》,《旗帜》2020 年第 4 期。

基本医保政策的定型统一,还是多主体参与形成共建共治共享的多层次
医疗保障体系,还是保证医保基金安全而进行的多方监管及打击欺诈骗
保专项行动皆需法律做支撑,只有健全法律法规,才能有法可依和依法行
政。医疗保障体系的更加成熟,最终都要落脚到法治化上面来。正确处
理政府与市场之间的关系也需要通过法律法规来明确边界,约束各方行
为。《意见》中提出加强医疗保障领域立法工作,加快形成与医疗保障改
革相衔接、有利于制度定型完善的法律法规体系就是为了给予医保治理
体系和治理能力现代化以法制保障。① 同时,医保领域的法治化建设也
是对党的十八届三中全会、十九大、十九届四中全会等提出的依法治国要
求的贯彻与落实,未来出台《医疗保障法》已是势在必行。

---

① 中共中央、国务院:《关于深化医疗保障制度改革的意见》,见 http://www.gov.cn/
zhengce/2020-03/05/content_5487407.htm? gc▼,2020 年 3 月 5 日。

5

推动失业保险、工伤保险省级统筹研究

社会保险领域的统筹层次是指统一筹集、管理和使用社会保险基金并自我平衡的单位所处层次，统筹层次是社会化水平的标志。统筹层次越高，社会保险基金抗风险能力越强。由于受到行政区划和财政管理体系的影响，我国社会保险制度建设中形成了不同的统筹层次，通常是依据行政区划界定统筹范围，依据行政层次界定统筹层次。作为社会保险核心安排的统筹层次，通常是在制度设计之初就做出的选择。一般来说，统筹层次由低到高主要分为县级统筹、市级统筹、省级统筹和全国统筹四个层次。

理论中省级统筹有两种含义。第一种含义，是社会保险基金由市县级地方政府征缴，地方社会保险经办机构的工作人员归市县级地方政府管理，市县级地方政府只需向省级政府缴纳一定比例的社会保险基金，作为省级政府的调剂之用。第二种含义，是社会保险经办机构由省级政府垂直管理，市县级地方社会保险经办机构是省级社会保险经办机构的派出机构，省级政府对社会保险基金实行统收统支。第一种含义的省级统筹，基本上还是市县级统收统支，只是市县级政府要向省级政府缴纳一定的调剂资金。这种含义的省级统筹，只是部分意义上的省级统筹，实质上仍是市县级统筹。本章所探讨的省级统筹是第二种含义的概念，是完全意义上的省级统筹。社会保险省级统筹是制度改革发展到一定阶段后的一种较高层次的管理方式，是深化社会保险制度改革的必然结果。

省级统筹具有以下四个特点：(1)统一制度。在全省(含省、自治区、直辖市，以下统称为省)范围内，符合参保条件的所有人均应参加社会保险，实行统一的社会保险制度。(2)统一标准。在全省范围内，统一确定社会保险的缴费比例和待遇支付标准。各类缴费主体都按照全省统一确定的缴费比例缴费；对所有享受待遇者，按照全省统一确定的项目与计发办法支付社会保险待遇。(3)统一管理。社会保险业务统一由省级社会保险经办机构负责管理，并达到全省规范、统一；社会保险经办机构实行省级垂直管理。(4)统一调剂管理基金。建立以省为单位的社会保险基金，各市县征缴的社会保险费上缴省级社会保险经办机构，纳入财政专户，统一管理。省级社会保险经办机构统一组织实施对各市县的基金调剂。

5.1 失业保险省级统筹问题研究

5.1.1 失业保险统筹层次发展回顾

失业保险是指国家通过立法强制实行的,由单位、职工缴费和政府补贴建立基金,对在劳动年龄内、有就业能力并且有就业意愿、因非个人原因而失去工作,以致无法维持基本生活条件的人们,在一定时期内由主管机构提供基本生活保障和再就业服务的一种社会保障制度。[①] 失业保险制度的建立与有效运作是以大数法则为理论基础的,只有在尽可能大的范围内统一筹集和调剂使用失业保险基金,才能充分发挥制度的统筹调剂作用,依靠全社会的力量均衡负担和分散风险,达到互济互助互惠的保障目的。

失业保险统筹层次问题是失业保险制度设计中的重要内容。然而,社会保险统筹层次是与经济社会发展息息相关,且是动态调整的。我国的失业保险统筹层次也经历了一个发展变化的过程。

一、新中国成立初期的失业保险

新中国刚成立,百废待兴。虽然当时没有建立失业保险制度,但是国家为了解决国民党统治时期遗留下来的数百万失业大军,政务院于1950年公布了带失业保险性质的《救济失业工人暂行办法》,规定了中华全国总工会为全国的劳动保险的最高领导机关,劳动部为全国的劳动保险业务的最高监督机关,各工会基层委员会为执行劳动保险业务的基层单位;机关事业单位的社会保险金全部由财政支出,实行国家预算管理,没有建立单独的社会保险基金。城镇企业职工社会保险基金由中华全国总工会负责集中管理,实行全国统筹。

---

① 邓大松主编:《社会保障概论》,高等教育出版社 2019 年版,第 305 页。

二、失业保险"市级统筹、省级调剂"阶段(1986—2010 年)

(一)该阶段失业保险相关政策

1986 年 7 月,国务院颁布《国营企业职工待业保险暂行规定》,标志着我国失业保险制度正式建立。该规定确定了职工待业保险基金①主要由企业承担,地方财政补贴,基金由省、自治区、直辖市统筹使用,入不敷出时,由地方财政补贴。1993 年 4 月国务院发布了《国有企业职工待业保险规定》,该规定将失业保险基金由省级统筹调整为市县统筹,并要求在省和自治区建立调剂金(即"市级统筹、省级调剂")。② 1999 年国务院颁布了《失业保险条例》,标志着我国的失业保险制度建设取得了突破性进展。第一,在制度覆盖范围方面取得了实质性进步,即覆盖所有城镇企业事业单位,失业保险的社会属性在我国首次得到充分体现。第二,失业保险实行县级统筹管理体制,失业保险关系可以跨省流动,并建立失业保险的省级调剂金制度,失业保险省级调剂金的筹集比例赋权各地人民政府。第三,对农民合同制工人采取单独的失业保险缴费和支付标准,合同制农民工纳入失业保险参保范围。当前,我国大部分省份失业保险的统筹层次为"市级统筹、省级调剂"。

(二)该阶段失业保险制度实行"市级统筹、省级调剂"的原因

一方面,实行"市级统筹"可以满足市县级政府在失业保险管理中付出与利益获得的一致性。失业保险制度建立之初,正值中国特色社会主义经济的探索发展时期,经济发展水平有限,因此不仅不同省份之间,甚至在同一个省级行政区域内,各市县的经济发展水平、就业水平、社会发展程度以及政府管理的工作能力存在明显的差距。在这种客观社会背景下,如果一开始就实行较高(省级统筹或全国统筹)的失业保险统筹层次,造成的结果就是经济发展较快的市县,征缴的失业保险基金更多地上

① 1993 年 11 月,党的十四届三中全会通过的《中共中央关于建立社会主义市场经济体制若干问题的决定》首次提出"失业保险制度",至此"失业"与"失业保险"才开始在我国法律法规和政府文件中普遍使用。

② 张盈华、张占力、郑秉文:《新中国失业保险 70 年:历史变迁、问题分析与完善建议》,《社会保障研究》2019 年第 6 期,第 3—15 页。

解至上级社会保险部门而成为利益的净输出者。造成市县级政府在失业保险管理中的付出和利益获得的不一致性，长此以往，易造成市县级政府部门在失业保险管理中消极怠工。而采取较低层次的"市级统筹"，可以使市县级政府在失业保险基金征管中的努力与可管理的基金数量成正相关。这样的良性竞争方式易调动市县级政府积极发展当地经济，增加失业保险基金的积累，进而促进失业保险制度的发展。

另一方面，在失业保险制度建立初期，各市县级政府失业保险基金尚未形成存量积累，省级政府能集中的失业保险基金数量有限。立即实施省级统筹，会因为基金存量储备不足而使省级政府陷入困境。因此，实施失业保险实行"市级统筹、省级调剂金"。这样既可以避免省级政府承担不必要的包袱，也可以在出现失业保险基金赤字时，缓解承担无限责任的市县级政府的财政压力，对市县级政府加强失业保险基金征管，增加失业保险基金收入，防止出现基金赤字，有一定的促进作用。

三、失业保险迈向"统收统支的省级统筹"阶段（2011 年至今）

（一）该阶段失业保险相关政策

2011 年《中华人民共和国社会保险法》正式实施，失业保险制度作为五大社会保险项目之一，多方面、全方位地参与到社会治理当中来。我国失业保险制度进入深入发展阶段。在失业保险基金管理方面，中央不断下发文件，确立了失业保险制度"省级统筹"的改革之路。《社会保险法》第六十四条规定："基本养老保险基金逐步实行全国统筹，其他社会保险基金逐步实行省级统筹。"2019 年 9 月，《人力资源社会保障部 财政部 国家税务总局关于失业保险基金省级统筹的指导意见》（人社部发〔2019〕95 号）规定，失业保险省级统筹"要在省（自治区）内统一失业保险参保范围和参保对象，统一失业保险费率政策，统一失业保险缴费基数核定办法，统一失业保险待遇标准确定办法，统一失业保险经办流程和信息系统。基金管理上，有条件的省（自治区）实行失业保险基金统收统支管理；暂不具备条件的省（自治区），要进一步完善失业保险省级调剂金制度"。2020 年 10 月，党的十九届五中全会公报明确提出，要"推动基本医疗保险、失业保险、工伤保险省级统筹"。

（二）该阶段失业保险制度迈向"省级统筹"的原因

一方面失业保险基金规模的扩大为失业保险走向省级统筹提供了物质基础。失业保险基金来源主要由三部分组成：参加失业保险的单位和个人缴纳的失业保险费、财政补贴以及失业保险基金的利息收入。失业保险基金采取现收现付制，强调风险分担和基金的互助共济，以满足向失业人员提供基本生活保障和促进再就业的需要。[①] 近年来，从全国范围来看，随着失业保险制度的发展，参保人数不断增加，管理制度日益规范，失业保险费得以按时足额缴纳，因此失业保险基金的收入呈上升趋势，同时失业保险待遇享受条件的严格性和失业保险基金支出范围的有限性使得基金支出大大小于基金收入（2019 年除外），长期发展就使得失业保险基金累计结余不断增加。具体数据情况如表 5-1 所示。

表 5-1 2011—2019 年我国失业保险发展状况

年份	年末参加失业保险金人数（万人）	年末领取失业保险金人数（万人）	基金收支情况（亿元）		
			基金收入	基金支出	基金累计结余
2011	14317.1	197.0	923.1	432.8	2240.2
2012	15224.7	204.0	1138.9	450.6	2929.0
2013	16416.8	197.0	1288.9	531.6	3685.5
2014	17042.6	207.2	1379.8	614.7	4451.5
2015	17326.0	226.8	1367.8	736.4	5083.0
2016	18088.8	230.4	1228.9	976.1	5333.3
2017	18784.2	220.2	1112.6	893.8	5552.4
2018	19643.5	223.1	1171.1	915.3	5817.0
2019	20542.7	228.3	1284.2	1333.2	4625.4

资料来源：2010—2020 年《中国统计年鉴》。

由图 5-1 可以看出，2011—2019 年我国失业保险参保人数逐年增加，且增长速度总体上也是上升趋势，但领取失业保险待遇的人数却变化不大。

---

① 赵丽萍：《我国失业保险基金结余及可持续性分析》，《劳动保障世界》2018 年第 14 期，第 32 页。

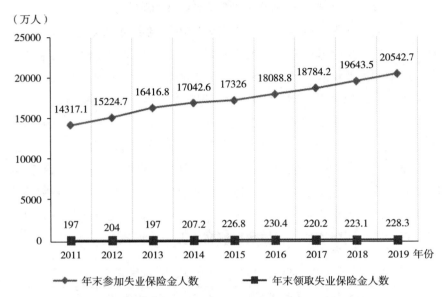

图 5-1　2011—2019 年失业保险参保和享受待遇人数变化

资料来源:根据 2010—2020 年《中国统计年鉴》的相关数据绘制而成。

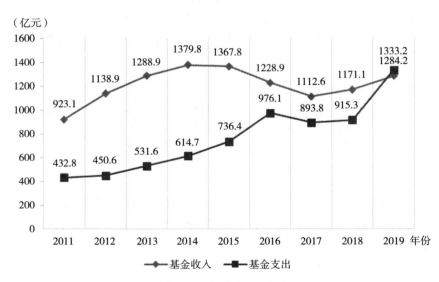

图 5-2　2011—2019 年失业保险基金收支变化

资料来源:根据 2010—2020 年《中国统计年鉴》的相关数据绘制而成。

　　由图 5-2 可以看出,2011—2019 年我国失业保险基金每年收入高于支出,但二者的差值逐渐缩小;2015 年前基金收入持续上升,2015 年后因为我国出台"降低失业保险费率"政策,基金收入有所下降,但当期基金收入总量并未有明显下降;基金支出年均增长速度非常快。到 2019 年,当期基金支出超过了当期基金收入。

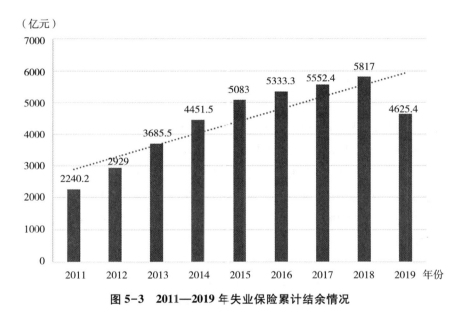

（亿元）

图 5-3　2011—2019 年失业保险累计结余情况

资料来源:根据 2010—2020 年《中国统计年鉴》的相关数据绘制而成。

　　由图 5-3 可以看出,2011—2018 年我国失业保险基金累计结余不断增加且增幅明显,2018 年基金累计结余达到 5817 亿元;2019 年失业保险基金累计结余有所下降,降至 4625.4 亿元。基金规模的扩大,不仅为保障失业人员的生活奠定了物质基础,也为建立失业保险基金省级统筹提供了物质基础。

　　另一方面,随着社会进步和经济发展,失业保险较低的统筹层次对人才流动产生了一定的阻碍作用,倒逼失业保险制度提高统筹层次。[①] 根

――――――――――

　　① 卢驰文:《中国社会保险统筹层次研究》,中共中央党校博士学位论文,2007 年,第 45 页。

据《社会保险法》，失业保险金的领取时间是由失业人员失业前所在单位和本人按照规定累计缴费时间决定，满 1 年不足 5 年的，最长不超过 12 个月；满 5 年不足 10 年的，最长不超过 18 个月；10 年以上的，最长不超过 24 个月。假设劳动者 L 在 A 市参加工作 4 年，参加失业保险 4 年并按规定缴纳失业保险费，之后转到 B 市工作了 3 年并缴纳失业保险 3 年。当他在 B 市工作满 3 年时失业了，这时如果按照劳动者 L 在 B 市的工龄（3 年）计算失业保险待遇，最长可以享受 12 个月的失业保险金，这显然对 L 不公平，因为他在 A 市也缴费多年了；如果 B 市政府按照劳动者 L 的全部缴费工龄（7 年）核定失业保险待遇，他最长可以享受 18 个月的失业保险金，那对 B 市不公平，因为失业保险实行市级统筹，劳动者 L 以前的失业保险缴费没有转移到 B 市来。由于统筹层次过低导致劳动者失业保险待遇享受出现的问题严重阻碍了劳动力的自由流动，不符合社会发展的需求。因此，提高失业保险统筹层次，在更大范围内实现失业保险制度的统一和基金的统筹互济，可以增进制度的公平性，有助于劳动力的自由流动，也是大势所趋。失业保险省级统筹的改革之路正是在这种背景下产生的。

5.1.2　失业保险省级统筹的现状

失业保险省级统筹管理体制的定位有两种基本形式：一是失业保险基金由省级政府实行统收统支的体制；二是失业保险基金由省级政府授权市县级政府管理的"分级平衡"体制。[①]　二者存在显著差异。

第一，失业保险政策统一性的差别。

在"分级平衡"省级统筹体制下，由市县级政府负责本地区的基金收支平衡，因而会造成各市县政策的不一致。以缴费基数为例，有些市县以当地的社会平均工资为基数，有些以全省社会平均工资为基数，有些以参保者个人申报的工资为基数。在省级政府统收统支的体制下，全省执行

---

① 倪婷婷：《浙江省失业保险存在问题的研究》，浙江财经学院硕士学位论文，2012 年，第 28—29 页。

统一的政策,各市县采用统一参保范围和参保对象,统一费率,统一缴费基数核定办法,统一待遇标准确定办法,统一经办流程和信息系统,全省的失业保险政策更为一致。

第二,失业保险基金管理和平衡主体的差异。

在"分级平衡"省级统筹体制下,市县级政府是失业保险基金的平衡主体,各市县日常征收的失业保险费进入市县级失业保险财政专户,当地的失业保险待遇支出从市县级失业保险财政专户中列支;市县级政府仅负责本地区失业保险基金的收支平衡和日常管理。在省级政府统收统支的体制下,省级政府是失业保险基金的平衡主体,各市县日常征收的失业保险费均进入省级失业保险金财政专户,失业保险金等支出均从省级失业保险财政专户列支。省级政府直接负责全省失业保险基金的平衡和管理。

第三,失业保险资源使用范围和效率的差异。

在"分级平衡"省级统筹管理体制下,失业保险资源的管理和使用主体是市县级政府,失业保险资源只能用于本统筹区域内,省级政府无法有效解决失业保险资源"结余"与"赤字"并存问题,失业保险资源的使用效率较低。在省级政府统收统支的体制下,原先由市县级政府管理且用于本行政管辖区内的失业保险基金可以用于省内其他市县,这部分失业保险资源的使用效率得到有效提高。

表5-2　失业保险省级统筹两种管理体制的比较

存在差异的方面	"分级平衡"省级统筹管理体制	省级政府统收统支体制
政策统一性	各市县政策的不一致	全省执行统一的政策
基金管理和平衡主体	市县级政府是失业保险基金的平衡主体;市县级失业保险财政专户收支	省级政府直接负责全省失业保险基金的平衡和管理;省级失业保险金财政专户收支
资源的使用范围和效率	范围小(市县)、效率低	范围大(全省)、效率高

一、失业保险省级统筹全国整体推行现状

从我国失业保险发展的历程来看,我国对失业保险统筹层次的调整重点在于实现失业保险基金的省级统筹。相较于其他社会保险险种,我国失业保险省级统筹起步晚,发展有限,失业保险基金统筹层次较低。截至 2020 年 9 月,全国失业保险基金实现省级统收统支的有 6 个省份,分别是北京、上海、天津、重庆、青海、海南,其他省份全部建立省级调剂制度。总体来看,我国失业保险基金以市级、县级统筹为主,统筹层次过低。各地失业保险基金已形成几千个小的"资金池",各自为战,抵御风险能力非常弱,省级统筹进程缓慢。

二、典型地区失业保险省级统筹现状分析

(一)青海省

青海省面对失业保险国家有关政策不能适应经济社会发展形势的现状,不"等、靠、要",而是结合本省实际,因地制宜,及时出台政策措施,《青海省失业保险基金省级统筹办法》(青政〔2012〕1 号)于 2012 年 1 月正式实施。青海省作为全国第一个实现失业保险基金省级统筹的省份,它的许多做法都是开创性的,而且青海省失业保险基金省级统筹的实现也证明了它的成功。青政〔2012〕1 号文件明确提出:要统一政策、统一管理、统一信息系统;撤销州(地、市)财政专户,失业保险基金收入全部纳入省级财政专户管理,基金支出由省级统一调剂使用,全省实行统一的财务管理制度、会计核算制度和预决算制度;明确提出取消现行省级调剂金制度,实行统收统支省级统筹;基金管理坚持"收支两条线"原则,实行"统一调剂、预算控制,三级核算"制度。缴费方面设定了个人缴费基数上限,即高于当地职工平均工资 300% 的,按当地职工平均工资的 300% 为基数缴费。

2019 年 6 月,在全国失业保险工作座谈会上,人力资源和社会保障部对青海省率先在全国实现失业保险基金省级统筹给予了充分肯定和高度评价。

(二)河南省

在《社会保险法》和《人力资源社会保障部 财政部 国家税务总局关

于失业保险基金省级统筹的指导意见》(人社部发〔2019〕95号)的政策指引下,2020年12月,经省政府同意,《河南省失业保险基金省级统筹暂行办法》出台。该办法明确提出失业保险基金省级统筹稳步推进,分步实施。河南省失业保险基金实现"省级统收统支"分两步走:第一步,2021年1月1日至2022年12月31日,实行基金省级调剂制度,各地征缴的失业保险费按30%比例上解至省级财政专户;第二步,自2023年1月1日起,全省实行失业保险基金省级统收统支,"收支两条线"全额缴拨。各地征收的失业保险费统一纳入省级财政专户,全省各项失业保险基金支出由省级统一拨付。同时,该办法明确了个人缴费工资基数核定上限,即个人缴费工资基数高于上年度全省全口径城镇单位就业人员月平均工资300%的,按300%计算。

河南省失业保险基金省级统筹办法颁布不久,实践效果如何还有待观察,但是意义深远。河南省提出的"分两步走"的具体做法,完全符合当前我国大部分尚未实现失业保险基金省级统筹省份的现实,相比一步到位的做法,分两步走更有利于失业保险省级统筹的平稳过渡,值得其他省份借鉴。

5.1.3 失业保险省级统筹面临的问题

一、失业保险的参保人数少

从《社会保险法》《失业保险条例》的相关规定来看,我国的失业保险制度以单位就业为前提,涵盖了所有企事业单位和社会团体、民办非企业单位、基金会、律师事务所、会计师事务所等组织及其职工。而发达国家的失业保险制度基本上囊括了所有劳动者。

从实施状况来看,我国的失业保险参保人数仍然较少,失业保险的覆盖率仍然较低。这一方面可以从失业保险参保人数占从业人员总数的比例可知。由表5-3可得,2019年末参加失业保险人数为20542.7万人,仅占所有从业人员的26.5%,失业保险的参保人数低于同期养老保险、医疗保险的参保人数。另一方面,当社会保险覆盖面不断扩大的同时,失业保险的扩面显得不足。由图5-4可知,失业保险的参保人数与养老保险、医疗保险相比差距较大,且呈现出越来越大的趋势。

表 5-3　2011—2019 年失业保险与养老保险、医疗保险参保人数对比

年份	从业人员总数(万人)	参保人数(万人)			失业保险参保人数占从业人数的比重(%)
		失业保险	医疗保险	养老保险	
2011	76420	14317.1	47343.2	61573.3	18.7
2012	76704	15224.7	53641.3	78796.3	19.8
2013	76977	16416.8	57072.6	81968.4	21.3
2014	77451	17042.6	59746.9	84231.4	22.0
2015	77451	17326.0	66581.6	85833.4	22.4
2016	77603	18088.8	74391.6	88776.8	23.3
2017	77640	18784.2	117681.4	91548.3	24.2
2018	77586	19643.5	134458.6	94293.3	25.3
2019	77471	20542.7	135407.4	96753.9	26.5

注:表中医疗保险的数据 2016 年及以前为城镇基本医疗保险的数据,2017 年及以后为城镇职工基本医疗保险和城乡居民基本医疗保险的数据。
资料来源:2010—2020 年《中国统计年鉴》。

图 5-4　2011—2019 年失业保险与养老保险、医疗保险参保人数的比较
资料来源:根据表 5-3 的数据绘制而成。

失业保险的覆盖面不足,同时也呈现出针对性不足的问题。失业保险的参保者大多为国企、外企、事业单位等正规就业部门有稳定工作的劳动者,这类部门的参保者大多失业风险小,就业相对稳定;相反,灵活就业人员和未签订劳动合同的农民工失业风险大,就业不稳定,但却被排除在失业保险范围之外。这说明失业保险未能将真正有需求的群体纳入在内,有悖于失业保险全覆盖的制度要求,也丧失了失业保险对这部分失业者失业期间的保障作用。

二、失业保险基金管理"碎片化"

在失业保险市县级统筹管理体制下,虽然省级政府制定了适用于全省的失业保险法规,但各市县级政府可以根据本地实际出台具体的实施办法和细则,导致各市县难以做到政策统一。并且,各市县级政府管理本统筹区域失业保险基金的体制,会造成失业保险基金不能跨统筹地区使用,再加上省级调剂金弥补失业保险基金赤字的额度有限,因而,失业保险基金发生赤字时,主要的弥补责任主体为市县级财政。这一管理体制无法有效解决失业保险基金在一省范围内"赤字"和"结余"并存的问题,资源得不到优化配置,导致失业保险基金管理"碎片化"现象严重。

三、可能会引发基金征管中的道德风险

在失业保险统收统支的省级统筹管理体制下,市县级政府不再对失业保险基金平衡负责,而由省级政府承担,因而有可能引发市县级社会保险经办机构、税务部门在失业保险基金征管中的道德风险,降低基金征缴的积极性。在失业保险基金的征管问题中,由于市县级政府在失业保险基金上解后本级财政不再承担兜底责任,因而,市县级政府会将失业保险定义为省级政府的管理事项,并且利用省级政府在监管中信息不对称的困难,从局部利益考虑,从而容易弱化对本地失业保险征管的强度,尤其是市县级政府认为上解失业保险基金的多少与本级政府的利益不关联时,更容易在征管过程中选择弱化失业保险金征管以保护本级政府的利益。例如,市县级政府为了增加自己的财政收入,会消极征收失业保险费,将更多的收入留在企业,通过减少企业成本增加企业税前收入,实现企业上缴本级财政企业所得税额增加,达到本级财政收入增加的目的。

四、失业保险运行机制不合理

目前失业保险缴费比例比较固定,只与缴费工资挂钩,但各地工资水平不尽相同,因此固定的缴费比例对富裕地区和高收入群体是不公平的;不同行业、不同劳动者面临的失业风险可能性不同,固定的缴费比例对于失业风险小、工作稳定的行业和劳动者也是不公平的。然而省级统筹要求统一失业保险费率,统一失业保险缴费基数核定办法。如何在考虑工资水平差异、失业风险差异的基础上做到政策统一是工作的难点之一。

对于企业而言,统一费率的缴费制度,不考虑参保企业所处行业的不同失业风险,也不考虑企业的解雇行为,极易引发企业的逆向选择行为。失业风险高的行业的企业会积极参加失业保险,而失业风险低的行业的企业则会尽可能的逃保。对于已经被失业保险覆盖的企业而言,统一的失业保费率对企业雇主解雇其雇员的行为也不具备制约作用。

5.1.4　失业保险省级统筹的国际经验借鉴

失业保险制度在国际上已发展了 100 多年,但在我国只有 20 多年的历史,需要不断接受实践检验以便进一步改进和完善。在这个过程中我们要借鉴国际上的先进经验,以推动我国失业保险制度的改革发展。

一、国外失业保险制度简况[①]

美国失业保险制度的管理主体是州政府,各州根据法律所规定各要件为基础,管理运营独立的失业保险项目,失业保险制度在实际运行中表现为各州独立项目的集合体,各州的失业保险费率、待遇给付标准不同。同时,联邦政府职员、军人、铁路从业人员适用的失业保险制度由联邦政府管理运营。

英国的失业保险制度由多个机构共同负责,不同部门机构负责不同的失业保险待遇项目。保险费和失业档案由卫生与社会保障部负责管理;补助津贴委员会负责发放收入调查津贴;就业部通过其地区办事机构

---

① 孔泽宇:《失业保险比较研究》,《劳动保障世界》2020 年第 8 期,第 46—48 页。

和职业介绍所管理救济金,包括接受申请和发放救济金。

德国的失业保险制度由联邦就业机关运营,给付业务由各地的就业机关负责。不同于美国,英国和德国均采用全国统一的失业保险费率、待遇给付标准。

二、国外失业保险制度对我国失业保险省级统筹的借鉴意义

我国失业保险实现省级统筹后,全省范围内实行统一的政策,且由省级政府直接管理统筹范围内失业保险事务。为了避免在失业保险待遇享受中的道德风险,有必要加强对失业保险待遇享受者的资格审查。例如,美国的失业保险制度对失业保险待遇享受者有一定的收入要求,英国也对失业保险待遇享受者进行收入调查。因此,我国失业保险省级统筹发展中可以考虑对申领者本人经济来源、就业情况等进行调查,严防不符合条件者冒领失业保险待遇,确保制度公平。

我国失业保险实现省级统筹后,有必要针对失业风险较高的群体出台特殊政策。例如,对于灵活就业者,可以借鉴德国的做法,免除部分失业保险费,如只用承担个人缴费部分,单位缴费部分由各级财政进行补贴,以减少其缴费压力;面对经常跨统筹地区就业的农民工,可以参照美国的做法,即依据劳动者实际居住地的失业保险规定发放失业保险待遇,减少物价因素对失业保险实际保障水平的影响,确保失业保险制度真正发挥互济和保障失业者基本生活的作用。

我国失业保险实现省级统筹后,基金全部纳入省级财政专户,基金得以汇聚得到更好地利用。面对我国失业保险基金庞大的累计结余,有必要加大对失业预防和就业促进的基金投入。英国对雇用25岁以上的失业者达6个月以上的企业给予培训补贴;美国规定参加培训的失业人员可以适当延长失业保险给付期;德国失业保险部门负担失业人员的培训费用。以上这些措施我国都可以借鉴。当然我国也同样引入了一些抑制解雇和支持培训的措施,但需要相关的法律法规对这些措施进行制度化,推动其运行走向规范化,以提高行政效率、避免公共资源的浪费。

在失业保险制度的管理和基金统筹层次上,可以看到并没有统一的模式。美国采取州政府管理运行,德国由联邦就业机关运营,英国由多个机构共同负责,这都是由各国的国情和经济社会状况决定的。失业保险省级统筹的改革方向是符合我国的实际情况和未来发展需要的,我国没有必要一味地照搬国外的做法。不过,国外在具体管理方面的可行举措值得借鉴,这可以更好地帮助我国早日实现失业保险省级统筹,为未来实现全国统筹奠定基础。

5.1.5 推进失业保险省级统筹的建议

失业保险制度现存的问题很难在市县级统筹模式下得到有效解决,有些问题是市县级统筹管理体制与生俱来的。要解决这些问题,需要从制度上提高失业保险统筹层次,在更大范围内实行统一政策,对失业保险基金进行统一管理。结合我国的国情,把失业保险的统筹层次提高到省级,建立统收统支的省级统筹管理体制是失业保险制度发展的必然选择,也是失业保险制度改革的必经之路。

一、扩大失业保险覆盖面

失业保险应该尽可能多地覆盖符合条件的社会成员。在失业保险实现省级统筹的过程中,应注重扩面,把未被制度覆盖的符合条件的劳动者纳入到失业保险制度中来,以实现这部分劳动者的参与公平。其中,灵活就业人员、被征地农民是重点关注对象。

现有的失业保险制度设计是以单位就业、清晰的劳动关系为前提的,并未覆盖灵活就业人员。顺应经济社会发展,南京、哈尔滨、昆明等部分地区已经开始将灵活就业人员纳入失业保险试点,但鉴于灵活就业人员的特殊性,总体反馈试点不是很成功。未来为了建立灵活就业人员失业保险制度,首先就需要结合我国《社会保险法》和相关政策文件规定的灵活就业人员定义,按照先易后难,逐步扩展的原则确定失业保险可以覆盖的灵活就业人员群体。其次,在基金收缴方式、待遇支付方式和经办管理方面可以借鉴基本养老保险和基本医疗保险在吸纳灵活就业人员纳入制度体系方面的丰富经验。例如,借鉴职工基本养老保险和职工基本医疗保险中的"统账结合"模式,为灵活就业人员设计失业保险个人账户,提高其参保的积极性和便携性。①

由于历史以及国家经济发展水平的原因,造成了我国城乡社会保险制度的二元化,失业保险制度的二元化表现为农民被排斥在失业的统计范围之外。被征地农民失地又失业,只要没有转变为城镇户籍,就不会被纳入失业的统计范围;未签订劳动合同的农民工,单位不会为其参加失业保险,本人也不会主动参保。未来国家要继续加大对农村居民、被征地农民、未签订劳动合同的农民工的关注力度,建立健全参保制度,适时将其纳入到失业保险制度中来。

二、建立科学可行的失业保险省级管理体制

第一,改进现行失业保险不合理的制度设计,确保管理体制科学可行。改进现行失业保险制度的管理体制,实行省内统一差别费率,拒绝"一刀切"做法。一方面缴费率要区别对待失业风险不同的行业,并把缴费率与企业解雇劳动者的数量挂钩;另一方面制定科学的保险待遇计发办法。保险待遇的确定要参考参保人工作期间缴费的多少、就业期间的工资收入以及失业者家庭成员的收入情况,确保失业保险金能保障失业者及其家庭成员的基本生活。

第二,实现省级统筹下管理体制的一致性。省级政府为了实现省内失业保险的统一管理,必须让各市县级政府处在相同的制度和政策环境中进行管理,因此,首先必须做到管理中的统一政策。失业保险应该以省级政府为责任主体,在全省内统一失业保险参保范围和参保对象,统一失业保险费率政策,统一失业保险缴费基数核定办法,统一失业保险待遇标准确定办法,统一失业保险经办流程和信息系统。失业保险基金的资金池、收支单位、运行层次、基金投资运营都设在省一级。在中央统一指导下,省级政府根据本省失业保险基金结余、失业率等情况,确定失业保险费率,管理失业保险具体事务。原来"分级平衡"体制下在政策方面给予市县级政府的自由度必须收回,以确保省级政府出台的失业保险法规在省内各

---

① 田大洲:《我国失业保险覆盖灵活就业人员研究》,《中国劳动》2017 年第 10 期,第 18—25 页。

市县以相同的标准统一执行,实现征管政策的全省统一。只有这样,统收统支的省级统筹体制才能有效运作,省级政府才能确保各市县按照统一政策的要求将失业保险基金按时足额上解到省级失业保险财政专户。

三、建立针对市县级政府的激励机制

为了解决省级统筹管理体制下失业保险基金结余较多的市县级政府上解省级政府基金过多产生的抵制情绪以及市县级政府在失业保险日常征管过程中可能出现的道德风险,应建立相应的激励机制,提高市县级政府的积极性。

对于市县级政府对上解基金过多产生抵触情绪的问题,可借鉴财政省管县超额征收部分按比例返还的做法。具体做法为:各市县级政府根据本地区前三年失业保险基金的征缴数额确定本年度应该实现的失业保险基金征管收入总额。市县级政府将征收的失业保险基金上解到省级政府失业保险财政专户后,对超出本年度征管收入总额的部分,省级政府按照与市县级政府协商确定的比例返还给市县级政府失业保险财政专户,由市县级政府规划使用。[1]

对于在失业保险日常征管中存在的道德风险,如企业和个人少缴、漏缴、不缴失业保险费,市县级社保经办机构、税务部门消极怠工、"睁一只眼,闭一只眼"的问题,同样可以通过建立相应的激励机制来解决。比如,可以规定对于少缴、漏缴、不缴行为的查处所得,归市县级所有,这部分资金可由市县级政府统一规划使用,以调动市县级政府对少缴漏缴不缴行为的查处力度,实现失业保险费按时足额征缴。

四、确保失业保险基金合理使用

在实现失业保险基金省级统收统支的过程中,合理发挥失业保险基金累计结余的作用是关键。第一,扩大失业保险基金的支出范围。在确保失业人员基本生活的基础上,把闲置资金更多地用于促进就业、预防失业,例如开展职业技能培训、援企稳岗等项目,提高资金利用率。第二,确

---

[1] 张盈华、张占力、郑秉文:《新中国失业保险 70 年:历史变迁,问题分析与完善建议》,《社会保障研究》2019 年第 6 期,第 3—15 页。

保省级统筹基金使用的公平性。省级政府在确保发放的前提下,要合理分配结余基金,重点用于各地的促进就业和预防失业工作,结余基金的提取比例按照各地征缴额占总征缴额的比例来确定,力求基金使用科学公平。①

五、提高失业保险经办服务能力

在网络化、信息化、智能化快速发展的 21 世纪,失业保险领域也要加快探索以"互联网+"、物联网、大数据、云计算、区块链为代表的新理念、新技术、新模式,加快实现失业保险管理服务工作全程信息化,全面提升服务能力和管理水平,提高经办服务的效率和质量。

失业保险经办和服务要坚持三个基本原则,即高效、便民、安全。首先,在高效方面,充分利用互联网、大数据和移动通信等技术,建立统一的失业保险网上经办服务平台,推动失业保险公共服务事项网上办理,做到失业保险业务"不见面审批"。其次,在便民方面,加强信息系统建设,做好历史数据迁移工作,实现省、市、县三级管理部门信息的纵向互联,与财政、税务、银行等相关部门的横向互通、信息共享,简化个人在参保缴费、信息查询、申领受理、转移接续等业务办理中提交过多的证明材料。最后,在安全方面,应保障数字化系统的安全和基金安全。数字化系统应具备抵御大规模网络攻击的能力,可以建设统一的电子认证体系和灾难恢复体系。失业保险基金应严格纳入财政专户储存,严禁挤占挪用;同时可以尝试探索失业保险结余基金的投资渠道,通过购买国债、存入余额宝等方式实现基金的保值增值。

5.2　工伤保险省级统筹问题研究

我国工伤保险制度的发展历史可追溯到 20 世纪 50 年代,1951 年原

---

① 于金财、唐健:《实现失业保险省级统筹应解决哪些问题?》,《劳动保障世界》2015 年第 19 期,第 10—11 页。

劳动部颁布《劳动保险条例》,标志着中国工伤保险制度的初步建立。当时确立的工伤保险是劳动保险的一个重要组成部分,与我国的计划经济体制相适应。随着社会主义市场经济体制的建立,原工伤保险制度已不适应形势的发展。1996 年,原劳动部颁布《企业职工工伤保险试行办法》(劳部发〔1996〕266 号),开始了工伤保险制度改革,规定"工伤保险实行社会统筹,设立工伤保险基金,对工伤职工提供经济补偿和实行社会化管理服务"。2003 年,国务院颁布《工伤保险条例》(国务院院令第 375 号),这在工伤保险事业发展史上具有里程碑的意义,标志着我国工伤保险制度建设进入法制化的新阶段。

在看到我国工伤保险快速发展的同时,也要看到我国工伤保险的统筹层次还不高,长期处于县级或市级统筹的阶段。低层次的统筹不利于扩大工伤保险基金风险池,降低其抵御风险的能力,另外"碎片化"的建设体系也不利于实现社会共济目标。[①] 因此,提高工伤保险的统筹层次成为我国工伤保险发展的重点工作。党的十九届五中全会公报提出,"推动工伤保险省级统筹",为"十四五"期间我国提高工伤保险的统筹层次工作指明了方向。

5.2.1 工伤保险统筹层次发展回顾

在对工伤保险省级统筹问题展开研究前,有必要对我国工伤保险统筹层次的发展脉络进行简单的梳理。

1996 年颁布的《企业职工工伤保险试行办法》规定:"工伤保险实行属地管理,以中心城市或者地级市为主实行工伤保险费用社会统筹。"2003 年颁布的《工伤保险条例》规定:"工伤保险基金在直辖市和设区的市实行全市统筹,其他地区的统筹层次由省、自治区人民政府确定。"然而,由于当时我国地区之间经济发展水平差异大、劳动力市场不够完善、相关制度不够健全等多方面原因,工伤保险在各个地区主要以县级层次

---

① 翁仁木:《工伤保险基金省级统筹探讨》,《中国人力资源社会保障》2020 年第 12 期,第 11—12 页。

的统筹为主。

2007 年左右,随着我国经济发展水平的提高、信息化程度的提升和社会保险工作的进步,有些地区已经具备了推行工伤保险市级统筹的基础,开始着手工伤保险市级统筹工作,例如延安市、南京市、石家庄市等。2010 年,人社部发布《关于推进工伤保险市级统筹有关问题的通知》(人社部发〔2010〕20 号),工伤保险的统筹工作正式进入市级统筹阶段。该阶段的重点在于工伤保险的基金统筹,以实现基金在市级范围内均可调剂使用为统筹目标。文件中提到,要求工伤保险在市一级的层面实现统一参保范围、参保对象;统一的行业差别费率;建立市级基金收支预算制度;统一制定工伤认定办法与待遇支付标准以及统一的经办服务。文件颁布的当年,北京、上海、天津和重庆 4 个直辖市实现了市级统筹,17 个省份实现了地市级以上统筹。[①] 以江苏省、辽宁省、河南省[②]等为代表,可以看出我国各地区在推进工伤保险市级统筹工作上的效率非常高,工伤保险市级统筹基本在 2010—2012 年完成。

工伤保险市级统筹基本完成后,我国工伤保险统筹工作进入省级统筹的新阶段。实现市级统筹后,部分有条件的省份如贵州省、河北省等率先开展了省级统筹的探索工作。根据各省份的工作进程和实际情况,在我国大部分省份具备了工伤保险省级统筹的条件时,2017 年人社部、财政部发布《关于工伤保险基金省级统筹的指导意见》(人社部发〔2017〕60 号),正式要求各省份开展工伤保险省级统筹相关工作。省级统筹与市级统筹相类似,工作重点仍然为工伤保险的基金统筹。所有省份需要首先实现省级范围内工伤保险"五个统一",即参保范围与参保对象、缴费标准与费率政策、工伤认定与劳动能力鉴定、经办流程与信息系统、待遇支付标准的统一。随后,有能力的省份可以直接建立省级基金统收统支

---

① 袁涛、仇雨临:《工伤保险省级统筹管理的问题与反思》,《中州学刊》2016 年第 10 期,第 66—71 页。

② 相关资料来源:《江苏省要求到 2010 年年底前实现工伤保险市级统筹》,见 http://www.gov.cn/gzdt/2010-10/15/content_1723283.htm;《辽宁 14 个市医疗保险工伤保险将全部实现市级统筹》,见 http://www.gov.cn/gzdt/2011-03/15/content_1825148.htm;《河南省 18 个省辖市全部启动工伤保险保障市级统筹》,见 http://www.gov.en/gzdt/2011-01/05/content_1778615.htm。

管理制度,其余省份允许先建立省级范围内的调剂金制度,各市按照一定比例上缴至省级社保基金财政专户进行集中管理与调度,以解决各市工伤保险基金支出缺口不一的问题。相较于上一阶段的市级统筹,工伤保险的省级统筹难度更大,且统筹工作起步较晚,目前我国工伤保险统筹层次仍处于该阶段。

5.2.2　工伤保险省级统筹的现状

一、工伤保险省级统筹全国整体推行现状

我国目前总共有31个省份进入省级统筹工作阶段。根据人社部与财务部发布的《关于工伤保险基金省级统筹的指导意见》(人社部发〔2017〕60号),省级统筹分为两步:第一步实现统一参保范围与对象、统一的行业差别费率、统一工伤认定与劳动能力认定办法、统一待遇支付标准以及统一的经办服务(以下简称"五统一")和工伤保险省级调剂金制度(以下简称"一调剂");在具备正式实施省级统筹能力后,由工伤保险省级调剂金制度过渡为工伤保险基金省级统收统支制度,实现"六统一",完成工伤保险的省级统筹工作。

依据上述省级统筹工作步骤,本部分将全国27个省份的工伤保险省级统筹推行现状进行总结,如表5-4所示。

表5-4　全国31个省份工伤保险省级统筹工作推行现状

省份	实现时间	所处阶段	省份	实现时间	所处阶段
河北	2018年	六统一	云南	2020年	五统一、一调剂
河南	2019年	五统一、一调剂	贵州	2016年	六统一
陕西	2017年	五统一、一调剂	湖南	2020年	五统一、一调剂
山东	2020年	五统一、一调剂	湖北	2020年	五统一、一调剂
山西	2021年	六统一	福建	2019年	五统一、一调剂
黑龙江	2020年	五统一、一调剂	江西	2020年	五统一、一调剂
辽宁	2019年	五统一、一调剂	广东	2019年	六统一

续表

省份	实现时间	所处阶段	省份	实现时间	所处阶段
吉林	2021 年	六统一	广西	2017 年	开始实施工伤保险自治区级基金统筹
内蒙古	2020 年	五统一、一调剂	江苏	2020 年	五统一、一调剂
青海	2020 年	六统一	浙江	2018 年	五统一、一调剂
西藏	未知	六统一	海南	2012 年	五统一、一调剂
四川	2020 年	五统一、一调剂	甘肃	2018 年	五统一、一调剂
宁夏	2020 年	五统一、一调剂	新疆	2019 年	五统一、一调剂
安徽	2017 年	五统一、一调剂	北京	2010 年	六统一
上海	2010 年	六统一	天津	2010 年	六统一
重庆	2010 年	六统一			

注:(1)缺乏西藏自治区的相关文件及省级统筹时间,相关资料参考了翁仁木:《工伤保险基金省级统筹探讨》,《中国人力资源社会保障》2020年第12期,第11—12页。

(2)根据《四川省工伤保险基金省级统筹实施办法》,预计2024年实现省级统收支。

(3)《贵州省工伤保险基金省级统筹实施意见》提到2014年7月启动全省工伤保险"六统一",其中基金管理设置了2年的过渡期,2016年6月30日贵州取消地区财政专户,实现结余全部划转省级财政专户。因此,本书将2016年视为贵州省实现"六统一"的年份。

(4)广西壮族自治区统筹情况依据2017年修订的《广西壮族自治区工伤保险条例》。

资料来源:全国各省份人社厅(局)、省人民政府官网发布的关于工伤保险省级统筹相关文件;各省份出台的工伤保险法规。

　　根据表5-4可以看出,我国所有省份的工伤保险省级统筹工作基本上均已展开,其中绝大部分省份的工伤保险统筹进度为"五统一、一调剂",部分省份已经实现了省级工伤保险基金的统收统支。

　　另外,2017年人社部和财政部发布工伤保险的省级统筹通知后,直至2019—2020年,我国大部分省份经过两年左右的建设,才正式实现"五统一"与"一调剂",可以看出目前距离我国各省份均完成工伤保险省级统筹的"六统一"仍存在差距。

二、典型地区工伤保险省级统筹现状分析

　　对全国各省份工伤保险省级统筹的工作现状进行简单总结后,下面以其中的典型地区为案例,对其省级统筹的工作进程进行更为具体的总结与分析。

（一）河北省

相比其他省份，河北省实现"六统一"的年份较早，属于工伤保险省级统筹较为成功的典型地区。成功的省级统筹与河北省早期扎实的准备工作有关，河北省工伤保险的省级统筹工作于 2013 年展开。该工作初步推行时，河北省政府就颁布了与"五统一"相关的规定，例如河北省的工伤保险缴纳费用统一由缴费基数乘以费率确定，同时工伤认定与劳动能力认定在省内也采取了统一标准，各地自 2014 年起不再提取工伤预防费，这为后期实现基金的省级统收统支打下政策基础。2015 年，河北省人社厅下发《河北省工伤保险省级统筹业务经办规程（试行）》的通知（冀人社发〔2015〕62 号），制定并统一了全省规范的工伤保险业务经办流程。《2016 年河北省工伤保险工作要点》（冀人社函〔2016〕62 号）中提出，2016 年河北省将出台《工伤保险基金收支绩效考核办法》《工伤保险省级统筹基金实行统一管理的规定》等统筹工作系列配套文件，同时加强对省级统筹运行情况的监测评估，完善基金运行机制建设。最终经过长时间的省级统筹机制建设，于 2018 年 7 月，河北省人社厅发布了《河北省工伤保险省级统筹业务经办规程（暂行）》（冀人社规〔2018〕7 号），在省内基本实现了以省级工伤保险基金统收统支。

值得注意的是，在统筹工作中，河北省的工伤保险省级统筹采取的是"由点及面，逐步推进"的工作方法。即先在有能力实现省级统筹的城市，如沧州市、石家庄市、秦皇岛市等地展开省级统筹试点，随后逐步推广到全省 11 个地级市，实现全省统筹。这种由点及面的统筹方式不仅可以随时测试工伤保险省级统筹管理模式的合理性，在最后的规划前进行及时调整，不断优化，同时也避免了对部分工伤保险基金承担能力较差的地区施加过高压力。

其次，为保障省级统筹工作有条不紊地顺利进行，河北省政府设计了五大机制，分别为：省级统筹政策机制、省级统筹管理体制、省级统筹基金管理机制、扩面征缴目标绩效考核奖惩机制、省级统筹信息管理机制。其中，省级统筹政策机制统领全局，通过制定合理科学的配套政策帮助统筹工作展开。而省级统筹管理机制、省级统筹基金管理机制以及省级统筹信息管理机制为工伤保险省级统筹的核心组成部分,扩面征缴目标绩效考核奖惩机制则是考核统筹工作完成质量,督促各地完成省级统筹的保障机制。以河北省工伤保险省级统筹中的信息系统建设为例,2015年6月河北省的省级统筹信息系统在全省范围内上线运行,实现由省到县的三级信息管理。该信息系统在三个方面为河北省实现工伤保险省级统筹提供帮助。第一,其以统一的数据指标规范为基础,由过去各地分别保管纸质信息过渡到省级的全省工伤保险数据信息的电子化,并建立了全省级别的数据库。第二,各级经办中心的相关业务信息能够及时上传,实现了跨层次的数据同步,同时规范了工伤保险业务办理流程。第三,其能根据大数据自动生成保险运行情况、信息情况等方面的分析报告。

整体而言,河北省的工伤保险省级统筹工作开展时间较早,其能顺利实现工伤保险省级统筹的六统一,与其五个机制以及配套政策的提出密不可分,其中互联网技术与信息系统建设在省级统筹工作中十分关键。

(二)广东省

广东省于2019年6月发布《广东省工伤保险基金省级统筹实施方案》(粤人社规〔2019〕20号),建立了全省范围内工伤保险的基金统收统支、统一参保范围和参保对象等"六统一"。为保证省级统筹工作的确实展开,同年广东省人社厅联合税务局发布了《广东省工伤保险基金省级统筹业务规程的通知》(粤人社规〔2019〕22号),业务规程分为16章共301条,内容详细且全面,从工伤保险的参保缴费、工伤待遇审核支付、基金支出到信息系统的使用、档案管理、统计分析等均有独立的章节做出解释和规定,考虑到业务规程内容复杂不易理解,广东省人社厅又针对该业务规程发布了相关的政策解读,从而将省级工伤保险基金统筹方案一步推行到位。整体来说,这样的工作安排有两点作用:首先,其革新了广东省工伤保险的业务流程,并对其进行了统一与规范。业务规程颁布后,广东省的各级工伤保险经办中心的业务流程均得到调整并创新,使其与省级统筹工作阶段相适应。例如,业务规程中增加了信息平台的使用规范与权限说明。其次,业务规程嵌入了风险管控的管理措施,通过制定业务规则与校险规则、强化痕迹管理等一系列措施保障实现省级工伤保险基金统一管理后的基金安全问题。①

广东省能迅速实现省级基金统收统支工作到位的经验有以下几点：第一，前期关于基金管理的准备工作展开时间早且工作扎实。2016 年 1 月，广东省人社厅基于《关于调整完善我省工伤保险费率政策进一步加强基金管理有关问题的通知》（粤人社规〔2015〕6 号）有关要求，发布了《关于加快规范工伤保险基金市级统收统支管理有关问题的通知》。该通知要求，广东省所有地区征缴上来的工伤保险费收入直接上解市级财政专户，并按要求做好相应的财务审计。因此，于 2016 年中旬，广东省全省均已实现基金市级统一管理的阶段性成果。这一前期准备为后续广东省推进工伤保险省级统筹打下良好基础。第二，在推进省级基金管理统筹中，广东省设计了"留存量，收增量"的过渡机制：各市仍委托存放历史结余基金，新增基金全部上解。但历史结余基金中留出一定时段的周转金，按季度提出用款计划，经省级审批进行使用。除此之外，广东省还设计了基金缺口共担机制，按同等比例调拨各地结余基金，通过这一机制使各地区共担工作进度风险，以此激励各地区加快落实省级统筹相应工作，提高地方的积极性。第三，在调整各地工伤保险费率和待遇标准达到统一标准的工作中采取柔性过渡，而非"一刀切"的做法。由于待遇基数涉及职工平均工资，因此各地差异显著，广东省一律按照"省平均托底、就高不就低"原则执行，保障各地工伤劳动者的权益不受损害。第四，如同河北省一样，依靠"金保工程"，广东省同样设计了高效的工伤保险省级信息系统，横向上构建各环节信息互联，纵向上实现各层级的信息互通，为统筹工作提供了良好的信息基础。

5.2.3 工伤保险省级统筹面临的问题

一、不同层次的利益格局形成制约

在工伤保险省级统筹中，长期以来已经固化的利益格局是其难点之

---

① 《广东省人力资源和社会保障厅 国家税务总局广东省税务局关于印发广东省工伤保险基金省级统筹业务规程的通知》，见 http://hrss.gd.gov.cn/zcfg/zcjd/content/post_2706383.html。

一。个人、企业到县级、市级以及省级,总共五个层次的利益格局早在工伤保险处于市级甚至是县级统筹层次时就已经形成。而目前推行的工伤保险省级统筹会打破原有利益格局,各方主体为了自身利益,势必会对工伤保险的省级统筹造成阻碍。

第一个阻碍体现在市县级可能存在的工作低效。其原因在于实现工伤保险省级统筹意味着工伤保险基金的收支职责均会收束至省一级,这意味着市县政府在工伤保险方面责任被弱化。这就有可能打击到市县级政府的工作积极性,导致其逃避原有的经办工作,从而影响整体工伤保险工作的顺利进行,最终可能出现市县级政府征缴不力的现象。

第二个阻碍为潜在的道德风险问题。参照养老保险省级乃至国家一级统筹工作的相关经验,不难发现社会保险的基金兜底责任必须与其统筹层次相一致。这意味着,当工伤保险推进省级统筹时,其基金兜底责任也将从原本的市县一级提高至省级。因此,市县级政府不必承担工伤保险基金的兜底责任,且无需担心工伤保险的支付风险,此时省级利益可能与市县级利益相冲突,从而形成潜在的道德风险。具体表现在低一级的政府可能会懈怠,不再主动推进工伤保险的扩面工作,甚至出现与企业合谋、降低工伤保险缴费基数和费率、放宽工伤认定等行为。

第三个阻碍则是兜底责任提升至省一级后对于省级政府造成的财政压力。工伤保险与养老保险不同,目前其基金支付压力较小,相较于前两个阻碍,省级政府在财政方面较为轻松,但不可否认可能的财政压力仍然存在。整体而言,工伤保险的省级统筹工作从利益分配角度而言是一项打破各地区原有利益格局,形成新的利益分配的工程,其中各方主体的利益博弈过程不可避免,因此如何通过制度设计平稳过渡,保证市县级政府的工作积极性,降低道德风险发生的可能性成为实现省级统筹的难点之一。

二、工伤风险的费率制定与机制建设困难

不同行业、不同地区的劳动者所面临的老龄风险虽有差别但整体差别不大,但不同行业间的工伤风险可能相差较大,例如矿石采集、冶炼行业、道路与水上运输业的工伤风险远远大于金融服务、销售服务等行业。

同理,由于我国各地区间产业发展和经济水平均差距很大,甚至在同一个省内也是如此,因此不同地区间的工伤风险也有所不同。因此,实行行业间差别费率与浮动费率调整机制更适用于工伤保险。针对此,人社部于2015年发布《关于调整工伤保险费率政策的通知》(人社部发〔2015〕71号)中提到,我国工伤保险费率在八类行业中采取0.2%—1.9%的分档费率,并要求各地区每隔1—3年根据实际情况进行浮动费率的档次调整。然而,在省级统筹"六统一"中明确规定实行统一费率与缴费基数,因此面对行业与地区之间工伤风险差异大的基本现实,省级统筹工作中如何制定一个科学合理的工伤保险费率与费基计算方法,以最大限度地体现制度公平与保障基金收支平衡成为了工伤保险省级统筹中的第二个难点。一方面,对于工伤保险而言,制度公平究竟是体现为工伤保险统一费率(即无论行业、地区均纳入统筹池,设定统一费率)还是不同行业不同地区的浮动费率,这本身就是一种政策制定的价值取舍问题。[1] 另一方面,省级统筹前,由于市县级政府承担着基金收支平衡的压力,其对于科学合理的浮动费率的制定有其积极性,然而随着统筹工作的推进,市县级政府也就丧失了积极性。这一点在贵州省的省级统筹工作中得到体现,遵义市于2009年左右就开展了工伤保险行业浮动费率的建设探索,然而随着省级统筹工作在贵州省的开展,遵义市对于浮动费率计算方法的探索随之停滞。实际上,工伤保险浮动费率机制的建设有利于制度本身的基金平衡,同时也有利于平衡企业缴费负担。推动浮动费率机制研究有助于工伤保险持久性发展,但在省级统筹工作中,这部分内容往往被忽略。

三、省一级政府的基金管理难度高

目前我国各个省份中实现工伤保险省级统筹"六统一"的省份占比较小,更多的仍处于"五统一、一调剂"的统筹程度,尚未实现基金的统收统支,仅要求各地区按比例上解基金,组成省级工伤保险调剂金,而基金

---

① 袁涛、仇雨临:《工伤保险省级统筹管理的问题与反思》,《中州学刊》2016年第10期,第66—71页。

收支责任仍在市县一级政府,省一级主要负责的是基金的调剂,保障地区平衡发展。然而,工伤保险省级调剂金制度建设起步较晚,调剂机制建设不够健全,这就导致省一级经办机构可能无法对基金缺口进行科学评估,当下级出现基金缺口需要调剂时,工伤保险省级调剂金制度无法发挥其真正的效用。同时由于调剂金制度中工伤保险基金需要部分上解,基金被分成两部分,市县与省一级分别拥有部分基金管理责任,这就可能导致省一级的经办机构难以构建有效的管理与激励手段,大大降低调剂金的效率。另外,省级统筹中省一级对于市县一级经办机构的监管难度也会提高。实现省级统筹后,工伤保险的费率规定、政策制定与基金管理等权责均归于省一级政府。然而,工伤保险具体工作的开展却在市县级经办机构,二者的分离导致省一级政府对于工伤保险工作的开展情况进行考核与监督时,监督成本将会提高,且对该省工伤保险相关数据信息化程度提出更高要求。

5.2.4 工伤保险省级统筹的国际经验借鉴

以德国、美国为代表的发达国家由于工伤保险建立较早,制度发展时间长,因此其工伤制度较为成熟。具体而言,国外的统筹模式分为如下几类:行业统筹模式、地区统筹(对应我国市县级—省级统筹)、全国统筹,以及混合统筹加调剂金模式等。行业统筹模式以德国为代表。德国国内工伤保险经办管理部门根据行业分为农业类、工商业类与公务人员类三种经办机构。除公务人员类工伤保险归属于所在地管理外,其余两类工伤保险均是根据自身行业特性进行组织与筹资管理。由于各行业基金之间不能进行互相调剂,因此各行业、企业之间设置了差别费率与浮动费率以解决工伤保险基金收支缺口问题。地区统筹模式中根据工伤保险的费率制定原则又分为区域统筹下实行差别与浮动费率制度和区域统筹下实行统一固定费率制度。前者以美国工伤保险体系为代表,在相关法律规定范围内,各州负责建立州级的工伤保险统筹基金,并且对州内不同行业实行差别费率,且工伤保险费率可随实际情况进行浮动调整。由于德国与美国的工伤保险制度成熟且具有体系,因此世界上较多国家均采取的是类似于德国和美国的工伤保险制度。

参考工伤保险统筹制度建设国际经验,不难发现如下几点值得借鉴:(1)各国工伤保险的统筹模式与程度均有所不同,目前国际上并没有所谓工伤保险的最佳统筹模式。更为重要的是,一个国家的工伤保险制度采取何种模式与程度的统筹,主要受该国工伤保险模式、工伤保险管理因素、工伤保险运行环境等多因素共同作用。(2)目前在各国工伤保险统筹模式中,浮动费率与差别费率制度在实践中发挥着重要作用,值得我国在推行工伤保险省级统筹时学习借鉴。

5.2.5 推进工伤保险省级统筹的建议

根据前文所述,目前我国工伤保险省级统筹处于大多数省份仍为"五统一、一调剂"的阶段,只有少部分省份实现了"六统一"。因此继续推进工伤保险省级统筹的工作重点在于促进大部分省份实现由"五统一"到"六统一"的跨越。其中如何实现各省工伤保险基金统收统支管理为关键点。

一、完善工伤保险省级统筹的基础建设

工伤保险基金的统收统支建立在全省各地区统一费率与缴费基数、统一参保范围、统一待遇支付标准、统一工伤认定与劳动能力鉴定标准、统一经办流程和信息系统的"五统一"基础上。目前我国大部分省份虽然在相关文件中明确了本省工伤保险统筹处于"五统一、一调剂"阶段,但实际上部分省份的"五统一"仍然存在完善的空间。例如山东省在《关于山东省工伤保险基金省级统筹的实施意见》中提到,山东省 2020 年将继续落实工伤保险省级统筹的"五统一"部分,如建立劳动能力鉴定工作专家共享机制和异地聘请专家参与机制,完善山东省的工伤认定与劳动能力鉴定。因此,推行我国工伤保险省级统筹的首要任务为继续完善相关标准的统筹建设,各省应尽快实现真正意义上的"五统一",为基金统收统支奠定基础。首先应推动省内各地区实现市级工伤保险各类标准的统一,随后逐步扩展到全省范围。

另一方面,如前文所述,在我国工伤保险推行省级统筹的过程中,随着统筹层次的提高,原本在地区一级开展的浮动与差别费率调整机制探索可能受到影响而停滞。因此,在推进工伤保险的省级统筹中,也应继续这方面的实践与探索。基于前期探索的成功经验,各省可以根据实际情况构建合理的工伤保险浮动费率机制,主要内容包括工伤保险费率的浮动方法、浮动周期、浮动幅度以及相关评价指标四个方面。以相关调整指标为例,目前无论是按照事故点数还是工伤事故发生频率的方式,其浮动费率的调整指标均较为单一,这种调整机制有可能打击企业的缴费积极性,也有可能无法反映真实的事故风险分布。[①] 因此,可以考虑构建多元工伤保险浮动费率调整指标,不仅仅局限于上年或当年的事故发生率与伤亡率指标,还可以考虑到企业的负担能力等因素,适当纳入基金支收率等指标,进行综合判断与调整。

二、搭建省级工伤保险信息平台

通过广东省与河北省的省级统筹建设经验,不难发现统筹工作中信息基础的重要性。如果需要从调剂金制度发展到基金统一管理,省一级政府机构必须掌握工伤保险的参保企业及劳动者、工伤保险具体业务经办等信息,才能实现基金在省一级的统一管理,避免出现基金挪用或者偷费漏费等问题。同时,信息平台的建立也能帮助汇总整理全省工伤保险基金使用的相关数据,进行全省范围的数据分析与预测,有利于建立全省统一的差别费率与浮动费率调整制度,也有利于开展保险精算,保障工伤保险基金收支平衡。

整体而言,省级工伤保险信息平台的建立首先需要技术支持,在养老保险省级统筹的基础上,搭建信息平台的要求并不高,真正的技术难题集中在部分省份欠发达地区的工伤保险管理信息化。由于缺乏硬件设备、经办人员水平受限等现实原因,其相关数据信息化过程将会更加困难。其次,信息平台建立同样也涉及信息管理问题,如何构建地方与省级互通的信息系统,划分信息管理权责等问题也是省级统筹中必须考虑的方面。

---

① 何励钦、周劲松:《浮动费率在企业工伤保险中的应用研究》,《安全与环境学报》2013年第1期,第192—195页。

综上所述,各省应当进一步推进工伤保险信息平台的建设,帮助困难地区完成工伤保险信息化。同时借鉴其他省份的优秀经验,结合本省统筹养老保险的基础,构建完善的信息管理制度,做好权责划分,减少信息管理中的道德风险。

三、做好工伤保险基金统一管理模式的平稳过渡

制度衔接的具体工作内容分为两个部分。第一部分为做好调剂金制度向基金统收统支制度的平稳过渡。目前我国大部分省份处于"五统一、一调剂"阶段,工伤保险省级调剂金制度具体机制为各省根据实际基金运行情况设置一定比例的调剂金上解金额,各地区将当年工伤保险基金征缴收入按照上解比例上解后,其余部分自留,省级政府根据实际情况下拨调剂金。与调剂金制度相比,工伤保险基金统收统支制度更能够体现社会保险的互济性,但由于基金全部上交归于省级统一管理,因此制度管理成本更大,对省级政府的管理能力要求更高,且省级政府需要承担最后的兜底责任,这也需要一个良好的财政情况。因此考虑到部分地区的承担能力与经济状况,各省在未来逐步推行"六统一"的过程中,可以从工伤保险基金结余情况良好的地区入手开始试点,逐步提高这些地区工伤保险基金上解比例。同时,在省一级建立专项工伤保险基金账户,由单纯的调剂金制度过渡至各地区仅保留历史结余基金,新增基金全部上解。最后,将各地区的历史结余基金按周期分批依次转移至省一级工伤保险基金管理账户,实现试点地区的工伤保险基金统收统支。并将试点地区的成功经验推广至全省,逐步过渡至省级全部地区的工伤保险基金的统一管理。

第二部分为完善省级工伤保险基金管理的权责划分。一方面,实行工伤保险基金省级统筹需要做好市县与省级政府之间的权责划分,即在工伤保险基金管理中,需要明确市县经办机构所应承担的责任,例如在信息系统中为避免市县经办机构随意更改的操作风险,应当对其系统权限予以一定限制。另一方面,实现工伤保险的省级统筹,意味着省级相关部门所需要负责的工作内容大大增加,因此也需要规划好省级政府各部门之间的权责划分。工伤保险基金管理设计中应当考虑具体部门负责的具

体工作,例如财政部门、税务部门联合审计机关应当负责工伤保险基金的收支、监管等工作,省人社厅应当对市县经办工作、省级基金使用情况做好监督。

四、构建激励与监督制度,提高地方的工作积极性

最后,为保障在省级统筹工作中市县级政府和经办机构的工作积极性,避免出现部门推诿、消极怠工等问题,应当构建相应的激励与监督制度,其中监督的重点在于促进工伤保险管理与省级统筹工作中各方责任的落实。可以参照广东省的做法,构建基金缺口共担机制。具体而言,即在推进基金省级统筹中,通过共担制度,促进地区之间互相监督,配合省级统筹工作的展开,从而提高统筹工作的效率。同时,也应建立相关激励机制,例如省级政府定期对各市县统筹工作情况进行检查,并对其中工作效率高、成果突出的地区给予适当奖励,同时召开相关学习会,借鉴河北省"以点带面"的工作经验,快速将工作效率高的地区的建设经验推广至全省各地,提高整体的统筹工作效率。

6

稳步建立长期护理保险制度

6.1 我国发展长期护理保险的必要性

6.1.1 我国发展长期护理保险的战略需求

2016 年,人力资源和社会保障部发布的《人力资源社会保障部办公厅印发〈关于开展长期护理保险制度试点的指导意见〉》指出,"探索建立长期护理保险制度,是应对人口老龄化、促进社会经济发展的战略举措"[1],明确了发展长期护理保险制度在应对和解决我国人口老龄化及其带来的经济发展问题中的战略作用。具体来说,我国发展长期护理保险有助于实现以下三个战略目标。

一、实现健康老龄化

世界卫生组织发布的《关于老龄化和健康的全球报告》将健康老龄化定义为"发展和维护老年健康生活所需的功能发挥的过程"[2],强调对大多数老年人来说,维持功能发挥是老年健康化过程中最重要的。该报告指出,促进健康老龄化的干预措施虽然形式各样,但殊途同归,它们都旨在为尽可能改善老年人功能发挥。功能发挥是指使老年人能够按照自身观念和偏好来生活和行动的健康相关因素。功能发挥的改善可以通过两个途径来实现:一是增强和维护内在能力,二是使机能衰减的个体能够做起其认为重要的事。其中,内在能力是指老年人随时能够动用的全部身体机能与脑力的组合。功能发挥由老年人内在能力、相关环境特征以及二者之间的相互作用构成,而环境指与老年人生活相关的家庭、社区、

---

① 《人力资源社会保障部办公厅印发〈关于开展长期护理保险制度试点的指导意见〉》,人力资源和社会保障部网站,见 http://www.mohrss.gov.cn/SYrlzyhshbzb/shehuibaozhang/zcwj/201607/t20160705_242951.html,2016—06—27。

② 《关于老龄化和健康的全球报告》,世界卫生组织网站,见 https://apps.who.int/iris/bitstream/10665/186463/9/9789245565048_chi.pdf,2016。

社会等所有微观和宏观外界因素。

2016 年,习近平总书记做出重要指示,提出"有效应对我国人口老龄化,事关国家发展全局,事关亿万百姓福祉"[1]。人力资源和社会保障部发布的《人力资源社会保障部办公厅印发〈关于开展长期护理保险制度试点的指导意见〉》指出,建立长期护理保险,有利于保障失能人员的基本生活权益,提升生活质量,弘扬我国传统美德。世界卫生组织也指出:老年人的身体机能尽管有所下降,但他们仍然渴望幸福和尊重。[2] 然而,许多人到了一定的岁数,如果没有他人的支持和帮助就无法继续自理生活。获得优质的长期照护对于这类人保持其身体能力、享受基本人权和有尊严地生活是至关重要的。近年来,我国政府积极响应联合国提出的可持续发展目标以及世界卫生组织等重要国际组织为实现可持续发展而制定的种种战略规划,建立长期照护保障制度是我国政府积极响应世界卫生组织倡议,为实现健康老龄化而提出的重要政策。

二、促进经济发展

人口老龄化同时从供给侧和需求侧对经济增长产生负面影响。从供给侧来看,老龄化意味着经济潜在增长能力进一步减弱、劳动力短缺和工资上涨;从需求侧来看,老龄化意味着消费者人数的减少和消费能力的降低,从而导致经济增长减速。[3] 但老龄化对经济增长不仅仅只有负面影响,它同样意味着老年相关产业发展的巨大机遇。区域经济发展水平的重要影响之一就是当地长期护理保险制度的推广力度。当某个地区的社会保障水平较高、经济发展水平也较高时,会形成良好的协调关系,从而达到最佳城市建设效果。反之则会对我国实现区域经济协调发展的目标

---

[1] 《习近平:加强顶层设计完善重大政策制度及时科学综合应对人口老龄化》,新华网,见 http://www.xinhuanet.com/politics/2016-02/23/c_1118132709.htm,2016—02—23。

[2] 《世界卫生组织执行委员会第 146 届会议总干事报告》,世界卫生组织,见 https://apps.who.int/gb/ebwha/pdf_files/WHA73/A73_ INF2-ch.pdf,2020。

[3] 中国社会科学院宏观经济研究中心课题组、李雪松、陆旸等:《未来 15 年中国经济增长潜力与"十四五"时期经济社会发展主要目标及指标研究》,《中国工业经济》2020 年第 4 期,第 5—22 页。

造成阻力。① 人力资源和社会保障部指出,建立长期护理保险,有助于推进我国养老服务业的发展,并扩大护理从业者的相关就业渠道。② 有研究表明,2016 年底我国机构养老的护理人员数量为 33.9 万人,基本与需求持平,但到 2034 年机构照护人员需求将再次增加 30 万—40 万人,2055 年需求高峰期时进一步增加 50 万—70 万人;社区照护服务人员需求巨大且迅猛增长,2015 年需求数量在 1057.98 万—1325.88 万人,到 2055 年将进一步增长至 2907.44 万—3645.25 万人,而截至 2016 年底社区养老的护理人员数量仅 30.4 万人。③ 2017 年,工业和信息化部副部长罗文在智慧健康养老产业发展大会上表示,到 2030 年我国养老产业规模将达到 22 万亿元。④ 以上数据表明,老龄化一方面为我国的经济发展带来了挑战,另一方面也带来了巨大的发展机遇,发展长期护理保险有利于促进我国经济发展。

三、维护社会稳定

人口老龄化不仅仅是一种人口现象,而且是与社会稳定、经济繁荣与文化发展息息相关,与全球化、城市化、家庭核心化、贫富两级分化紧密联系的问题,它正与越来越多的社会、经济、文化问题的相互作用中产生越来越大的影响。此外,全球化、城市化、世界性的资源紧张等社会与经济趋势也都不同程度地放大了中国人口老龄化对社会稳定的影响。⑤

随着人口老龄化和高龄化,我国养老金的缺口问题、老年人的医疗保障问题、高龄老人和失能老人的照料问题、老年人正当需求得不到满足可

① 肖瑛琦、蒋晓莲:《中国长期护理保险制度试点分析与思考——基于首批试点城市的比较》,《中国老年学杂志》2020 年第 2 期,第 441—448 页。

② 《人力资源社会保障部办公厅印发〈关于开展长期护理保险制度试点的指导意见〉》,人力资源和社会保障部网站,见 http://www.mohrss.gov.cn/SYrlzyhshbzb/shehuibaozhang/zcwj/201607/t20160705_242951.html,2016—06—27。

③ 周晓蒙:《老年人长期照护与劳动力需求研究》,东北财经大学博士学位论文,2018 年,第 II 页。

④ 《2030 年我国养老产业规模将达 22 万亿》,中国经济网,见 http://www.ce.cn/cysc/new-main/yc/jsxw/201712/28/t20171228_27479718.shtml,2017—12—28。

⑤ 蔡雪:《公共政策视角下的中国人口老龄化》,《经营管理者》2016 年第 24 期。

能引发的社会问题等均会陆续出现。① 到 2030 年，我国将步入人口老龄化多种矛盾的集中爆发期，其中，失能、半失能老年人的快速增长问题是难度最大和最亟待解决的一个。因此，完善基本医疗保险制度和基本养老保险制度，并在全国范围内建立长期护理保险制度，是当前我国应对人口老龄化和高龄化挑战的重要战略举措。② 长期护理保险作为一种适应劳动力市场发展规律、治理社会化失能风险、维护经济稳态及社会稳定的公共福利安排，对老年人护理照料服务"供方"和"需方"均会产生有利影响。正如人力资源和社会保障部指出的，建立长期护理保险制度，有利于增进人民福祉、促进社会公正和维护社会稳定。③

6.1.2 我国发展长期护理保险的紧迫性

一、我国步入老龄化社会

（一）人口老龄化与高龄化程度持续加深

20 世纪 80 年代初，我国 60 岁及以上人口占比已超过 5%，标志着人口结构从年轻型进入成年型。自 90 年代伊始，我国 60 岁及以上人口数量以年均 3.2% 的速度增长。据 2000 年第五次人口普查数据显示，该年我国 60 岁及以上人口达到 1.30 亿人，占到总人口数的 10.3%，65 岁及以上人口达到 0.88 亿人，占到总人口数的 7.0%，标志着我国正式进入老年型社会。④ 国家统计局数据显示⑤，截至 2019 年末，我国 60 岁及以上人口达到 2.54 亿人，占到总人口数的 18.1%，其中 65 岁及以上人口达到 1.76 亿人。据民政部预测，到"十四五"期末，我国将进入"中度老龄化"

---

① 穆光宗:《老年发展论——21 世纪成功老龄化战略的基本框架》,《人口研究》2002 年第 6 期,第 29—37 页。

② 林艳、党俊武、裴晓梅等:《为什么要在中国构建长期照护服务体系?》,《人口与发展》2009 年第 4 期,第 54—66 页。

③ 《人力资源社会保障部办公厅印发〈关于开展长期护理保险制度试点的指导意见〉》,人力资源和社会保障部网站,见 http://www.mohrss.gov.cn/SYrlzyhshbzb/shehuibaozhang/zcwj/201607/t20160705_242951.html,2016—06—27。

④ 《2000 年第五次全国人口普查主要数据公报(第一号)》,国家统计局网站,见 http://www.gov.cn/gongbao/content/2001/content_60740.htm,2001—03—28。

⑤ 《中国统计年鉴(2020 年)》,中国统计出版社 2020 年版。

社会,60 岁及以上人口将达到 3 亿人。① 此外,数据显示,1981 年,我国的平均预期寿命为 67.8 岁,2000 年为 71.4 岁,2019 年达到 77.3 岁②,并仍在继续增长。

(二)老年抚养比逐年上升

抚养比是指根据年龄来确定 15—64 岁劳动年龄人口与非劳动年龄人口(0—14 岁的少年儿童或 65 岁及以上的老年人口)在数量上的对比关系,在宏观层面其反映了代际间的经济关系。抚养比越大,表明每个劳动力需要抚养的人数就越多,表示劳动力所承担的抚养负担就越沉重。老龄人口抚养比则直接度量了劳动力的养老负担。人口老龄化程度持续加深将直接导致老年抚养比的不断上升。数据显示,我国自 20 世纪 80 年代以来,少儿抚养比逐年下降,从 1982 年的 54.6%下降至 2019 年的 23.8%,然而老年抚养比却逐年上升,从 1982 年的 8.0%上升至 2019 年的 17.8%,表明每个劳动力所承担的子女抚养负担在逐年降低,但赡养老人的负担却在逐年加重。③ 据中国社科院人口所发布的《人口与劳动绿皮书:中国人口与劳动问题报告 No.19》④预测,我国老年抚养比在 2060 年之前将一直保持上升状态,并在 2028 年左右超过少儿抚养比。

二、老年人健康问题持续加重

(一)老年人慢性病发病率高且在逐年上升

慢性病全称是慢性非传染性疾病,属于病程长且通常发展缓慢的疾病,主要包括心脑血管疾病、糖尿病、癌症、慢性呼吸系统疾病等。据《2013 第五次国家卫生服务调查分析报告》显示,1993 年我国 60 岁及以上人口慢性病患病率为 50.6%,2013 年已上升至 71.8%,其中,患病率最

① 《养老服务,如何"管"好?——权威部门详解养老服务综合监管制度》,中国政府网,见 http://www.gov.cn/zhengce/2020-12/29/content_5574991.htm。

② 《2019 年我国卫生健康事业发展统计公报》,国家卫健委,见 http://www.nhc.gov.cn/guihuaxxs/s10748/202006/ebfe31f24cc/45b198d4730603ec4442.shtml。

③ 王晓洁、陈肖肖、李昭逸:《实施积极应对人口老龄化的税收政策:挑战与实现机制》,《税务研究》2021 年第 12 期。

④ 《人口与劳动绿皮书:中国人口与劳动问题报告 No.19》,中国社会科学院网站,见 http://cass.cssn.cn/baokanchuban/201901/t20190104_4806617.html,2019—01—04。

高的五种慢性病及其在老年人中的患病率分别为高血压 46.5%、糖尿病 11.1%、缺血性心脏病 4.7%、脑血管病 3.9%、慢阻性肺部疾病 3.4%。[①] 2016 年,世界卫生组织发布的《中国老龄化和健康国家评估报告》对中国 的现实情况作了详尽的分析和评论[②],对于中国的老年人而言,癌症和心 脏病是导致死亡的重要原因,但是其他慢性疾病(如中风、认知障碍、精 神障碍)却可能导致长期的功能性依赖,这是中国老年人面临的最主要 问题之一,而长期的功能性依赖就意味着如果缺乏长期照护,这类老年人 就不能保持其身体能力、享受基本人权和有尊严地生活。

(二)失能老年人数量持续增长

失能老年人是指因高龄、伤残和疾病等情况导致的部分或全部丧失 生活自理能力的老年人。失能老年人有狭义和广义的概念之分,狭义的 失能老年人仅包括身体功能性障碍的老年人,而广义的失能老年人不仅 包括身体失能,还包括“失智”。[③] 国家卫健委资料显示,截至 2018 年底, 我国失能、半失能老年人口已达到 4000 余万人,对专业的医疗护理、日常 护理等服务的需求十分庞大。[④] 失能老年人生理机能较差,丧失或半丧 失生活自理能力,因此家人和社会的照料必不可少。即便家庭成员的关 怀更富含亲情,但承担护理老人责任的家庭成员大多要参与社会工作,难 以做到全天候照护,且照护的专业性也不够。因此,只有通过建立、完善 和普及长期护理保险制度,才能保证失能老人获得全天候、专业的照料, 确保其可以体面生活、安享晚年。[⑤] 世界卫生组织在《关于老龄化和健康 的全球报告》中指出,长期照护系统可以维护老年人的功能发挥,从而保

---

① 《2013 第五次国家卫生服务调查分析报告》,国家卫生计生委统计信息中心网站,见 http://www.nhc.gov.cn/ewebeditor/uploadfile/2016/10/20161026163512679. pdf,2015—11—15。

② 《中国老龄化和健康国家评估报告》,世界卫生组织网站,见 http://apps.who.int/iris/bitstream/10665/194271/ 5/9789245509318-chi.pdf,2016。

③ 杨舒:《人口移出老龄化背景下农村失能老年人“居家扶助型”养老模式研究》,对外经济贸易大学博士学位论文,2018 年,第 26 页。

④ 《关于政协十三届全国委员会第三次会议第 2284 号(医疗体育类 310 号)提案答复的函》,国家卫健委网站,2021—01—20。

⑤ 景跃军、李元:《中国失能老年人构成及长期护理需求分析》,《人口学刊》2014 年第 2 期,第 55—63 页。

障他们的基本权利、基本自由和人权。①

三、家庭结构改变导致护理功能弱化

（一）家庭规模小型化

改革开放以来，随着人们观念的变化以及计划生育政策的实施，我国家庭规模逐渐缩小。统计数据显示，1999 年，我国平均家庭规模为 3.58 人，2019 年已降低至 2.92 人，平均每户减少了 0.66 人。②③ 国家卫健委发布的《中国家庭发展报告（2015 年）》显示，我国户均人口从 1986 年的 4.20 人下降至 2014 年的 3.16 人，平均每户减少了 1.04 人。截至 2014 年底，农村家庭平均人口为 3.56 人，城镇家庭平均人口为 3.07 人。④ 该报告指出，2 人家庭、3 人家庭成为家庭类型主体，核心家庭占六成以上，且核心家庭所占比例在不断上涨。因此，农村家庭规模和城镇家庭规模均呈现出小型化的趋势，且城镇家庭小型化的程度高于农村。家庭规模小型化导致绝大多数中、青年人边工作边照顾老人和孩子，来自经济、心理和身体方面的压力都很大。毫无疑问，家庭规模的小型化对传统的家庭护理功能产生了强烈的冲击。

（二）空巢老人数量持续增长

一般来说，空巢老人主要是指以下三类人群：第一类是无子女、无配偶的人，如单身老人、失独老人和丧偶老人；第二类是有子女但子女大部分时间不在其身边的人；第三类是子女虽然在其身边但没有履行赡养义务的人。⑤ 以上特点表明，依靠子女、居家养老很难保障空巢老人的生活。日常照料是空巢老人养老亟须解决的问题。研究表明⑥，空巢老人

---

① 《关于老龄化和健康的全球报告》，世界卫生组织网站，见 https://apps.who.int/iris/bitstream/10665/186463/9/9789245565048_chi.pdf，2016。

② 《中国统计年鉴（2020 年）》，中国统计出版社 2020 年版。

③ 《中国统计年鉴（2000 年）》，中国统计出版社 2000 年版。

④ 《中国家庭发展报告（2015 年）》，中国人口出版社 2015 年版。

⑤ 严妮：《城镇化进程中空巢老人养老模式的选择：城市社区医养结合》，《华中农业大学学报（社会科学版）》2015 年第 4 期，第 22—28 页。

⑥ 唐世明：《城市空巢老人服务保障机制的创建和示范》，《中国老年学杂志》2008 年第 20 期，第 2046—2047 页。

使以下三个问题变得更加突出：一是患慢病老年人需要终生治疗和护理；二是老年人行动不便，常导致伤亡事故；三是部分老年人生活难以自理，日常生活需要他人照料。全国老龄委资料显示①，截至 2015 年底，我国老年空巢家庭率已达半数，其中，大中城市老年空巢家庭率已达到 70%，这无疑给老人的照护带来巨大压力。

（三）女性就业率不断提高

国家统计局 2017 年发布的《2017 年〈中国妇女发展纲要（2011—2020 年）〉统计监测报告》显示，2017 年，我国女性就业人员占全部就业人员的比重为 43.5%，超过纲要制定的 40% 目标。2017 年，我国城镇单位女性就业人数为 6545 万人，比 2010 年增加了 1684 万人，在城镇单位就业人员的占比为 37.1%。② 2010 年 12 月，全国妇联和国家统计局联合进行了第三期中国妇女社会地位调查，结果显示，18—64 岁女性的在业率为 71.1%，其中，城镇女性就业率占比 60.8%，农村占比 82.0%；城镇不在业妇女中，69.3% 为料理家务者，13.3% 为失业者，6.4% 为在校学习者。在业妇女在第一、二、三产业的占比分别为 45.3%、14.5%、40.2%。农村在业女性中主要从事非农劳动的比例为 24.9%，男性为 36.8%，比 2000 年分别提高了 14.7 个和 17.9 个百分点。③ 在经济发展、社会观念变化以及妇女社会参与程度提高的背景下，我国妇女的就业人数不断增加，日益成为我国劳动力中不可或缺的一部分。大量妇女参与社会工作，传统的家庭长期护理模式受到了严重冲击。

四、老年人权益保障亟待完善

为应对老龄化和高龄化问题，我国从 20 世纪末就采取了一系列措施。1996 年国务院颁布的《中华人民共和国老年人权益保障法》，明确规

---

① 《老龄委：大中城市老年空巢家庭率已达 70%》，新华网，见 http://www.xinhuanet.com/politics/2015-11/09/c_128406523.htm，2015—11—09。

② 《2017 年〈中国妇女发展纲要（2011—2020 年）〉统计监测报告》，国家统计局网站，见 http://www.stats.gov.cn/tjsj/zxfb/201811/t20181109_1632537.html，2018—11—09。

③ 第三期中国妇女社会地位调查课题组：《第三期中国妇女社会地位调查主要数据报告》，《妇女研究论丛》2011 年第 6 期，第 5—15 页。

定了老年人权益保障的内容、目标和发展方向。21 世纪以来,在"以人为本"和科学发展观的指引下,我国政府先后颁布了《关于加强老龄工作的决定》和《中国老龄事业发展"十五"计划纲要(2001—2005 年)》等多个保障老年人权益的重要政策文件。2013 年 7 月 1 日,新修订的《老年人权益保障法》正式实施,其规定对于失去生活自理能力的老年人,赡养人应当承担相应的照料责任;若赡养人无法亲自照料,可遵从老年人的意愿,委托他人或养老机构照料。以上内容表明,我国的老年人权益保障正逐步走上正轨。① 国际上,长期照护(Long-term Care)这个专有名词包含三重意味:第一,指对照护依赖老人的生活照料——这里突出的是一个"照"字;第二,指与生活照料难以划清界限的护理和康复。这些康复护理的目标不是"治愈",而是延缓机能衰退,维持功能发挥,技术上的要求大多并不高深——这里强调了一个"护"字;第三,指有照护依赖的老年人也应享有充分的自主权和自由选择权,要得到人格的尊重,等等,这显然与老年人权益保护相关。② 保障老年人权益已成为不容忽视的社会问题,而长期护理是老年人权益的重要保障措施。

6.2　我国长期护理保险
　　发展历程及现状

　　21 世纪以来,由于我国人口基数庞大,人口老龄化严重,同时相比西方国家,我国国民健康整体水平偏低,老龄人口的生活自理和自我照护能力显著偏低,失能老年人数量超过 4000 万人,比例明显偏高,因此我国的

---

① 孙晓锦、王瑛:《长期护理保险制度构建的必要性及可行性分析》,《劳动保障世界》2015年第 30 期,第 16—19 页。

② 唐钧、冯凌:《长期照护的全球共识和概念框架》,《社会政策研究》2021 年第 1 期,第18—38 页。

长期照护负担较为严重。为了解决这些问题,中共中央、国务院在 2006
年发布的《关于全面加强人口和计划生育工作统筹解决人口问题的决
定》中提出了探索建立长期护理保险制度这一措施。2016 年,人力资源
和社会保障部发布文件将 15 个城市纳入长期护理保险试点范围,2020
年又进一步扩大了试点范围,同时原试点城市在之前的基础上进一步推
进试点工作。试点城市的积极推进体现出国家和地方政府对于建立这一
制度的坚定决心。本小节内容将结合我国长期护理保险有关政策文件以
及试点城市关于长期护理保险制度的实施细则,对我国长期护理保险的
发展历程及现状进行梳理。

6.2.1　我国长期护理保险发展历程

与发达国家相比,我国较晚进入老龄化社会,因此,长期护理保险的
起步也较晚,长护险产品的开发尚不成熟,民众对于长护险更是知之甚
少。21 世纪初,长期护理保险才进入我国并逐渐引起重视。2006 年,
《关于加快发展养老服务业的意见》(国办发〔2006〕6 号)中首次提出要
发展针对老年人群的护理业务,自此,我国在长期护理保险领域的探索正
式开启。从这之后起,长期护理保险开始出现在我国政策文件中,但大多
是纲领性指导文件,没有明确具体的实施办法和政策标准。2006 年《健
康保险管理办法》出台,该文件首次将护理保险定义为一个独立险种。

在长期护理保险的商业发展方面,2005 年国泰人寿保险公司推出
"康宁长期护理健康保险",正式拉开了我国商业性长期护理保险产品的
序幕。在此之后,各种保险产品争相推出,例如 2006 年中国人保健康公
司的"全无忧长期护理个人健康保险",生命人寿保险公司的"至康长期
护理健康保险"产品,瑞福德健康股份有限公司的"瑞福德长期护理保险
(A 款)"。除了这些保险产品以外,还有的长护险产品以附加险形式出
现,包括信诚人寿保险公司的"挚爱一生"附加女性保障长期护理保险、
太平洋人寿的"太平盛世附加老年护理保险"和中意人寿的"附加老年重
大疾病长期护理健康保险"等。截至 2020 年 5 月,我国共有 32 家保险公
司经营长护险业务,其中绝大多数为寿险公司,占比 72%;共开发 272 款

长期护理保险产品,从产品设计类型来看,绝大部分产品为传统型产品,占比 70%;从面向客体来看,87% 是个险产品,团险产品仅占 13%。

在建立长期护理保险制度方面,国家早期对长护险的具体实施方案一直未有定论,仅在政策文件中对其概念有所提及,直到 2016 年,国家才公布了第一批长期护理保险试点地区。表 6-1 总结了有关长期护理保险的部分国家级政策。总的来说,我国建立长期护理保险制度的历程可以分为三个阶段,从先行试点阶段到局部试点阶段,再到扩大试点阶段。

表 6-1　有关长期护理保险的部分国家级政策文件梳理

文件名称	发布时间	发布单位	相关内容
《关于加快发展养老服务业的意见》	2006 年 2 月 9 日	国务院办公厅	支持发展老年护理服务业务
《健康保险管理办法》	2006 年 8 月 14 日	保监会	将长期护理保险与疾病保险、医疗保险、失能收入损失保险并列为健康保险的四大险种
《关于全面加强人口和计划生育工作统筹解决人口问题的决定》	2006 年 12 月 17 日	中共中央国务院	探索建立长期护理保险制度
《关于印发社会养老服务体系建设规划（2011—2015 年)的通知》	2011 年 12 月 16 日	国务院办公厅	我国社会养老服务体系建设已具备了坚实的基础
《中国护理事业发展规划纲要（2011—2015)年》	2011 年 12 月 31 日	卫生部（现国家卫健委）	逐步建立和完善"以机构为支撑、居家为基础、社区为依托"的长期护理服务体系;到 2015 年,通过试点工作逐步建立长期医疗护理服务模式
《关于加快发展养老服务业的若干意见》	2013 年 9 月 13 日	国务院办公厅	鼓励老年人投保长护险等产品,鼓励和引导市场上的商业保险公司开展与养老服务业相关的业务
《关于加快发展现代保险服务业的若干意见》	2014 年 8 月 13 日	国务院办公厅	发展商业性长期护理保险

续表

文件名称	发布时间	发布单位	相关内容
《关于加快发展商业健康保险的若干意见》	2014 年 11 月 17 日	国务院办公厅	以试点为单位开展长期护理保险制度的探索,加快发展多种形式的长期商业护理保险
《关于开展长期护理保险制度试点的指导意见》	2016 年 7 月 8 日	人力资源和社会保障厅	确定长期护理保险第一批试点地市,公布试点目标、主要任务和基本政策等
《关于扩大长期护理保险制度试点的指导意见》	2020 年 9 月 16 日	医保局、财政部	扩大试点范围,已试点地区进一步深入推进试点工作

一、先行试点阶段(2012—2016 年)

我国长期护理保险的试点工作于 2012 年在青岛市开启,此后其他城市也逐渐展开,如南通市、长春市和上海市等。先行试点阶段的城市人口老龄化程度较高,养老压力较为严峻。2012 年底,青岛市 60 岁及以上老年人已达 138.78 万人,占总人口的 18.03%,远高于全国 14.3% 的平均水平;按照中国老龄科学研究中心研究数据推算,青岛市城乡符合失能以及半失能标准的相关老年人总数约 25 万人,完全失能老人约 8 万人。① 在我国急剧加速的人口老龄化进程中,符合失能以及半失能标准的老人数量增多,逐步形成了一个庞大的老龄化社会群体;"未富先老"的老龄化特征显著;"4—2—1"家庭结构日益成为主体,独生子女父母一代开始步入老龄,这些现实情况都使得以传统的方式进行家庭照护压力巨大,因此如何快速建立起行之有效得社会化医疗照护体系符合当前的形势需要,于是青岛市率先进行了制度探索。

其实,青岛市从 2006 年起,就开展了医疗护理试点,此时的试点还依托社区卫生机构和养老机构。2011 年青岛市又开展了医疗专护试点,依

---

① 《青岛市创新建立长期护理保险制度破解人口老龄化难题》,青岛政务网,见 http://www.qingdao.gov.cn/n172/n24624151/n24626255/n24626269/n24626297/130909093611825520.html,2013—09—06。

托二、三级医院。基于多年的试点经验,2012 年 7 月,经市政府批准,青岛市人社部、财政部、民政部、卫生等九部门联合推出实施长期医疗护理保险制度。此制度的覆盖范围包括全体城镇职工基本医疗保险参保人和城镇居民基本医疗保险参保人,两种保险参保人数达到了 360 万人,享受同等待遇。长护险基金支付的范围包括参保人身体出现年老、生病或伤残等情况,从而导致身体的相关功能出现全部或部分丧失,无法对生活进行自理,需要接受长期医疗护理的情况。青岛市推出了三种护理方式来充分满足参保人的护理需求,包括专护、老护和家护。其中,专护是指参保人主要在二、三级医院接受专业的医疗护理;老护是指参保人在具有相应医疗资质的专业的养老机构接受医疗护理;家护是指参保人在家中直接接受医疗护理。为了鼓励和引导参保人更多地使用基层医疗护理资源,在具体支付时,老护和家护产生的医疗护理费,护理保险基金报销其中的 96%,个人只需负担 4%;而专护产生的医疗护理费,基金仅报销90%,个人需要负担 10%。数据显示,全青岛市享受医疗护理保险待遇的人员平均年龄达到了 78 岁。

　　青岛市的长期护理保险制度的实施使得一些长期以来难以解决的医改难题初步破解,极大限度地降低了患者地费用负担,减轻了医保支付的压力,同时护理机构也得到了较好的发展,达到了三方共赢的效果。首先,青岛市的长护险制度有效地缓解了患者"住院难、看病贵"的问题,失能、半失能老人医疗护理权益待遇得到切实保障。青岛市的长期医疗护理保险制度以社区和家庭等基层医疗资源为主题,构建了医养康护一体化的平台,将失能、半失能老人从住院人群中分流出去,方便了对失能、半失能老人的医疗照护。除此之外,由于青岛市长期护理保险在报销标准上高于住院的报销标准,使得患者负担得到了很大程度的减轻,有效解决了家庭困难的患者因费用高而无法住院的问题。青岛市长护险制度实施一年的数据显示,老护、家护形式的个人负担比例约在 8.9%左右(其中范围内个人自负 4%),远远低于住院治疗 30%的负担比例。其次,长护险制度增加了医保基金的使用效益,缓解了由于人口老龄化产生的医保支付的巨大压力。同时,"医养秉护"一体的新型医疗服务模式逐步形成，为护理机构带来了巨大的发展空间和充足的发展条件。青岛市通过长期医疗护理保险制度，形成了持续稳定的资金来源，通过"定额包干，结余留用，超支不补"的结算方式为定点护理机构提供政策和资金支持，同时，促进现有的一、二级医院进行转型，为其带来了新的发展形式，优化了现有医疗资源的配置。从需方来讲，有利于改善患者的就医观念，从而改变就医行为，促使患者使用社区卫生资源接受护理、康复和保健服务。

在青岛市率先开展试点后，其他城市如南通、上海等也纷纷开展试点。在先行试点阶段，虽然大部分城市未对长期护理保险的保障范围、筹资机制、服务内容等进行更为深入的探讨，但是此阶段的探索切实降低了保障对象及其家庭的经济负担，达到了显著的效果，同时也为之后国家针对长期护理保险领域进行相关的顶层设计奠定了基础，也为我国其他城市和地区推行长期护理保险政策提供了借鉴和宝贵的经验。

二、局部试点阶段（2016—2020 年）

在 2013 年和 2014 年，中央政府均出台文件鼓励商业长期护理保险制度的发展，但是大部分文件并无详细的方案。直到 2016 年，中央提出建立"多层次长期护理保障制度"，人力资源和社会保障部出台了《关于开展长期护理保险制度试点的指导意见》（人社厅发〔2016〕80 号），文件中对我国长期护理保险试点过程中需要遵循的指导思想，需要把握的基本原则以及相关政策和配套措施等都提供了方向性的指导意见，并将 15 个城市和 2 个重点联系省作为试点，开展长护险试点工作。① 文件中规定，要通过试点地区建立起社会保险型长期护理保险，长护险应包含多方筹集机制，但是文件中并没有具体规定长护险的对象评估、服务提供和结算方式等，只做了基础的原则性的规定，鼓励各相关试点城市因地制宜，根据当地情况自行制定具体执行方案，但要基于文件中的原则性规定，在这一阶段，相关试点城市拥有较大的自主权，可以自行设计，这在因地制宜的基础上也为建立全国性的制度标准带来了阻碍。

---

① 王华磊、穆光宗：《长期护理保险的政策研究：国际经验和中国探索》，《中国浦东干部学院学报》2018 年第 5 期，第 122—132 页。

　　试点以来,各城市因地制宜,积极探索符合自身情况的长期护理保险制度的基本框架,在对象、筹资、范围、结算、管理等方面进行了大胆创新,积累了丰富的经验。在参保对象方面,根据人社部出台的《关于开展长期护理保险制度试点的指导意见》,长护险制度原则上主要覆盖城镇职工基本医疗保险参保人。在具体实施中,包括上饶市、承德市、安庆市在内的大部分城市与文件保持一致;部分地区在此基础上扩大了保障对象的范围,将城乡居民基本医疗保险参保人也纳入保障对象,例如成都市、徐州市等,也有部分城市进一步细化保障对象的纳入标准,例如上海市增加了年龄界限。在筹资方面,试点地区或单一筹资,或多元筹资。单一筹资渠道通常是指医保基金,从基金中按照一定的比例划拨出长护险基金,不单独向个人和单位进行筹资;多元筹资渠道包括医保基金、地方财政划拨、单位和个人缴费、福彩和社会捐赠等,多个城市如南通市、苏州市等都建立了包括财政补助、医保基金划拨、单位和个人缴费相结合的多渠道筹资机制。在筹资标准上,主要分为比例筹资和定额筹资两种,如成都市属于按比例筹资,将筹资对象按照年龄划分为三个阶段,每个阶段规定不同的缴费比例,其中,40岁以下个人缴费比例为0.1%,40岁至退休个人缴费比例为0.2%,退休以后个人缴费比例为0.3%;南通市实行典型的定额筹资标准,每人每年共需缴纳100元,其中个人部分为30元,医保基金划拨部分为每人30元,地方财政划拨为每人40元。各地区的保障范围划分标准有所不同,有以身体失能程度作为标准的,例如成都市的保障范围必须为重度失能人员,南通市则将中度和重度失能人员均纳入保障范围;也有以年龄和失能等级共同作为标准的,例如上海市的长护险规定只有60岁以上、失能等级为2—6级的老年人符合保障对象标准;也有根据其他情况划分保障对象的,例如上饶市长护险的保障对象是重度失智的老人和因为失智造成身体进一步失能的老人。各地区长护险的支付标准也有所不同,如上饶市和南通市是定额包干支付,上海市是按比例支付。在服务管理过程中,有的城市通过全流程委托保险公司进行服务供给,有的城市部分流程委托给保险公司提供服务。

三、扩大试点阶段（2020 年以来）

2020 年 5 月，国家医疗保障局发布《关于扩大长期护理保险制度试点的指导意见（征求意见稿）》，提出计划在原有 15 个试点城市的基础上新增设 14 个试点城市，即在全国范围内的 29 个城市和 2 个重点联系省份开展为期 2 年的试点工作。2020 年 9 月，我国医保局和财政部联合发文，在《关于扩大长期护理保险制度试点的指导意见》（医保发〔2020〕37 号，以下简称《意见》）中增加了长期护理保险制度的试点城市，将试点城市数量增加至 49 个。同时，《意见》还结合了社会经济发展的水平和我国民众的护理需求，聚焦于构建独立险种。《意见》根据我国当下的国情明确了试点目标和任务，在"十四五"期间，要适应我国的经济发展水平和人口老龄化的发展趋势，建立长期护理保险制度，并且要丰富长护险制度的层次以满足人民群众多元化的护理需求。

为了长护险制度的长期发展，《意见》明确了 6 项基本原则：（1）要坚持以人为本，要将重点着眼于满足重度失能人员的护理需求，解决人民群众最急切的问题；（2）坚持独立运行，长期护理保险制度的设计要独立进行、试点工作要独立推进；（3）坚持保障基本，聚焦于满足人民群众最基本的护理需求；（4）坚持责任共担，责任包括筹资责任和保障责任，要充分运用多方力量对其进行合理的分担；（5）坚持机制创新，要积极探索可长远发展的长护险运行机制；（6）坚持统筹协调，要构建机制保障长护险与其他制度和商业保险的功能衔接，各方通力保障长护险的稳定实施与发展。

为了有效运用多方力量对筹资责任进行合理分担，《意见》从三方面对筹资机制进行了原则性的规定，以建立稳定可持续的多元筹资渠道：（1）各地区要科学合理地确定筹资水平。筹资水平的确定需要结合该地民众的护理需求、社会经济发展水平以及护理业的发展情况，对筹资总额进行科学合理的测算。（2）要建立责任均衡分担的独立筹资渠道。《意见》明确城镇职工参保人群的筹资主要来自单位和个人缴费，原则上二者分担相同的比例，各为 50%。《意见》还要求对筹资结构进行优化，可以从用人单位缴纳的职工医保费中抽出一部分，作为长护险单位缴费的部分,既保证了长护险独立筹资渠道的来源,又不给单位增加负担。而个人缴费的部分可直接从基本医疗保险的个人账户中扣除,也可保证不给个人带来新的负担。(3)《意见》还对困难人群的参保缴费进行了安排,鼓励通过地方财政等渠道适当资助特殊困难退休职工,助力困难群体全面进入保障网。

在待遇给付方面,《意见》细化了四方面的政策来明确长护险待遇支付相应的程序、范围和水平。(1)在待遇享受上,明确需要进一步对失能的评定标准进行优化,按程序进行申请并且通过认定的人员,才可享受当地相应的给付待遇。(2)在支付范围上,明确长期护理保险基金主要用于支付服务过程中产生的基本护理费。(3)在给付水平上,明确长护险基金的总体支付水平需要控制在 70% 左右。同时,借鉴青岛市的经验,可以通过实施差别化支付政策,鼓励和引导患者更多地利用基层医疗资源。(4)在与其他相关制度的衔接上,要充分发挥长期护理保险资源平台作用,做好资源、功能、服务在制度间的衔接,形成保障合力。

为了切实加强长护险基金的管理以及提升服务质量,《意见》明确了三点安排:(1)完善对长护险基金的管理,对长护险基金要单独建账,并且相关的核算工作也要单独进行。(2)健全相关服务的提供和管理,加强相关监管与核查,加快推行统一完善的长期护理保险服务提供标准及相关管理办法。(3)创新长护险的经办管理,鼓励社会力量参与长护险的服务供给中,充分发挥市场机制的作用,完善绩效考核和评价工作,加快推进长期护理保险资源平台建设,促进信息共享。

6.2.2　我国长期护理保险发展现状

《关于扩大长期护理保险制度试点的指导意见》(医保发〔2020〕37号)中进一步将 14 个地区纳入长期护理保险试点,目前我国社会长期护理保险已在 49 个城市试点,覆盖近 1.2 亿参保人。本小节将结合《意见》和 2020 年新纳入试点的地区的实际情况从保障水平、筹资机制、待遇给付和服务供给四个维度对我国新纳入试点的 14 个地区的长期护理保险发展现状进行梳理,资料均来源于各地区政府官方网站。

一、保障水平

（一）保障对象

《意见》中提出各地区在试点阶段基于职工基本医疗保险参保人群，着眼于满足重度身体失能人员的护理需求，应该优先保障符合相应条件的身体失能老年人、重度残疾人。同时对有条件的地区加以鼓励，鼓励其扩大保障范围。从表6-2可以看出，绝大部分地区与《意见》保持一致，保障对象为城镇职工基本医疗保险的参保人员，北京市石景山区和呼和浩特市在城镇职工基本医疗保险的基础上扩大了保障范围，将城乡居民基本医疗保险参保人员也纳入保障范围内。

表6-2　各地区长期护理保险保障对象

地区	保障对象
北京市石景山区、呼和浩特市	城镇职工基本医疗保险参保人员、城乡居民基本医疗保险参保人员
天津市、晋城市、盘锦市、福州市、开封市、湘潭市、南宁市、黔西南州、昆明市、汉中市、乌鲁木齐市、承德市	城镇职工基本医疗保险参保人员

（二）保障范围

大部分地区长护险的保障范围为护理服务费用，但对护理服务费用并未做出详细解释，如晋城市的保障范围不仅包括护理服务费用，还包括医疗机构床位费、服务费和设备使用费等，黔西南州的保障范围还包括评估费用和产品租赁费等。

表6-3　各地区长期护理保险保障范围

地区	保障范围
北京市石景山区、天津市、福州市、南宁市、呼和浩特市、盘锦市、开封市、湘潭市、昆明市、汉中市、乌鲁木齐市、承德市	护理服务费用
晋城市	护理服务费用、医疗机构床位费、服务费、设备使用费等

续表

地区	保障范围
黔西南州	护理服务费用、评估费用、产品租赁费等

二、筹资机制

长护险筹资机制是为了保证稳定可持续的资金来源,基于风险共担的原则,为长护险资金筹集建立的一系列规则制度。[①] 各地区依据《意见》中提出的"探索建立互助共济、责任共担的多渠道筹资机制",筹资渠道多样化,除了单位和个人缴费外,还包括财政补助、医保基金一次性划拨和社会捐助等渠道。各地区的筹资机制主要分为定额筹资和按比例筹资两种,定额筹资如天津市单位和个人分别每年缴纳 120 元/人,黔西南州单位和个人分别每年缴纳 45 元/人、财政拨款 10 元/人;按比例筹资的地区有晋城市、呼和浩特市、盘锦市等大多数地区,按照城镇职工医疗保险缴费基数的一定比例确定筹资标准,如承德市按照上年城镇职工工资总额的一定比例确定筹资标准。虽然各地区都有规定的筹资标准,但是为了不给单位和个人额外增加经济负担,几乎所有地区的单位和个人缴费都从现有医保基金和个人账户中划拨,其中乌鲁木齐市单位无需缴费。个人缴费的比例较为集中,基本在 20%—50% 之间,医保基金和财政补助根据地区经济实力情况差异呈现出较大的差距。

表 6-4　各地区长期护理保险筹资渠道和筹资标准

地区	筹资渠道	筹资标准
北京市石景山区	单位、个人缴费+财政补助+社会捐助	160/人·年:政府 40%+单位 40%+个人 20%
天津市	单位、个人缴费+社会捐助+医保基金划拨	单位 120/人·年+个人 120/人·年

---

① 刘金涛、陈树文:《我国老年长期护理保险筹资机制探析》,《大连理工大学学报(社会科学版)》2011 年第 3 期,第 44—48 页。

续表

地区	筹资渠道	筹资标准
晋城市	单位、个人缴费+财政补助+医保基金划拨	单位:职工医保缴费基数0.15%/月; 个人:在职医保缴费基数0.3%/月,退休人员工资0.15%/月; 政府:退休人员工资0.15%/月
呼和浩特市	单位、个人缴费+财政补助+社会捐助	单位:职工医保缴费基数0.2%/月; 个人:医保缴费基数0.2%/月; 财政:10元/人·年 城乡居民:70元/人·年
盘锦市	单位、个人缴费+财政补助+医保基金划拨	单位:职工医保缴费基数0.2%/月; 个人:医保缴费基数0.2%/月; 财政:全额补助医疗救助对象
福州市	单位、个人缴费+财政补助+社会捐助	单位:职工医保缴费基数0.25%/月; 个人:医保缴费基数0.25%/月
开封市	单位、个人缴费+财政补助+社会捐助	120元/人·年:单位50%+个人50%; 财政:补助特殊困难退休职工的个人部分
湘潭市	单位、个人缴费+社会捐助+医保基金划拨	单位:职工医保缴费基数0.12%/月; 个人:医保缴费基数0.12%/月; 医保基金划拨500万元
南宁市	单位、个人缴费+社会捐助+医保基金划拨	单位:职工医保缴费基数0.15%/月; 个人:医保缴费基数0.15%/月; 医保基金划拨2.34亿元
黔西南州	单位、个人缴费+社会捐助+财政补助	单位:45元/年,从医保基金划拨; 个人:45元/年,从医保个人账户划拨; 财政:10元/年
昆明市	单位、个人缴费+财政补助+社会捐助+医保基金划拨	单位:职工医保缴费基数0.2%/月; 个人:医保缴费基数0.2%/月
汉中市	单位、个人缴费+财政补助	100元/年:个人50元+单位30元+财政20元
乌鲁木齐市	个人缴费+财政补助+社会捐助+医保基金划拨	财政:20元/年; 医保基金:50元/年; 个人:30元/年
承德市	单位、个人缴费+财政补助	标准为参保人员上年度工资总额的0.4%:个人0.15%+政府0.05%+单位0.2%

三、待遇给付

各地区优先保障重度失能人员,其中,晋城市、盘锦市、福州市、开封市、黔西南州、昆明市、乌鲁木齐市等地区未对失能等级进行严格规定,其余地区均明确规定必须达到重度失能或中度失能才能享受待遇给付。绝大多数地区的待遇给付标准都根据护理方式进行划分,总的来讲,机构护理的给付水平较高,亲属居家护理的给付水平较低,其中呼和浩特市将护理方式和失能等级进行结合,对给付标准进行了更为详细的划分。基金的给付比例集中在60%—100%之间,70%的给付比例较为普遍。

表6-5 各地区长期护理保险给付条件和给付标准

地区	给付条件	给付标准
北京市石景山区	经过不少于6个月的治疗(康复)并达到重度失能	机构护理70元/天:基金70%; 机构提供的居家护理85元/小时:基金76%; 居家护理50元/小时:基金64%
天津市	失能状态不少于6个月并达到重度失能	机构护理70元/天:基金70%; 居家护理2100元/月:基金75%
晋城市	失能状态不少于6个月	居家自主护理30元/天:基金100%; 居家上门护理1500元/月:基金70%; 居家和上门叠加:居家部门15元/天,基金100%;上门部分1000元/月,基金70%; 机构护理100元/天:基金70%
呼和浩特市	失能状态不少于6个月并达到中度、重度失能	职工中度失能机构护理900元/月,居家护理750元/月; 职工重度失能一级机构护理1200元/月,居家护理1050元/月; 职工重度失能二级机构护理1500元/月,居家护理1350元/月; 职工重度失能三级机构护理1800元/月,居家护理1650元/月; 居民中度失能600元/月; 居民重度一级失能750元/月; 居民重度二级失能1050元/月; 居民重度三级失能1350元/月
盘锦市	失能状态不少于6个月	机构护理:基金70%; 机构上门护理:基金80%

续表

地区	给付条件	给付标准
福州市	失能状态不少于 6 个月	基金支付不低于 70%
开封市	失能状态不少于 6 个月	机构护理:基金 65%,最高 1900 元/月; 居家上门护理:基金 75%,最高 1500 元/月; 居家自主护理:900 元/月
湘潭市	失能状态不少于 6 个月并达到重度失能	医疗机构护理:二级及以上机构 100 元/天,一级及以下机构 80 元/天,基金承担 70%; 养老机构护理:50 元/天,基金承担 70%; 机构上门护理:40 元/天,基金承担 80%
南宁市	失能状态不少于 6 个月并达到重度失能	2463 元/月 机构上门护理:基金 75%; 机构护理:基金 70%; 异地机构护理:基金 60%
黔西南州	失能状态不少于 6 个月	评估费用:300 元/人; 自主照料:200 元/月; 居家上门护理:900 元/月; 产品租赁:300 元/月; 机构护理:1000 元/月
昆明市	失能状态不少于 6 个月	支付标准为云南省 2019 年月平均工资的 70%,其中基金支付 70%
汉中市	治疗满 6 个月且达到重度失能	医疗机构护理:最高 1200 元/月; 养老机构护理:最高 1100 元/月; 上门护理:最高 800 元/月; 居家护理:最高 450 元/月
乌鲁木齐市	失能状态不少于 6 个月	全日上门护理:1862 元/月; 全日机构护理:1737 元/月; 机构上门护理:20 元/小时
承德市	失能状态不少于 6 个月并达到重度失能	医疗机构护理:60 元/床日,基金 70%; 护理、养老机构:50 元/床日,基金 70%; 居家护理:40 元/床日,基金 70%

四、服务供给

大部分地区的服务形式为机构护理和居家护理,其中机构护理包括医疗机构护理、养老机构护理和护理机构护理等,居家护理包括定点机构的护理人员上门护理和具备护理资质的家人或亲属居家护理。部分地区对非定点机构护理人员的居家护理,如家人、亲属照料等不进行给付,如湘潭市和南宁市。服务机构形式也呈现多样化,包括具备护理条件的医疗机构、养老结合机构、护理服务机构等。

表 6-6　各地区长期护理保险服务形式与机构

地区	服务形式	服务机构
北京市石景山区	机构护理、居家护理	定点医院、护理院、养老院和照料中心、养老驿站,或具备其他相应资质的机构
天津市	机构护理、居家护理	定点护理机构
晋城市	居家自主护理、居家上门护理、居家和上门叠加护理、机构专业护理	定点护理机构
呼和浩特市、盘锦市	机构护理、居家护理	具备提供护理服务条件的医疗机构、养老服务机构、医养结合机构、居家和社区养老综合服务中心等
福州市	机构护理、居家护理	本市范围内具备相应资质的医疗机构和各类养老护理服务机构
开封市	机构护理、居家上门护理、居家自主护理	定点护理机构
湘潭市	医疗机构护理、养老机构护理、机构上门护理	定点护理机构
南宁市	机构上门护理、入住机构护理、异地居住护理	定点护理机构
黔西南州	自主照料、上门护理、机构护理	—
昆明市	医养结合机构护理、养老机构护理、居家护理	定点护理机构
汉中市	居家护理、康养机构、医院护理	具备医疗保险服务资格,设置专门护理床位的医疗机构,以及养老机构、护理机构、残疾人托养机构、社区及居家照护机构
乌鲁木齐市	全日居家护理、全日机构护理、机构上门护理	养老机构、护理服务机构、残疾人托养机构、居家照护机构和提供护理服务的医疗卫生机构

地区	服务形式	服务机构
承德市	医疗机构护理、护理机构和养老机构护理、居家护理	符合条件的护理服务机构、养老服务机构、参照对定点护理机构的要求进行管理的并且设置符合规定的护理区域和床位的医疗保险定点医疗机构、符合条件的社区卫生服务机构,以及能够提供符合护理标准服务的企业

6.3 我国长期护理保险典型发展模式及主要代表地区

2016 年 6 月人力资源和社会保障部发布的《关于开展长期护理保险制度试点的指导意见》指出,要在我国开展长期护理保险的试点工作,发展长期护理保险,必然涉及制度和模式选择的问题,要根据本国国情建立适当的运行模式。目前,我国长期护理保险发展模式大致可分为三类:(1)政府管理、商业保险公司参与经办模式。(2)政府主导的社会保障模式。(3)商业保险公司经办模式①。本部分选取了青岛、南通、上海、长春和北京海淀等 5 个具有代表性的城市,并从参保对象、筹资、服务对象、服务内容、服务形式、经办机构等方面对以上三种长期护理保险发展模式进行介绍。

6.3.1 政府管理、商业保险公司参与经办模式

一、模式简介

政府管理、商业保险公司参与经办模式是指政府负责建立长期护理

---

① 原彰、廖韵婷、李建国:《我国长期护理保险典型发展模式研究》,《卫生软科学》2020 年第 4 期,第 60—64 页。

保险系统,商业保险公司通过政府招标或购买其相应服务等方式,从而在保险实施中发挥部分作用。商业保险公司收取一定的基金管理费用,部分参与经办业务,不需要自负盈亏。代表城市有青岛、南通等试点城市。

二、代表地区发展现状

(一)青岛

山东省是我国长期护理保险试点的重点联系省份,青岛市为我国最早开展长期护理保险试点的城市。2012 年,青岛市就率先开展了长期护理保险的相关探索。2016 年,青岛市成为我国开展长期护理保险制度首批试点城市,并于 2018 年 4 月正式实施《青岛市长期护理保险暂行办法》(以下简称《暂行办法》)①。其将长期护理保险定义为:"为因年老、疾病、伤残等导致丧失自理能力的完全失能人员和重度失智人员提供基本生活照料及与基本生活密切相关的医疗护理服务或者资金保障;为半失能人员、轻中度失智人员和高危人群,以项目的形式提供身体功能维护等训练和指导,延缓失能失智。"

参保对象方面,青岛市长期护理保险覆盖较为广泛,主要包括城镇职工基本医疗保险、城乡居民基本医疗保险参保者,截至 2020 年,青岛市已有超过 820 万人享受长期护理保险制度保障;筹资方面,青岛市长期护理保险资金筹集主要依托当地的基本医疗保险基金,启动资金从基本医疗保险历年结余基金中一次性划转,后续通过调整基本医疗统筹账户和个人账户结构的方式筹集,且地方财政会给予一定补贴,单位和个人无需再缴费;服务对象方面,青岛市长期护理保险服务对象主要包括因年老、伤残等原因长期卧床、生活不能自理,已经达到或预期达到六个月以上的失能人员以及因患老年痴呆等疾病导致生活难以自理的重度失智人员;服务内容方面,2018 年后青岛市进入全人全责护理服务模式,参保职工可享受医疗护理和基本生活照料待遇,参保居民可享受医疗护理待遇,且参保职工和居民均可享受功能维护(康复训练)、精神慰藉、安宁疗护和临

① 《关于印发青岛市长期护理保险暂行办法的通知》,青岛政务网,见 http://www.qingdao.gov.cn/n172/n68422/n68424/n31282492/n31282493/180316111631686447.html,2018—03—16。

终关怀等待遇;服务形式方面,青岛市长期护理的服务形式为参保人员先进行长期照护需求等级评估,评估为三、四、五级的失能人员,可依规申请专护、院护、家护或巡护服务,评估为重度失智的人员可依规申请长期照护、日间照护或短期照护;经办机构方面,青岛市除医保办和人社局等政府机构经办外,还采用政府招标的方式,委托中标的商业保险公司参与长期护理保险的部分经办工作。①②③

截至 2019 年 5 月,青岛市长期护理保险基金累计支出 17 亿元,超过 6 万人享受到长期护理保险待遇,超过 600 家定点服务机构参与其中。青岛市长期护理保险工作取得了良好的成效,成功的范例填补了我国长期护理保险制度建设的空白,减轻了家庭照护者的负担,缓解了大型医院床位压力,也促进了"医养结合"的发展、优化了护理资源配置、提高了医保基金的使用效率,为探索建立全国性普适的长期护理保险制度提供了有益的参考④。

（二）南通

江苏省内选择南通市和苏州市开展初期工作试点。南通市为响应省级政策规定,于 2015 年 12 月推出了长期护理保险制度,这一制度于 2016 年 1 月 1 日开始正式运行。⑤ 同年,南通市入选 15 个国家首批长期护理保险试点城市。

---

① 《关于将重度失智老人纳入长期护理保险保障范围并实行"失智专区"管理的试点意见》,青岛政务网,见 http://www. qingdao. gov. cn/n172/n24624151/n24626255/n24626269/n24626283/170103092321087843. html,2016—11—15。

② 《青岛市"全人全责"长期护理保险制度政策解读》,青岛政务网,见 http://www. qingdao. gov. cn/n172/n24624151/n24672455/n24673704/n31280493/180320111900201650. html,2018—03—20。

③ 《关于印发〈青岛市长期医疗护理保险管理办法〉的通知》,青岛政务网,见 http://www. qingdao. gov. cn/n172/n24624151/n24626255/n24626269/n24626283/150317104307682452. html,2014—12—30。

④ 《青岛长期护理保险支付资金 17 亿元 已惠及 6 万余人》,青岛新闻网,见 https://baijiahao.baidu.com/s? id=1634854177547605556&wfr=spider&for=pc,2019—05—29。

⑤ 《市政府印发〈关于建立基本照护保险制度的意见（试行）〉的通知》,南通市人民政府网站,见 http://www. nantong. gov. cn/ntsrmzf/2015ndswq/content/51793459－2b25－4563－ade9－2732b4fab089. html,2015—12—01。

参保对象方面,南通市长期护理保险参保对象包括所有职工、居民医保人员,截至 2020 年,南通长期护理保险制度覆盖 714.88 万人;筹资方面,南通市长期护理保险资金筹集采用市财政、医保以及个人共同承担的方式,标准居民个人承担 30%,市财政以及医保各自承担 40% 和 30%,同时由于 18 岁以下为未成年人,作为特殊群体,他们的保险费用均为市政府承担;服务对象方面,南通市长期护理保险服务对象为符合失能人员鉴定条件的参保人员;服务内容方面,南通市长期护理保险服务内容有"上门服务"以及由医院和具有医养结合资质的养老机构提供的"床位服务",不同的护理服务形式有对应的管理模式和支付办法,其中,"上门服务"是南通市的创新服务模式,有效地满足了失能老年人差异化和多样化的需求;服务形式方面,南通市要求享受保险保障时,需先由参保人员自行提出失能鉴定申请,通过相应失能鉴定机制鉴定后即可享受保险保障补偿;经办机构方面,南通市长期照护保险通过政府招标、购买社会化服务和商业保险机构具体经办的模式,将失能等级申请、评估认定、费用结算、服务监督等工作委托商业保险机构社会化经办。①②

经过几年的探索实践,南通市长期护理保险取得了一定的成效,成功构建了适应地方需要的制度体系,包括筹资机制、失能人员鉴定机制、第三方参与机制、标准化的照护服务体系建设等。截至 2020 年,南通市长期照护保险制度已覆盖 714.88 万参保人员,25727 人享受了护理待遇,其中居家护理 21640 人,护理院护理 3296 人,养老院护理 791 人,即 84.1% 的失能人员采用居家护理,15.9% 的失能人员采用机构护理。长期护理保险引入的专业照护,给失能、半失能家庭带去了新的希望。③

---

① 《市政府印发〈关于建立基本照护保险制度的意见(试行)〉的通知》,南通市人民政府网站,见 http://www.nantong.gov.cn/ntsrmzf/2015ndswq/content/51793459 - 2b25 - 4563 - ade9 - 2732b4fab089.html,2015—12—01。

② 李萌:《我国长期护理保险制度实施的反思和未来选择——基于北京、上海、青岛、南通四个试点城市分析》,《劳动保障世界》2020 年第 12 期,第 39—40 页。

③ 《南通长期护理保险先行先试覆盖 720 万参保人员 江苏 7 市试点已有 2326.2 万人参加》,中国保险网,见 http://www.china-insurance.com/insurdata/20201016/44949.html,2020—10—16。

6.3.2 政府主导的社会保障模式

一、模式简介

政府主导的社会保障模式完全由政府经办和实施,通过独立的社会保险险种筹资,筹资主体包括政府、单位、职工和捐赠等社会渠道。该模式具有以下几个特点:第一是体现权利与义务相联系,待遇的享受以参保缴费为前提,待遇水平与缴费贡献关联;第二是具有强制性,法定参保人员必须参加;第三是强调互助共济性与风险共担。代表城市有上海和长春。

二、代表地区发展现状

(一)上海

上海市作为 15 个全国首批长护险试点城市之一,采用完全由政府管理和经办的模式,将长期护理保险纳入社会保障,这种模式在试点城市中较为少见。2016 年 12 月,上海市人力资源和社会保障局发布《上海市长期护理保险试点办法》,标志着上海市长期护理保险制度正式开始试点实施。[①]

参保对象方面,上海市规定,参加上海市职工基本医疗保险(以下简称"职工医保")的人员和城乡居民基本医疗保险(以下简称"居民医保")年满 60 周岁的人员应当参加长期护理保险。筹资方面,对于职工医保参保人员,按用人单位职工医保缴费基数 1%的比例,分季度从职工医保统筹基金中调剂部分资金,用作长期护理保险基金;对于居民医保年满 60 周岁的参保人员,根据年满 60 周岁的参保人数、按略低于职工医保的人均筹资水平,分季度从居民医保统筹基金中调剂部分资金,用作长期护理保险基金。服务对象方面,上海市长期护理保险服务对象主要包括年满 60 周岁且已依规办理基本养老金申领手续的职工医保参保人员和年满 60 周岁的居民医保参保人员,在按照老年照护需求评估等级(以下

---

① 《上海市人民政府关于印发修订后的〈上海市长期护理保险试点办法〉的通知》(沪府发〔2017〕97 号),上海市政府网站,见 https://www.shanghai.gov.cn/nw43202/20200824/0001-43202_55029.html,2017—12—30。

简称"评估等级")进行评估后,可以享受不同等级的长期护理待遇。服务形式方面,上海市长期护理包括社区居家护理、养老院护理和住院护理三种服务形式。参保人员在住院护理期间发生的合规医疗费用,按照其本人所参加的基本医保的相关规定报销。经办机构方面,上海市采用完全由政府管理和经办的模式,将长期护理保险纳入社会保障。[1][2]

上海模式有利于构建医养结合的长期护理保险体系结构,有利于建立医疗护理和生活护理相结合模式,有利于鼓励医疗机构上门服务。截至 2019 年 7 月末,上海市试点长期护理保险的各街镇社区累计受理申请超过 50 万人次。累计完成需求评估超过 45 万人次,其中符合待遇享受条件的超过 39 万人次。接受服务对象累计超过 41 万人,其中接受社区居家护理的老年人超过 30 万人,接受养老机构护理的老年人超过 11 万人。费用支付方面,2019 年上海市长期护理保险基金支出到达 12.7 亿元,其中社区居家照护支出 9.4 亿元、养老机构照护支出 3 亿元、需求评估支出 0.3 亿元。随着惠及人数的持续增加,上海市长期护理保险发挥的作用也不断凸显。[3]

(二)长春

为应对老龄化和少子化的现实挑战,长春市政府先行先试、大胆破题,率先提出了建立失能人员医疗照护保险制度,并在分级报销比例、医保网络结算、照护目录、照护规范、失能标准、耗材标准和远程审批方面取得了政策突破,填补了我国照护管理的制度空白。长春市也被人力资源和社会保障部纳入全国首批 15 个长期护理保险试点城市。[4]

参保对象方面,长春市长期护理保险参保范围与城镇职工基本医疗

---

① 吴玲:《日本介护保险实施现状对上海长期护理保险实施的启示》,《上海护理》2019 年第 1 期,第 36—38 页。

② 孙永勇、施莜:《上海市长期护理保险制度存在的问题与对策研究》,《老龄科学研究》2018 年第 7 期,第 3—11 页。

③ 《今年上海长护险基金支付 12.7 亿惠及 41 万人,下一步门槛不能降低守好人口关》,上观新闻网,见 https://web.shobserver.com/staticsg/res/html/web/newsDetail.html? id = 170619,2019—08—19。

④ 《长期照护险"长春路径"成效凸显》,长春市医疗保障局网站,见 http://ccyb.changchun.gov.cn/zwdt/gzdt/202012/t20201216_2657159.html,2020—12—16。

保险和城镇居民基本医疗保险参保范围一致,并根据城乡居民基本医疗保险制度整合进展,适时将原新型农村合作医疗参保人员纳入长期护理保险参保范围。筹资方面,长春市本着"不加负"的原则,建立了以互助共济为主要特点的多元筹资机制。通过调整基本医疗保险统筹基金和个人账户结构、财政补助、医保缴费"平移"等方式筹集长期护理保险基金,用人单位和个人均无需另行缴费。此外,长春市还设立了长期护理保险"风险储备金",即在保证基本医保基金安全的前提下,从基本医保统筹基金结余中划拨 10% 补充至长期护理保险基金。服务对象方面,长春市从优先保障重度失能人员,逐步惠及至高龄老人日常护理、中度失能护理、舒缓疗护,长期护理保险服务范围逐步拓宽。经办机构方面,长春市长期照护保险主要是政府管理和经办的模式,将长期护理保险纳入社会保障,同时也通过市政府招投标形式,引进社会力量参与部分经办服务。[①]

截至 2020 年末,长春市长期护理保险已惠及 16 万人次、3 万余个失能人员,3.4 万人可同时享受长、短期专业照护服务。此外,在长期护理政策的驱动下,其在产业发展、增强城市吸引力、增加劳动力供给和创造就业机会等方面的社会、经济效益也随之释放,长春市专业的照护人员由长期护理保险启动之初的 2800 余人,增长到 2020 年末的 4274 人,并且在机构管理、生活照料、心理咨询和康复照护等方面创造了 2498 个就业岗位。[②]

6.3.3 商业保险公司经办模式

一、模式简介

商业保险公司经办模式是一种缴费义务与所享权利对等的模式,由商业保险公司承保,并通过合同来规定参保人所需缴纳费用以及所能获得的相应待遇。该种模式下,政府主要负责政策和监管,同时,政府负责

---

① 《吉林省人民政府办公厅转发省人力资源社会保障厅等部门关于进一步推进长期护理保险制度试点实施意见的通知》(吉政办发〔2017〕28 号),吉林省人力资源和社会保障厅网站,见 http://hrss.jl.gov.cn/zcfbjjd/zcfb/201704/t20170426_2928044.html,2017—04—16。

② 《长期照护险"长春路径"成效凸显》,长春市医疗保障局网站,见 http://ccyb.changchun.gov.cn/zwdt/gzdt/202012/t20201216_2657159.html,2020—12—16。

弱势群体的有限保障。商业保险公司负责实施长期护理保险的具体工作,在直接参与业务经办的同时也要间接参与服务业务,在一定程度上自负盈亏。作为一种商业保险,年轻人和老年人均可以自由参保,无固定费率,保险公司综合考量参保人年龄、健康状况等因素,并由此计算参保人需缴纳的保险费用。该种模式在我国代表性的地区有北京市海淀区。

二、代表地区发展现状

自 2015 年起,北京市便着手于研究解决老年护理和失能护理这一社会难题,并依照相关政策文件精神和地区实际选取海淀区作为长期护理保险试点地区。2016 年 6 月 27 日,北京市出台了《北京市海淀区人民政府关于印发〈海淀区居家养老失能护理互助保险试点办法〉的通知》,标志着海淀区的长期护理保险试点工作正式启动。同年 9 月《北京市海淀区失能护理互助保险实施细则(试行)》出台,海淀区的长期护理保险进入具体实施阶段。该模式与美国的长期护理模式类似,海淀区是目前我国长期护理保险试点地区中唯一采用该模式的地区。①

参保对象方面,规定年满 18 周岁的常住人口均可自愿参加长期护理互助保险,以户为单位参保,且参保人员非本区、市户籍的常住父母、配偶可随同参保,但不享受政府财政补贴。筹资方面,海淀区长期护理互助保险基金由个人、照护服务机构缴纳基金和政府财政补贴共同组成。以个人缴费为主,有效平衡了各方的筹资压力,同时也保证了基金来源的稳定性。给付标准方面,海淀区规定对于 65 周岁以上,经评估达到《日常生活活动能力评估量表》中轻度、中度、重度失能的,可享受的护理服务分别为 900 元/月、1400 元/月、1900 元/月,护理服务费用由长期护理互助保险基金支付。服务内容方面,海淀区长期护理互助保险服务内容主要包括居家照护、社区照护、机构照护以及亲情家庭互助、精神安慰、志愿者等多种照护服务。服务形式方面,海淀区提供了较为丰富的服务形式,如社区日间照料和社区康复护理。社区日间照料是指被护理人员在亲属上

---

① 丁少群、陈怡迪:《我国长期护理保险的迫切需求及发展方向探索》,《上海保险》2017 年第 2 期,第 51—54 页。

班期间到社区日间照料机构、晚间亲属下班后再返回家中。此外,还有亲情家庭互助服务等多样化服务形式。多样的服务形式,旨在满足不同家庭的需求。经办机构方面,海淀区长期护理互助保险采用政府完全委托商业保险公司经办的方式,以商业保险公司为主,政府为辅。①②③

6.3.4　小结

本节借鉴相关学者研究成果,选取青岛、南通、上海、长春和北京 5 个具有代表性的城市,从参保对象、筹资、服务对象、服务内容、服务形式、经办机构等方面对我国长期护理保险的三种发展模式进行了介绍。我们发现,不同地区选择的长期护理保险发展模式与本地区的经济发展水平、基本医疗保险制度等密切相关,各发展模式也各有利弊。探索建立长期护理保险制度,是我国应对人口老龄化、促进社会经济可持续发展的重要战略举措,是实现发展改革成果共享的重大民生工程,也是健全社会保障体系的重要制度安排。目前来看,我国长期护理保险主要以政府举办、商业保险公司参与经办的模式运作,按照政府主导、商业参与、多元统筹的机制运转。我们期待各地区各显神通,探索出适合中国国情的长期护理保险发展之路。

6.4　我国长期护理保险
发展经验与教训

我国自引入长期护理保险制度以来,先后经历了从先行试点到局部

---

①　《北京市海淀区人民政府关于印发〈海淀区居家养老失能护理互助保险试点办法〉的通知》(海行规发〔2016〕7 号),北京市人民政府网站,见 http://www.beijing.gov.cn/zhengce/zhengcefagui/201905/t20190523_68819.html,2016—06—27。

②　《〈海淀区失能护理互助保险实施细则(试行)〉出台》,中共北京市海淀区委员会网站,见 http://hdqw.bjhd.gov.cn/qwyw/xwjj/201609/t20160907_1294692.htm,2016—09—07。

③　《海淀试点居家养老失能护理互助险 可提供四类服务》,海淀区人民政府网站,见 http://zyk.bjhd.gov.cn/zwdt/rdgz/201810/t20181014_3795076.shtml,2016—07—13。

试点再到扩大试点几个阶段,如今,在全国范围内继续稳步推进长期护理保险的发展势在必行,本节内容将在梳理我国发展长期护理保险历程的基础上总结国内的发展经验和教训,为长期护理保险未来的发展提供借鉴意义。

6.4.1 我国长期护理保险发展经验总结

一、试点地区逐步增多,保障范围逐渐扩大

我国长期护理保险制度最初仅在个别城市小范围试点,如青岛市、南通市等,这些城市先行试点为我国长期护理保险制度积累了一定的实践经验,接着在 2016 年,我国将 15 个城市纳入长期护理保险制度的试点范围,到 2020 年,我国已有 49 个城市开展试点,试点地区逐步增多,同时鼓励各个地区结合自身的财政和社会经济情况制定实施细则。可以看出,我国建立长期护理保险制度的重要经验之一就是试点范围的逐步扩大,没有采取"一刀切政策",避免了政策强行引入会产生的水土不服。同时,政策还支持试点地区先将一部分人群即城镇职工医疗保险参保人群纳入保障范围,随后根据自身经济发展情况,逐步扩大保障范围,避免了给地区骤然增加财政负担。我国长期护理保险的目标保障对象是全体国民,然而实现这一目标的道路不是一蹴而就的,这是一个逐步实现的过程。在最初的试点阶段,相比城乡居民基本医疗保险参保者,城镇职工基本医疗保险参保者更加稳定,因此大部分地区以覆盖城镇职工基本医疗保险参保人群作为起步是稳中求进的做法。同时,我国城乡居民,特别是农村居民,在对长期护理保险的需求和筹资能力等方面与城镇职工基本医疗保险参保者有明显差别,同时城市和农村在长期照护服务的供给方面也存在明显差异,因此各地区因地制宜,制订合理的扩面计划是相对正确的选择。[①] 从我国长期护理保险制度的发展历程也可以看出,部分地区已经在城镇职工基本医疗保险参保人群的基础上,扩大了保障人群。

---

① 王群、丁心蕊、刘弘毅等:《我国长期护理保险制度试点方案分析》,《卫生经济研究》2018 年第 6 期,第 43—47 页。

二、筹资渠道多种多样,遵循国际多元趋势

各地区的筹资方式在"互助共济、责任共担"的原则上呈现多样化,有以单位和个人缴费为主的,例如天津市和福州市,有以医保基金划拨为主的,例如南宁市,这一点符合国际趋势。从国内外经验来看,在长护险制度建立的初期,可采取多元化筹资渠道,如医保基金划拨、地方财政补助、单位与个人缴费等,多远化的筹资渠道在初期筹资较为容易。但是,从长期来讲,应进一步合理规划长护险的筹资来源,合理分配政府、单位和个人的筹资责任。[①] 世界上实施长护险的多数国家都坚持互助共济、责任共担、多渠道筹资的原则,个人、国家和单位共同参与长期护理保险基金的筹集。如:日本长期护理保险基金由国家和个人各承担50%;德国政府财政补贴占基金的1/3,个人和单位各负担保险费的50%。[②] 从国际上来看,政府、单位和个人均是长期护理保险筹资机制的主要组成力量。政府是长护险筹资的守门人,长期护理保险作为社会保险的重要组成部分,其建立的初衷是着眼于解决参保群众的长期护理需求,减轻保障人群的经济负担,因此政府提供的资金和制度支持必不可少。在较发达的德国和日本,各级政府财政补助的比例占到1/3以上。同时职工单位即雇主也应当承担适当的筹资责任。最后,个人是主要的稳定筹资来源,也是长期护理保险制度的直接受益者。根据权利与义务相统一原则,公民在享有权利的同时,必须履行相应的义务,因此,个人应当承担主要的筹资义务。

三、代表地区经验丰富,经办模式不拘一格

我国从最初探索引入长期护理保险到现在,全国各地区积极参与推进长护险制度的落实。其中,几个代表性试点地区,例如青岛市、南通市、上海市、长春市以及北京市海淀区等,在模式探索上为全国其他地区提供了丰富的经验,其中,青岛市和南通市为其他地区提供了政府管理、民营

① 夏雅睿、常峰、路云等:《长期护理保险筹资机制的国际经验与中国实践》,《卫生经济研究》2018 年第 12 期,第 69—71、75 页。
② 刘晓雪、钟仁耀:《长期护理保险的国际比较及对我国的启示》,《华东师范大学学报(哲学社会科学版)》2017 年第 4 期,第 98—106、168 页。

机构参与的模式经验,上海市和长春市为其他地区提供了政府主导的模式经验,北京市海淀区为其他地区提供了商业保险公司经办的模式经验。不管是政府管理、政府主导还是商业保险公司经办,在其发展道路上都不是一帆风顺的,必然会经历一定的坎坷和曲折,但是这些坎坷和曲折都会为这些代表地区和全国其他的长期护理保险制度发展带来十分珍贵的经验和教训。政府管理、民营机构参与的模式,可以在确保充分发挥政府的政策主导优势的基础上,同时发挥专业机构的专业优势和灵活性,减少制度成本,提高运营效率,确保长期护理保险的保障范围,提高长期护理保险的可及性。政府主导的社会保障模式可以实现长期护理保险对老龄人口的全覆盖,同时又有政府的财政资金支持和完善的公共卫生体系依托,这种模式需要政府有强大的力量支撑。商业保险公司经办的模式可以较好地满足居民多样化的长期照护服务需求,在照护形式、服务内容、给付方式和产品类型等方面都充分具备多样性和专业性。关于我国在未来建设长期护理保险制度的道路上应主要采取哪种模式,不同的学者说法不一。但是无论哪种模式最终会被采用,上述几个代表性试点地区都会提供给我们丰富的经验和答案。

6.4.2 我国长期护理保险发展教训总结

一、筹资不独立,医保基金恐无法覆盖

长期护理保险的筹资来源不独立。目前,我国相关试点城市长期护理保险的筹资手段较为单一,主要还是通过划转职工医保统筹基金结余与个人统筹账户的形式筹集,这意味着长期护理保险的筹资并未脱离基本医疗保险,只是简单地将医保基金和长期护理保险基金在结构上进行了相应的调整。① 这种筹资形式决定了长期护理保险基金属于存量资金,而非增量资金,其本质只是实现了医保基金结构的调整,在一定程度上提高了医保基金的使用效率和效益。这种方式显然不是探索长期护理

---

① 荆涛、邢慧霞、万里虹等:《扩大长期护理保险试点对我国城镇职工医保基金可持续性的影响》,《保险研究》2020 年第 11 期,第 48—63 页。

保险的初衷,尤其是现如今伴随着我国人口老龄化的趋势和失能老人数量的日渐增多,针对老年人群的长期护理需求和相关费用在不断增长,基本医疗保险的当年结余很快将会无法覆盖到长期护理保险需求。通过对2018—2050 年中国城镇职工基本医疗保险基金的统筹账户收支平衡状况的精算分析表明,如果现行医保筹资和支付政策保持不变,我国城镇职工基本医疗保险基金预计将会在未来几年内出现赤字,若政策继续保持不变,到 2033 年我国医保基金将会出现累计赤字,即我国现有的城镇职工基本医疗保险基金全部亏空。① 我国医保基金的筹集向来遵循“以收定支、收支平衡”的原则,但是若保持现有政策不变,医保基金在未来将会出现“收不抵支”等财务问题。长期护理保险制度筹资的不独立意味着医保基金的筹资与支付机制的稳定性、持续性、准确性及可行性将直接影响长期护理保险制度的运行。当医保基金结余较少或不足时,长期护理保险资金将受到严重影响。随着长期护理需求和费用的增加,以及医保基金“收不抵支”等问题的出现,长期护理保险基金未来将面临更大的支付压力。因此,立足长远来讲,长期照护保险的筹资应当独立于基本医疗保险。

二、统筹层级低,统一化程度不足

虽然各试点城市的长期护理保险具体实施细则针对本地区达到了因地制宜的效果,但是各地区的政策在保障水平、待遇给付、筹资渠道、筹资标准、服务形式等方面均不相同,从长远来看,没有统一的标准既不利于有效统筹,也不利于长期护理保险的长远发展。② 首先,保障范围不统一,有的城市是以城镇职工基本医疗保险覆盖群体为参保基础,有的城市额外增加了城乡居民基本医疗保险参保人员。这样会导致本应当被保障覆盖的人员,实际上却没有被纳入参保范围,与建立长期护理保险制度的初衷背道而驰。其次,待遇给付不统一,各个试点城市关于保险的给付条件、评估依据、相关程序及标准均没有制度约束,由其自行决定。我国的

① 冯莉、杨晶:《城镇职工基本医疗保险基金可持续性评估——基于延迟退休和全面二孩政策调整的考察》,《财经问题研究》2019 年第 8 期,第 122—129 页。
② 李萌:《我国长期护理保险制度实施的反思和未来选择——基于北京、上海、青岛、南通四个试点城市分析》,《劳动保障世界》2020 年第 12 期,第 43—44 页。

卫生资源分布本身具有地域间的不公平性,长期护理资源亦是如此,给付条件不统一,可能会进一步加剧这种不公平性。同时,筹资标准不统一也会引发问题。个别地区的筹资标准若是过高会增加地方经济负担;筹资标准若过低则会导致长护险基金池较浅,无法实现长久发展。

三、保障覆盖面小,失能等级评定模糊

首先,大多数城市保障对象仅限于参保范围内、符合《日常生活活动能力评定量表》重度失能标准的人群。然而,这一量表中的判定标准只有十项,并且均侧重于衡量身体功能的损伤程度,并未包含对个体认知能力的相关测量[①],除此之外,部分地区的长护险政策明确规定保障对象必须经过超过 6 个月的治疗,或保障对象存在长期卧床不起的现象,这就导致保障人群的评估判定存在一定的缺陷。其次,我国各试点城市长护险实施方案中涉及未完全失能老人的保障较少,换句话说,半失能、罹患慢性病等中度或轻度需护理者,甚至非老年失能者无法享受长期护理保险的待遇给付,第二批试点的城市中仅有一半的城市覆盖了半失能人员。而现实情况是失能人员中轻度和中度失能人员居多,因此,这一规定限制了长期护理保险的覆盖面,很多具有长期护理需求的患者和家庭无法享受待遇给付。保障覆盖面较小和给付条件严苛限制了一部分人获得长期照护福利。另外,这种重点关注重度失能人员的长期护理保障实际上是一种事后性补偿[②]随着我国人口老龄化的加剧,居民疾病谱的改变,慢性病的普发,我国民众的长期护理需求,尤其是中度和轻度失能人员的护理需求将会持续增加,因此,必须合理有效配置现有资源,以最大限度地满足保障人群的照护需求。除此之外,我国各试点地区对于长护险保障对象范围的认定缺乏统一的、科学合理的标准,这也制约着我国长期护理保险的长远发展。目前,我国尚未建立统一的护理等级评估制度。事实上,在探索建立长期护理保险的道路上,需要做好完善该制度的工作。我

[①]　荆涛、陈秦宇:《我国试点城市长期护理保险经验及启示》,《中国保险》2018 年第 12 期,第 13—18 页。
[②]　卢婷:《我国长期护理保险发展现状与思考——基于全国 15 个城市的实践》,《中国卫生事业管理》2019 年第 1 期,第 23—28 页。

国长期护理保险制度将来会是一个全国范围内进行标准统一的制度,所以,有必要建立一个全国各地区统一标准的护理需求分级与评估制度。①

四、服务内容单一,缺乏预防机制

在我国经济高速发展,人口老龄化加剧,以及医疗服务市场不断发展的背景下,民众的长期照护需求势必会愈来愈高,同时也会愈来愈趋向多元化。同时,随着轻度和中度失能人数的增加,现阶段仅能满足重度失能人员照护需求的长期护理保险服务内容会逐渐无法满足社会需求。从上文中关于我国长期护理保险现状的总结来看,我国长护险的服务内容主要包括针对失能人员的医疗护理以及与医疗护理密切相关的生活照料,而康复保健、营养指导等服务尚未覆盖。② 这种内容较为单一的服务模式仅仅为重度失能的老人提供照料服务,不提供包括预防保健、康复护理等在内的服务,不符合我国倡导的积极老龄化和健康老龄化的战略理念。除此之外,我国现有的长期护理保险服务内容还未针对失能老人的自理能力设置相应的预防和重建机制。预防机制可以帮助老年人维持生活自主性,以防他们进入失能状态,重建机制则是设置相应的康复保健内容帮助失能人员重获生活自理能力。目前,我国的长期护理保险服务内容还较为单一,无法满足多元化的照护需求。

6.5 我国长期护理保险未来发展展望

随着近年来我国长期护理保险制度在全国试点范围的逐步扩大,其基本制度框架与实施方案已初具雏形,并且在各个试点城市的具体实践过程中因地制宜,充分发挥地方特色,这些成果对于我国在未来探索建立长期护理保

---

① 朱雪曼:《我国长期护理保险发展研究》,辽宁大学硕士学位论文,2019 年。
② 卢婷:《我国长期护理保险发展现状与思考——基于全国 15 个城市的实践》,《中国卫生事业管理》2019 年第 1 期,第 23—28 页。

险制度具有非常重要的参考价值。为了构建科学有效、可持续发展的长期护理保险制度，首先要把握好一条基本原则，即公平视角，在制度探索的过程中，需要从整体出发，建立具有约束力的标准化的制度和实施方针。以我国共计49个试点城市关于长期护理保险制度的实践情况为参考，针对我国长期护理保险制度在未来的发展，应当针对性的做好以下几个方面工作。

6.5.1　落实多主体筹资,促进基金可持续

我国的长期护理保险制度自试点以来开展了积极的探索，并基本形成了多样化的筹资机制，在《意见》中也明确了多主体责任共担的筹资机制，各地区的筹资方案也遵循《意见》要求将单位、个人、政府等多方主体纳入进来。但是在具体实施过程中，为了不给地方政府和居民造成额外的经济负担，长期护理保险的筹集主要来自医疗保险基金和个人账户的划拨，并未在全国形成可直接供借鉴推广的模式。在进一步的发展中，对长期护理保险的筹资机制应结合法律法规加以明确。在制度探索的初期阶段可以将医保统筹基金作为筹资来源之一，但是这种措施只能作为过渡性措施。在未来的发展中，长期护理保险基金必须建立独立的筹资渠道，按照"责任共担、互助共济"的原则，同时结合解决失能人员照护需求的目标，长期护理保险的筹资应由政府、用人单位、个人按一定的标准进行缴费，以支撑长护险基金的持续发展。一方面，要切实落实责任共担的原则，不仅依靠政府支持和帮助，同时要强调单位和个人的缴费义务；另一方面，也应采取多元化的缴费档次，照顾到不同的家庭和个人的经济水平和需求情况。① 同时，也要逐步设计和发展更高层次的保险产品，以满足部分人群更高层次的需求。② 需要强调的是，针对重点的弱势保障人群，必须要明确政府责任的主导地位，凸显出政府财政补助的作用。通过一定的积累和发展，为长期护理保险建立起稳定、独立、可持续的筹资机

---

① 卢婷：《我国长期护理保险发展现状与思考——基于全国15个城市的实践》，《中国卫生事业管理》2019年第1期，第23—28页。

② 廖唯峥、王菁、李慧等：《我国长期护理保险制度的发展现状及对策》，《护理学杂志》2019年第13期，104—106页。

制,从而摆脱对医保基金的过度依赖。

6.5.2 规范制度标准,统一制度规定

首先,要坚持"保险全覆盖原则",加快对保险的覆盖范围做出明确的统一的规定。要在保证现有试点保障范围的基础上,进一步扩大保障人群,前期以重度失能人员作为重点保障对象,在后续发展时,要进一步兼顾相关的慢性病患者,以及轻度、中度失能人员,真正覆盖需要长期照护的人群。其次,对长期护理保险的筹资机制进行明确具体的规定,规范筹资的渠道和标准,保障基金运行在可控的风险范围。筹资额度、筹资比例和筹资来源的确定要充分结合社会经济发展水平和长期照护需求。再次,长期护理保险未来的发展理应制定统一的给付条件,可以出台统一的失能等级评定量表、规范评定程序和评定机构、规范申请程序等,以此保证长护险制度的正常运行。最后,应当设立相对统一全面的服务内容,要加快发展供方市场、逐步完善长护险服务内容,以保障人群的护理需求为导向,充分发展照护服务。可以充分发挥市场机制的力量,鼓励社会资本参与供方市场,将市场的力量引入,完善我国长护险服务供给的发展。同时,还要通过不断丰富服务内容,不仅要包括医疗护理及生活照料,还要覆盖失能人员的事前预防和康复保健,形成较为完整的服务内容体系,从而满足不同人群的护理需求。[1][2]

6.5.3 科学厘定失能等级,扩大补偿范围

现阶段我国长期护理保险失能等级的评定标准不统一、缺乏科学合理的界定。而对长期护理保险制度运行而言,失能等级的分级认定是其中的关键一环,也是进行待遇给付的重要依据,因此,只有确定了科学统一的失能相关标准,才能保证长期护理服务的科学供给。为了长期护理

---

[1] 李萌:《我国长期护理保险制度实施的反思和未来选择——基于北京、上海、青岛、南通四个试点城市分析》,《劳动保障世界》2020 年第 12 期,第 43—44 页。

[2] 卢婷:《我国长期护理保险发展现状与思考——基于全国 15 个城市的实践》,《中国卫生事业管理》2019 年第 1 期,第 23—28 页。

保险的有效发展,需要制定全国范围内统一的失能等级认定和评估标准,针对不同的失能等级提供不同的待遇给付。关于长期护理保险保障对象的评测,可借鉴国外发达国家已经采纳的评测体系或结合国内学者的相关研究,同时结合我国失能人群的特有情况,制定科学的评测标准,从而形成合理的等级认定依据,针对不同等级提供相应的服务,可以促进医疗资源的高效利用。除此之外,需要清楚我国长护险的重要目标之一是为保障对象及其家庭提供护理服务的可获得性,避免家庭灾难性卫生支出的发生,因此,要在现有基础上进一步扩大补偿范围,不能实行补偿"一刀切"政策,要根据失能等级的增加逐步提高给付水平,失能等级越高,补偿比例越高,从而促进制度的公平性和资源利用的有效性。

6.5.4　丰富保障内容,建立预防机制

同时,为了应对不断加剧的人口老龄化,长期护理保险需要增加针对轻度、重度需护理者的服务内容,建立护理预防机制,通过事前主动预防的手段减少事后的被动保障,可以采取社区和家庭相结合的手段,构建起一套事前综合预防体系,通过开展预防性访问护理、预防性访问照顾以及上门体能康复等服务项目实现全方位的事前预防[1],以避免轻度或中度需护理者状态恶化,促进我国积极老龄化和健康老龄化的发展,也可以减轻基金对于重度失能人员的照护负担,优化资源配置,促进长护险制度可持续发展,减轻社会和群众的经济负担。可以借鉴日本长期护理保险的做法,日本将长期护理保险体系中的常规性护理服务与预防性护理服务相结合,为老年人提供更加全面的长期护理服务。日本的预防性护理服务包括护理人员要定期到保障人群家中拜访,为保障对象提供探望和康复服务,以预防保障人群生病。同时,护理人员也具有使用预防性护理设备为保障对象提供预防性服务的职责[2]。

---

① 卢婷:《我国长期护理保险发展现状与思考——基于全国 15 个城市的实践》,《中国卫生事业管理》2019 年第 1 期,第 23—28 页。

② 杨子悦、班晓娜:《基于长期护理保险制度的养老方式探索:日本经验及其启示》,《大连干部学刊》2017 年第 6 期,第 62—65 页。

7

新业态职业伤害保障制度的理论基础与制度构建

新业态从业人员的职业伤害保障缺位,已然成为中国当前的社会痛点问题。这一问题的表征是"平台+个人"的新型劳动关系对传统工业社会职业伤害制度的冲击与解构,内核是新业态下职业伤害保障平台及个人责任的划分与界定问题。在化解从业者职业风险与促进新业态发展的双重目标约束下,应通过新业态从业者职业伤害保障制度核心要素的规划与设计,实现制度筹资与支付的动态平衡。在现行情况之下,应通过商业保险先行实现对新业态从业者职业伤害保障的全覆盖,再沿着"创设性"及"纳入性"推进路径进行试点,最终提炼职业伤害保障的经验,并在全国范围内推广。

7.1 新时代背景下的新业态职业伤害保障

新业态从业者基于新业态企业的网络平台获取订单、取得工作收入,代表职业有外卖骑手、快递配送员、网约车司机等。不同于传统的标准用工形式,新业态下的新型用工模式呈现出"去雇主化"特征,具有工作方式、工作时间灵活化的特点,[1]新业态从业者的劳动关系趋于模糊化。由于与新业态企业的用工关系难以界定,新业态从业人员游离在主流社会保障网之外的"灰色地带"。

新业态从业者的职业伤害保障缺位问题日益凸显,成为社会痛点问题。新业态从业者遭遇交通事故而导致职业伤害的风险远超一般劳动者。新业态从业者的抗风险能力较弱,无法以个人之力化解职业伤害风险。新业态从业者规模迅速扩大,更是使得这一风险逐渐演化为普遍的

---

[1] 张成刚:《就业发展的未来趋势:新就业形态的概念及影响分析》,《中国人力资源开发》2016年第19期,第86—91页。

社会风险。

早在 2019 年,国家就出台《关于促进平台经济规范健康发展的指导意见》(国办发〔2019〕38 号),提出开展"平台从业人员职业伤害保障试点"。随后出台的一系列政策,以及浙江、广东的试点尝试,都反映出新业态从业者职业伤害保障从社会问题上升成为国家亟待解决的政策议题。当前新业态职业伤害保障处于试点的初始阶段,探讨其背后的权责划分、核心要素设计及推进路线,既可以完善当前学界对于新业态职业伤害保障机制的理论体系,又能为国家出台及试点相关政策提供必要的理论支撑。

7.2　新型用工形态对劳动关系认定的冲击与解构

新业态职业伤害保障"缺位",核心原因在于新业态从业者与新业态企业的劳动关系难以界定。现阶段,作为劳动保障的重要组成部分,职业伤害保障与劳动关系实行"完全捆绑",劳动关系无法认定,职业伤害保障则无法得到法律的确认。现行的劳动关系认定框架将从属性作为核心判定标准,其理论原型是传统工业化社会下的标准劳动关系。然而,信息化社会催生出"平台+个人"这一新型用工形态①,弱化了新业态从业者的人格从属性与经济从属性,从而引发劳动关系认定的困难。

7.2.1　职业伤害保障与劳动关系的"捆绑"

目前中国劳动者的职业伤害保障主要以工伤保险的方法进行化解,

---

① 袁文全、徐新鹏:《共享经济视阈下隐蔽雇佣关系的法律规制》,《政法论坛》2018 年第 1 期,第 119—130 页。

属于社会保险的一个子项目。社会保险的各大子项目(养老保险、医疗保险、工伤保险等)往往被打包整合成为一个参保整体。值得注意的是，作为劳动保障的重要组成部分，社会保险与其他劳动保障项目(如劳动基准)都是以劳动关系为前提，实行"完全捆绑"，①这意味着一旦被判定为"劳动关系"，劳动者可获得与劳动关系捆绑的劳动保障(其中包括职业伤害保障)，而一旦被判定为"非劳动关系"，则劳动者无法享有对应的所有劳动保障权益。

　　一方面，因为职业伤害保障通常与劳动关系相"捆绑"，新业态从业人员的职业伤害保障缺失的根源在于其与新业态企业的劳动关系难以确定。中国现阶段的制度规定，只有认定劳动关系，才能享有职业伤害保障权益。另一方面，劳动关系的认定不仅牵涉职业伤害保障的内容，还包括养老保险、医疗保险、劳动基准等权益的确认。因此现阶段的新业态职业伤害保障才会陷入"两难局面"：不认定劳动关系就无法保障新业态从业者的职业伤害风险，认定劳动关系则意味着新业态从业者除了得到职业伤害保障之外，还会得到养老保险、医疗保险、劳动基准等权益，由此极大地增加新业态企业的用工成本，甚至可能会极大地影响新业态经济的发展，从而对新业态从业者产生负面影响，出现"双输"情况。

　　基于劳动关系的劳动权益保障加大了新业态企业与从业者的利益张力，导致了"化解新业态从业者职业伤害风险"与"促进新业态经济发展"的二元目标对立。目前，劳动关系难以认定，新业态从业者游离在社会风险保障网之外，成为新业态经济发展、社会稳定的巨大隐患。但一旦被认定为劳动关系，新业态企业的用工成本又会迅猛攀升，从而导致新业态经济发展遭受打击，这种打击反过来又会造成新业态从业者的工作机会减少，造成双方利益的共同损失。

7.2.2　起源于工业化社会的劳动关系认定框架

　　现阶段，中国采用人格从属性和经济从属性作为劳动关系判定的核

---

①　焦兴铠等：《"劳动基准法"释义——施行二十年之回顾与展望》，新学林出版股份有限公司 2005 年版。

心标准。在立法层面上,中国主要采用主体性判断作为劳动关系判定的标准,即在立法时明确劳动关系的双方主体为"劳动者"与"用人单位"。①《中华人民共和国劳动合同法》和《中华人民共和国劳动法》均明确劳动关系双方主体为"劳动者"与"用人单位",且通过列举明确"用人单位"的具体指向。但是,立法时并未明确"劳动者"和"用人单位"的概念,这种概念上的不明确,加之"劳动者"和"用人单位"的内涵及外延在不同的社会背景下可能有所变化,给现实司法带来了劳动关系判定的困难。由于主体性判断标准的实操性较弱,中国司法现实往往通过内容性判断(从属性判断)作为劳动关系的认定标准。内容性判断即通过从属性来判定劳动关系是否成立。学界目前主要通过"人格从属性"和"经济从属性"来衡量从属性的程度[2],而组织从属性、阶级从属性和技术从属性是否应当纳入从属性的范畴学界仍无定论。人格从属性指"劳工提供劳务之义务的履行受雇主的指示,雇主透过劳动契约将劳动纳入其事业组织之中,并决定劳工义务之给付地点、给付时间与给付量等等"[3];经济从属性"通常指劳工在资力上处于相对弱势,以至于必须依赖雇主提供劳务获致工资以求生存,或藉以寻求更多的收入,累积更多的财富"[4]。人格从属性强调雇主对于雇员的控制,往往具象为雇主对于雇员的分派、指挥、监督、检查等权利;而经济从属性考察雇员对于雇主的经济依赖性,具体化为两大指标:劳动条件和劳动环境是否由用人单位提供和劳动报酬是否由用人单位定期支付。

以从属性为核心的劳动关系认定规则,其劳动关系的基本概念均以工业社会下的劳动关系特征为原型。20世纪初期,欧美等国的工业化进程不断加快,传统工厂下,工人在固定时间、固定地点下,遵从雇主的指挥

---

① 冯彦君、张颖慧:《"劳动关系"判定标准的反思与重构》,《当代法学》2011年第6期,第92—98页。

② 杨云霞:《分享经济中用工关系的中美法律比较及启示》,《西北大学学报(哲学社会科学版)》2016年第5期,第147—153页。

③ 黄程贯:《劳动法》(修订再版),台北空中大学2001年版。

④ 焦兴铠等:《"劳动基准法"释义——施行二十年之回顾与展望》,新学林出版股份有限公司2005年版。

管理。这种劳动形态被提炼成"一重劳动关系、八小时全日制劳动、遵从一个雇主"为特征的标准劳动关系，①其核心是"雇员对雇主的隶属关系"。作为德国劳动法核心的从属理论确立于20世纪初期。那时的工业社会中，贫困的无产阶级是工厂最主要、最典型的劳动工人，他们唯一的经济来源是在工厂中出卖自己廉价的劳动力，所以德国劳动法院那时认为劳动关系的核心特征是"经济从属性"，从属性概念也自那时受到法院的关注，并此后一直向前发展，最终形成以人格从属性和经济从属性为核心的劳动关系认定标准。

7.2.3 新型用工形态对传统劳动关系认定框架的冲击

新业态下的"平台+个人"新型用工模式呈现出"去雇主化"的特征，具体呈现为工作安排自由化、工作场所流动化、劳动条件提供方式混合化、用工关系存续零工化。② 新业态经济模式下，数字化知识和信息成为了关键的生产要素。依托网络信息技术，新业态企业极大地扩展了劳动力供求信息的传播范围，提升了信息传递的速度，由此大大地降低了劳动力的交易成本及供需的不确定性。此时，新业态企业的外部交易成本远低于内部交易成本，由此促使雇用模式由"企业—员工"转向"平台—个人"，催生出规模庞大的新业态从业人员。③

"平台+个人"新型用工形态弱化了新业态从业者的人格从属性与经济从属性，冲击与解构了工业化社会的劳动关系认定框架。新业态下，新业态从业人员对于新业态企业的人格从属性趋向弱化。与一般劳动者不同，现如今的新业态从业者可以自主地决定是否参加工作、何时参加工作、在哪参加工作、工作时间多长，可以说新业态从业人员享受着远超一般劳动者的劳动自由。在劳动过程中，新业态从业者往往

① 董保华：《论非标准劳动关系》，《学术研究》2008年第7期，第50—57页。
② 王全兴、王茜：《我国"网约工"的劳动关系认定及权益保护》，《法学》2018年第4期，第57—72页。
③ 胡磊：《网络平台经济中"去劳动关系化"的动因及治理》，《理论月刊》2019年第9期，第122—127页。

较少直接受到新业态企业的指挥干预,可以自主选择完成工作的方式与途径。此外,一般劳动者的生产资料往往由雇主提供,而新业态从业人员往往使用自己的生产资料(往往为交通运输工具)与自己的劳动力进行劳动。新业态从业者在劳动过程中较少直接受到新业态企业的指挥、监督、检查,这极大地削弱了新业态从业人员的人格从属性,进而影响到劳动关系认定的难度。在经济从属性方面,新业态从业人员的工资收入主要来源于数量众多的消费者,通过为不同消费者提供服务获得收入,这似乎导致了新业态从业者的经济从属性的削弱,从而进一步增加了劳动关系认定的难度。然而,从另一角度来看,新业态企业似乎确实通过平台对新业态从业人员进行了一定程度上的"控制",尽管这种"控制"趋于隐蔽化。新业态从业人员与新业态企业的劳动关系认定的"两难局面",揭示了以传统工业社会标准劳动关系为原型的劳动关系认定框架在信息时代受到了较大挑战,建立于 20 世纪上半叶的劳动关系理论及劳动关系认定框架,在新时代用工形式复杂多样的时代背景下,受到了较大冲击。

7.3 从劳动力与生产资料的
结合上界定劳动关系

新业态下的新型用工形态呈现出新的外在特征,由此对传统劳动关系认定框架产生较大冲击。为了探索这种新型用工模式的本质,我们应用生产要素结合方式(即劳动力与生产资料的结合方式)进行深入分析。同时,我们从新业态企业对从业者的控制程度和新业态从业者享受的自主程度角度剖析两者之间的关系,并参考国际经验对目前两者之间"劳动关系认定困难"提出破局之计。

7.3.1 新业态劳动用工形式的类型归属

新业态催生的新型用工形态挑战了传统的"标准劳动关系",展现出了新的特征。新型用工形态由于"去雇主化"的特点,给劳动关系的判定带来了较大困难。为了更好地了解这种新型用工模式的本质,我们仍需回到生产中的生产要素结合方式的分析框架当中。生产要素结合方式是马克思主义政治经济学的重要理论范畴。马克思主义政治经济学认为,生产力由劳动力和生产资料要素构成,劳动力归属于人的因素,生产资料归属于物的因素,包括劳动对象、生产工具、厂房和信息等等。

以劳动力及生产资料的归属主体作为判断标准,我们可以将劳动用工形式划分为三类:从属劳动、独立劳动、从属兼独立劳动。① 第一类的从属劳动,生产要素结合方式表现为劳动者的劳动力与雇主的生产资料(劳动条件)相结合,劳动者相对于雇主(生产资料所有者)来说处于弱势地位,其劳动权益往往由劳动法倾斜保护。第二类的独立劳动,劳动者本人的劳动力要素与劳动者本人的生产资料结合,因劳动力和生产要素均为劳动者本人所有,故其为自营劳动和独立劳动,其劳动权益由民法进行保护。而第三类的从属兼独立劳动则为前两类劳动的混合模式,具体表现为劳动者本人劳动力除了与劳动者本人的生产资料结合之外,还需和他人的生产资料相结合,这决定了其劳动具有部分从属性和部分独立性的特征。我们将目光移到新业态从业者中,现有的争议是新业态从业者应当归属于第二类的独立劳动,还是应当划分到第三类的从属兼独立劳动中。我们注意到,新业态从业者除了自供生产资料外,还强烈依赖于互联网平台及其信息服务,互联网平台提供的信息服务已然构成新业态从业者劳动的必要生产资料,因此新业态从业者应当归属于第三类劳动者,其劳动兼有从属性及独立性。下面我们将进一步展开说明其从属性与独立性,以便科学合理地划分新业态企业与从业者在新业态职业伤害保障

---

① 王全兴、王茜:《我国"网约工"的劳动关系认定及权益保护》,《法学》2018 年第 4 期,第 57—72 页。

构建的责任。

7.3.2 新业态企业对新业态从业者的"软控制"

尽管控制手段趋于隐蔽化,但新业态企业通过"算法技术"和经济激励的双重手段,实现了对新业态从业人员劳动过程的"软控制"。新业态从业者看似挣脱了劳动控制的束缚,但看似自由的劳动选择却受到"算法技术"和经济激励的双重禁锢。[①] 新业态企业会制定相对严格的规章制度,并通过克扣服务费、限制甚至取消从业者接单资格等经济惩罚手段来保证制度的有效实施,从而实现对新业态从业者的管理与控制。[②] 此外,新业态企业依托"算法技术"创新了劳动控制的新模式,即对从业人员的控制转向时间控制,脱离了空间监督的限制。新业态从业者依托平台承接及完成工作,其地理位置、工作状态均处于平台的监控之中。平台还引入了消费者这一新的监督主体来进一步纠正劳动过程的偏差,[③]通过消费者的反馈对骑手的劳动过程进行调整,使其重新回到有序的劳动过程当中。"算法技术"保证从业者劳动过程中的劳动秩序,而"经济激励"实现了对劳动时长的"软性控制"。新业态企业通过定价体系及报酬制度的设计,可以保证一定数量的从业者提供相当时长的服务。[④] 新业态企业为了保证服务需求高峰期时有足够多的从业者提供服务,往往会上调高峰期的服务费用,甚至出台不在规定时间上线的罚款措施。概言之,新业态从业人员"劳动自由"的表象被新业态企业嵌入了"算法技术"和"经济激励"的"软控制"。

新业态从业人员对平台的经济从属性也呈现出强化态势。尽管新业

---

① 陈龙:《"数字控制"下的劳动秩序——外卖骑手的劳动控制研究》,《社会学研究》2020年第6期,第113—135页。

② 庄家炽:《资本监管与工人劳动自主性——以快递工人劳动过程为例》,《社会发展研究》2019年第2期,第25—42页。

③ 李胜蓝、江立华:《新型劳动时间控制与虚假自由——外卖骑手的劳动过程研究》,《社会学研究》2020年第6期,第91—112页。

④ 谢增毅:《互联网平台用工劳动关系认定》,《中外法学》2018年第6期,第1546—1569页。

态从业人员享有决定自己工作时长的自由,但由于工作收入依赖于平台的派单,大部分全职新业态从业者每日的工作时间在 8 个小时及以上。一项基于 422 名湖北外卖骑手的调查显示,①工作时长在 8 小时及以上的外卖骑手占比高达 87.4%,其中工作时长达到 12 小时及以上的占比 5.5%。与之类似,基于 1214 名北京市快递小哥的调查②揭示了相似的工作时长,工作时间少于 8 小时的仅占 11.5%,而工作时间在 10 小时及以上的占比却超过了 50%,这项研究还发现了快递小哥群体呈现出过劳的均势,劳动负担度处于危险区及高危区的比例高达 78.8%。新业态从业人员的工作时间远超普通劳动者,部分从业者甚至超过了法定最长工时。除了基本的休息时间之外,相当一部分的新业态从业人员几乎将所有时间用于服务平台。尽管新业态企业宣称新业态从业者的收入来源于消费者,其平台的功能只是实现劳动力供需的快速匹配,并从中提取一部分的服务费,但新业态从业者提供的服务已构成新业态企业业务中不可或缺的部分,新业态企业通过新业态从业者的服务来留住客户,从而赚取利润。因此,新业态从业人员对于新业态企业的经济从属性呈现出一种强化的状态。

7.3.3　新业态从业者的劳动自主性

尽管新业态企业可通过"算法技术"和"经济激励"实现对从业者的"软控制",但我们仍要认识到新业态从业者仍享有远超一般劳动者的劳动自主权,因此也要承担一部分的职业伤害自我保障责任。首先,新业态从业者可自由地进入和退出劳动力市场。由于新业态从业者的入职门槛较低,亦无硬性的教育背景要求,因此新业态从业者进入这一行业的难度相对低。同时,新业态从业者也可以自由地退出这一劳动力市场,具有较高的流动性。其次,在选择进入这一行业后,新业态从业者既可选择在一

---

① 胡放之:《网约工劳动权益保障问题研究——基于湖北外卖骑手的调查》,《湖北社会科学》2019 年第 10 期,第 56—62 页。

② 林原、李晓晖、李燕荣:《北京市快递员过劳现状及其影响因素——基于 1214 名快递员的调查》,《中国流通经济》2018 年第 8 期,第 79—88 页。

个平台上接单,也可以在多个平台上工作,具有较强的自主性。在就业的性质上,新业态从业人员更是可以依据自己的时间及偏好,选择全职或者兼职地在这一行业服务。再次,新业态从业者不仅享受着"是否接单工作"的自由,同时也拥有了决定"何时加入劳动"的自主权。除了对于时间的自主选择之外,新业态从业人员还可以自由地选择工作的地点。新业态企业对于从业者的监管和控制,更多地体现在其完成工作任务的过程之中,而在工作任务之处鲜有管理的痕迹。[1] 即使是在算法技术及经济激励的"软控制"下,新业态从业人员也仍拥有着劳动自主性,通过何种方式完成工作任务的决定权仍在其手上。在外卖行业,外卖骑手在了解后台算法的运算规则的基础之上,可通过"逆算法"的劳动实践来实现其劳动的自主性和主动性,[2]如不听取 APP 的建议路线自主选择送餐路线及顺序、通过与消费者协商来延长规定的送餐时间等等。[3] 在快递行业,快递小哥则是通过利用快递公司的制度漏洞、调节消费者的弹性化需求、采取集体行动等方式更灵活更自主地完成其工作任务。[4] 虽在一定程度上接受平台管理,但新业态从业者在劳动过程中享有着更大程度的劳动自主权,决定了其在职业伤害保障的构建过程中需承担一定的个人责任。

7.3.4 劳动关系界定的破局之计

基于劳动要素的结合方式分析了新业态用工形式的类型归属,新业态从业者的劳动兼有从属性和独立性的双重特征。新业态企业对于新业态从业者通过算法技术和经济激励进行"软控制"决定了新业态企业在职业伤害构建中要承担部分责任。而新业态从业者享有远超一般劳动

---

① 张成刚:《就业发展的未来趋势,新就业形态的概念及影响分析》,《中国人力资源开发》2016 年第 19 期,第 86—91 页。

② 孙萍:《"算法逻辑"下的数字劳动:一项对平台经济下外卖送餐员的研究》,《思想战线》2019 年第 6 期,第 50—57 页。

③ 冯向楠、詹婧:《人工智能时代互联网平台劳动过程研究——以平台外卖骑手为例》,《社会发展研究》2019 年第 3 期,第 61—83 页。

④ 庄家炽:《资本监管与工人劳动自主性——以快递工人劳动过程为例》,《社会发展研究》2019 年第 2 期,第 25—42 页。

者的劳动自主也意味着其也需承担部分的自我保障责任。

中国现阶段的劳动保障与劳动关系实行捆绑,导致规模庞大的新业态从业者游离于现有劳动保障网之外,形成劳动权益保障的"真空区"。传统工业社会下的标准劳动关系认定在新型用工形态层出不穷的信息化社会下显得力有不逮。就目前的新业态从业人员与企业的关系来说,两者关系既非简单的民事合作关系,又非传统意义上具有人身依附性的劳动关系。劳动关系认定框架与新型用工形态、劳动保障与新型劳动形式的不兼容,其底层逻辑是传统工业社会下标准劳动保障的制度性安排与数字经济社会下新型劳动形态相脱节。又由于中国现阶段的劳动保障与劳动关系实行完全捆绑的关系,新业态企业往往会极力避免被认定为与新业态从业者存在劳动关系,以避免劳动关系带来的劳动保障形成其不可承受的巨额用工成本。可以说,这种捆绑关系导致了"保障新业态从业者"与"促进新业态企业发展"的冲突,从而引发新业态企业与新业态从业者关系的恶化。

新业态从业者劳动保障的破局之计,在于调整与改造现有滞后的制度安排,以适应新时代的劳动市场变化。对新业态从业者的劳动保障安排,归根结底是采用何种保障模式实现新业态从业者这一中间类别劳动者(介于从属劳动者和独立劳动者)合法权益的保障。对这一问题的解决目前主要有两条较为可行的路径:一条是在立法应然层面对新业态企业与新业态从业者的用工关系作出合理界定,另一条则是在实践应然层面弱化劳动关系与劳动保障的"捆绑"关系。前者指采用"三分法"来区分劳动关系与其他类似关系,将劳动划分为从属劳动、独立劳动和准从属劳动,并在立法层面上对准从属劳动给予相应的倾斜性保护。国际上德国劳动法中的"类似劳动者"、意大利劳动法规定的"准从属性劳动"、英国劳动法中的"b项工人",都是"三元框架"立法安排在现实落地的实际案例。① 而后者则是尽管保持目前对于劳动关系"二分"的认定架构,但

① 王全兴、王茜:《我国"网约工"的劳动关系认定及权益保护》,《法学》2018 年第 4 期,第 57—72 页。

在司法层面上允许对介于从属劳动者和独立劳动者的劳动者适用一定的劳动法条款加以保护,如日本的"契约劳动"、美国的经济从属性独立承揽人。这条路径,实际上是弱化了劳动关系与劳动保障的"捆绑"关系。

7.4　职业伤害保障制度核心要素的规划

新业态从业者的劳动保障实现的大前提是国家从立法应然或司法实然的制度安排上确定新业态从业者这一"准从属劳动者"的权益保障。在这一前提基础上构建新业态职业伤害保障,需要合理界定好新业态职业伤害保障的各方主体责任,通过职业伤害保障制度核心要素的设计及组合,实现主体责任的合理配置、制度运行的动态平衡。职业伤害保障制度包含责任划分、制度供给、缴费制度、待遇水平及管理经办五大关键要素,通过对这五大核心要素的规划设计,可以实现制度的合理设计、流畅运转和持续发展。

7.4.1　主体责任划分:制度成败之关键

构建新业态职业伤害保障时,国家主要承担制度建设和资金保障两种主要责任。新业态从业者因其规模庞大、职业伤害高发的特点已成为经济社会发展的痛点,因此国家应当建立相应的职业伤害保障制度来化解这一日益强化的社会风险。国家承担制度建设责任,并不意味着国家必须自己提供这一制度,即国家也可通过引入市场性力量来进行制度供给。国家应当且必须承担的是领导和指导这一制度安排的规划、落地及完善。由于新业态职业伤害保障牵涉新业态企业和新业态从业人员的切身利益纠纷,加之新业态从业人员处于劳动力市场的弱势地位,因此国家的介入与引导是破解这一现实难题的必要条件。此外,国家还应承担财政保障的责任,具体包括财政补贴和财政兜底两个方面。在财政补贴上,由于新业态从业者职业伤害保障制度在实现新业态从业人员自身的职业伤害保障的同时,也化解了社会不安定的潜在风险,具有一定程度的正外部性,因此国家需要对这一制度进行适当的政府补贴。由于新业态从业者职业伤害保障制度涉及数千万新业态从业人员,国家应对这一制度的基金风险进行财政兜底,以防制度崩溃引发群体性事件导致社会风险激增。

构建新业态职业伤害保障制度时,新业态企业应承担有限雇主责任,包括参保申报、风险化解等义务;[①]而新业态从业人员仅承担部分的缴费责任。由于新业态企业的平台信息服务成为新业态经济中的关键生产要素,且其对新业态从业人员可实施一定程度上的"软控制",因此新业态企业应当为在其互联网平台上注册并提供劳动服务的新业态从业人员参加职业伤害保障制度。由于新业态企业基于其信息服务这一核心生产要素从新业态从业人员的劳动中获利,新业态企业应当承担大部分的缴费义务。之所以不由新业态企业承担全部的缴费责任,是因为新业态从业者在劳动过程中也享有着远超普通劳动者的自主权,基于权责相统一的原则,新业态从业人员也应当承担一部分的缴费责任。此外,由于新业态企业具备一定的"风险制造"能力,国家要压实新业态企业的风险预防和风险化解的责任。新业态企业应当通过调整和优化现行不合理的新业态运行规则,给新业态从业者提供一个相对安全的劳动环境,而非逼迫其在"生命与金钱"的极限抉择下劳动;新业态企业还应加强对新业态从业者的职业安全培训,以此来降低其职业伤害的发生率。

7.4.2 制度供给设计:服务供给与参保性质

目前商业保险无法满足新业态从业者职业伤害保障的需求,部分学者提出参照工伤保险制度,单独建立新业态从业人员职业伤害社会保险的制度设想。[②] 尽管目前新业态从业人员基数高达千万,但其相对

---

① 胡京:《我国新业态从业人员职业伤害保障问题及其解决》,《广东社会科学》2020 年第6 期,第243—251 页。

② 张军:《新业态从业人员参加工伤保险难点及对策建议》,《中国医疗保险》2017 年第6期,第57—59 页。

规模（新业态从业人数/城镇就业人数）还较为有限。在中国社会保险进入"系统集成、协同高效"的时代背景之下，为相对规模较小的新业态从业人员单独建立新业态职业伤害社会保险与国家总体方针政策相背离，容易导致制度的"碎片化"、相同制度不同群体的"待遇差"等问题。

构建新业态从业人员职业伤害保障，"创设性路径"和"融入性路径"较为可行。"创设性路径"，即建立"政府主导，商保经办"的新业态职业伤害险，是当前新业态从业人员劳动关系尚未明确下制度实施阻力最小的解决方案。新业态从业人员目前普遍参加了商业性人身意外险，在此基础之上，建立一个"政府主导，商保经办"的新业态职业伤害险，成为一个较优的解决方案。这一方案，在政府主导之下，可以有效地降低参保缴费，提升保障待遇。这一制度推广起来的成本极低，对新业态企业的冲击较小，其成本负担相对较轻，基本不会引起新业态企业的反对。天津一地拟采用"政府主导，商保经办"社保工伤保险补充险这一模式来探索新业态从业者的职业伤害保障。尽管"创设性路径"具有推广性强、见效快等特点，但其保障效果是否能够有效发挥仍具有一定的不确定性。将新业态从业者纳入工伤保险的"融入性路径"的保障力度无疑是最大的，但这一方案要求合理划分新业态企业和新业态从业人员的责任，对现有的新业态经济可能会产生较大影响，制度推广的成本和难度都相对较高。"融入性路径"可以通过修改法律法规或通过国务院授权等方式实现，让新业态从业人员可以参加单项的工伤保险。在地方试点中，目前浙江省和广东省均已采取"融入性路径"进行试点，允许新业态从业者单项参加工伤保险制度。

值得注意的是，不论是"创设性路径"抑或是"融入性路径"，参保的强制性都应得到贯彻，只有强制参保才能解决规模庞大的新业态从业者的职业伤害问题，从而保证制度的长期可持续发展。当然，在制度构建的探索阶段，可以通过自愿参保来降低不成熟的政策试点给新业态经济带来的冲击，在经验成熟、制度定型时，则应坚持强制参保这一原则。

7.4.3 缴费制度设计:缴费主体及费基费率

缴费制度关乎新业态企业及从业者的成本负担问题,也影响着制度的收支平衡、持续运转,因此是制度设计时关注的重点问题。缴费制度设计要考虑两个方面内容:一是缴费主体问题,这涉及相关主体的责任分担问题;二是费基费率问题,这影响着制度的待遇水平及收支平衡。在缴费主体问题上,由于新业态企业对从业者有相当程度上的控制与管理,且具有一定的风险制造能力,因此新业态企业应当承担一定的缴费责任;而新业态从业者享有远超一般劳动者的劳动自主权,在劳动时具有一定的自主性也决定了其也应承受一定的缴费责任。两者的缴费比例取决于企业的控制管理能力及从业者的劳动自主性的相对大小,笔者认为新业态企业与从业者 2∶1 的缴费比例是较为合理的。同时,由于新业态从业者在劳动力市场上处于弱势地位,要防范新业态企业将其应承担的缴费责任转嫁给从业者的相关问题。

在费基费率的设计上,要在制度收支动态平衡的目标约束下,通过搜集新业态职业的风险概率、风险损失等相关数据,通过保险精算的技术方法,根据以支定收这一原则,实现浮动费率制度。湖州市现行的政策试点规定,新业态企业可自愿为从业者单项参加工伤保险,以全省上年度职工月平均工资为缴费基数,行业基准费率参照行业分类分为邮政业(快递服务)、餐饮业(餐饮配送服务)二类档次(0.4%),其并未明确新业态企业及其从业者的具体缴费责任。广东省则是要求在全省上年度职工月平均工资在 60%—300% 的范围之内,根据其月劳动报酬等情况予以申报,缺乏对缴费主体的具体规定。可以看出,地方试点“将新业态从业人员纳入工伤保险制度”的制度设计中往往会避开对于缴费主体的硬性规定,这恰恰说明了“融入性路径”当前面临的难点,即“融入性路径”要直面新业态企业与新业态从业人员的权责划分问题,地方试点容易受到较大的制度实施阻力。而各地政府在试点过程中,一方面要基于学界现有的理论基础对两者的劳动关系有一步的认识;另一方面要敢于“啃硬骨头”,要切实解决好缴费主体的划分问题。

7.4.4 待遇水平设计：雇主待遇给付及整体待遇水平

"创设性路径"不涉及雇主待遇给付的问题，其重点在于整体待遇水平的设置。"创设性路径"整体待遇的设计，关乎到新业态从业人员的保障水平的高低，同时也影响着缴费水平的高低，因此政府在设计时既要考虑新业态从业人员的保障程度，同时也要考量新业态从业人员的负担水平和对新业态企业的冲击程度。在天津的政策设想中，在考虑从业者负担的基础之上，被保障对象被限定为死亡或受到严重职业伤害的人员，待遇给付水平也不照搬工伤保险的全面给付标准，而是先把医疗救治等最为重要和关键的待遇保障起来，直击当前新业态和从业者最迫切、最需要的保障需求。在制度成熟之后，再逐步扩大保障内容，提升保障质量。这不失为一种切实可靠的政策构想。

"融入性路径"的核心及难点在于雇主待遇给付责任的确定。将新业态从业者纳入工伤保险制度后，制度中的雇主责任是否应当由新业态企业承担容易引发争议。各地的政策试点也明显在这一问题上产生了分歧，湖州市的政策试点明确规定新业态企业承担工伤保险中的职业伤害主体责任，但鼓励其参加补充商业保险将职业伤害主体责任转移给商业保险机构；而广东省的试点思路则完全不同，明确新业态企业不承担职业伤害主体责任，由从业者个人承担。职业伤害主体责任的确定，涉及新业态企业的成本负担问题，也影响着"融入性路径"会对新业态企业的冲击力度。由于新业态企业拥有对从业者的控制能力和职业风险制造能力，新业态企业应承担一部分的职业伤害主体责任。而在多大程度上承担职业伤害主体责任，仍需综合考虑新业态企业的承受能力及新业态从业者职业风险的保障力度。在"融入性路径"中，除了雇主待遇给付之外，其他待遇水平应当与一般劳动者相齐平，以避免不同群体的"待遇差"，促进制度本身的公平性。

7.4.5 经办管理设计：工伤认定及经办管理

由于新业态从业者的工作时间、工作场所相对灵活，其职业伤害的调查、取证、认定具有一定难度,职业伤害认定的具体规则应当具有合理性和可行性,以防止职业伤害纠纷和争议的大量出现,同时也应防范道德风险的发生。笔者认为,湖州市对于职业伤害"三工原则"的具体规定具有相当大的借鉴意义,即根据"三工原则"认定职业伤害,工时时间以新业态企业考勤记录为主,严格区别工作时间及上下班时间、休息时间;工作地点以企业业务范围为主,结合受伤人员工作内容(路线),合理确定工作区域;工作原因以企业派单记录为主,综合考量受伤人员的工作岗位、事故现场视频照片等证据资料。

职业伤害保障制度的经办及管理往往是以用人单位为主体,包括参保、缴费、职业伤害认定、劳动能力鉴定等。在构建新业态职业伤害保障制度时,应当将经办及管理这一责任配置到新业态企业中,这样有利于提高经办效率,简化管理工作。此外,为了适应新业态从业者的就业特点,经办方式和手段应当更加便捷、灵活,可以依托互联网平台简化工伤认定、劳动能力鉴定、待遇给付的流程,为新业态从业者提供更便利的服务。而为了防止道德风险的出现、减少欺诈行为,应当建立更加完善、更加科学的新业态职业伤害保障制度的监管体系。

7.5 新业态从业人员职业伤害 保障构建的推进路径

通过责任划分、制度供给、缴费制度、待遇水平及管理经办五大核心要素的合理设计,可以保证新业态职业伤害保障制度的科学有效。在现实实践中,为了推动政策的有效落地及政策效果的有效发挥,中国应当先将商业保险作为现实情况的"权宜之计",再沿着"创设性"和"融入性"两条路径进行政策试点,最后总结提炼普遍性的经验,在全国范围内推广成熟的政策。

7.5.1　通过商业保险先行实现对新业态从业者的保障

现阶段,新业态从业者与新业态企业的劳动关系尚未明晰,但对于新业态从业者的职业伤害保障却不能拖而不决。在劳动关系不明的情况下,应当将商业保险作为解决新业态从业者职业伤害风险的"权宜之计"。

提高新业态从业者的保险意识,充分利用商业保险化解职业伤害风险。目前新业态从业人员的职业伤害风险主要通过市场化的商业保险市场来化解。新业态企业为了规避新业态从业人员的风险责任,每天会收取一定的费用来为新业态从业人员购买意外伤害险。例如,深圳市、重庆市、成都市等全国各地的美团和饿了么平台每天在骑手接单时收取 3 元或以上用于商业保险的购买,其中包括人身意外险和第三者责任险,最高可享受 20 万元的意外伤害赔付待遇。[①] 商业保险解决了新业态从业者职业伤害保障"有没有"的问题。[②] 相当一部分新业态从业者的保险知识及意识淡薄,由此导致其虽享有商业保险保障,却无法在职业伤害发生时有效地维护自身权益。一项针对 463 位快递员的调查显示,享有商业保险的受访者中,66%的受访者并不清楚商业保险公司生效的条件及办理索赔的流程。这种保险意识的缺失,使得新业态从业者虽购买了商业保险却无法利用其化解自身风险。因此,政府可以适当引导新业态企业向从业者普及保险知识,提高从业者的保险意识,从而更有效地利用商业保险。

压实新业态企业部分缴费主体责任,鼓励开展安全劳动培训。相较于中国现行工伤保险,新业态从业者职业伤害的市场化保障机制存在保费较高的问题,这其中的一个重要原因是保费往往由新业态从业者一方全部承担。然而,新业态企业在生产经营中具备一定的职业伤害风险制

---

①　匡亚林、梁晓林、张帆:《新业态灵活就业人员社会保障制度健全研究》,《学习与实践》2021 年第 1 期,第 93—104 页。

②　苏炜杰:《我国新业态从业人员职业伤害保险制度:模式选择与构建思路》,《中国人力资源开发》2021 年第 3 期,第 74—90 页。

造能力,应当承担的部分缴费主体责任。新业态企业可以通过"算法技术"和"经济激励"实现对新业态从业者劳动过程的控制,这种控制在市场的原始驱动下,制造出了部分风险。例如,外卖平台对于配送时间的极限缩减,可能导致外卖骑手被迫违反交通规则,这极大地增加了职业伤害风险发生的概率。[①] 本着"谁制造风险,谁负责"的基本原则,新业态企业需要承担起部分缴费责任。同时,政府也应积极鼓励新业态企业开展安全劳动培训,从而进一步降低职业伤害风险发生的概率。

7.5.2 进行"创设性"及"融入性"路径试点,最终推向全国

在商业保险初步实现新业态从业者职业伤害风险化解的基础之上,国家可沿着"创设性"及"融入性"两条推进路径进行政策的试点。新业态从业者职业伤害保障制度的构建,涉及数千万新业态从业者的保障问题,关系到社会稳定的大局,因此不容有失。

沿"创设性路径",探索"政府主导,商保经办"的新业态职业伤害险。首先,政府应当通过公开招标的方式选择经办经验丰富、服务能力出众的全国性商业保险公司作为委托经办机构。其次,由于新业态从业人员众多且分散,为提升经办效率,建议将经办主体责任配置到新业态企业。新业态企业要建立从业人员信息数据库,并定期集中汇缴保费,直接进入社保经办专户。在缴费主体方面,新业态企业与从业者可以2∶1的缴费比例分担缴费责任,从而兼顾了新业态企业的用工成本与从业者的经济负担。鉴于新业态从业者的缴费能力差异较大,可设置"基本保障+附加保险",给予新业态企业与从业人员一定的选择权。[②] 在试点初期,政府可以根据参保人数与保费总规模予以一定比例的补贴,以增加企业与从业者的参保积极性。对于试点初期,因风险测定数据不足带来的保险

---

① 孙萍:《"算法逻辑"下的数字劳动:一项对平台经济下外卖送餐员的研究》,《思想战线》2019年第6期,第50—57页。

② 朱小玉:《新业态从业人员职业伤害保障制度探讨——基于平台经济头部企业的研究》,《华中科技大学学报(社会科学版)》2021年第2期,第32—40页。

精算偏差产生的基金缺口,可以由工伤保险基金补缺。在保障内容与水平上,试点初期不宜直接对标工伤保险制度,而应定位到新业态从业者最迫切最需要的保障需求之上。一次性伤亡或严重职业伤害人员的补偿水平应当基本与工伤保险持平,基本保障项目则应秉持"保基本"原则,并通过"附加保险"完成对职业伤害风险更高程度的化解。

沿"融入性路径",进行新业态职业伤害"纳入现行工伤保险"的制度尝试。一是评估不同雇主主体责任配置方案的影响,探究何种责任配置方案更佳。目前,浙江省与广东省都出台相关政策进行试点,允许新业态从业者"单项参保工伤保险"。但两地的工伤保险的雇主主体责任有所不同,浙江省规定新业态企业承担雇主主体责任,而广东省则明确个人承担职业伤害的主体责任。在试点过程中,国家应当评估不同的雇主主体责任配置对新业态发展、新业态企业参保积极性、职业伤害风险化解程度的影响,从而提炼出全国推广的经验。二是合理确定缴费费率,并评估新业态人员参保对工伤保险基金的冲击。浙江省与广东省目前确定的缴费费率均为 0.4%,在试点过程中,需要收集更多的新业态职业伤害风险发生概率、损失程度等数据,从而合理确定缴费费率,谨防新业态人员参保对工伤保险基金产生不良冲击。三是探索适用于新业态从业者的职业伤害认定方法。新业态从业者工作时间、工作场所高度灵活化,给职业伤害认定带来了较大困难,由此也容易产生大量纠纷。具体到新业态经济中,工作时间要以新业态企业考勤记录为主;工作地点以企业业务范围为主,结合受伤人员工作内容(路线),合理确定工作区域;工作原因以企业派单记录为主,综合考量受伤人员的工作岗位、事故现场视频照片等证据资料。在试点过程中,不断完善与深化对新业态从业者职业伤害认定的方法,从而更有效地维护新业态从业者的合法权益。

在经过一段时间的试点后,国家应当围绕责任划分、制度供给、缴费制度、待遇水平及管理经办五大核心要素,探讨各大要素及其子问题的最优解决路径,同时要评估政策出台对于新业态经济的影响。综合评估两条路径的优劣之处,并在制度化解风险的能力、缴费主体的责任分担、制度缴费费率的设计、雇主给付责任的明晰、待遇水平的高低、职业伤害的取证认定、制度的管理经办、制度本身的动态平衡等关键问题上形成一套行之有效的解决方案。在试点成熟,制度初步成型的前提之下,在全国范围内推广新业态职业伤害保障制度,从而真正解决新业态从业者的职业伤害问题,促进新业态经济的健康持续发展。

8

健全退役军人工作体系和保障制度研究

退役军人是重要的人力资源,是社会主义现代化建设的重要力量。做好退役军人管理和保障工作,是国防和经济建设的重要组成部分。习近平总书记指出,要建立健全组织管理体系、工作运行体系、政策制度体系,满腔热忱为退役军人服务。党的十九届五中全会和《中共中央关于制定国民经济和社会发展第十四个五年规划和二〇三五年远景目标的建议》也专门提出了"健全退役军人工作体系和保障制度"的要求。

8.1　健全退役军人工作体系和保障制度的重要意义

健全退役军人工作体系和保障制度,既是新时代退役军人工作的总体要求,也体现了国家和社会各级对退役军人的尊崇和优待,是一项重大战略决策,意义重大。

8.1.1　深入贯彻习近平总书记重要指示精神

习近平总书记从实现强国梦、强军梦的战略高度,立足国际战略格局和国家安全形势的深刻变化,把退役军人工作同建设巩固国防和强大人民军队一体谋划和推进,提出了一系列重大战略思想、重大理论观点、重大决策部署,为退役军人保障工作提供了根本遵循。健全退役军人工作体系和保障制度,体现了以习近平同志为核心的党中央对退役军人的关心与关爱,是促进国防和军队建设的重大战略举措,属于在国家层面加强对退役军人管理保障工作的组织领导,体现了新时代退役军人工作的总体要求。

8.1.2　充分体现对退役军人的社会尊崇

党的十九大报告中强调,要维护军人军属合法权益,让军人成为全社会尊崇的职业。退役军人作为曾经接受过专门训练,可随时进行战争动员的重要"财富",加上其综合素质高、组织管理能力强,能够极大地推动国家的建设和发展。退役军人是否能顺利实现再社会化,获得社会的普遍尊重,将直接影响公民献身国防的热情,以及部队军心士气和战斗力的生成。因此,服务好退役军人,有助于增强民族战斗力,彰显强大国防力量,实现强军兴军总目标。同时,作为重大民生工程,健全军人退役工作体系和保障制度,是稳定军心、解决军人后顾之忧的重要保障,是更好地落实中央决策部署,体现党和政府对退役军人的关心关爱,对于形成拥军优属的价值导向和浓厚社会氛围具有积极正向作用。

8.1.3　有效推动退役军人工作高质量发展

退役军人工作高质量发展,体现党的全面领导政治优势和中国特色社会主义制度优势,与强国强军事业发展进程相适应,是更好地满足退役军人美好生活需要的发展。习近平总书记指出,要建立健全组织管理体系、工作运行体系、政策制度体系,满腔热忱为退役军人服务。健全军人退役工作体系和保障制度,就是要从健全坚强有力的组织管理体系、健全顺畅高效的工作运行体系、健全系统完备的政策制度体系入手,努力开创退役军人工作高质量发展局面。

8.2　退役军人工作体系和保障制度的发展现状

军人退役工作经过多年的建设与发展,基本建立起较为完善的工作体系与制度保障。特别是 2018 年 4 月 16 日,中华人民共和国退役军人事务部在北京的正式挂牌,标志着中国退役军人管理工作进入了一个新的历史阶段。

8.2.1 政策法规体系不断完善

建立统一规范、系统完备、成熟定型、符合国情的政策制度体系,有力推动退役军人工作在法治轨道上行稳致远。

一、采用多元立法模式,形成政策法规体系

党的十八大以来,围绕推进退役军人服务体系建设,先后制定出台一系列政策性文件、规范性制度、保障性措施,推动服务保障工作制度化进程。新时代的退役军人保障采用了多元立法模式,形成了以《宪法》为核心,以《退役军人保障法》为主干,以《军人抚恤优待条例》等为主体,以地方政府法规、规章为辅助的权益保障法律体系,推动我国退役军人服务保障迈上新台阶。比如,新修订的《烈士褒扬条例》,为将英雄烈士保护纳入党和国家功勋荣誉表彰制度体系提供了法律依据。新修订的《伤残抚恤管理办法》进一步明确了抚恤对象范围和认定情形。新颁发的《退役军人保障法》,是我国第一部关于退役军人的专门法律,推动了退役军人法律及其相关条例由零散碎片化向体系化转变,使权益保障工作逐步走向法治化、规范化轨道。

二、及时清理政策法规文件

为贯彻落实党中央、国务院关于退役军人工作的决策部署,进一步加强退役军人工作政策制度体系建设,退役军人事务部全面摸清了退役军人法律政策"家底",对照民法典有关规定,结合退役军人事务部有关重点工作进展,全面梳理完善清理目录,2020年11月以第4号部令形式向全社会公布,废止了《总参谋部、教育部、民政部关于从普通高等学校毕业生中直接招收士官的通知》《民政部办公厅关于移交地方政府安置的军队离退休干部死亡后一次性抚恤金计发问题的复函》等105件政策性文件,宣布《内务部优抚局关于部队军官改薪后的家属待遇等问题函》《民政部、财政部关于调整部分优抚对象等人员抚恤和生活补助标准的通知》等115件政策性文件失效。

三、持续做好政策理论研究

新时代退役军人工作体系和保障制度面临新形势新要求,需要进一步统一思想,提高政治站位,持续做好退役军人有关政策理论研究。退役军人事务部政策法规司持续做好退役军人有关课题研究管理工作,对 9个部级和 1 个司级课题进行评审验收,并对课题研究开展情况进行中期检查推进。加强专家智库建设,召开专家咨询委员会成立大会暨第一次全体会议。成立退役军人事务部专家咨询委员会,积极协调咨询专家参与部内重大任务。

8.2.2 服务保障体系不断优化

建立退役军人服务保障体系,是解决政策落实、服务保障的"最后一公里"。各级退役军人服务保障机构不断完善管理制度、工作流程、运行机制、信息平台、办事平台等,着力提高服务保障能力,不断增强退役军人的获得感和满意度。

一、覆盖全体退役军人

一些省市坚持"可复制、可推广、有特色"的基本原则,按照"标杆引领、示范带动、全面规范"的工作思路,践行"有机构、有编制、有人员、有经费、有保障"的工作要求,形成了横向到边、纵向到底、覆盖全员的服务网络。以北京市为例,北京市把退役军人服务保障体系建设作为"一把手"工程,迅速出台 10 多项推动体系建设措施,各级财政投入经费近 1.2亿元,拿出 767 个全额拨款事业编制,充实市、区、乡镇(街道)三级退役军人服务中心(站);1.8 万多名专兼职工作人员已上岗工作,全面形成覆盖"市、区、乡镇(街道)、社区(村)"的四级退役军人服务保障体系,做到高标准高质量全覆盖。

二、坚持共建共享共融

上海拥有近 60 万名退役军人和其他优抚对象,上海市退役军人事务局结合上海实际,坚持共建共享共融的工作理念,将退役军人服务职能嵌入基层社会治理体系,扎实推进服务保障体系建设。目前,上海市已建成退役军人服务中心(站)5874 个,初步构建覆盖全域的市、区、街镇、村居四级服务保障体系。上海还创新实践街镇"1+N"站点设置模式,每个街镇在建立 1 个服务站的基础上,依托其他服务机构设立多个服务点,为退役军人提供法律援助、政策咨询、帮扶解困、心理疏导等服务。目前,上海已初步建立起系统联动、军地合力、规范有序的上海退役军人事务工作运行体系。

8.2.3　各项优待举措落地落实

一、制定优待目录清单

为深入贯彻习近平总书记关于退役军人工作重要论述精神,2021 年退役军人事务部等 20 部门关于《加强军人军属、退役军人和其他优抚对象优待工作的意见》明确了当前一个时期需要落地见效的基本优目录清单。这次出台的意见,提出了荣誉、生活、养老、医疗、住房、教育、文化交通和其他优待等 8 个方面的优待内容,在兼顾普惠与贡献的基础上,统筹设计优抚对象的优待项目,明确了不同对象的基本优待目录清单。分为现役军人、现役军人家属、残疾军人、退役军人、"三属"5 类,共计 116 条。以退役军人为例,制定了 24 条基本优待目录清单。

表 8-1　退役军人基本优待目录清单

1	为家庭悬挂光荣牌。
2	发春节慰问信。
3	邀请优秀退役军人代表参加国家和地方重要庆典和纪念活动。
4	服现役期间荣获个人二等功以上奖励的退役军人,其名录载入地方志。
5	优先聘请优秀退役军人担任编外辅导员、讲解员等。
6	倡导利用大型集会、赛事播报、车船及机场、车站、码头的广播视频等载体和形式,宣传退役军人中优秀典型的先进事迹。
7	调整定期抚恤补助标准时,适当向贡献大的优抚对象倾斜。
8	符合帮扶援助条件的,按规定享受。
9	鼓励各级各类养老机构优先接收,提供适度优惠服务。
10	国家兴办的光荣院、优抚医院,对鳏寡孤独的退役军人实行集中供养,对常年患病卧床、生活不能自理的,优先提供服务并按规定减免相关费用,等等。
11	生活长期不能自理且纳入当地最低生活保障范围的老年对象,地方根据失能程度等情况优先给予护理补贴。

续表

12	本地区医疗优待定点服务机构,为老复员军人、参战参试退役军人、带病回乡退伍军人开通优先窗口,提供普通门诊优先挂号、取药、缴费、检查、住院服务。
13	优抚医院为老复员军人、参战参试退役军人、带病回乡退伍军人提供免收普通门诊挂号费和优先就诊、检查、住院等服务。
14	组织优抚医院为老复员军人、参战参试退役军人、带病回乡退伍军人优惠体检。
15	伤病残、老龄的,各级各类地方医疗机构优先提供家庭医生签约和健康教育、慢性病管理等基本公共卫生服务。
16	在审查是否符合购买当地保障性住房或租住公租房条件时,抚恤、补助和优待金、护理费不计入个人和家庭收入。
17	符合当地住房保障条件的,在公租房保障中优先予以解决。
18	对符合条件并享受国家定期抚恤补助的,租住公租房可给予适当租金补助或者减免。
19	居住农村且符合条件的,同等条件下优先纳入国家或地方实施的农村危房改造相关项目范围。
20	退役军人按规定免费参加教育培训。
21	符合条件的退役大学生士兵,实施复学、调整专业、攻读研究生等优待政策。
22	法律服务机构优先提供法律服务,法律援助机构依法提供免费的法律服务。
23	鼓励银行提供优先办理业务,免收卡工本费、卡年费、小额账户管理费、跨行转账费,以及其他个性化专属金融优惠服务。
24	鼓励影(剧)院提供减免入场票价等优惠服务。

二、提升就业创业能力

2020 年 12 个部门联合印发《关于促进新时代退役军人就业创业的意见》,在扶持退役军人就业创业上,出台了许多具体措施。通过完善多层次、多样化教育培训体系、开展退役前技能储备培训、加强退役后职业技能培训、推行终身职业技能培训等,提升退役军人就业创业能力。2020年两会提议国家将拿出 1000 亿元,用于 1500 万人次以上的职工技能提升和培训。广西支持退役军人发展传统特色农业,从事休闲农业、乡村旅游、生态康养、农村电商、乡村新型服务业等新产业新业态,力争到 2025

年,退役军人注册登记的个体工商户、小微企业达 2 万家以上,农业特色企业 1000 家以上,家庭农场及合作社 1 万家以上。

三、加大就业支持力度

党中央、国务院高度重视包括退役军人在内的重点群体就业工作,把稳就业摆在"六稳"之首,大力实施就业优先政策。通过适当放宽招录(聘)条件、加大公务员招录力度、拓展就业渠道、鼓励企业招用、强化就业服务等来加大退役军人就业支持力度。例如,北京市出台退役军人职业技能培训实施办法,每人每年可享受不超过 3 次免费技能培训;兰州先后两年向 55 名退役军人发放创业担保贷款 880 万元,向 10 名退役军人发放一次性创业补贴 5 万元。2021 年,退役军人事务部与滴滴出行、京东集团、顺丰集团、阿里巴巴集团 4 家企业以"云签约"方式签署退役军人就业合作协议。4 家企业共拿出分布于 31 个省(区、市)的 5.5 万个岗位招聘退役军人,涵盖电子商务、网络平台、财务管理、销售代表、机械维护、仓储物流、交通驾驶等岗位类别。4 家企业还将对招录退役军人的教育培训、职位晋升进行专门规划和优先帮助。

8.2.4 功能性服务效能不断增强

一、设立全域性的服务中心(站)

目前,全国从国家到村级建成退役军人服务中心(站)64 万余个,一些地方在退役军人相对集中的开发区、功能区、大型企业等也设立了服务站点,覆盖全域的退役军人服务体系基本建立,服务队伍不断壮大,服务场所得到有力保障。着眼让"数据多跑路、服务对象少跑路",各级退役军人服务中心(站)加快综合信息服务平台建设,为提升服务效能奠定坚实基础。

二、打造精准化的服务模式

各级服务中心(站)第一时间设立政策咨询、信访接待、就业创业、困难帮扶等服务"窗口"和场所,为退役军人"开门办公"。建立网格化服务中心、网格分中心、网格工作站、网格工作室的"四级网格化"服务模式,每个网格明确一名联络员,形成"网中有格、格中有格"的服务网络。积极整合服务资源、创新服务模式,为退役军人提供"一站式""最多跑一次""全生命周期"、网格联络等集成化、人性化、精准化服务。

三、建立高效化的保障体系

浙江省全面推广"老兵码"并开发建立退役军人全生命周期管理保障综合信息平台,进一步提升退役军人服务与保障效能。初步实现军人从入伍、服役、退役、就业、优待到临终关怀的全过程事务"闭环管理",让退役军人享受全方位、闭环式的高效率高质量服务。同时,杭州还在"老兵码"基础上开发"码上办事""码上优惠"等功能,服务范围涵盖旅游、出行、餐饮、零售等各行各业,让退役军人通过扫码、亮码等形式就能随时随地享受优质服务,增强退役军人获得感。

8.2.5 政治引领作用不断彰显

一、强化政治文化阵地建设

突出"军"的特色和老兵主题,突出政治文化建设,打造退役军人荣誉墙、设立军旅实物陈设室,围绕"纪念抗美援朝出国作战 70 周年"等组织主题展览、英模报告、缅怀先烈等系列活动,及时为参战老兵颁送荣誉纪念章,宣传"最美退役军人"先进事迹、宣传退役军人新时代创业故事、让退役军人"兵"至如归、精神永续、奋斗不息。

二、强化退役军人党员教育管理

及时为退役军人党员续接组织关系,设立党员学习室、党建活动室,创建"退役军人微课堂"等公众号,定期组织学习教育,积极引导退役军人党员在基层治理、乡村振兴等方面发挥先锋模范作用,助力基层经济社会发展。

三、强化退役军人志愿服务工作

按照"一村社一队伍"的模式,广泛组建退役军人志愿服务队,着力构建"村村有队伍、县市有品牌"的退役军人志愿服务生动局面。面对疫情、汛情,各级服务中心(战)坚决响应号召,动员组织退役军人、老兵志愿服务队投身疫情防控一线,充分体现服务体系"一贯到底"的组织优势和退役军人"若有战、召必回"的硬核力量。

8.3 现行退役军人工作体系和
保障制度存在的主要问题

从一些单位调研报告和退役军人反映的情况来看,现阶段退役军人工作体系和保障制度仍存在一些问题,亟须解决和重视。

8.3.1 服务体系不完善

目前,退役军人服务保障体系虽已初步形成,但部分单位因成立时间不长,还存在一些问题。一是阵地建设不够规范。部分县、乡退役军人服务中心基础设施配置不齐,在一定程度上影响工作开展。多数乡镇退役军人服务站现已挂牌开展运行,但缺少独立办公场所,与其他机构合署办公,无法按标准设置专门的信访接待室和有关业务窗口,办公接待不便,制约了乡、村退役军人服务站标准化、规范化建设和各项工作有序开展。二是岗位人员不够稳定。按照有关编制文件规定,乡镇退役军人服务站定编 2—3 名,其中设站长 1 名,所需编制由内部调剂。但是绝大部分乡镇退役军人服务站工作人员系其他站(所)人员兼职,且随着乡镇机构改革,原岗位人员调整变动后,乡镇退役军人服务站人员没有组织和人事部门下文明确,部分乡镇退役军人服务站岗位空缺,有编无人,机构人员不稳定。三是业务培训不够深入。乡镇退役军人服务站的部分工作人员专业知识不强,政策业务水平不高,服务意识不够,面对情况复杂的退役军人诉求时没有耐心,办理业务的简单方式容易激发矛盾;相关培训工作没有及时、周密组织到位,尊崇军人职业的社会氛围还不够浓厚。

8.3.2　制度建设不够完善

一是退役军人服务保障体系建立时间不长,制度不完善,还没有形成统一的标准。比如,没有专项社会帮扶、专项救助和规范的退役军人解困救助制度,现行的解困救助沿用的是从民政部门转接的一套流程,审批随意性比较大,容易引发解困群众之间相互比较和质疑。

二是对退役军人精神上的鼓励和就业上的指导也不够,培训和帮扶均需要加大力度。

8.3.3　历史遗留问题较多

虽然很多退役政策都是依据当时国情制定的,但随着时代发展出现了弊端,容易形成历史遗留问题。加之退役军人体量大,需要帮助解决的历史遗留问题复杂多样,现有的服务保障机制未能精准涵盖。以安置待遇为例,"同服役,不同待遇"形成的遗留问题,易导致部分退役军人出现心理失衡或产生负面情绪,成为不稳定因素。一是历史政策城乡有别。2011 年以前入伍的城市户籍义务兵带安置卡,退役后可安排工作,而农村籍没有安置。另外,城乡参战军人待遇也不同。二是根据《退役士兵安置条例》规定,对自主就业的退役士兵,地方政府根据当地实际情况给予经济补助。三是以前安置在企业的退役军人因企业改制、下岗分流人员、安置补偿等方面诉求突出。

8.4　健全退役军人工作体系和保障制度的总体思路

8.4.1　健全退役军人工作体系和保障制度的指导思想

"十四五"时期是我国全面建成小康社会、实现第一个百年奋斗目标之后,乘势而上开启全面建设社会主义现代化国家新征程、向第二个百年奋斗目标进军的第一个五年。退役军人工作应高举习近平新时代中国特色社会主义思想伟大旗帜,提高政治站位、强化思想武装,坚持以习近平总书记关于退役军人工作的重要论述指导实践,全面落实党中央关于新时代退役军人工作的会议精神,不断总结做好新时代退役军人工作的内在规律,对标目标任务,突出工作重点,认真贯彻落实政策法规、持续不断拓宽安置渠道、全面提高就业创业质量、稳步提升服务保障水平,完善退役军人工作体系和保障制度,营造尊崇退役军人社会氛围,依法维护退役军人权益,促进可持续的多层次社会保障体系建立健全。

8.4.2　健全退役军人工作体系和保障制度的基本原则

一是坚持创新发展,持续深化服务保障改革。健全退役军人工作体系和保障制度,应坚持创新发展,健全新兵入伍欢送、光荣牌悬挂、立功受奖报喜、退役返乡欢迎、节日走访慰问、重大庆典邀请等全流程工作机制。拓展"教培先行、岗位跟进"的行业合作就业模式,积极推行"权威推荐+自主选择"。建立抚恤补助量化标准体系和动态调整机制,进一步加大困难退役军人帮扶援助力度。

二是坚持系统发展,构建统筹协调的工作格局。健全退役军人工作体系和保障制度,需要高效发挥党领导下的行政机关、服务体系、社会力量的作用。既坚持政府主导,注重政策标准制定、结果监督考核、公平环境构建,又激发市场活力,盘活服务保障机构资源。加强顶层设计,坚持统筹平衡,既做大蛋糕也分好蛋糕,处理好各方面关系。

三是坚持精准发展,不断提升服务保障效能。健全退役军人工作体系和保障制度,应根据退役军人不同对象的具体需求,一人一策,分类实施。健全常态化信息采集机制,为每名退役军人建立档案卡,构建"互联网+退役军人服务"平台,实现退役军人服务体系从"有"到"优"。

8.4.3　基本思路

深入学习贯彻习近平总书记重要指示精神,全面落实党的十九届五中全会部署要求,着力健全组织管理、工作运行、政策制度"三大体系",努力开展退役军人工作高质量发展的新局面。

一是建立坚强有力的组织管理体系。完善各级党委领导下的行政部门、服务体系、社会力量"三驾马车"同向发力的组织管理体系,形成强大合力。充分发挥党的领导核心作用,完善各级退役军人事务部门权责清单,优化职能职责,加强服务体系建设,按照"五有"要求提高服务保障能力和水平,引导社会力量参与,形成优化政府购买服务、推进社会专项服务、鼓励实行自我服务、倡导开展志愿服务相互补充的服务管理模式。

二是健全顺畅高效的工作运行体系。加强系统纵向联动、部门横向协同,有效发挥党委作用,互通共享相关信息,及时会商重大问题,合理推进重点工作。完善高效运转机制,实现动态管理、精准服务、以信息化推进退役军人工作现代化。

三是健全系统完备的政策制度体系。建立统一规范、系统完备、成熟定型的政策制度体系。优化思想政治制度,营造参军受尊崇、退役受尊重的浓厚氛围。优化移交安置制度,树立贡献越大安置越好的导向,切实保障好安置待遇。优化就业创业制度,坚持订单、定岗、定向培训模式,提升就业竞争力。优化优抚褒扬制度,出台优待目录,健全水平动态调整机制,完善褒扬纪念制度,弘扬英烈精神。

8.5 健全退役军人工作体系和保障制度的对策建议

8.5.1 完善退役军人安置制度

优化安置方式,拓宽安置渠道,提高安置质量,建立与服役贡献挂钩、与个人德才匹配的安置机制,努力实现妥善安置、合理使用、人尽其才、各得其所。

一是灵活退役军人安置方式。根据新的军事人力资源政策制度改革要求,军官退役可采取退休、转业、逐月领取退役金、复员等方式。军士退出现役可采取逐月领取退役金、自主就业、安排工作、退休、供养等方式妥善安置,以货币化安置为主,政府安排工作为辅。义务兵退出现役可采取自主就业、安排工作、供养等方式妥善安置。

二是向重点退役军人群体倾斜。在新政策制度下,在服役年限的基础上,相关部门优先考虑军官现役期间的德才表现,在部队时的职务、等级以及所做出的贡献,因此,在未来安置越来越好的情况下,转业军官、安排工作的军士和义务兵中,若符合具有参战经历、担任作战部队师(旅、团、营)级单位主官、长期在艰苦边远地区或者特殊岗位服役、烈士和功臣模范的子女条件之一的,应优先安置,既是对这部分特殊群体的一种肯定,也是对该群体的一种"奖励"。

三是推行"直通车"安置办法。对于从事教育、科研、宣传、文化、体育、医疗卫生、情报技侦、财务审计、航海、飞行等转业军官、安排工作的军士和义务兵,可推行"直通车"安置办法,根据其德才条件和工作需要、岗位要求等,对口安置到相应岗位。

四是提高退役士兵安置比例。完善政府安排工作的退役士兵岗位保障办法,优化机关、事业单位和国有企业安置比例。结合兵员学习层次提高的新形势,畅通公务员岗位、事业单位管理岗位和专业技术岗位安置政府安排工作的退役士兵渠道。

8.5.2　完善退役军人就业培训制度

围绕改善知识结构、提升职业技能,构建适应性培训、就业技能培训、学历教育培训、终身职业技能培训四位一体的教育培训体系。

一是推进适应性培训。为更好地促进退役军人在退役之后的角色转变,尽快融入社会,退役军人事务系统可开展多种形式的退役军人适应性培训班。围绕心理调适、树立正确择业观、职业规划、防范职业风险等开展培训,帮助退役军人坚定理想信念、牢记军人本色、了解就业形势、明确职业方向、转变就业观念、实现由部队建设的主力军向地方发展的生力军顺利转变,积极投身到地方经济建设中去。

二是完善就业技能培训。以就业为导向,把培训与市场需求、个人实际紧密结合起来,推行订单式、定向式、定岗式培训。为退役军人培训开发通识教材和系列特色教材,依托现有资源分级分类建立实习实训基地。建立"政府助推、企业运营的三级孵化模式",引进"互联网+技能提升+教育培训+综合服务"的大数据模式的智慧服务云平台,培养符合新时代需求的创新型人才。加强培训质量监管,制定承训机构目录,将职业技能证书获取率、推荐就业成功率作为关键考核指标,建立定期考核、动态调整机制。退役士兵在承训机构提供的目录内自主选择培训项目,统筹利用各地优质培训资源,打破地区壁垒,逐步实现跨省异地培训费用结算。

三是健全学历教育培训。落实《军队军事职业教育条例(试行)》,做好退役军人学生招收、培养和管理相关工作。落实符合条件的退役士兵参加学历教育考试加分、免试入学,以及大学生士兵复学等优待政策。鼓励符合高考报名条件的退役士兵报考高等职业院校,可实行自愿报名、单列计划、单独录取,退役士兵可免除文化素质考试。适度扩大退役大学生士兵专项硕士研究生招生规模。鼓励院校的退役军人学生积极参与职业技能等级证书培训考核,拓展就业本领,推动退役、学习、培训,就业有机衔接。

四是推行终身职业技能培训。将退役军人纳入国家终身职业技能培训体系,统筹使用职业技能提升行动专项账户资金开展退役军人技能提升培训。融合线上学习与线下实训,通过网络课程、3D模拟等多种形式,及时提供新技术、新业务职业培训。退役军人参加职业技能提升行动培训,可按有关规定享受当地免费培训政策,符合条件的困难退役军人培训期间可享受生活补贴。

8.5.3 完善退役军人就业扶持制度

坚持个人努力、政府帮扶、社会支持相结合,完善政策,搭建平台,优化服务,努力实现退役军人更加充分、更高质量就业。

一是落实基本公共就业服务。各级公共就业服务机构可依托全国退役军人服务平台建设退役军人就业信息系统,及时归集适合退役军人的就业岗位,实行退役军人优先制度,提供就业创业登记、职业指导、职业介绍、政策咨询等基本公共就业服务,促进供需信息有效对接。建立地方政府组织退役军人专场招聘活动的制度,市、县两级,每年可组织举办2次以上的退役军人及随军家属专场招聘活动。建立与大型企业合作机制,鼓励吸纳退役军人就业实名台账,退役军人服务站动态掌握每名退役军人就业情况,及时提供针对性服务。

二是优化线上线下求职服务。各级公共就业服务机构可通过微信公众号、招聘系统平台等为退役军人就业创业提供便捷高效的线上线下服务,汇总推介招聘岗位信息和就业创业政策,开设"退役军人就业创业直通车"专窗等方式为退役军人提供精准求职服务。各级退役军人事务部门可采取短信推介、电话推荐、走访告知等方式,积极引导有就业意愿的退役军人以及随军家属线上办理就职登记或查阅招聘信息,并通过签订退役军人就业创业战略合作框架协议、指导开发适合退役军人及其随军家属的就业岗位等方式,积极引导各类企业特别是国有企业、退役军人创办企业线上发布招聘信息。

三是放宽就业招收条件。在公务员定向招录方面,在军队服役5年(含)以上的高校毕业生士兵,退役后可以报考面向服务基层项目人员定向考录的职位,同服务基层项目人员共享公务员定向考录计划;各地特别是边疆地区、深度贫困地区结合实施乡村振兴等战略,设置一定数量基层公务员职位面向退役军人招考。在选调生优先选拔方面,各级党政机关在组织开展选调生工作时,可选调有服役经历的优秀大学生;在招录公安警察方面,可优先招录反恐特战等退役军人;在辅警方面,可在同等条件下优先招录退役军人,并提高服务保障以及安保等岗位招录退役军人的比例。在政府专职等方面,可选派退役军人参与社会治理、稳边固边等重点工作,鼓励退役军人到党的基层组织、城乡社区担任专职工作人员。鼓励企业招用退役军人。

四是建立就业优惠政策。退役军人从事个体经营可享受税收优惠。退役军人创办符合条件的微小企业,可优先给予创业担保贷款贴息支持,进一步简化贴息贷款申请、审批手续,适当提高创业担保贷款额度。鼓励社会资本设立退役军人创业基金,拓宽资金保障渠道。企业响应政策招聘退役军人,符合条件的,可予以定额依次扣减增值税、城市维护建设税、教育费附加、地方教育费附加和企业所得税优惠等。

五是建立就业援助制度。各级人力资源和社会保障部门可通过公益性岗位安置等途径,对就业困难优先进行扶持和重点帮助,对下岗失业的及时纳入就业帮扶援助范围,支持其到企业就业、灵活就业,对实现就业并参加社会保险的,按规定给予社保补贴;对通过市场渠道仍然难以就业的退役军人,由安置地政府按规定提供公益岗位托底帮扶就业,并给予社保补贴和岗位补贴。

8.5.4 完善退役军人待遇保障制度

坚持待遇与贡献匹配,公民普惠待遇与抚恤优待叠加共享、保障水平与经济发展相适应的原则,让退役军人和其他优抚对象更加充分、更加公平地共享改革发展成果。

一是合理构建待遇确定和调整机制。科学确定优抚待遇水平,统筹平衡各类优抚对象待遇标准。残疾军人的抚恤金标准一般参照上年度全国城镇单位就业人员年平均工资水平确定,烈士遗属、因公牺牲军人遗属、病故军人遗属定期抚恤金标准参照上年度全国居民人均可支配收入确定。建立与经济社会发展水平和国家财力状况相协调的抚恤金和生活补助动态调整机制。完善义务兵家庭优待金制度,逐步消除城乡义务兵家庭优待金差异。建立享受国家定期抚恤补助对象年度注册制度和冒领待遇追偿追责机制,确保优抚资金准确发放。

二是完善优待政策体系。整合现行社会优待政策,系统梳理优待内容,搭建优待工作整体框架,适时调整优待类别和项目,形成针对全体优抚对象的社会优待政策体系。在国家层面制定相对规范的优抚项目,作为各地的优抚基础达标内容,各地结合实际建立地方优待目录清单,发展特色优抚项目。比如,在荣誉激励方面,将服现役期间荣获个人二等功以上奖励的现役军人、退役军人名录载入地方志;对个人立功、获得荣誉称号或者勋章的现役军人,给其家庭送喜报。统一制发退役军人和其他优抚对象优待证,植入电子芯片并规范管理。探索通过签订合作协议等形式,鼓励各类企事业单位和行业组织为退役军人和其他优抚对象提供优待,树立贡献越多优待越多的鲜明导向,促进优待工作科学规范。

三是调整完善退役金政策。在军官职业化背景下,军官服役时间延长、退役出口缩小,退休、转业成为军官退役安置主渠道,逐月领取退役金重在为有就业创业能力和意愿的军官提供多样化安置选项。新的退役金发放政策下,服役期间参加作战、立功受奖、艰苦边远地区服役经历等将纳入逐月领取退役金的计发要素,提高服役年限在退役金计发中的比重,鼓励长期服役、多作贡献。根据军人相关改革进程,逐步实行地区津贴分段计算。规范住房补贴、地区差额补贴等地方待遇保障项目,推进项目待遇保障科学化、规范化。对自主就业的退役士兵发给一次性退役金,退役金标准根据社会经济发展水平适时调整。在国家规定的一次性退役金基础上,安置地政府可以根据实际发给一次性经济补贴。

四是建立困难帮扶制度。对退役军人和领取定期抚恤补助的烈士遗属、因公牺牲军人遗属、病故军人遗属以及符合规定的现役军人家属中生活困难的,在享受社会保障基础上,根据困难程度给予适当帮扶,实施精准帮扶。有条件的地方可设立困难退役军人关爱帮扶基金,拓宽资金保障渠道。

五是完善特殊群体优待机制。烈士、因公牺牲军人、病故军人的配偶以及18岁以下子女,以及残疾退役军人、参战参试退役军人的医疗费用,在按规定享受医疗保险待遇基础上,对个人医疗费用负担较重的,由地方政府通过优抚对象医疗补助给予适当帮助。烈士、因公牺牲军人、病故军人的配偶、父母以及残疾退役军人中的孤老人员,本人愿意到光荣院养老的,光荣院应当优先接收,并视情减收或免收相关费用。

8.5.5　完善退役军人褒扬纪念政策制度

修订烈士褒扬条例,以弘扬英烈精神、维护英烈权益为重点,全面做好烈士褒扬纪念工作,在全社会树立崇尚英雄、缅怀先烈的良好风尚。

一是健全英烈荣誉保护协调机制。退役军人事务部分会同公安、文化、宣传、网信、市场监管等部门,对侵害英烈姓名、肖像、名誉、荣誉的行为依法及时处理。完善举报、起诉侵害英烈合法权益行为的办法。加强英烈文化研究、挖掘、传播工作、推动英烈实际和英烈精神进教材、进校园、通过表彰作品、公益广告等多种形式,全方位多角度宣传英烈精神。

二是烈士纪念设施规划、建设、修缮、管理维护机制。统筹烈士纪念设施规划和建设管理,健全分级保护机制。加强烈士纪念设施修缮维护,实施提质改造、改陈布展工程。依托现有信息系统推进烈士纪念设施数据信息平台建设,实施动态信息化管理。推进境外烈士陵园修缮保护工程。

三是健全烈士祭扫制度。修订烈士公祭办法。在重要节日、纪念日祭扫烈士纪念设施,组织开展有庄严感和教育意义的纪念活动。建立健全烈士祭扫礼仪规范,强化社会公众在烈士纪念场所的行为约束。落实烈士遗属异地祭扫制度,按规定做好相关经费保障。拓宽祭扫保障渠道,估计社会组织参与祭扫接待工作。

8.5.6　完善退役军人服务管理政策制度

适应退役军人多样化需求,按照服务内容个性化、措施精准化、方式多元化的思路,创新服务模式,不断提高服务水平。

一是建立"互联网+退役军人服务"。建设全国退役军人综合信息数据库和服务平台,充分利用国家电子网络等公共基础设施,建成统一、智慧、融合、便捷、可靠的退役军人事务信息化体系。健全常态化信息采集机制,制定全国统一的退役军人电子档案标准规范,为每名退役军人建档立卡,实现信息交叉比对、实名归集、精准识别、一人一档。建立数据资料兼容共享机制,加快信息技术融合应用,实现身份核实、待遇保障、就业扶持、社会优待、信访投诉等服务"一网通办"。

二是完善服务保障机构运行机制。全面落实退役军人服务中心有机构、有编制、有人员、有经费、有保障要求,厘清职责界限,制定工作规范。落实"放管服"改革要求,推行"最多跑一次""一站式"服务,优化服务流程,减少证明材料,提高服务效率。建立退役军人事务系统工作人员联系退役军人制度,重点联系工程模范、烈士遗属和残疾、参战参试、特困的退役军人以及信访矛盾突出人员。

三是鼓励社会力量参与机制。通过政策优惠、表彰、宣传引导等方式,鼓励企事业单位、公益组织、社会工作服务机构、志愿服务组织等为退役军人提供服务。规范退役军人关爱类协会、基金会等社会组织运行管理,形成政府购买服务、社会专项服务、退役军人互助服务、志愿服务相互补充的格局。

9

健全分类分层的社会救助体系研究

自 1999 年《城市居民最低生活保障条例》颁布实施以来,我国社会救助制度有了长足发展,目前已形成"8+1"为基本制度框架的多层次社会救助体系,在贫困治理和保障困难群众基本民生方面发挥了重要作用。但是,目前社会救助制度还有不足,需要进一步完善。

2020 年中共中央办公厅和国务院办公厅印发《关于改革完善社会救助制度的意见》(以下简称《意见》),明确了今后一个时期社会救助事业发展的总体目标、重点任务和保障措施。① 同年,由民政部、财政部出台的《中华人民共和国社会救助法(草案征求意见稿)》,从法律上对社会救助制度进行了更详细的规范。而 2021 年民政部和国家发展和改革委员会颁布的《"十四五"民政事业发展规划》(以下简称《规划》),对其内容进行了提炼并进一步细化。

本章着重梳理健全社会救助体系的制度背景与政策脉络,当前我国社会救助制度的总体运行状况,健全社会救助体系的重点难点问题,提出健全社会救助体系的政策建议。

9.1 健全社会救助体系的制度背景

社会救助政策的制定需要考虑外部环境的变化,当前社会救助受脱贫攻坚、新冠疫情和人口结构变化的影响,需要在制定政策时予以考量。

9.1.1 脱贫攻坚取得全面胜利

2021 年全国脱贫攻坚总结表彰大会的召开,标志着中国脱贫攻坚战取得了全面胜利,现行标准下的绝对贫困被消灭。但是,在农村绝对贫困

---

① 《民政部有关负责人就贯彻落实〈关于改革完善社会救助制度的意见〉答记者问》,见 http://www.gov.cn/zhengce/2020-09/04/content_5540739.htm。

和普遍贫困的状况得到根本缓解之后,如何从国家动员走向常态化的制度建设,如何发挥社会保障的长效机制,防止脱贫人口再度返贫,并有效满足农村居民日益提升的物质文化生活需要,成为未来农村社会发展的重要问题。

党的十九届四中全会通过的《中共中央关于坚持和完善中国特色社会主义制度 推进国家治理体系和治理能力现代化若干重大问题的决定》提出"建立解决相对贫困的长效机制"的新要求,这意味着我国在现阶段脱贫功能任务完成后,将开展以相对贫困为视角的新的贫困治理行动。①为此,需要在统筹城乡社会保障体系、积极发展农村医疗卫生事业、全面实现乡村振兴等方面下功夫、做文章。②

9.1.2 新冠肺炎疫情的影响

自 2019 年底开始,新冠肺炎疫情的肆虐使得全球的经济发展和社会生活受到巨大影响,底层群体由于其自身的脆弱性更容易遭遇风险。受到收入的限制,底层群体的总体健康水平偏低,容易受到疾病的侵害,加之其本身较低的收入水平难以支付因疾病而引发的医疗费用,疾病冲击更容易导致返贫。而且,底层群体从事的工作往往更不稳定,更容易受疫情影响而中断收入,进而面临生活困境,一些特殊群体如儿童、老年人、残疾人、少数族裔等更是如此。③ 容易被忽视的是,疫情不仅仅是不平等的推手,也是不平等本身的放大器,④加剧了贫困群体的收入差距和应对疾病的脆弱性。这些波及甚广且相互交织的问题,都需要社会救助发挥更加积极的作用。

---

① 关信平:《相对贫困治理中社会救助的制度定位与改革思路》,《社会保障评论》2021 年第 1 期。

② 韩克庆:《土地改革、脱贫攻坚抑或社会保障——中国农村减贫的成功经验》,《理论学刊》2021 年第 2 期。

③ James E.Wright II and Cullen C.Merritt, "Social Equity and COVID-19:The Case of African Americans", *Public Administration Review*, vol.80, No.5, (September 2020), pp.820-826.

④ Richard Blundell and Monica Costa Dias, eds., "COVID-19 and Inequalities", *Fiscal Studies*, vol.41, No.2, (June 2020), pp.291-319.

社会救助制度在我国疫情防控的"保卫战、阻击战"中发挥了积极作用。当前,我国的新冠疫情虽然得到有效控制,但面对疫情防控常态化的现实需要,如何更高效地体现社会救助急难救助的作用,更好地发挥社会救助最后一层社会安全网的功能,仍然是社会救助制度需要思考和完善的重要问题。

9.1.3 人口政策的调整变化

2021 年 5 月,中共中央政治局会议宣布我国实施一对夫妻可以生育三个子女政策及配套支持措施。这是我国继 2013 年实施"单独二孩"政策和 2015 年实施"全面二孩"政策以来第三次对人口政策做出宏观调整。我国的人口政策是随着人口结构与人口迁移情况的变化而不断调整的,近年来的人口政策变化主要体现在生育政策和人口流动政策两个方面。伴随着人口老龄化的不断深入,适龄人口生育意愿的下滑,我国总和生育率已经跌破警戒线,14 岁以下人口占总人口比也从 1982 年的 33.6%降到了 2020 年的 17.95%。[1]

实施一对夫妇可以生育三个子女政策有利于改善我国人口结构、落实积极应对人口老龄化国家战略、保持我国人力资源禀赋优势。但是,"全面三孩"政策要求一系列相应的配套措施,如医疗服务、教育资源、托幼服务、女性保护等社会政策,因而同时也会对社会救助产生全面、深刻而持久的影响。首先,生育子女数的增加带来的家庭人均收入下降问题,[2]会增加需要救助的群体规模,对制度的救助能力提出一定的挑战;其次,生育本身也会造成女性就业中止或收入下降,新增的儿童则会增大家庭的教育支出,进而增加整个家庭陷入低收入状态的可能,这些变化要求进一步完善医疗救助、就业救助、教育救助等专项救助,在目标群体扩展、救助资源协调乃至救助方式等方面对现有社会救助制度进行调整。

---

[1] 国家统计局:《第七次全国普查人口主要数据情况》,见 http://www.stats.gov.cn/tjsj/sjjd/202105/t20210512_1817336.html。

[2] 陈云等:《生育政策变化视角下的二孩家庭收入流动性》,《人口研究》2021 年第 2 期。

9.1.4　社会流动的常态化

改革开放以来,社会流动成为常态。伴随着工业化进程与农村劳动力的大规模转移,我国的城镇化率从 1978 年的 17.9%提高到 2020 年的户籍人口城镇化率 45.4%①,城际人口流动规模也在攀升。人口的高流动性和人户分离现象常态化,直接影响着我国的人口政策和社会政策。国家"十四五"规划和 2035 年远景目标提出"推进以人为本的新型城镇化",进一步提到"有效增加保障性住房供给"和"强化基本公共服务保障,加快农业转移人口市民化"。② 流动人口实现从常住人口到户籍人口的转变,是新型城镇化的重要达成条件。第七次人口普查数据显示,目前我国流动人口达到 37582 万人,其中跨省流动人口为 12484万人。③

流动人口规模扩大和日益常态化,给以户籍身份为基础的现行社会救助政策带来巨大挑战。虽然户籍制度改革已经打破了流动人口融入城市的制度壁垒,但当前社会救助仍然实行属地化管理,使流动人口在流入地获得急需的社会救助时仍面临诸多阻碍;而流动人口的城市融入更是一个需要多项社会救助制度予以帮扶的过程,其中包括解决自身收入保障的就业救助、解决自身及家庭居住问题的住房救助、解决子女教育问题的教育救助等。因此,构建一个综合性、灵活性的救助体系,对流动人口的城镇生活和融入来说必不可少也十分紧迫。

---

① 国家统计局:《第七次全国普查人口主要数据情况》,见 http://www.stats.gov.cn/ztjc/zdtjgz/zgrkpc/dqcrkpc/ggl/202105/t20210519_1817700.html。

② 《中共中央关于制定国民经济和社会发展第十四个五年规划和二〇三五年远景目标的建议》,见 http://www.gov.cn/zhengce/2020-11/03/content_5556991.htm。

③ 国家统计局:《第七次全国普查人口主要数据情况》,见 http://www.stats.gov.cn/tjsj/zxfb/202105/t20210510_1817176.html。

9.2　健全社会救助体系的政策梳理

自 2014 年《社会救助暂行办法》颁布实施以来,我国每年有近 5000 万困难群众得到基本生活救助,实施临时救助 1000 多万人次。近 5 年来,城市和农村低保标准年均分别增长 8.7% 和 14%,[①]专项救助政策也取得明显成效。

通过对社会救助政策文件进行梳理,可以发现我国社会救助政策的发展方向和重点关注问题。近年来,我国社会救助政策主要针对前文政策背景的变化,出台了完善制度体系、提高法律规范层次、应对突发公共卫生事件和针对特殊群体的相关政策。

9.2.1　针对制度顶层设计的社会救助政策

针对社会救助体系顶层设计的政策主要有三个:《关于改革完善社会救助制度的意见》《中华人民共和国社会救助法(草案征求意见稿)》以及民政部、国家发展和改革委员会印发的《"十四五"民政事业发展规划》。

一、《关于改革完善社会救助制度的意见》的主要内容

2020 年出台的《关于改革完善社会救助制度的意见》(以下简称《意见》)总体目标是,用 2 年左右时间,健全分层分类、城乡统筹的中国特色社会救助体系,在制度更加成熟更加定型上取得明显成效。社会救助法制健全完备,体制机制高效顺畅,服务管理便民惠民,兜底保障功能有效发挥,城乡困难群众都能得到及时救助。到 2035 年,实现社会救助事业

---

① 《民政部有关负责人就〈关于改革完善社会救助制度的意见〉答记者问》,见 http://www.gov.cn/zhengce/2020-09/04/content_5540739.htm。

高质量发展,改革发展成果更多更公平惠及困难群众,民生兜底保障安全网密实牢靠,总体适应基本实现社会主义现代化的宏伟目标。

《意见》从建立健全分层分类的社会救助体系、夯实基本生活救助、健全专项社会救助、完善急难社会救助、促进社会力量参与、深化"放管服"改革等六个方面,进行了全面阐述。

（一）建立健全分层分类的社会救助体系

以基本生活救助、专项社会救助、急难社会救助为主体,社会力量参与为补充,建立健全分层分类的救助制度体系。对共同生活的家庭成员人均收入低于当地最低生活保障标准且符合财产状况规定的家庭,给予最低生活保障;对无劳动能力、无生活来源、无法定赡养抚养扶养义务人或者其法定义务人无履行义务能力的城乡老年人、残疾人、未成年人,给予特困人员救助供养。同时,根据实际需要给予相应的医疗、住房、教育、就业等专项社会救助。对不符合低保或特困供养条件的低收入家庭和刚性支出较大导致基本生活出现严重困难的家庭,根据实际需要给予相应的医疗、住房、教育、就业等专项社会救助或实施其他必要救助措施。对遭遇突发事件、意外伤害、重大疾病,受传染病疫情等突发公共卫生事件影响或由于其他特殊原因导致基本生活暂时陷入困境的家庭或个人以及临时遇困、生活无着人员,给予急难社会救助。对遭遇自然灾害的,给予受灾人员救助。积极发展服务类社会救助,形成"物质+服务"的救助方式。探索通过政府购买服务对社会救助家庭中生活不能自理的老年人、未成年人、残疾人等提供必要的访视、照料服务。推进社会救助制度城乡统筹,加快实现城乡救助服务均等化。顺应农业转移人口市民化进程,及时对符合条件的农业转移人口提供相应救助帮扶。有条件的地区有序推进持有居住证人员在居住地申办社会救助。加大农村社会救助投入,逐步缩小城乡差距。

（二）夯实基本生活救助

规范完善最低生活保障制度,分档或根据家庭成员人均收入与低保标准的实际差额发放低保金。对不符合低保条件的低收入家庭中的重度残疾人、重病患者等完全丧失劳动能力和部分丧失劳动能力且无法依靠产业就业帮扶脱贫的人员,采取必要措施保障其基本生活。将特困救助供养覆盖的未成年人年龄从16周岁延长至18周岁。综合考虑居民人均消费支出或人均可支配收入等因素,结合财力状况合理制定低保标准和特困人员供养标准并建立动态调整机制。制定基本生活救助家庭财产标准或条件。进一步完善社会救助和保障标准与物价上涨挂钩的联动机制。

(三)健全专项社会救助

健全医疗救助对象动态认定核查机制,将符合条件的救助对象纳入救助范围,做好分类资助参保和直接救助工作。完善疾病应急救助。在突发疫情等紧急情况时,确保医疗机构先救治、后收费。健全重大疫情医疗救治医保支付政策,确保贫困患者不因费用问题影响就医。加强医疗救助与其他医疗保障制度、社会救助制度衔接,发挥制度合力,减轻困难群众就医就诊后顾之忧。对在学前教育、义务教育、高中阶段教育(含中等职业教育)和普通高等教育(含高职、大专)阶段就学的低保、特困等家庭学生以及因身心障碍等原因不方便入学接受义务教育的适龄残疾未成年人,根据不同教育阶段需求和实际情况,采取减免相关费用、发放助学金、安排勤工助学岗位、送教上门等方式,给予相应的教育救助。对符合规定标准的住房困难的低保家庭、分散供养的特困人员等实施住房救助。对农村住房救助对象优先实施危房改造,对城镇住房救助对象优先实施公租房保障。探索建立农村低收入群体住房安全保障长效机制,稳定、持久保障农村低收入家庭住房安全。为社会救助对象优先提供公共就业服务,按规定落实税费减免、贷款贴息、社会保险补贴、公益性岗位补贴等政策,确保零就业家庭实现动态"清零"。对已就业的低保对象,在核算其家庭收入时扣减必要的就业成本,并在其家庭成员人均收入超过当地低保标准后给予一定时间的渐退期。健全自然灾害应急救助体系,调整优化国家应急响应启动标准和条件,完善重大自然灾害应对程序和措施,逐步建立与经济社会发展水平相适应的自然灾害救助标准调整机制,统筹做好应急救助、过渡期生活救助、旱灾临时生活困难救助、冬春临时生活困难救助和因灾倒损民房恢复重建等工作。

（四）完善急难社会救助

对遭遇突发性、紧迫性、灾难性困难，生活陷入困境，靠自身和家庭无力解决，其他社会救助制度暂时无法覆盖或救助之后生活仍有困难的家庭或个人，通过临时救助或生活无着流浪乞讨人员救助给予应急性、过渡性生活保障。依据困难情况制定临时救助标准，分类分档予以救助。逐步取消户籍地、居住地申请限制，探索由急难发生地实施临时救助。畅通急难社会救助申请和急难情况及时报告、主动发现渠道，建立健全快速响应、个案会商"救急难"工作机制。将临时救助分为急难型临时救助和支出型临时救助。实施急难型临时救助，可实行"小金额先行救助"，事后补充说明情况；实施支出型临时救助，按照审核审批程序办理。采取"跟进救助""一次审批、分阶段救助"等方式，增强救助时效性。强化地方党委和政府属地管理责任，压实各级民政部门、救助管理机构和托养机构责任，切实保障流浪乞讨人员人身安全和基本生活。完善源头治理和回归稳固机制，做好长期滞留人员落户安置工作，为符合条件人员落实社会保障政策。积极为走失、务工不着、家庭暴力受害人等离家在外的临时遇困人员提供救助。

（五）促进社会力量参与

鼓励支持自然人、法人及其他组织以捐赠财产、设立项目、提供服务等方式，自愿开展慈善帮扶活动。动员引导慈善组织加大社会救助方面支出。按照有关规定，对参与社会救助的慈善组织给予税收优惠、费用减免等，有突出表现的给予表彰。建立政府救助与慈善救助衔接机制。加强对慈善组织和互联网公开募捐信息平台的监管，对互联网慈善进行有效引导和规范，推进信息公开，防止诈捐、骗捐。通过购买服务、开发岗位、政策引导、提供工作场所、设立基层社工站等方式，鼓励社会工作服务机构和社会工作者协助社会救助部门开展家庭经济状况调查评估、建档访视、需求分析等事务，并为救助对象提供心理疏导、资源链接、能力提升、社会融入等服务。鼓励引导以社会救助为主的服务机构按一定比例设置社会工作专业岗位。支持引导志愿服务组织、社会爱心人士开展扶贫济困志愿服务。加强社会救助志愿服务制度建设，积极发挥志愿服务在汇聚社会资源、帮扶困难群众、保护弱势群体、传递社会关爱等方面作用。进一步完善政府购买社会救助服务政策措施,鼓励社会力量和市场主体参与社会救助,扩大社会救助服务供给。制定政府购买社会救助服务清单,规范购买流程,加强监督评估。政府购买社会救助服务所需经费从已有社会救助工作经费或困难群众救助补助资金等社会救助专项经费中列支。

（六）深化"放管服"改革

建立完善主动发现机制。将走访、发现需要救助的困难群众列为村（社区）组织重要工作内容。承担社会救助工作的国家公职人员以及承担政府委托从事困难群众服务工作的企事业单位、基层群众性自治组织、社会组织等,在工作中发现困难群众基本生活难以为继的,应当及时报告有关部门。县级民政部门开通"12349"社会救助服务热线,逐步实现全国联通。全面推行"一门受理、协同办理"。乡镇（街道）经办机构统一受理社会救助申请,根据申请人困难情况、致贫原因,统筹考虑家庭人口结构、健康状况、劳动能力和劳动条件、刚性支出等因素,综合评估救助需求,提出综合实施社会救助措施的意见,并按照职责分工及时办理或转请县级相关职能部门办理。鼓励有条件的地方异地受理基本生活救助申请。加强社会救助信息化,推进互联网、大数据、人工智能、区块链、5G 等现代信息技术在社会救助领域的应用。依托国家数据共享交换平台体系,完善社会救助资源库,将政府部门、群团组织等开展救助帮扶的各类信息统一汇集、互通共享,为相关部门、单位和社会力量开展救助帮扶提供支持。推动社会救助服务向移动端延伸,实现救助事项"掌上办""指尖办",为困难群众提供方便快捷的救助事项申请、办理、查询等服务。

二、《社会救助法（草案征求意见稿）》的主要内容

2021 年发布的《社会救助法（草案征求意见稿）》（以下简称《草案》）,分为 8 章,包括总则、社会救助对象、社会救助内容、社会救助程序、社会力量参与、监督管理、法律责任、附则,共计 80 条。

《草案》在总则中明确,中华人民共和国公民依照本法享有申请和获得社会救助的权利;国家建立和完善社会救助制度,保障公民在依靠自身努力难以维持基本生活的情况下,依法从国家和社会获得物质帮助和服务。国务院领导全国的社会救助工作,地方各级人民政府负责本行政区域内的社会救助工作。《草案》规定了民政部门和其他社会救助管理部门的职责,以及乡镇(街道)和村(居)委会的社会救助职责。《草案》同时规定了地方各级人民政府应当结合经济社会发展水平和财力状况合理安排社会救助资金,按规定列入预算,全面实施预算绩效管理,中央财政给予适当补助;社会救助资金支付按照国库管理有关规定执行。

《草案》明确了9类社会救助对象,即最低生活保障家庭、特困人员、低收入家庭、支出型贫困家庭、受灾人员、生活无着的流浪乞讨人员、临时遇困家庭或者人员,以及需要急救但身份不明或者无力支付费用的人员,最后是省、自治区、直辖市人民政府确定的其他特殊困难家庭或者人员。

《草案》规定了11类救助制度,分别是最低生活保障、特困人员救助供养、医疗救助、疾病应急救助、教育救助、住房救助、就业救助、受灾人员救助、生活无着的流浪乞讨人员救助、临时救助和法律法规规定的其他社会救助制度。相应地,相比《社会救助暂行办法》,《草案》确定了疾病应急救助和生活无着的流浪乞讨人员救助等救助项目。其中,疾病应急救助针对的是需要急救但身份不明或者无力支付费用的急危重伤病患者,《草案》规定,对急危重伤病、需要急救但身份不明确或无力支付相应费用的患者,医疗机构应当立即实施紧急救治,不得拒绝。紧急救治发生的费用,医疗机构可以向疾病应急救助基金申请补助。

由于整个社会保障制度是动态衔接、相互配合的,纵向上看,社会救助制度作为针对困难家庭和个人的制度安排,需要和面向职工的社会保险以及面向不同群体的社会福利制度进行衔接;横向上看,社会救助体系是由不同的救助制度构成的,不同的救助旨在解决不同的生活困难,一个受助者可能同时缺乏多个资源,只有不同的社会救助体系相互配合,才能在最大程度上发挥救助作用。《草案》中的相关规定充分体现了这一点。如在规定特困人员救助的内容之后,《草案》又特别提出,特困人员救助供养应当与城乡居民基本养老保险、基本医疗保障、最低生活保障、孤儿基本生活保障等制度相衔接。

《草案》在规定医疗救助的内容时虽然没有直接强调医疗救助的政策衔接，但是在条文中已经体现了医疗救助、大病保险、其他补充保险与基本医疗保险之间的关系，对其参加城乡居民基本医疗保险的个人缴费部分，以及经基本医疗保险、大病保险和其他补充医疗保险支付后，个人及其家庭难以承担的符合规定的基本医疗自负费用，按规定给予补助。此外，在就业救助部分，《草案》提出，加强就业救助与失业保险、最低生活保障、最低工资等制度衔接，鼓励和引导就业救助对象主动就业创业。

社会力量是社会救助的重要组成部分。《草案》规定，国家鼓励、支持公民、法人和其他组织等社会力量，通过捐赠、设立帮扶项目、创办服务机构、提供志愿服务等方式，参与社会救助。县级以上地方人民政府要建立政府救助与慈善救助衔接机制，为慈善组织开展慈善救助提供便利。《草案》还明确了政府购买社会救助服务、发挥社会组织和社会工作者在社会救助中的作用，以及社会力量参与社会救助应享受相关优惠政策等内容。

三、《"十四五"民政事业发展规划》中的主要内容

《规划》提出健全社会救助制度体系。"十四五"期间，积极推动社会救助法制定出台。完善低保制度，制定低保审核确认办法，规范低保对象认定程序，提高科学性和精准度。加快推进城乡低保统筹发展，有条件的地区积极推行持有居住证人员在居住地申请低保。加强对低保边缘家庭和支出型困难家庭的救助工作，分层分类实施社会救助。完善特困人员认定办法，将特困人员救助供养覆盖的未成年人年龄从 16 周岁延长至 18 周岁。做好残疾儿童康复救助、重度残疾人护理补贴、孤儿保障、事实无人抚养儿童保障等制度与社会救助政策有效衔接。强化急难社会救助功能，对遭遇突发事件、意外伤害、重大疾病、受传染病疫情等突发公共卫生事件影响或其他特殊原因导致基本生活暂时陷入困境，靠自身和家庭无力解决，其他社会救助制度暂时无法覆盖或救助之后生活仍有困难的家庭或个人，通过临时救助或生活无着的流浪乞讨人员救助给予应急性、过渡性生活保障。探索由急难发生地实施临时救助。畅通急难情况及时报告、主动发现渠道，健全快速响应、个案会商"救急难"工作机制。建立容错纠错机制,对秉持公心、履职尽责但因客观原因出现失误偏差且能够及时纠正的经办人员依法依规免于问责。

完善基本生活救助标准动态调整机制。完善低保标准制定办法,建立与居民人均消费支出或人均可支配收入水平挂钩的动态调整机制。以当地低保标准为基础,上浮一定比例确定特困人员基本生活标准,原则上不低于1.3倍;根据生活自理能力和服务需求分档制定照料护理标准。推动以省(自治区、直辖市)为单位研究制定相对统一的区域救助标准,逐步缩小城乡区域差距。完善社会救助和保障标准与物价上涨挂钩联动机制。

强化社会救助家庭经济状况核对机制建设。完善低保家庭收入财产认定方法,制定与经济社会发展水平相适应的低保家庭财产限定标准或条件。推进民政与教育、公安、人力资源社会保障、自然资源、住房城乡建设、卫生健康、市场监管、医疗保障、金融、乡村振兴、残联等部门和机构信息互联互通、数据共享共用,依法明确和落实相关部门、机构提供社会救助家庭收入及财产信息的责任。完善核对内容,优化核对系统,逐步推进全国联网的统一核对工作。强化信息技术支撑,加强核对系统与社会救助信息系统的协同,建立无缝衔接、精准高效的社会救助对象认定机制。

扩大社会救助服务供给。积极发展服务类社会救助,拓展"物质+服务"的救助方式,为有需要的救助对象提供心理疏导、社会融入、资源链接等服务,增强困难群众内生动力和自我发展能力。探索通过政府购买服务等方式为社会救助家庭中生活不能自理的老年人、未成年人、残疾人等提供必要的访视、照料服务。加强社会工作服务,帮助救助对象构建家庭和社会支持网络。

深化社会救助"放管服"改革。全面推行"一门受理、协同办理",由乡镇(街道)经办机构统一受理社会救助申请,并按照职责分工及时办理或转请县级相关职能部门办理。优化审核确认程序,有条件的地方可按程序将低保、特困等社会救助审核确认权限下放至乡镇(街道),取消可以通过国家或地方政务服务平台查询的相关证明材料。加快服务管理转型升级,推进现代信息技术在社会救助领域的应用,完善社会救助资源库,推动社会救助服务向移动端延伸。

保障流浪乞讨人员人身安全和基本生活。推动建立健全政府负责同志牵头的救助管理工作领导协调机制,明确部门职责,强化协同联动。充分发挥平安建设(综治工作)考核评价体系作用,提升救助管理水平。完善救助管理政策体系和标准体系,制定落户安置、源头治理等配套政策,强化站内照料职责,加强托养机构监管,切实保障受助人员人身安全和基本生活。健全流浪乞讨人员转介处置机制,减少不文明流浪乞讨现象。推进救助寻亲服务,充分利用智能化手段,发动社会力量,帮助滞留人员回归家庭和社会。推动符合条件的长期滞留人员落户安置并享受相应社会保障。推进源头治理,建立易流浪走失人员信息库,减少反复流浪乞讨现象。

9.2.2　针对不同群体的社会救助政策

2017 年出台的《国务院办公厅关于加强困难群众基本生活保障有关工作的通知》中,将农村留守儿童、困境儿童、特困人员、困难残疾人及重度残疾人等群体视为困难群众的典型。[①] 针对不同群体出台政策的原因在于,这些困难群体陷入困境的原因是多样的、多类型的,需要不同的社会救助制度,乃至社会保险、社会福利等形成合力,故而这些政策本身就意味着对不同制度衔接配合的强调。

一、特困人员救助政策

特困人员是困难群众中最困难、最脆弱的群体。2016 年政府出台文件将城市"三无人员"和农村"五保户"的救助整合为城乡特困人员救助。此后,于同年出台《特困人员认定办法》(以下简称《办法》),对特困人员的认定条件、认定程序、生活自理能力评估等作出明确规定。2021 年民政部根据制度在运行中暴露出的问题,对《办法》进行了修订。

（一）特困人员救助的认定办法

在 2021 年新修订的《特困人员认定办法》中,增加了可以纳入特困

[①] 《国务院办公厅关于加强困难群众基本生活保障有关工作的通知》,见 http://www.gov.cn/zhengce/content/2017-01/26/content_5163796.htm。

人员救助中的情形与类型。首先,《办法》拓展了"无劳动能力"的残疾种类和等级,增加了"三级智力、精神残疾人,二级肢体残疾人和一级视力残疾人"的表述,规定上述残疾人也应当认定为无劳动能力。此外,关于"法定义务人无履行义务的能力",在原认定范围的基础上,《办法》明确规定将本人收入低于当地上年人均可支配收入,且财产符合当地低收入家庭财产状况规定的 70 周岁以上老年人,以及重度残疾人和残疾等级为三级的智力、精神残疾人,应当认定为无履行义务能力。其次,在年龄方面,《办法》还将特困救助覆盖的未成年人年龄从 16 周岁延长至 18 周岁。[①] 最后,为切实解决当前地方普遍反映的困难家庭中"以老养残""一户多残"等问题,《办法》拓展了对"法定赡养抚养扶养义务人无履行义务能力"的认定范围,规定"70 周岁以上的老年人,本人收入低于当地上年人均可支配收入,且其财产符合当地低收入家庭财产状况规定的",以及"重度残疾人和残疾等级为三级的智力、精神残疾人,本人收入低于当地上年人均可支配收入,且其财产符合当地低收入家庭财产状况规定的",可被视为无履行义务能力。[②]

（二）特困人员救助的政策衔接

2019 年出台的《关于在脱贫攻坚兜底保障中充分发挥临时救助作用的意见》强调"各地要进一步发挥临时救助的过渡、衔接功能,加强与最低生活保障、特困人员救助供养等社会救助制度的衔接"。[③]

2021 年,民政部《关于印发〈特困人员认定办法〉的通知》则对特困和低保制度的衔接做出了具体规定,"对终止救助供养的原特困人员,符合最低生活保障、临时救助等其他社会救助条件的,应当按规定及时纳入

---

① 中华人民共和国民政部:《进一步提高特困人员救助供养制度可及性切实增强困难群众的获得感和幸福感——解读新修订的〈特困人员认定办法〉》,见 http://www.mca.gov.cn/article/gk/jd/shjz/202105/20210500033603. shtml。

② 中华人民共和国民政部:《民政部关于印发〈特困人员认定办法〉的通知》,见 http://xxgk.mca.gov.cn:8011/gdnps/pc/content.jsp? id = 14946&mtype = 1。

③ 中华人民共和国民政部:《民政部 财政部 国务院扶贫办联合印发〈关于在脱贫攻坚兜底保障中充分发挥临时救助作用的意见〉》,见 http://www.mca.gov.cn/article/gk/wj/201909/20190900019881. shtml。

相应救助范围"①。

二、困境儿童救助政策

困境儿童概念常与弱势儿童、脆弱儿童概念同时使用。从内涵上看，是相对于一般儿童而言的，18 岁以下、处于社会生活中困境地位的儿童。从外延上看，困境儿童的研究形成了三级概念体系，一级概念下包括生理性困境儿童、社会性困境儿童和多重困境儿童三个二级概念，其中生理性困境儿童包括残疾儿童和大病儿童两个三级概念；社会性困境儿童包括被遗弃儿童、孤儿、流浪儿童、困境家庭儿童、事实无人抚养儿童等群体；多重困境儿童是指既存在生理困境又存在社会困境的儿童。② 我国则专门针对残疾儿童（生理性困境）和事实无人抚养儿童（社会性困境）出台了相应策略。

（一）残疾儿童救助

针对残疾儿童，2018 年民政部《关于贯彻落实〈国务院关于建立残疾儿童康复救助制度的意见〉的通知》指出要"统筹民政救助与康复救助"，统筹低保、特困、医疗救助、儿童福利等制度。③

（二）事实无人抚养儿童救助

针对事实无人抚养儿童，则更是需要多种制度予以合力纾困解围，同时要保持制度之间的有序配合。2019 年出台的《关于进一步加强事实无人抚养儿童保障工作的意见》围绕该群体的基本生活保障、医疗保障和教育保障进行工作安排，涉及低保、特困、医疗保险、大病保险、医疗救助、事实无人抚养儿童基本生活补贴、残疾人两补、教育救助诸多

---

① 中华人民共和国民政部：《民政部关于印发〈特困人员认定办法〉的通知》，见 http://www.mca.gov.cn/article/gk/wj/202105/20210500033602. shtml。

② 高丽茹、彭华民：《中国困境儿童研究轨迹：概念、政策和主题》，《江海学刊》2015 年第 4 期。

③ 中华人民共和国民政部：《民政部关于贯彻落实〈国务院关于建立残疾儿童康复救助制度的意见〉的通知》，见 http://xxgk. mca. cn：8011/gdnps/pc/content. jsp？id＝14161&mtype＝1。

制度的全方位配合。① 在新修订的《特困人员认定办法》中则明确了事实无人抚养儿童认定和特困人员认定之间的互斥关系，"同时符合特困人员救助供养条件和孤儿、事实无人抚养儿童认定条件的未成年人，选择申请纳入孤儿、事实无人抚养儿童基本生活保障范围的，不再认定为特困人员"②。

2020 年出台的《民政部、财政部关于进一步做好困难群众基本生活保障工作的通知》，则针对事实无人抚养儿童的保障范围、父母失联情形确认、管理及监护方面做了进一步的补充。首先，增加了事实无人抚养儿童的两种情况，"根据各地工作实际，在民发〔2019〕62 号文件规定情形的基础上补充增加被撤销监护资格、被遣送（驱逐）出境两种情形"③。其次，文件分三种情形详细地规定了认定父母失联的办法：一是能够进行找寻的情形，"儿童监护人、受监护人委托的近亲属或儿童所在村（居）民委员会可向儿童户籍所在地公安部门报警，申请查找失联父母。公安部门受理后，应当加大对失联父母的查找力度，对登记受理超过 6 个月仍下落不明的，出具《儿童失联父母查找情况回执单》"。二是无法进行找寻的情形，"对因不具备查询条件导致公安部门难以接警处置查找的，可采取'个人承诺＋邻里证明＋村（居）证实＋乡镇人民政府（街道办事处）查验＋县级民政部门确认'的方式，形成《儿童父母失联情况认定表》进行认定"。三是其他复杂情形，"对上述方式仍无法认定的其他复杂情形，可采取'一事一议'的方式，由村（居）民委员会提出方案，经乡镇人民政府（街道办事处）查验后报县级儿童保护相关协调机制研究确认"。④ 最后，《通知》还强调地方各级民政部门要加强与公安、司法、残联等部门工作

---

① 中华人民共和国民政部：《关于进一步加强事实无人抚养儿童保障工作的意见》，见 http：//www.mca.gov.cn/article/gk/wj/201907/20190700018253. shtml。

② 中华人民共和国民政部：《民政部关于印发〈特困人员认定办法〉的通知》，见 http：//www.mca.gov.cn/article/gk/wj/202105/20210500033602. shtml。

③ 《关于进一步做好事实无人抚养儿童保障有关工作的通知》，见 http：//www.gov.cn/zhengce/zhengceku/2021-01-26/content_5582578. htm。

④ 《关于进一步做好事实无人抚养儿童保障有关工作的通知》，见 http：//www.gov.cn/zhengce/zhengceku/2021-01-26/content_5582578. htm。

对接,开展大数据比对,防止儿童漏保。同时也规定了民政部、儿童福利部门和未成年人救助保护机构对儿童的监护职责。

总体而言,对于困境儿童,相关救助政策贯彻了分类施救的原则,针对生理病因,政策倡导针对疾病的医疗保险、大病保险、医疗救助的纵向衔接予以解决,针对社会性问题所导致的困境儿童,如被遗弃儿童、孤儿、流浪儿童等群体,政策则倡导通过整合基本生活救助和各专项救助如教育救助等促进他们的社会融合。

9.2.3　应对新冠肺炎疫情的社会救助政策

新冠肺炎疫情暴发后,社会各行各业乃至每个家庭都遭受了严重冲击,尤其是弱势群体面对疫情所导致的高风险及高贫困脆弱性,对急难救助的政策完善提出了更高要求。

一、新冠肺炎疫情中的临时救助

一方面,针对疫情导致的相关问题,临时救助将更多的困难群体纳入到救助范围之内。比如疫情期间武汉市滞留的外地人员的生活遇到困难,需要政府予以援助;再如因疫情而停业,持续无法获得收入的个体户以及受影响最大的服务、餐饮从业人员,家庭生活遭遇窘境,也需要临时救助解困。2020 年出台的《民政部、财政部关于进一步做好困难群众基本生活保障的通知》,将"对受疫情影响无法返岗复工、连续三个月无收入来源,生活困难且失业保险政策无法覆盖的农民工等未参保失业人员,未纳入低保范围"群体纳入临时救助的对象范围之内。[1] 次年,又将受助者进一步扩展到留校学生等群体。2021 年国务院办公厅印发《关于进一步做好困难群众基本生活保障有关工作的通知》要求,保障受疫情影响的困难群众的基本生活,"对因疫情防控影响缺乏监护或照料的老年人、残疾人、儿童等特殊群体,加强走访探视、摸底排查。做好留在当地农民工、留校学生等的生活安排,对生活困难的及时提供临时住宿、饮食、御寒

---

① 中华人民共和国民政部:《民政部 财政部关于进一步做好困难群众基本生活保障的通知》,见 http://xxgk.mca.gov.cn:8011/gdnps/pc/content.jsp? id = 14545&mtype =。

衣物等救助帮扶"①。

另一方面,针对疫情突发性和紧急性的特征,临时救助简化了管理与救助流程。比如简化临时救助的审核审批程序,暂停入户调查环节,开通网上办理渠道。同时放宽户籍地的申请限制,对因疫情导致基本生活出现严重困难的流动人口,由当地乡镇、街道或者县级民政部门实施临时救助,且对那些因疫情造成重大生活困难的,采取"一事一议"的方式加大救助力度。对此问题,《关于进一步做好困难群众基本生活保障有关工作的通知》规定,"全面建立乡镇(街道)临时救助备用金制度,积极开展'先行救助',有条件的地区可委托社区(村)直接实施临时救助,做到发现困难立即救助"。

二、新冠疫情与重大突发公共事件群众急难救助

新冠疫情对于困难群体的影响是广泛而持久的,此类重大突发公共事件需要制度全方位地应对。《草案》提出,国家要建立应急机制应对重大突发公共事件,"国家建立突发公共事件困难群众救助机制。各级人民政府应当将困难群众急难救助纳入突发公共事件相关应急预案,制定应急期社会救助政策和紧急救助程序"②。《意见》更是明确指出,"将重大突发公共事件困难群众急难救助纳入突发公共事件相关应急预案,明确应急期社会救助政策措施和紧急救助程序"③。并对低保、特困人员救助的标准、临时生活补贴的发放和价格补贴机制的启动做出了规定。

---

① 中华人民共和国民政部:《国务院办公厅印发〈关于进一步做好困难群众基本生活保障有关工作的通知〉》,见 http://www.mca.gov.cn/article/xw/mtbd/202101/20210100031852.shtml。
② 中华人民共和国中央人民政府:《民政部 财政部关于〈中华人民共和国社会救助法(草案征求意见稿)〉公开征求意见的通知》,见 http://www.gov.cn/hudong/2020-09/08/content_5541376.htm。
③ 中华人民共和国民政部:《中共中央办公厅 国务院办公厅印发〈关于改革完善社会救助制度的意见〉》,见 http://xxgk.mca.gov.cn:8011/gdnps/pc/content.jsp?id=14815&mtype=1。

表 9-1 我国社会救助政策梳理（2019—2021 年）

类别	年份	文件名称
顶层设计	2020	中华人民共和国社会救助法（草案征求意见稿）
	2020	关于改革完善社会救助制度的意见
	2021	民政部 国家发展和改革委员会《"十四五"民政事业发展规划》
困境儿童	2019	关于进一步加强事实无人抚养儿童保障工作的意见
	2020	关于进一步做好事实无人抚养儿童保障有关工作的通知
特困人员	2021	民政部关于印发《特困人员认定办法》的通知
	2019	民政部关于加强分散供养特困人员照料服务的通知
残疾人	2019	民政部 财政部 中国残联关于建立困难残疾人生活补贴和重度残疾人护理补贴标准动态调整机制的指导意见
	2019	民政部 财政部 国家卫生健康委员会 国务院扶贫办 中国残疾人联合会关于在脱贫攻坚中做好贫困重度残疾人照护服务工作的通知
下岗失业人员	2019	民政部关于进一步加强生活困难下岗失业人员基本生活保障工作的通知
疫情应对	2020	民政部 财政部关于进一步做好困难群众基本生活保障工作的通知
	2021	国务院办公厅关于进一步做好困难群众基本生活保障有关工作的通知
扶贫和救助	2019	民政部 财政部 国务院扶贫办关于在脱贫攻坚兜底保障中充分发挥临时救助作用的意见
	2020	社会救助兜底脱贫行动方案
	2020	中共中央 国务院关于实现巩固拓展脱贫攻坚成果同乡村振兴有效衔接的意见

资料来源：根据民政部网站发布的社会救助政策整理而成。

9.3 当前社会救助制度的
总体运行状况

　　社会救助作为社会保障的重要制度领域,在保障公民基本生活方面发挥着重要作用,是我国社会政策体系中实现"兜底线"功能的主要制度安排。目前,我国已按照《社会救助暂行办法》的制度内容,形成了包括最低生活保障制度、特困人员供养、医疗救助、教育救助、住房救助、就业救助、受灾人员救助和临时救助的"8+1"的救助制度体系。近年来,随着整个社会保障制度的完善,社会救助体系也发展较快,经由从小变大、从弱变强、从点到面的发展过程,社会救助体系框架基本成型。①

　　与此同时,学界对于社会救助的研究也越来越多,社会救助在社会保障领域占据的位置越来越重要。截至 2021 年 5 月 15 日,在中国知网以"社会救助"为主题进行检索,不到五年的时间(2017 年以来)共有 2760 篇学术文章,其中 CSSCI 核心期刊文章 472 篇。这些文章涉及社会救助制度的各个方面和社会救助领域的相关问题,既包含社会救助体系的发展,也囊括了社会救助各项目自身的完善,还阐述了其在国家治理体系、乡村振兴战略、精准扶贫等重大问题中的位置和所用。

　　依据上述政策文件中对社会救助体系的层次与类别划分,可将社会救助分为基本生活救助、专项救助和急难救助三个制度类别。其中,基本生活救助分为城乡低保和特困人员救助,专项救助包括医疗救助、教育救助、住房救助、就业救助、受灾人员救助和其他救助,急难救助则以临时救助和流浪乞讨生活无着人员救助为主。

---

　　①　林闽钢:《我国社会救助体系发展四十年:回顾与前瞻》,《北京行政学院学报》2018 年第 5 期。

9.3.1　覆盖人数

任何制度设计都以特定对象为前提。判定社会救助对象,包含瞄准率、覆盖率等基本指标,其中,覆盖人数或者覆盖率在一定程度上体现了社会救助制度的效能。

一、基本生活救助覆盖人数

我国社会救助制度中面向绝对贫困群体的制度安排为特困人员救助和最低生活保障制度。虽然二者的目标群体有所区别,但救助对象都具备无法依靠市场和家庭满足其基本生活的特征,需要国家对其进行兜底。

表 9-2　我国城乡最低生活保障人数及覆盖率(2009—2019 年)

年份	农村低保人数(万人)	农村总人口(万人)	农村低保人数占比(%)	城市低保人数(万人)	城市总人口(万人)	城市低保人数占比(%)
2009	4760.00	68938.00	6.90	2345.60	64512.00	3.64
2010	5214.00	67113.00	7.77	2310.50	66978.00	3.45
2011	5305.70	65656.00	8.08	2276.80	69079.00	3.30
2012	5344.50	64222.00	8.32	2143.50	71182.00	3.01
2013	5388.00	62961.00	8.56	2064.20	73111.00	2.82
2014	5207.20	61866.00	8.42	1877.00	74916.00	2.51
2015	4903.60	60346.00	8.13	1701.10	77116.00	2.21
2016	4586.50	58973.00	7.78	1480.20	79298.00	1.87
2017	4045.10	57661.00	7.02	1261.00	81347.00	1.55
2018	3519.10	56401.00	6.24	1007.00	83137.00	1.21
2019	3455.40	55162.00	6.26	860.90	84843.00	1.01

资料来源:历年民政部统计公报;中华人民共和国国家统计局:《中国统计年鉴 2020》,中国统计出版社 2020 年版,第 31 页。

从表 9-2 可以看到,在 2013 年以后,我国城乡最低生活保障覆盖的人数大体上呈现出逐年下降的趋势,且城市的低保人数下降速度更快。低保人数的下降除了与城市下岗失业人员开始领取养老金而退出有关,还受到制度日益规范、进出机制日益健全等因素的影响。① 民政部相关数据显示,截至 2018 年,全国 31 个省(区、市)和 97.6%的地市级、79.3%的县级已经建立了核对机构,在低保等社会救助工作中全面开展核对,实现了"逢进必核、复审必核"。② 2017 年,全国共开展低保核对 1.15 亿人次,检出不实报告 802 万人次,检出率 6.95%。③ 监管机制的完善也为编密织牢社会救助兜底保障安全网奠定了基础。

从低保人数占总人数的比重上看,最低生活保障人数占居民人数的比例从接近 6%滑落到 3%,下降了将近一半。见图 9-1。

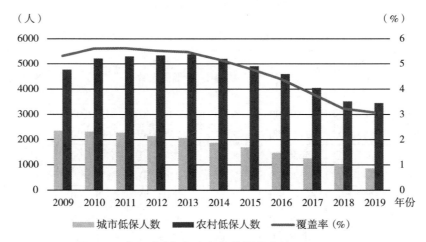

图 9-1　我国城乡低保人数及其覆盖率(2009—2019)

资料来源:根据历年民政部统计公报整理得出。

2021 年 4 月,《民政部关于印发〈特困人员认定办法〉的通知》指出,特困人员需要同时满足以下三个条件:(1)无劳动能力;(2)无生活

---

① 韩克庆:《减负、整合、创新:我国最低生活保障制度的目标调整》,《江淮论坛》2018 年第 3 期。

② 中华人民共和国民政部:《民政部对"关于做好城市困难群体救助工作的建议"的答复》,见 http://xxgk.mca.gov.cn:8011/gdnps/pc/content.jsp? id=12629&mtype=4。

③ 中华人民共和国民政部:《民政部对"关于提升社会救助精准度的建议"的答复》,见 http://xxgk.mca.gov.cn:8011/gdnps/pc/content.jsp? id=12525&mtype=4。

来源;(3)无法定赡养、抚养、扶养义务人或者其法定义务人无履行义务能力。① 可以说,特困群体是社会最弱势的群体,对特困人员的救助最能体现出国家责任。从表9-3可以看出,城乡特困人员数量呈现出不同的情况,从2015年到2019年,农村特困人员数量逐年减少,占比也有所下降;而城市特困人员数量则有所增加,但城市特困人员占比总体上保持不变。

表9-3　我国城乡特困人员数量及其覆盖率(2015—2019年)

年份	农村特困人员数量（万人）	农村总人口（万人）	农村特困人员占比	城市特困人员数量（万人）	城市总人口（万人）	城市特困人员占比
2015	516.70	60346.00	0.85	—	77116.00	—
2016	496.90	58973.00	0.84	—	79298.00	—
2017	466.90	57661.00	0.81	25.40	81347.00	0.03
2018	455.00	56401.00	0.81	27.70	83137.00	0.03
2019	439.10	55162.00	0.80	29.50	84843.00	0.03

资料来源:2015—2019年《民政统计公报》,见 http://www.mca.gov.cn/article/sj/tjjb/sjsj/。

二、专项救助覆盖人数

专项救助主要包括医疗救助、住房救助、教育救助、就业救助等。其中,医疗救助是受助人数最多的救助项目,2020年2月《中共中央 国务院关于深化医疗保障制度改革的意见》明确指出,医疗救助是我国医疗保障体系中托底性的制度安排,具有托底保障功能。医疗救助对象包括特困供养人员、建档立卡贫困人员、退役军人、孤儿、残疾人等。表9-4为医疗救助近年来的覆盖人数及增长率。

① 《民政部关于印发〈特困人员认定办法〉的通知》,见 http://www.gov.cn/zhengce/zhengceku/2021-05/09/content_5605472.htm。

表 9-4　我国医疗救助覆盖人数（2015—2019 年）

年份	资助参加医疗保险人次数（万人次）	资助参加医疗保险人次年增长率（%）	门诊和住院医疗救助人次数（万人次）	门诊和住院医疗救助人次年增长率（%）
2015	6213.00	—	2515.90	—
2016	5560.40	-10.50	2696.10	7.16
2017	5621.00	1.09	3517.10	30.45
2018	6692.30	19.06	5361.00	52.43
2019	8751.00	30.76	7050.00	31.51

资料来源：中华人民共和国国家卫生健康委员会主编：《中国卫生健康统计年鉴2020》，中国协和医科大学出版社 2020 年版，第 334 页。

可以看到，医疗救助的内容包括资助贫困人群参保，以及提供门诊和住院报销。2015 年，国务院办公厅印发《关于进一步完善医疗救助制度、全面开展重特大疾病医疗救助工作的意见》，对全面开展重特大疾病医疗救助作出部署。医疗救助资助参保人数在 2016 年出现了大幅度减少，此后开始大幅度增加；而门诊和住院人数则是一路上涨，且增长幅度越来越大。

此外，住房救助制度的保障力度也不断加大，截至 2017 年底，通过公租房实物和发放租赁补贴两种方式，全国累计为 281 万户城镇住房救助对象提供了公租房保障，2017 年实施公租房保障 176 万户，有效改善了住房救助对象的居住条件。[1] 2017 年中央补助对象集中支持建档立卡贫困户、农村分散供养贫困人员、低保户、贫困残疾人家庭 4 类重点对象。从 2008 年到 2017 年，中央累计安排 2091 亿元补助资金，支持了 2502 万贫困农户改造危房，其中支持 493 万低保户完成了住房改造。

在教育救助方面，我国目前已形成了覆盖学前教育到研究生教育家庭经济困难学生的资助体系。在学前教育阶段，按照"地方先行、中央补

---

[1]　中华人民共和国民政部：《民政部关于加快信息化平台介入 促进网络慈善众筹健康发展的提案答复的函》，见 http://xxgk.mca.gov.cn：8011/gdnps/pc/content.jsp？id=12641&mtype=4。

助"的原则,对经县级以上教育行政部门审批设立的普惠性幼儿园在园家庭经济困难儿童、孤儿和残疾儿童予以资助。在义务教育阶段,通过统一城乡的"两免一补"政策,2017 年已全面实现对城乡义务教育学生免除学杂费(民办学校学生免除学杂费标准按照中央确定的生均公用经费基准定额执行)、免费提供教科书,并对全国 1604 万名城乡家庭经济困难寄宿生发放生活补贴,补助金额 179.1 亿元。[①] 对集中连片特殊困难等地区农村义务教育阶段学生提供营养膳食补助。在普通高中阶段,目前已建立了以国家助学金、建档立卡等家庭经济困难学生免学杂费、地方政府资助项目为主,学校和社会资助相结合的资助政策体系。在中等职业教育阶段,建立了以免学费、国家助学金为主,学校和社会资助及顶岗实习等为补充的资助政策体系。目前,我国从学前教育到高中阶段教育,低保家庭的未成年儿童均可享受到上述各级各类教育的资助政策。

在就业救助方面,人力资源和社会保障部亦通过普遍开展入户摸底调查,掌握辖区内就业困难人员基本情况,有针对性地为其提供政策咨询、岗位信息、职业指导和技术培训,并对已实现就业的进行跟踪回访,及时解决困难问题,提高就业稳定性。

三、急难性临时救助覆盖人数

个体风险和社会风险都有很强的不确定性。面向贫困群体的政策安排,可以形成解决贫困群体困难的长效机制,但是面对偶然遭遇风险而陷入贫困的群体,比如那些因自然灾害或重大的突发事件使得开支大幅度增加、导致生活困难的家庭和个人,则力有未逮。这样,就需要更加弹性的临时救助制度来弥补救助缝隙。此外,针对其他社会救助未能覆盖或救助之后基本生活仍然困难的家庭和个人,临时救助也发挥了补充救助的作用。表 9-5 展示了 2015 年到 2019 年临时救助的覆盖人数。

---

① 中华人民共和国民政部:《民政部关于进一步做好农村低保工作的提案答复的函》,见 http://xxgk.mca.gov.cn:8011/gdnps/pc/content.jsp? id=12678&mtype=4。

表 9-5 我国临时救助覆盖人数及年增长率（2015—2019 年）

年份	临时救助人数（万人次）	年增长率（%）
2015	655.40	—
2016	850.70	22.96
2017	970.30	12.33
2018	1108.00	12.43
2019	993.20	-11.56

资料来源：民政部历年统计公报。

可以看到，从 2015 年到 2019 年，临时救助的覆盖人数有一个先增加后下降的趋势，但因为临时救助是应对突发状况的救助，其覆盖人数受到不可测因素的影响较大，所以每年的人数会有所起伏，难有一定的规律性。

9.3.2 救助水平

社会救助水平体现了受助者"接受多少救助"，体现社会救助水平的重要指标是救助标准，社会救助水平是国家或地区经济发展水平和政府兜底责任的具体体现。

一、基本生活救助水平

基本生活救助包括低保和特困人员供养救助两项基本制度安排。表 9-6 数据显示，近 10 年来，我国城乡低保标准逐年提高，城市低保标准占居民人均可支配收入的比重较为稳定，一直保持在 16%—18% 的区间内。相较于城市低保标准，农村低保标准占居民人均可支配收入的比重更高，且增长速度更快，从 2009 年的 22.26% 上涨至 2019 年的 33.30%，十年内增长了约 11 个百分点。从绝对数值来看，城乡低保的待遇差距逐年收缩，从 2009 年的 2.26 倍降至 2019 年的 1.40 倍，从一定程度上体现了城乡统筹的发展取向。

表9-6 我国城乡低保标准及其占居民人均可支配收入比重（2009—2019 年）

年份	城市低保标准（元/人·月）	城镇居民人均可支配收入（元/人·月）	城市低保标准相当于城镇居民人均可支配收入比重（%）	农村低保标准（元/人·月）	农村居民人均可支配收入（元/月）	农村低保标准相当于农村居民人均可支配收入（%）	城乡低保标准与农村低保标准的比值
2009	227.80	1408.38	16.17	100.80	452.93	22.26	2.26
2010	251.20	1564.93	16.05	117.00	522.70	22.38	2.15
2011	287.60	1785.58	16.11	143.20	616.16	23.24	2.01
2012	330.10	2010.56	16.42	172.40	699.11	24.66	1.92
2013	373.30	2205.58	16.93	202.80	785.80	25.81	1.79
2014	410.50	2403.66	17.08	231.40	874.08	26.47	1.78
2015	451.10	2599.57	17.35	264.80	951.81	27.82	1.70
2016	494.60	2801.35	17.66	312.00	1030.28	30.28	1.59
2017	540.60	3033.02	17.82	358.39	1119.37	32.02	1.51
2018	579.70	3270.90	17.72	402.78	1218.08	33.07	1.44
2019	624.00	3529.90	17.68	444.60	1335.06	33.30	1.40

资料来源：中华人民共和国国家统计局编：《中国统计年鉴 2020》，中国统计出版社 2020 年版，179 页；中华人民共和国民政部编：《中国民政统计年鉴 2020》，中国社会出版社 2020 年版，第 51、54 页。

二、专项救助水平

在专项救助制度层面，以医疗救助与住房救助为例，呈现出逐年提高的态势。目前我国的医疗救助方式已经由单一的住院救助，发展为通过资助参保、门诊救助、住院费用救助等多种手段相结合。通过表9-7 可以看到，从 2015 年起，资助参加医疗保险的支出总额逐年增加，且人均参加医疗保险资助额不断上涨。人均门诊和住院医疗救助支出波动较大，可能的原因在于，相当一部分医疗救助资金用于资助参加医疗保险，从而稀释了用于门诊和住院救助的金额。

表 9-7　我国医疗救助人均支出（2015—2019 年）

年份	资助参加医疗保险支出（万元）	资助参加医疗保险人次数（万人）	人均参加医疗保险资助额（元）	门诊和住院医疗救助支出（万元）	门诊和住院医疗救助人次（万人次）	人均门诊和住院医疗救助额（元）
2015	544835.00	6213.00	87.70	2145715.00	2515.90	852.90
2016	633541.00	5560.40	113.90	2327458.00	2696.10	863.30
2017	739969.00	5621.00	131.60	2660890.00	3517.10	756.60
2018	1026749.00	6692.30	153.40	2970237.00	5361.00	554.10
2019	—	8751.00	—	—	7050.00	—

资料来源：中华人民共和国国家卫生健康委员会主编：《中国卫生健康统计年鉴 2020》，中国协和医科大学出版社 2020 年版，第 334 页。

在住房救助方面，除廉租住房外，住房和城乡建设部近年来加大对城镇住房救助对象的公租房保障力度，积极推行公租房货币化，保障对象可到市场租房，政府给予租赁补贴，满足其多样化住房需求。切实将符合县级以上地方人民政府规定标准的、住房困难的最低生活保障家庭和分散供养的特困人员纳入保障范围。加大农村危房改造力度，大幅提高建档立卡贫困户、低保户、农村分散供养特困人员和贫困残疾人家庭 4 类重点对象中央补助标准，户均补助标准由 2016 年的 8500 元提高到 2018 年的约 1.4 万元。[①]

9.3.3　财政投入

合理划分社会救助财政责任，是社会救助制度健康可持续运行的保障。社会救助作为国家兜底的基础性制度安排，应由公共财政兜底保障。表 9-8 展示了 2015—2019 年各项社会救助事业财政投入情况。近年来，社会救助事业费都在 2200 亿元以上，2017 年最高，为 2609.8 亿元。从社会救助的各项目来看，城乡低保投入自 2018 年之后有所下降，截至 2019 年额度

---

①　中华人民共和国民政部：《民政部关于加强完善低保制度和体系杜绝福利依赖的提案答复的函》，见 http://xxgk.mca.gov.cn:8011/gdnps/pc/content.jsp？id=12677&mtype=4。

和 2015 年持平;医疗救助投入从 2015 年到 2017 年不断增加;其他社会救助投入在五年间大幅度增加,从 2015 年的 392.90 亿元增加到 2019 年的 634.70 亿元。与各社会救助项目投入变化相对应的是,城乡低保投入和医疗救助投入占社会救助事业费总额的比例略有增加,而其他社会救助投入占比则大幅上升,从 2015 年的 15.74%增加至 2019 年的 27.82%。

表 9-8　我国各项社会救助事业央地财政投入金额(2015—2019 年)

年份	社会救助总额(亿元)	城乡低保		医疗救助		其他社会救助	
		总额(亿元)	占比(%)	总额(亿元)	占比(%)	总额(亿元)	占比(%)
2015	2347.40	1650.80	70.32	303.70	12.94	392.90	16.74
2016	2492.80	1702.40	68.30	332.30	13.33	458.00	18.37
2017	2609.80	1692.30	64.85	376.20	14.41	541.30	20.74
2018	2224.00	1632.10	73.38	425.00	19.11	591.90	26.61
2019	2281.40	1646.70	72.18	502.10	22.00	634.70	27.82

注:2018 年民政机构改革,医疗救助、救灾能职能从民政部门转出。此外,自 2017 年开始,低保、五保、临时救助资金合并成为城乡困难群众救助补助资金打捆下达地方,因此,2017 年低保中包括"城乡低保""特困人员供养""流浪乞讨救助""临时救助"以及"孤儿保障"。
资料来源:中华人民共和国民政部编:《中国民政统计年鉴2020》,中国社会出版社2020年版,第117页;历年全国医疗保障职业发展统计公报。

一、基本生活救助财政投入

基本生活救助财政投入分为城乡低保财政投入和特困人员救助财政投入。表 9-9 展示了 2015—2019 年城乡低保财政投入和人均财政补助金额。从总体投入上来看,城市低保财政投入逐步减少,农村低保财政投入不断增加。城市低保财政投入总体少于农村低保财政投入,且从 2015 年到 2019 年,城市低保财政投入与农村低保财政投入的差距越来越大。不过,从人均财政投入上来看,城市低保和农村低保人均财政补助均不断增加。从 2015 年到 2019 年,城市低保人均财政补助从 4228.44 元增加到 6034.38 元,增幅达 42.7%;农村低保均财政补助则从 1899.62 元增加到 3262.14 元,增幅达 71.7%。

表 9-9　我国城乡低保财政投入和人均财政补助（2015—2019 年）

年份	城市低保财政投入（亿元）	人均财政补助（元）	农村低保财政投入（亿元）	人均财政补助（元）
2015	719.30	4228.44	931.500	1899.62
2016	687.90	4647.34	1014.50	2211.93
2017	640.50	5079.30	1051.80	2600.18
2018	575.20	5712.02	1056.90	3003.32
2019	519.50	6034.38	1127.20	3262.14

资料来源：中华人民共和国民政部编：《中国民政统计年鉴 2020》，中国统计出版社 2017 年版，第
　　　　85 页。

　　在特困人员救助财政投入方面，城市和农村特困人员救助供养资金
财政投入，不论是总体投入还是人均投入，数额均不断增加。其中，农村
特困人员救助供养资金财政投入，从 2016 年的 228.90 亿元增加到 2019
年的 346.00 亿元，增幅达 51.2%；农村特困人员救助供养人均救助水平，
从 2016 年的 4606.56 元增加到 2019 年的 7879.75 元，增幅达 71.1%。
城市特困人员救助供养资金财政投入，从 2017 年的 21.20 亿元增加到
2019 年的 37.00 亿元，增幅达 74.5%；城市特困人员救助供养人均救助
水平，从 2017 年的 8346.45 元增加到 2019 年的 12542.37 元，增幅达
50.3%。见表 9-10。

表 9-10　我国城乡特困人员救助供养资金财政投入及
人均财政补助（2016—2019 年）

年份	农村特困救助资金（亿元）	农村特困人均救助水平（元）	城市特困救助资金（亿元）	城市特困人均救助水平（元）
2016	228.90	4606.56	—	
2017	269.40	5769.97	21.20	8346.45
2018	306.90	6745.05	29.50	10649.82
2019	346.00	7879.75	37.00	12542.37

资料来源：2015—2019 年《民政统计公报》，见 http://www.mca.gov.cn/article/sj/tjjb/sjsj/。

二、临时救助财政投入

作为急难救助的主要制度项目，表 9-11 显示，2015—2019 年，临时救助财政投入从 2015 年的 65.7 亿元增加到 2019 年的 141.1 亿元，增加超过一倍。临时救助人均财政补助从 2015 年的 1002.4 元/人次增加到 2019 年的 1421.1 元/人次，增幅达到 41.8%。

表 9-11　我国临时救助财政支出与人均救助财政补助（2015—2019 年）

年份	临时救助资金（亿元）	人均财政补助（元/人次）
2015	65.7	1002.4
2016	87.7	1031.3
2017	107.7	1109.9
2018	130.6	1178.8
2019	141.1	1421.1

资料来源：历年民政统计公报。

应当看到，随着人们面临各种风险可能性的增加，临时救助因其灵活的特性在补充救助和"救急难"等方面发挥了越来越重要的作用。临时救助财政投入的增加，也体现出我国应对急难事件导致的群体性困境的努力。

9.4　健全社会救助体系的重点难点

当前社会救助体系的建设目标是健全分层分类、城乡统筹的救助体系，既包括政府责任划分、资金支持、服务管理等方面的完善，也包括社会救助各项目自身的完善以及项目与项目之间、社会救助制度与其他社会保障制度之间的衔接配合，这其中涉及的一些重点问题和难点问题需要格外注意。

9.4.1 流动人口救助问题

当前,我国对流动人口的统计口径还未统一,体现在以下三个方面:一是覆盖的人群有差别,如国家统计局的数据同时包含了"城—城"流动人口和"城—乡"流动人口,而国务院的数据仅包括后者;二是跨越的行政区划级别有差异,如国家统计局将跨越乡镇的人口界定为流动人口,而国家卫生健康委员会则仅将跨越县界及以上认定为流动人口;三是时长的限定区别,如国家统计局按照离开户籍地一年或半年为标准,而国家卫生健康委员会则以在现居住地居住的一定时间作为准则。[1] 按照国家统计局的划分标准,流动人口是指人户分离人口中扣除市辖区内人户分离的人口。

根据国家统计局公布的第七次人口普查数据,我国流动人口达到37582万人,跨省流动人口为12484万人。在流动人口中,大部分为进城务工的农民,此外还包括城镇之间流动的外出务工者。[2] 人口的高流动性与人户分离现象的常态化均对社会救助提出了挑战。

从整体上来看,与流入地的居民相比,流动人口获得的基本公共服务较少,更难以获得社会救助的帮扶。以临时救助为例,由于户籍的限制,流动人口获得临时救助的概率要小于非流动人口。如表 9-12 所示,非本地户籍获得临时救助的情况在迅速减少,与之相对的是,本地户籍人口获得临时救助的人次数从 2015 年的 633.5 万人次增加到 988.6 万人次。而 2015—2019 年,我国流动人口从 2.47 亿人逐渐下降为 2.36 亿人,[3]下降幅度远没有获得临时救助的人次数下降幅度大。

① 杨菊华等:《中国流动人口的城市逐梦》,经济科学出版社 2018 年版,第 53—54 页。
② 国家统计局:《第七次全国普查人口主要数据情况》,见 http://www.stats.gov.cn/tjsj/zxfb/202105/t20210510_1817176.html。
③ 民政部:《2020 中国民政统计年鉴》,中国社会出版社 2020 年版,第 24 页。

表 9-12 我国户籍人口与非户籍人口临时救助情况（2015—2019 年）

年份	本地户籍人口（万人次）	非本地户籍人口（万人次）
2015	633.50	21.90
2016	826.30	24.40
2017	958.40	11.90
2018	1098.60	9.40
2019	988.60	4.60

资料来源：中华人民共和国民政部：《2020 中国民政统计年鉴》，中国社会出版社 2020 年版，第 74 页。

　　直接与户籍相挂钩的社会救助制度，现实中导致流动人口及其家庭无法申请居住地的救助项目，在很大程度上失去了获得救助的权利，以至于流动人口在面对无法解决的生活困难时，不得不更多地依靠非正式关系网络来解决，而不是求助于制度化的社会救助制度。从制度建设的角度看，社会救助编织的社会安全网出现了缺口，兜底功能没有完全体现出来。这同时意味着流动人口享有更少公民权，无法满足城市日常生活的基本需求。①

　　社会救助按照属地原则进行管理的现状，使得各地针对流动人口的社会救助存在差异，导致流动人口面临地区化的、不公平的、不均衡的社会救助困境。以农民工为例，他们虽然为所在地城市发展做出了巨大的经济贡献，但仍难以获得与本地户籍居民同等的社会救助权利。② 再比如，在医疗救助方面，长沙市的流动人口与本地市民之间的待遇存在差距。在生活救助方面，长沙市的生活救助制度仅针对长沙户籍的居民，而缺乏对流动人口的救助制度安排。③ 与此类似，太仓市社会救助体系的受益群体仅限于拥有本市户籍的在册人口，流动人口则被排斥于社会救

① Dorothy J.Solinger,"Citizenship Issues in China's Internal Migration:Comparisons with Germany and Japan",*Political Science Quarterly*,vol.114,No.3,(1999),pp.455-478.

② 李迎生、徐向文：《构建城乡统筹的社会救助体系——以太仓市为例》，《河海大学学报（哲学社会科学版）》2017 年第 3 期。

③ 孙建娥、周媛也：《流动人口社会保障同城待遇的现状调查与思考》，《广西社会科学》2017 年第 10 期。

助体系之外。浙江省在社会保险层面有大量较为先行的改革举措,但除了杭州、温州等地出台了针对流动人口的医疗救助项目以外,大量流动人口由于没有城镇户籍而基本无法获得包括低保在内的社会救助以及社会福利。①

综述之,以本地户籍人口为主要救助对象的社会救助制度安排,产生了两方面的不良后果:一是在不同地区的贫困者享有救助的机会和水平不平等;二是流动人口无法在其工作和居住地申请社会救助待遇。尤其是在城市社会中,流动人口只有经济上提供服务的义务,却缺少政治参与、社会保障方面的权利。② 社会救助应当覆盖流动人口,否则进入城市的流动群体就只是一个纯粹意义上的劳动力,而非社会意义上的市民。

流动人口的社会救助问题,关乎人民生活的获得感与社会救助制度政府兜底责任的切实履行。遗憾的是,虽然近年来临时救助、疾病应急救助、住房救助、医疗救助等项目对流动人口进行了有限度的开放,但在全国层面上仍未确定平等包容流动人口的社会救助制度原则。③ 针对这一问题,2020 年民政部发布通知进行社会救助创新试点,其中一项试点即是允许流动人口在居住地申办低保。④ 2021 年《国务院办公厅关于加快发展保障性租赁住房的意见》将目标群体扩展到"符合条件的新市民、青年人等群体的住房困难问题"⑤,"新市民"这样的表述,意味着在政策层面流动人口和流入地居民一样拥有获得救助的权利,也意味着更多的救助政策开始向流动人口倾斜。

---

① 刘志军、陈姣姣:《从"二元"到"双低":农民工社会保障的"浙江模式"探析》,《中南民族大学学报(哲学社会科学版)》2010 年第 3 期。

② 韩克庆:《农民工融入城市的问题与对策》,《中共珠海市委党校珠海市行政学院学报》2008 年第 5 期。

③ 关信平:《当前我国反贫困进程及社会救助制度的发展议题》,《陕西师范大学学报(哲学社会科学版)》2019 年第 5 期。

④ 中华人民共和国民政部:《民政部办公厅关于开展社会救助改革创新试点工作的通知》,见 http://xxgk.mca.gov.cn:8011/gdnps/pc/content.jsp? id=14786&mtype=1。

⑤ 《国务院办公厅关于加快发展保障性租赁住房的意见》,见 http://www.gov.cn/zhengce/content/2021-07-02/content_5622027.htm。

9.4.2　城乡统筹问题

随着工业化、城市化和现代化进程的加快,特别是人口流动和部分地区城乡发展差距的不断缩小,低保乡分割的地域概念和成本概念逐渐被身份概念所取代,户籍身份成为城乡低保分割的重要依据。[①] 而这种建立在户籍制度之上的社保制度将会使原本因二元结构已产生严重冲突的社保制度更加复杂化,进而形成两个相互割裂的制度。[②] 在政策分割的基础上,相关政策制定和执行中的程序非正义,会导致城乡之间形成福利鸿沟,进一步损害社会保障制度的公平性。2014 年《国务院关于进一步推进户籍制度改革的意见》的出台,标志着我国户籍制度的系统性、根本性变革,为打破我国城乡社会救助体系整合的户籍障碍提供了新的契机,也加快了统筹城乡社会救助体系的步伐。

公正是社会制度的首要价值,遑论作为政府兜底责任的社会救助制度。获得社会救助或最低生活保障的物质帮助权是公民的一项基本权利,但是城市和农村的居民获得的社会救助在内容、标准、支出水平、财政补贴等方面均有所差异。以低保为例,现有制度存在的城乡分割、双线发展的问题,不但造成城乡居民在生存底线上的权利不公,将农村居民置于相对剥夺的地位,也难以适应市场化大潮下的社会流动趋势,事实上将以农民工为主体的流动人口排斥于救助体系之外。[③] 但是,如何实现社会救助城乡统筹,是将低保标准城乡统一,还是分阶段、分步骤逐步统一?要回答这个问题,首先应当明确现有城乡低保标准和支出水平是否合理,以及未来如何走向城乡统筹。

2011 年财政部、民政部等部门联合发布的《关于进一步规范城乡居

---

① 胡宏伟、李佳怿、杜涵蕾:《我国最低生活保障制度城乡统筹模式与路径研究》,载岳经纶、刘喜堂、李琴主编:《当代中国社会救助制度机遇与挑战》,人民出版社 2016 年版,第 105—117 页。

② 郑秉文:《改革开放 30 年中国流动人口社会保障的发展与挑战》,《中国人口科学》2008年第 5 期。

③ 李迎生、徐向文:《构建城乡统筹的社会救助体系——以太仓市为例》,《河海大学学报(哲学社会科学版)》2017 年第 6 期。

民最低生活保障标准制定和调整工作的指导意见》中,指出了低保标准制定的三种基本方法,即基本生活费用支出法、恩格尔系数法、消费支出比例法。然而,现实情况是,基本生活费用支出法的计算原理虽然简单,只需要按照日常需求确定生活必需品清单,用市场价格计算,便可得出低保标准。由于生活必需品是不断变化的,随着时间、地区、收入等因素的变化而改变。所以,基本生活费用支出法在实施中的困难包括如何确定生活日常必需品的内容和数量,如何合理、准确地将其进行价格换算,这种看似简单的方法却实际常常难以实施,且通过该方法计算的低保线也通常偏低。恩格尔系数法用必需食品消费支出除以上年度最低收入家庭恩格尔系数来确定低保标准,易于确定一个保证家庭食品消费的金额,恩格尔系数也相对容易获取。这种方法也存在一些缺陷:其一,居民必需食品的类别和数量的确定往往带有主观性,从而导致偏差;其二,居民消费的习惯和偏好不同,从而降低恩格尔系数的代表性,甚至可能将一些非贫困人口纳入贫困线内,或者将贫困人口排挤出贫困线外;其三,恩格尔系数的适用性有待商榷,恩格尔系数受价格、地区差异和城乡差异等因素的影响,出现在一些高收入地区偏低,而在一些低收入地区偏高的现象。消费支出比例法按当地上年度城乡居民人均消费支出进行比较,得出低保标准占上年度城乡居民人均消费支出的比例。需要注意的是,支出本身就是一个非常模糊和难以计量的概念,消费支出同样面临如何确定生活日常必需品的内容和数量并加以货币化的困难。因此,相比较收入比例法,支出法更难操作,也更容易受到主观因素的影响和制约。

表 9-13 显示了全国各省市城乡低保标准占居民人均可支配收入比重的情况,2019 年全国有三个城市城乡低保标准统一,分别为上海(1160 元)和北京市(1100 元)和天津(980 元)。此外,浙江、江苏和福建三个省份的城乡低保标准几乎持平,差距在 15 元以内。从低保标准的绝对数值来看,城市低保标准相差很大,从 467.2 元到 1160 元;农村低保标准除了几个发达省份在 500 元以上之外,其他省份在 336.67 元到 486.79 元之间。从低保标准占人均可支配收入的比重来看,全国不同省份城市和农村标准差异较大。从城市低保标准占居民人均可支配收入的比重来看,

全国平均为17.68%,西藏最高为26.76%,其次是天津市为25.50%,20%以上的有西藏、天津、广西、黑龙江、河北、贵州、江西、云南、青海、湖北、内蒙古、陕西、广东、宁夏,最低的是湖南,为15.57%。大部分省份城市低保标准占居民人均可支配收入的比重在20%以下,农村低保标准占人均可支配收入的比重相对较高,最高的为天津和北京,分别为47.41%和45.63%,吉林和河南最低,分别为27.22%和26.97%。

表9-13　全国各省市城乡低保标准占居民人均可支配收入的比重(2019年)

省份	低保标准（元／人·月）		居民人均可支配收入（元/月）		低保标准占居民人均可支配收入的比重（%）	
	城市	农村	城市	农村	城市	农村
全国	624.00	444.63	3529.90	1335.06	17.68	33.30
北京	1100.00	1100.00	6154.04	2410.70	17.87	45.63
天津	980.00	980.00	3843.24	2067.01	25.50	47.41
河北	663.40	408.93	2978.14	1281.09	22.28	31.92
山西	550.50	396.58	2771.87	1075.20	19.86	36.88
内蒙古	689.00	486.79	3393.54	1273.57	20.27	38.22
辽宁	635.80	423.47	3314.77	1342.36	19.18	31.55
吉林	525.30	338.75	2691.60	1244.67	19.52	27.22
黑龙江	584.00	343.68	2578.72	1248.51	22.65	27.53
上海	1160.00	1160.00	6134.61	2766.27	18.91	41.93
江苏	718.30	704.79	4254.68	1889.62	16.88	37.30
浙江	811.50	811.70	5015.19	2489.65	16.18	32.60
安徽	597.10	571.70	3128.33	1284.67	19.09	44.50
福建	615.20	610.06	3801.71	1630.70	16.18	37.41
江西	635.50	386.54	3045.49	1316.36	20.87	29.36
山东	576.60	424.37	3527.43	1481.29	16.35	28.65
河南	539.10	340.78	2850.08	1263.64	18.92	26.97

续表

省份	低保标准 （元/人·月）		居民人均可支配收入 （元/月）		低保标准占居民人均 可支配收入的比重（%）	
	城市	农村	城市	农村	城市	农村
湖北	636.30	474.38	3133.45	1365.91	20.31	34.73
湖南	516.90	375.43	3320.16	1282.90	15.57	29.26
广东	806.60	635.43	4009.80	1568.20	20.12	40.52
广西	665.80	372.76	2895.41	1139.64	23.00	32.71
海南	562.80	436.40	3001.39	1259.43	18.75	34.65
重庆	580.00	444.74	3161.55	1261.11	18.35	35.27
四川	552.00	373.04	3012.81	1222.51	18.32	30.51
贵州	613.40	367.54	2867.02	896.36	21.40	41.00
云南	619.80	362.81	3019.81	991.87	20.52	36.58
西藏	834.10	361.10	3117.50	1079.25	26.76	33.46
陕西	607.80	388.78	3008.18	1027.14	20.20	37.85
甘肃	530.20	347.31	2693.62	802.41	19.68	43.28
青海	575.40	343.31	2819.19	958.28	20.41	35.83
宁夏	574.60	336.67	2860.71	1071.53	20.09	31.42
新疆	467.20	354.23	2888.64	1093.48	16.17	32.39

资料来源：中华人民共和国国家统计局编：《中国统计年鉴 2020》，中国统计出版社 2020 年版，第 180、196 页；中华人民共和国民政部编：《中国民政统计年鉴 2020》，中国社会出版社 2020 年版，第 52、55 页。

从近年全国城乡低保标准占居民人均可支配收入的比重来看，表 9-14 显示，2015—2019 年，我国城市低保标准占城市居民人均收入水平的比重均在 17%左右，农村低保标准占农村居民人均可支配收入的比重在 27%—34%之间。总体看，城乡低保标准占居民人均可支配收入的比重均不断提升，但是农村地区的增速远快于城市地区，农村地区在五年间的比重提升超过 5 个百分点，而城市地区的比重提升不到 1 个百分点。

表 9-14 我国城乡低保标准占居民人均可支配收入的比重（2015—2019 年）

年份	低保标准（元/人·月）		居民人均可支配收入（元/月）		低保标准占居民人均可支配收入的比重（%）	
	城市	农村	城市	农村	城市	农村
2015	450.10	264.85	2599.57	951.81	17.31	27.83
2016	494.60	312.00	2801.35	1030.28	17.66	30.28
2017	540.60	358.39	3033.02	1119.37	17.82	32.02
2018	579.70	402.78	3270.90	1218.08	17.72	33.07
2019	624.00	444.63	3529.90	1335.06	17.68	33.30

资料来源：中华人民共和国国家统计局编：《中国统计年鉴2020》，中国统计出版社2020年版，第173、176页；中华人民共和国民政部编：《中国民政统计年鉴2020》，中国社会出版社2020年版，第52、55页。

在统筹城乡区域发展的背景下，不同省份、不同地区的城乡低保标准差距过大，无疑会在城乡居民及不同地区居民之间造成不公平。随着城市化进程的加快，低保制度城乡统筹发展是实现基本公共服务均等化的必然选择，理顺城乡低保之间的关系，实现城乡低保一体化，未来需要在救助标准、支出水平、财政投入、行政管理等方面，逐步走向城乡一体化。①

9.4.3 救助方式问题

社会救助的救助方式包含现金、实物和服务三种，其中现金救助和实物救助较为普遍。特困人员救助、低保、临时救助、教育救助、医疗救助、住房救助、受灾人员救助都以现金救助为主或包含现金救助；临时救助、住房救助、受灾人员救助则包含了实物救助；特困人员救助中的供养服务、受灾人员救助中开展的心理抚慰服务和就业救助中的就业服务则属于服务型救助。

现有的社会救助方式基本上都是以货币或者实物为主要内容的物质

---

① 韩克庆：《构建覆盖全民的社会保障体系的三个重点》，《国家治理》2019年第48期。

性救助为主,缺乏心理干预、社会支持、生活照料、就业帮扶等专业化的救助服务,无法有效应对致贫因素的多样性和复杂性。需要注意的是,物质救助不是全能的,其本身亦存在着"救助缺陷",如对于救助接受者的能力建设、心理支持及社会支持网络的构建等,就不是"制度性救助"所涉及的范围和所能解决的问题。① 救助不能止步于基本物质需要的满足,还要为受助者提供就业服务,为其子女提供儿童保护服务,为家庭提供心理咨询服务等,这一系列的服务是对物质救助的有益补充。② 日本、英国、欧盟的实践也证明,由社会组织参与的社会救助可以弥补服务救助的短板,从而提升整个社会救助的效果。③

针对救助方式的相关问题,2020 年出台的《社会救助法(草案征求意见稿)》提出要引导社会力量参与,鼓励政府购买第三方服务。《"十四五"民政事业发展规划》分别对社会工作、慈善事业、志愿服务各自的完善作出细化,且要"强化志愿服务与慈善项目、社会工作协同"④。社会救助的其他政策文件中也频频出现"政府购买"的字样,以期政社联合,进而提高社会救助的成效,服务型救助愈发受到重视。

由于社会救助制度是一个由多个项目组成的制度体系,要根据不同人群的特定需求提供不同形式的救助服务,因此救助各具体领域既具有相同的方向和原则,又有不同的具体要求和内容。针对不同群体分类施救已经成为我国社会救助发展的必然要求,因此相关政策也对不同群体特定的服务需求予以明确。

---

① 周沛:《协同治理视角下社会救助模式与机制创新》,《江淮论坛》2017 年第 1 期。

② Jose Cuesta and Stephen Devereux, eds., "Urban Social Assistance. Evidence, Challenges, and the Way Forward, with Application to Ghana", *Development Policy Review*, vol. 39, No. 3, (May 2021), pp. 360-380.

③ 吕学静:《日本社会救助制度的最新改革及对中国的启示》,《苏州大学学报(哲学社会科学版)》2016 年第 3 期;苑仲达:《英国积极救助制度及其借鉴启示》,《国家行政学院学报》2016 年第 4 期;田蓉、周晓虹:《社会救助服务:欧盟经验与中国选择》,《学习与探索》2018 年第 11 期。

④ 中华人民共和国民政部:《民政部 国家发展和改革委员会关于印发〈"十四五"民政事业发展规划〉的通知》,见 http://xxgk. mca. gov. cn: 8011/gdnps/pc/content. jsp? id = 14981&mtype = 1。

如对事实无人抚养儿童,政策鼓励"通过政府购买服务等方式,发挥共青团、妇联等群团组织的社会动员优势,引入专业社会组织和青少年事务社工,提供心理咨询、心理疏导、情感抚慰等专业服务,培养健康心理和健全人格"①。对分散供养的特困人员,政策提倡"积极引导和支持养老机构、社会工作服务机构、志愿者等为分散供养特困人员提供个性化、专业化服务。鼓励有条件的地方,通过政府购买服务等方式,为分散供养特困人员提供助餐、助洁等居家服务"②。对生活困难下岗失业人员,政策支持"引导和支持公益慈善组织……充分发挥专业社会工作服务机构作用……积极探索通过政府购买服务……为这些家庭中在劳动年龄段内、有劳动能力的成员创业和再就业解除后顾之忧,创造有利条件"③。对临时救助人员,政策引导"积极探索政府引导、社会力量筹资、慈善组织运作的政社联动模式,搭建慈善组织等社会力量参与临时救助的平台,形成救助合力"④。

9.4.4　政策衔接问题

社会救助体系是一个动态衔接、相互配合的制度整体。从外部看,社会救助作为针对困难家庭和个人的制度安排,需要和面向职工的社会保险以及面向不同群体的社会福利制度进行衔接。从内部看,社会救助是由不同的救助制度构成的,不同的救助项目旨在解决不同的生活困难,一个受助者可能同时缺乏多个资源,只有不同的社会救助体系相互配合,才能在最大程度上发挥救助作用。

我国社会救助制度主要有两种:一是针对困难群众所面临的困境,如

---

①　中华人民共和国民政部:《关于进一步加强事实无人抚养儿童保障工作的意见》,见 http://www.mca.gov.cn/article/gk/wj/201907/20190700018253.shtml。

②　中华人民共和国民政部:《民政部关于加强分散供养特困人员照料服务的通知》,见 http://xxgk.mca.gov.cn:8011/gdnps/pc/content.jsp?id=12851&mtype=1。

③　中华人民共和国中央人民政府:《民政部关于进一步加强生活困难下岗失业人员基本生活保障工作的通知》,见 http://www.gov.cn/zhengce/zhengceku/2019-10/16/content_5440636.htm。

④　中华人民共和国民政部:《民政部 财政部关于进一步加强和改进临时救助工作的意见》,见 http://xxgk.mca.gov.cn:8011/gdnps/pc/content.jsp?id=12862&mtype=1。

基本生活困难、医疗资源匮乏、教育机会缺失等提供有针对性的救助措施;二是按照不同的群体,如残疾人、事实无人抚养儿童等进行综合性的救助。《社会救助暂行办法》中规定了八项救助制度,而按照《社会救助法(草案征求意见稿)》规定内容,社会救助还新增了疾病应急救助和生活无着的流浪乞讨人员救助,无论是按照救助对象还是按照救助类别,都无法做到全部分类,似乎很难从中寻找出一条逻辑主线。① 社会救助项目庞杂造成的隐患即是,在社会救助各项目之间以及社会救助与社会福利及其他帮扶措施之间既有政策上的交叉重叠,又有一些政策空白,导致兜底性民生保障网还存在漏洞。②

从社会救助内容来看,针对的困境大体可以包括以下四类:贫困群体的基本生存困境,涉及低保、特困人员救助、临时救助等专项救助的衔接;贫困群体的就业困境,涉及就业救助、低保、失业保险和就业促进政策的衔接;贫困群体的健康困境,涉及医疗救助、大病救助、基本医疗保险之间的衔接;贫困群体的教育困境,涉及救助制度与其他针对困境儿童的制度的衔接。

贫困群体的基本生存困境涉及最多的两个制度安排是精准扶贫和低保制度。为解决扶贫和低保的衔接问题,《国务院关于印发"十三五"脱贫攻坚规划的通知》中专辟兜底保障一章,强调统筹社会救助资源,在完善低保制度的基础上,积极推进低保与其他专项救助制度衔接配套,逐步形成梯度救助格局。③ 2017 年下发的有关二者衔接的文件规定,要处理好低保标准和扶贫标准、低保覆盖率和贫困率之间的关系。④ 2020 年印发《社会救助兜底脱贫行动方案》的通知更是明确规定:"及时把未脱贫

① 韩克庆:《中国社会救助制度的改革与发展》,《教学与研究》2015 年第 2 期。
② 关信平:《"十四五"时期我国社会救助制度改革的目标与任务》,《行政管理改革》2021年第 4 期。
③ 《国务院关于印发"十三五"脱贫攻坚规划的通知》,见 http://www.gov.cn/zhengce/content/2016-12/02/content_5142197.htm。
④ 中华人民共和国民政部:《民政部 国务院扶贫办关于进一步加强农村最低生活保障制度与扶贫开发政策有效衔接的通知》,见 http://xxgk.mca.gov.cn:8011/gdnps/pc/content.jsp?id=13781&mtype=。

建档立卡贫困人口、脱贫后返贫人口、新增贫困人口中符合低保制度的人员全部纳入农村低保范围。"① 此外，扶贫和社会救助体系相互之间也有所衔接,2018年的脱贫攻坚战三年行动的指导意见则又详细论述了教育救助、农村住房救助、低保、临时救助制度自身的完善办法。② 随后的实施意见则对其予以进一步的细化。③

就业救助作为社会救助体系中的基本制度之一,其目标定位在于增强贫困群体的个人就业能力,促进受助者参与劳动力市场,通过就业实现脱贫自立。④ 要解决受助者面临的就业困境,在具体的制度设计层面,就业救助需要做好与失业保险的配套衔接,需要做好与无就业能力者的生活救助制度的配套衔接。在宏观政策层面,则需要做好社会政策与经济政策的衔接,需要做好政府有关部门之间的衔接,需要做好政府部门与社会组织的衔接,需要做好贫困与脱贫的衔接,需要做好城市与农村的衔接。⑤

从社会救助的对象来看,2017年出台的《国务院办公厅关于加强困难群众基本生活保障有关工作的通知》中将农村留守儿童、困境儿童、特困人员、困难残疾人及重度残疾人等群体视为困难群众的典型。⑥ 针对不同群体出台政策的原因在于,这些困难群体陷入困境的原因是多样的、多类型的,需要不同的社会救助制度,乃至社会保险、社会福利等形成合力。故而这些政策本身就意味着对不同制度衔接配合的强调。

困境儿童救助涉及儿童照顾、儿童医疗健康、儿童教育、儿童保护、儿

① 《民政部 国务院扶贫办关于印发〈社会救助兜底脱贫行动方案〉的通知》,见 http://www.gov.cn/zhengce/zhengceku/2020-04/01/content_5497899.htm。
② 《中共中央 国务院关于打赢脱贫攻坚战三年行动的指导意见》,见 http://www.gov.cn/zhengce/2018-08/19/content_5314959.htm。
③ 《民政部 财政部 国务院扶贫办关于在脱贫攻坚三年行动中切实做好社会救助兜底保障工作的实施意见》,见 http://www.gov.cn/gongbao/content/2018/content_5350057.htm。
④ 张浩淼:《困境与出路:"激活"视角下我国就业救助制度透视》,《兰州学刊》2021年第6期。
⑤ 韩克庆:《就业救助的国际经验与制度思考》,《中共中央党校学报》2016年第5期。
⑥ 《国务院办公厅关于加强困难群众基本生活保障有关工作的通知》,见 http://www.gov.cn/zhengce/content/2017-01/26/content_5163796.htm,2021年6月7日。

童参与等多个层面。在厘清困境儿童的救助需求时,社会救助政策首先要明晰困境儿童的界定和分类标准,明确其与普通儿童的共同需要及其自身的特殊需要,同时还要对不同年龄段、不同地区的困境儿童需求加以区分,并根据儿童的特殊需求提供不同救助措施。社会救助的首要责任是切实兜住困境儿童的底线,确保困境儿童能够在合理分享国家发展成果的条件下同样获得健康成长的权利,其所涉及的职能部门数量繁多,因此可以通过民政部的儿童福利司牵头总揽,保障儿童救助资源配置的高效率。

和困境儿童类似,残疾人陷入困境的原因也可归于生理原因和社会原因,生理原因涉及医疗救助和残疾人康复;社会原因则与低保、特困救助、临时救助等制度相关。为了保障残疾人群体的基本生活,《民政部 财政部关于进一步做好困难群众基本生活保障工作的通知》扩大了重残、重病患者参照"单人户"纳入低保的范围。① 需要注意的是,残疾人、困境儿童、困难老年人这三个群体有时是相互重叠的,也正因为如此在《民政部关于加强分散供养特困人员照料服务的通知》中提出要将居家社区养老、助残扶残等服务等资源进行整合。②

需要注意的是,福利制度和救助制度是两个截然不同的保障制度。福利制度旨在为全体公民提供生活、教育、医疗、康复等各方面的具有普惠性的设施、条件和服务。救助制度则是选择性的,针对贫困群体而给予的兜底性保障。应当防止社会救助制度的"泛福利化"倾向。以困难残疾人生活补贴和重度残疾人护理补贴为例,在该政策实施的过程中,存在随意扩大补贴范围,甚至将两补等同于残疾福利的情形,这种不区分对象的社会救助必然带来地区和族群的"污名化"。其结果不仅有悖于制度设计理念,而且扭曲了制度目标,妨碍了制度的健康发展。③ 考虑到福利和救助的区别,应该将残疾人的救助制度和福利制度进行区分,且在制度

---

① 中华人民共和国民政部:《民政部 财政部关于进一步做好困难群众基本生活保障工作的通知》,见 http://www.mca.gov.cn/article/xw/tzgg/202007/20200700028866. shtml

② 《民政部关于加强分散供养特困人员照料服务的通知》,见 http://www.gov.cn/zhengce/zhengceku/2020-01/10/content_5467973. htm。

③ 韩克庆:《中国社会救助制度的改革与发展》,《教学与研究》2015年第2期。

设计上有所衔接。

9.4.5　管理体制问题

社会救助管理体制既有横向管理的问题,也有纵向管理的问题。横向管理主要指不同中央部委、不同社会救助项目之间的有效衔接;纵向管理主要指中央政府和地方政府、省级政府和地市级政府的上下级行政体制。①《社会救助法(草案征求意见稿)》中规定,在中央层面"国务院民政部门负责统筹协调全国社会救助体系建设。国务院民政、教育、人力资源社会保障、住房城乡建设、卫生健康、应急管理、医疗保障等部门,按照各自职责负责相应的社会救助管理工作"。在地方层面则以上地方人民政府民政部门负责统筹协调行政区域内社会救助体系建设。②

社会救助管理体制的问题即府际关系的协调问题,包括横向的部门合作和纵向的不同层级政府的管理。一是横向部门之间的合作。社会救助各项目涉及不同的部门,教育救助涉及教育部门,就业救助涉及人社部门,住房救助涉及住房建设部门,医疗救助涉及医疗保障部门,受灾人员救助涉及应急管理部门。针对不同群体的救助则同时涉及多个救助项目,更是需要各部门的参与。比如对残疾人的救助同时涉及基本生活救助、医疗救助、就业救助等方面;对儿童的救助则强调教育救助;对流动人口的救助则不能忽视住房救助和就业救助。此外,社会救助体系的运转还需要其他系统的帮助。信息比对共享涉及统计部门、税务部门和金融部门的协调;保护人身安全、维持治安则离不开公安部门的配合。所以部门之间的分工合作是必要的。社会救助资源分散于不同的政府职能部门,如何建立部门协同治理机制,破除部门利益壁垒,实现资源统筹与精准供给,避免资源供给中存在的叠加和缺失问题,成为兜实兜牢社会救助底线保障的重要内容。二是纵向部门之间的放权。《社会救助暂行办

① 韩克庆:《中国社会保障制度的改革与发展》,《新视野》2013 年第 4 期。

② 中华人民共和国中央人民政府:《民政部 财政部关于〈中华人民共和国社会救助法(草案征求意见稿)〉公开征求意见的通知》,见 http://www.gov.cn/hudong/2020 - 09/08/content_5541376. htm。

法》规定在申请低保、特困基本生活救助和申请医疗救助、住房救助等专项救助时，由县级人民政府审批确定，如在规定申请低保时，"乡镇人民政府、街道办事处应当通过入户调查、邻里访问、信函索证、群众评议、信息核查等方式，对申请人的家庭收入状况、财产状况进行调查核实，提出初审意见，在申请人所在村、社区公示后报县级人民政府民政部门审批"①。此规定意在发挥相对高层级政府的信息整合能力，增加瞄准精度，提高救助资源的利用效率。然而审批层级的增加必然导致审批时间的增加，不利于困难群体及时得到救助资源，尤其当其申请急难救助时更是如此，适当的权力下放能够提高行政效率，有效缓解该问题。第一，相较于更高层级政府，当地政府能更方便快捷地提供服务；第二，不同层级的政府能够有效分工，如中央政府负责政策的制定、修改和监督，地方政府则专注于服务的提供。② 当前，国家层面已出台了应对举措。2018 年出台的《民政部、财政部关于进一步加强和改进临时救助工作的意见》认为"要全面落实县级人民政府民政部门委托乡镇人民政府（街道办事处）开展临时救助审批的规定，合理设定并逐步提高乡镇（街道）临时救助金审批额度"③。2020 年出台的《民政部、财政部关于进一步做好困难群众基本生活保障工作的通知》这样表述："鼓励有条件的地方将低保、特困人员救助供养的审批权限下放到乡镇（街道）。"④《社会救助法（草案征求意见稿）》则对所有社会救助项目的审批作统一规定，"经县级人民政府授权，乡镇人民政府、街道办事处可以根据本法第四十二条、第四十三条规定的调查核实、信息核查结果，作出确认决定"⑤。各地在社会救助

---

① 中华人民共和国民政部：《社会救助暂行办法》，见 http://xxgk. mca. gov. cn：8011/gdnps/pc/content.jsp？id＝12798&mtype＝1。

② Keyong Dong and Peng Cui, "The Role of Government in Social Security", *Public Performance and Management Review*, vol.34, No.2, (December 2010), pp.236-250.

③ 《民政部 财政部关于进一步加强和改进临时救助工作的意见》，见 http://xxgk.mca.gov.cn：8011/gdnps/pc/content.jsp？id＝12862&mtype＝。

④ 《民政部 财政部关于进一步做好困难群众基本生活保障工作的通知》，见 http://xxgk. mca.gov.cn：8011/gdnps/pc/content.jsp？id＝14545&mtype＝1。

⑤ 《民政部 财政部关于〈中华人民共和国社会救助法（草案征求意见稿）〉公开征求意见的通知》，见 http://www.gov.cn/hudong/2020-09/08/content_5541376. htm。

"放管服"改革中亦对这一问题进行了回应。如在"放管服"改革中,湖北省随州市社会政策试点体现出治理重心下移的明显特征,试点下放低保审批权限,在随县试点启动下放城乡低保审批权限至镇(场)政府,具体做法为委托下放城乡低保审批权限,此举是解决城乡低保对象不够精准、审批不及时等问题的摸索性社会政策试点,同时优化了服务质量、简化了办事程序、提升了救助效率。① 长沙市扩大了审批权下放的项目,将低保、特困人员救助供养、小额临时救助等社会救助事项审核确认权限下放到乡镇(街道),简化审批流程,压缩审批时间。② 黑龙江方正县明确县民政局以委托的形式将城乡低保对象审批、特困人员供养、低收入家庭认定、临时救助(备用金)审批权力下放给乡镇政府,规定了乡镇政府作为社会救助受理、审核和审批工作主体,以及申请、信息核对、受理、审批等环节的具体工作内容和详细流程。③ 内蒙古青山区作为全国社会救助综合改革试点地区,更进一步将低保、临时救助审批权下放到社区,最大限度简化所需材料,压缩审批层级,规范流程,由原来的 22 天审批周期压缩为 13 天社区办结。④

9.5　健全社会救助体系的政策建议

　　社会救助体系无论是在政策安排的具体内容方面,在政策之间的配

---

　　① 丁章春、陈岳:《"放管服"引擎下社会政策试点的逻辑进路——以最低生活保障为例》,《国家行政学院学报》2018 年第 5 期。

　　② 《长沙市开展社会救助综合改革创新试点 救助服务提质增效 民生温度直抵人心》,见 http://www.mca.gov.cn/article/xw/mtbd/202105/20210600034385. shtml。

　　③ 《松花江畔社会救助"放管服"》,见 http://www.mca.gov.cn/article/xw/mtbd/202012/20201200030952. shtml。

　　④ 《"物质"+"服务"提升社会救助效能》,见 http://www.mca.gov.cn/article/xw/mtbd/202101/20210100031858. shtml。

合衔接方面,还是在救助的方式选择方面,抑或是在管理体制方面,都存在诸多可以改进的地方。面对此种状况,为完善社会救助体系,提出如下政策建议。

9.5.1 渐进实现社会救助城乡统筹

党的十九大报告提出,按照兜底线、织密网、建机制的要求,全面建成覆盖全民、城乡统筹、权责清晰、保障适度、可持续的多层次社会保障体系。"统筹城乡社会救助体系、完善最低生活保障制度"是改善民生的重要内容。① 要打破社会保障制度在城乡之间的藩篱,破除城乡二元社会保障结构,实现城乡之间的政策均衡和结构平等,必然要推进社会救助的城乡统筹。

毋庸置疑,城乡社会救助统筹需要在很多方面进行努力。以低保为例,目前城乡低保统筹面临的主要障碍表现为:低保待遇城乡分化,人均补差比例较低,导致低保群体脆弱性风险增大;农村低保财政投入不足,地方承担主要责任,影响低保制度可持续发展;城乡低保经办管理水平存在差异,农村低保制度实施过程中的随意性较大,信息化水平较低,影响政策精准性。

为此,首先需要明确的是,不论是从政策实施过程的一致性,抑或是政策实施结果的公平性来看,社会救助的城乡统筹都不等于城乡救助的简单对等,平等不应作为衡量统筹的标准,统筹城乡的目标并不是平均化,而是在实现城乡机会、过程公平的基础上提供相对公平的救助待遇。其次,城乡救助统筹需要其他方面的配合,包括家庭经济信息核对系统,救助管理方面逐步规范、统一救助程序和管理方式,尤其是对农村救助制度实施过程中比较大的随意性空间进行约束,实现管理规则上的统一。在此过程中,不同政府部门之间权责关系的划分与职能衔接,基层工作人

---

① 《决胜全面建成小康社会 夺取新时代中国特色社会主义伟大胜利——在中国共产党第十九次全国代表大会上的报告》,见 http://www.gov.cn/zhuanti/2017 - 10/27/content_5234876.htm。

员专业能力的提升都是至关重要的问题。① 最后,统筹需要采取分阶段、分步骤的渐进策略。正视目前救助制度中的城乡差异和地域差异,将社会救助城乡统筹视为一个分步骤、分阶段的渐进过程,通过逐步缩小城乡的差距,最终达成城乡的统一。

9.5.2 补齐流动人口的制度短板

衡量一个社会救助体系的标准,主要看其是否能保障贫困者的基本需要。其中一个方面,即一个社会救助体系是否将所有应该获得救助的人都包括在内,或者说是否还有一些人确实需要救助,但由于社会救助的制度限制而被排斥在救助对象范围之外。② 从这一点上来看,社会救助制度还未能将流动人口制度性地纳入保障中来,社会救助的兜底性功能发挥仍然有所缺失。

为此,应从法律、政策和技术三个层面改革相关制度,保障流动人口获得应得的救助资源。首先,在法律层面,需要为流动人口的社会救助提供相应的法律支持。现阶段缺乏高层级的法律文本对流动人口救助进行规范,且各个地方对于救助内容、救助方式等的规定,容易使流动人口的社会救助出现碎片化倾向。其次,在政策层面,需要扩大救助制度的覆盖范围。既要使包括基本生活救助、专项救助和急难救助在内的救助制度的目标群体囊括流动人口,减少因为地域和身份而导致的排斥;又要考虑流动人口本身及其家庭,尤其关注留守儿童和老人,对陷入贫困的流动人口予以及时的救助。最后,在技术层面,应当充分考虑流动人口的身份特征,通过社会保障公共服务信息平台建设,提升制度便携性和流动性,把更多的流动人口纳入制度覆盖范围。③

---

① 李迎生、徐向文:《构建城乡统筹的社会救助体系——以太仓市为例》,《河海大学学报(哲学社会科学版)》2017 年第 3 期。

② 关信平:《当前我国反贫困进程及社会救助制度的发展议题》,《陕西师范大学学报(哲学社会科学版)》2019 年第 5 期。

③ 韩克庆:《构建覆盖全民的社会保障体系的三个重点》,《国家治理》2019 年第 48 期。

9.5.3 明确中央和地方政府的财政责任

社会救助财政问题的主要根源,在于支出责任的央地分工不明确、不清晰,[①]严重影响着救助制度的持续健康发展。《社会救助暂行办法》规定,"县级以上人民政府应当将社会救助纳入国民经济和社会发展规划……将政府安排的社会救助资金和社会救助工作经费纳入财政预算"[②],但并没有明确应由哪一级政府承担主要财政责任,也没有确定中央政府和地方政府的财政分担比例。从实际情况来看,社会救助资金在很大程度上依靠中央财政的拨付,中央财政和地方财政的支出比例并不确定,每年都在发生变化,加上东部、中部、西部地区差异,导致社会救助财政补贴分配不均。此外,受行政管理体制和财税体制的影响,在低保等救助制度筹资责任分担中,省级财政往往发挥着枢纽作用,即便在一省之内,往往也存在各个市县获得上级财政补贴旱涝不均的状况。

明确中央和地方的财政责任,首先要通过法律法规明确中央财政和地方财政在社会救助资金来源中的负担比例,建立相对合理的责任分担机制和清晰的财政责任预期,这既是发达国家开展社会救助的有效经验,也是保证社会救助资金来源的稳定性与可靠性的必然措施。结合我国"财权上移和事权下沉"的财政政策,[③]应根据各地生活水平、保障人数、政府财政状况等因素,明确规定各级财政的资金负担比例。同时,可根据社会救助项目的不同,来区分中央政府与地方政府的财政责任划分:对于济贫类社会救助,主要由中央政府承担支出责任,并分担地方管理成本;对于急难类救助,应根据事权划分确定各自的支出责任,建立共担支出责任的局面。事实上,2018 年国家对基本公共服务领域中央与地方共同财政事权和支出责任划分,已经在有关通知中进行了明确规定:"将涉及人民群众

---

① 杨穗、鲍传健:《改革开放 40 年中国社会救助减贫:实践、绩效与前瞻》,《改革》2018 年第 12 期。
② 中华人民共和国民政部:《社会救助暂行办法》,见 http://xxgk.mca.gov.cn:8011/gdnps/pc/content.jsp?id=12798&mtype=1。
③ 付敏杰:《分税制二十年:演进脉络与改革方向》,《社会学研究》2016 年第 5 期。

基本生活和发展需要……首先纳入中央与地方共同财政事权范围,目前暂定为八大类 18 项",“中央承担的支出责任要有所区别,体现向困难地区倾斜”。① 只有厘清社会救助央地财政责任,才能更好地发挥社会救助兜底线功能,缩小地区救助水平差距,更好地实现社会救助城乡统筹。

9.5.4　完善救助标准的制定调整办法

救助标准制定调整合理与否,直接影响着对象识别与社会救助制度的有效性。以低保制度为例,低保标准是界定低保范围、核定低保对象、确定补助水平以及安排补助资金的重要依据,对救助率和反贫困效果有着重要影响。同时,低保标准的高低又决定着制度的保障效果:若低保标准过低,则难以保障困难家庭的基本生活;若保障水平过高,又容易滋生“养懒汉”的现象,产生福利依赖等负面影响。

有学者认为,相比于发达国家人均收入中位数 50%—60% 的贫困标准,中国城市和农村低保标准依然偏低,②这会导致最低生活保障难以保障基本生活,影响救助制度反贫困功能的发挥,③进而导致部分困难家庭长期依靠社会救助。针对这一问题,应该根据经济发展水平和财政能力,同时考虑当地消费和支出水平,适当提高救助标准。同时,在现行标准下的绝对贫困得到消除的情况下,社会救助的重点应从绝对贫困向相对贫困转变,注重内生反贫困能力的培养也成为当前救助制度标准调整的重要内容之一。④ 在此过程中,要在严格救助资格审核的过程中适当提升救助标准的同时,构建阶梯式、具有渐退性的收入和财产标准,并对一定额度、一定时期的积累额进行豁免,以弥补当前救助制度中补差式救助对于就业积极性的负面影响,充分发挥救助制度增强反贫困能力的作用。

---

① 《国务院办公厅关于印发基本公共服务领域中央与地方共同财政事权和支出责任划分改革方案的通知》,见 http://www.gov.cn/zhengce/content/2018-02/08/content_5264904.htm。
② 关信平:《当前我国反贫困进程及社会救助制度的发展议题》,《陕西师范大学学报(哲学社会科学版)》2019 年第 5 期。
③ Qin Gao, *Welfare*, *Work*, *and Poverty*, Oxford: Oxford University Press, 2017, p.77.
④ 程中培、乐章:《美好生活的社会保护水准:社会政策体系中基本生活需要标准的建构》,《求实》2020 年第 2 期。

一是建立与居民人均收入水平挂钩的救助标准制定和调整办法。将救助标准的制定调整方法确定为人均收入比例法,与居民人均可支配收入相关联,除了简便易行外,也体现了相对贫困的思想——以人均收入为基准、收入在该基准一定比例之下的人口为相对贫困人口。同时,收入相对支出较为稳定。一般来说,居民的收入来源和收入数额的变化幅度较小,而支出大幅变动的概率较大,如大病支出、高等教育支出等。为了坚持差异性、操作性的原则,该比例不应该是一个值,而应该是一个区间。从目前的情况看,由于城乡居民的收入来源、生活水平还有一定差距,城市低保标准以占城市居民人均可支配收入的 15%—35% 来确定为宜,农村低保标准以占农村居民人均可支配收入的 20%—50% 来确定为宜。从城乡统筹的未来发展看,低保标准以占居民人均可支配收入的 20%—40% 来确定为宜。当然,低保标准调整不是简单地看收入占比,还要建立符合当地发展状况的、满足城市与农村贫困人口生活需要的有针对性的调整机制,通过完善城乡低保标准、城乡低保工作人员、城乡低保管理体制等配套制度,最终促进最低生活保障制度城乡间的有效衔接。

此外,还需要厘清救助标准之间的关系。社会救助是一个政策系统,低保制度是市场化改革以来社会救助系统中最为重要的制度安排。低保标准的制定和调整,除了考虑制度的自身运行规则外,还需形成与其他相关标准的关联。因而要处理好相互之间的关系。首先是城市低保标准与最低工资标准、失业保险标准、失业救助标准的关系,需要着眼于有效协调和统筹安排民生保障和就业激活功能的实现,把低保标准与最低工资标准之间的合理替代率和比率关系确定在较为合理的区间。其次是农村低保标准与扶贫标准的关系,扶贫标准是贫困地区的平均收入水平,低保标准则是平均收入水平以下的更困难群体的收入水平。扶贫标准理论上应当高于同一地区作为兜底性政策的低保标准,因为低保标准是区分贫困群体与非贫困群体的分界线。[1] 对于农村低保标准而言,除厘清低保

---

[1] 韩克庆:《社会救助是兜底性保障吗?——一项关于低保标准的描述性研究》,《郑州大学学报(哲学社会科学版)》2018 年第 4 期。

标准与扶贫标准的关系外,还应着重考虑低保标准与农村特困人员供养标准的关联。此外,农村低保标准还必然受到其他农村社会保障制度的影响。随着城乡居民养老保险制度、城乡居民医疗保险制度、城乡公共福利服务的快速推进,社会救助与社会保险、社会救助与社会福利服务的制度衔接,也是低保标准制定和调整的重要政策参照。[1]

毋庸置疑的是,兜住贫困人口旳底,是社会救助的基本功能。在户籍制度改革和城镇化不断推进的前提下,社会救助的未来发展,还应突破城乡二元结构的制度藩篱,逐步整合垸乡救助标准,使得包括低保在内的城乡社会救助体系均衡发展,更好地满足不同阶层、不同群体的美好生活需要。在实现兜底性功能的前提下,确定低保标准与居民收入水平相挂钩的动态调整机制,并逐步提高低保标准在居民收入水平中所占的比例,实现社会救助制度从兜底性向发展性的转变。

9.5.5　注重社会救助的制度整合

社会救助制度是一项综合制度体系,无论是从制度的内容安排和服务供给主体方面,还是从社会救助的管理方面,都离不开分类、协调、衔接和统筹。

从社会救助的政策内容方面看,社会救助虽然分为三个层次,但是不同层次之间并不是孤立的。这可以从不同救助层次目标群体的重叠情况中看出,专项救助和基本生活救助的目标群体都囊括了低保对象和特困人员;而急难救助则包含了其他两个救助层次的群体。更明显的,不同救助政策需要相互之间的配合,比如低保、特困、临时救助之间的衔接;再如对不同群体给予的综合性救助等。可以说,救助政策的内容本身就体现了救助资源的相互配合。

从社会救助的供给主体方面看,社会救助的供给需要整合政府和社会的协作,尤其是服务类救助的提供更是如此。正如《规划》中提到的,

---

①　韩克庆:《兜底,统一,还是倒挂——农村低保标准与扶贫标准的关系》,《探索与争鸣》2018 年第 12 期。

"完善城乡社区、社会组织、社会工作'三社联动'机制,发挥好社区志愿者、公益慈善资源协同作用,促进社会工作专业力量参与社会治理"①。未来的社会救助虽然仍是以政府为主导,但是其他社会力量的充分参与也至关重要,多方共治能够减轻资金压力、提高救助效率,培育良好的救助氛围。这其中慈善资源的参与尤为重要,慈善事业是社会救助制度和兜底保障制度的重要补充,是我国多层次社会保障体系的重要组成部分,在消除贫困、促进社会和谐方面具有特殊的作用。②

从社会救助的管理体系方面看,社会救助涉及不同部门之间的横向管理,也包括了各级政府之间的纵向管理。既有不同部门之间的配合协调,也有上下级政府的责任分工,尤其涉及财政投入方面,还有进一步完善的空间,以农村低保为例,低保财政支出不仅在中央和地方之间有巨大差异,且在省内之间的差异也不容忽视,后者更是造成农村低保横向不平等问题的主要原因,需要从"地区间、地区内"及"省际、省内"予以统筹考量。③ 可以说,府际协调是社会救助体系得以有序运转的重要一环,必须予以关注,否则将成为体系完善的阻滞。

---

① 《民政部 国家发展和改革委员会关于印发〈"十四五"民政事业发展规划〉的通知》,见 http://xxgk.mca.gov.cn:8011/gdnps/pc/content.jsp?id=14981&mtype=1。

② 宫蒲光:《社会治理现代化大格局下推进慈善事业高质量发展》,《中国行政管理》2021年第 2 期。

③ 白晨、顾昕:《省级政府与农村社会救助的横向公平——基于 2008—2014 年农村最低生活保障财政支出的基尼系数分析和泰尔指数分解检验》,《财政研究》2016 年第 1 期。

10

完善国家社会保险公共服务平台的建设构想

10.1　我国社会保险经办服务体系的发展历程

随着我国社会保险管理服务社会化水平不断提高，我国社会保险经办服务体系经历了三个发展阶段，目前我国已经建成从中央到地方、从城镇到乡村的社会保险经办服务网络，社会保险服务在专业化、标准化、信息化等方面取得了长足进步，是社会保险制度规模扩大的有力支撑。

国务院于1951年2月颁布的《中华人民共和国劳动保险条例》（政秘字〔1951〕134号）是我国社会保险经办服务体系发展的政策起点，文件规定由中华全国总工会及各企业的基层工会组织负责企业劳动保险基金征集、保管和调剂工作。之后，1966—1976年"文化大革命"期间，各级工会组织被撤销，企业保险基金管理机构不复存在，使得社会保险陷入混乱无序的状态。1969年2月，财政部颁布《关于国营企业财务工作中几项制度的改革意见》，规定"国营企业一律停止提取劳动保险金，企业的劳保开支改在营业外列支"，这表明企业劳动保险基金不再统一筹集，社会保险经办业务进入停滞期。1978年改革开放之后，随着社会保险制度的逐步发展，我国社会保险经办服务体系逐渐复建，其发展历程可以分为如下几个阶段。

10.1.1　构筑社会保险经办服务体系的基础（20世纪80年代至2000年）

1986年4月，《国民经济和社会发展第七个五年计划》提出"改革社会保障管理体制"，拉开了社会保险经办管理体制改革的序幕。1986年7月，国务院颁布《国营企业实行劳动合同制暂行规定》（国发〔1986〕77号），明确提出由当地劳动行政主管部门所属的社会保险专门机构管理劳动合同制工人退休养老金。1987 年 5 月,劳动人事部发布《关于设立各级退休费用统筹管理委员会的通知》(劳人险〔1987〕5 号),提出设立退休费用统筹管理委员会,由委员会统一管理退休费用,社会保险经办管理工作逐步由企业管理向社会化管理方向转变。

1991 年 6 月,国务院颁布《关于企业职工养老保险制度改革的决定》(国发〔1991〕33 号),明确界定了社会保险管理机构的性质和任务,即"非营利性的事业单位,经办基本养老保险和企业补充养老保险的具体业务,管理养老保险基金"。1993 年 11 月,中共中央通过《关于建立社会主义市场经济体制若干问题的决定》,提出我国社会保障制度的改革原则,要求社会保障基金经营与社会保障行政管理相分离,社会保障管理机构主要行使行政管理职能。1993 年 7 月,在国务院机构改革中,原劳动部保险福利司"一分为三",分别成立了社会保险司、社会保险事业管理局和社会保险研究所。其中,社会保险事业管理局受行政主管部门委托,负责管理全国城镇社会保险经办业务及基金管理工作,自此,我国逐步建立起了从中央到地方的社会保险经办工作体系。

1994 年 7 月通过的《中华人民共和国劳动法》(主席令第二十八号)从立法上明确了社会保险经办机构的法律地位和具体职能,这对于我国社会保险经办体系框架的构建具有标志性意义。1995 年 3 月,国务院发布《关于深化企业职工养老保险制度改革的通知》(国发〔1995〕6 号),进一步明确了行政管理和基金管理分开,加强了社会保障经办机构建设。1996 年,社会保险事业管理局由经费自理改为经费全额拨款,体现了国家加快建设社会保险经办体系的决心。1997 年 4 月,劳动部发布《关于印发社会保险业务管理程序的通知》(劳部发〔1997〕108 号),这是我国首个规范社会保险业务程序的文件,标志着我国社会保险业务管理开始向规范化方向发展。1997 年 7 月,国务院发布《关于建立统一的企业职工基本养老保险制度的决定》(国发〔1997〕26 号),提出养老保险基金实行收支两条线管理,提高社会化服务的水平。1999 年 1 月,国务院发布《社会保险费征缴暂行条例》(中华人民共和国国务院令第 259 号),规范社会保险费的征缴工作,明确社会保险费的征缴管理和监督检查等具体内容,将社保经费列入预算。1999 年 12 月,全国第一张社会保障卡正式发行。按照"一卡多用,全国通用"的建设原则,社会保障卡成为持卡人享有社会保障和公共就业服务权益的电子凭证,包括信息记录、信息查询、业务办理等基本功能,目前已加载金融功能并扩展应用至其他公共服务领域。2000 年,原劳动部社会保险事业管理局、民政部农村社会养老保险管理中心、卫生部全国公费医疗管理中心、人事部中央国家机关及其在京事业单位社会保险管理中心 4 个单位合并组建成立劳动和社会保障部社会保险事业管理中心,标志着我国社会保险经办机构基本框架初步形成。

10.1.2 形成社会保险经办服务体系的框架(2001—2007 年)

进入 21 世纪,我国社会保险经办服务体系进入快速发展时期。国家开始重视社会保险经办服务体系的能力建设,主要体现在两个方面。

一方面,国家开始构建社会保险经办服务网络。2002 年,按照国家部署,社会保险管理服务体系由县以上中心城镇向基层延伸,在全国所有城市的街道和大部分社区建立了劳动保障工作平台;我国将社会保障列为电子政务建设的重点工程之一,至此社会保障信息化建设被正式提上议事日程。街道社区劳动保障工作平台建设是建立完善社会保险体系的重要内容,2003 年 2 月,劳动和社会保障部社会保险事业管理中心印发《关于搞好街道社区劳动保障工作平台建设的通知》(劳社险中心函〔2003〕8 号)。2004 年,金保工程一期项目启动,金保工程是电子政务工程建设的重要组成部分,是全国人力资源社会保障信息化工作的总称,金保工程利用先进的信息技术,以集中管理的数据中心为基础,以覆盖全国、联通城乡的信息网络为依托,支持人力资源社会保障业务经办、公共服务、基金监管和宏观决策等核心应用,对各级人社部门提高行政效率和公共服务水平发挥了重要的基础性作用。当前,在金保工程的支撑下,我国已实现部、省、市三级网络贯通和中央数据库内网数据大联网。2005 年 12 月,国务院发布《关于完善企业职工基本养老保险制度的决定》(国发〔2005〕38 号),要求加快社会保障信息服务网络建设,高效运转社会保障经办服务体系。

　　另一方面,国家不断完善社会保险经办体制机制,开始重视社会保险经办的规范化、便民化、信息化、专业化工作建设。为促进人力资源社会保障公共服务便民化,我国于 2005 年开通 12333 劳动保障服务电话,12333 劳动保障服务电话政策性、业务性强,咨询员熟练掌握相关政策业务内容,咨询时"即问即答",成为政府部门与社会公众沟通的重要平台和提供公共服务的重要窗口,在宣传解读政策、沟通社情民意、开展相关调查、化解社会矛盾等方面发挥了积极作用,随着信息技术的发展,服务方式不断创新,现在已经涵盖了人工电话、自助语音、网站、手机 APP、现场咨询等多种形式。

　　与此同时,这一时期国家还颁布出台了多部政策文件,不断完善和规范社会保险经办体系,提高了各级社会保险经办机构的服务水平、服务意识、服务质量和服务效率。例如,2001 年 12 月,劳动保障部发布《关于开展社会保险经办机构工作人员业务素质考核工作的通知》(劳社厅发〔2001〕9号);2002 年 5 月,劳动和社会保障部发布《劳动和社会保障系统"三优"文明窗口工作标准(试行)》(劳社部发〔2002〕11 号);2003 年 6 月,中共中央办公厅、国务院办公厅联合发布《关于转发劳动保障部等部门〈关于积极推进企业退休人员社会化管理服务工作的意见〉的通知》(中办发〔2003〕16号),明确了社会化管理服务的内容、形式、工作条件及相关部门的职责;2005 年 6 月,劳动和社会保障部发布《关于开展全国社会保险经办机构人员培训工作的通知》(劳社部发〔2005〕18 号),12 月发布《关于完善企业职工基本养老保险制度的决定》(国发〔2005〕38 号),要求加快社会保障信息服务网络建设步伐,建立高效运转的经办管理服务体系;2006 年 2 月,劳动和社会保障部发布《关于印发加强社会保险经办能力建设意见的通知》(劳社部发〔2006〕10 号);2007 年 7 月,劳动和社会保障部发布《关于建立社会保险信息披露制度的指导意见》(劳社部发〔2007〕19 号)。

10.1.3　建设便民快捷的社会保险经办服务体系(2008 年至今)

　　2008 年以后,社会保险事业的发展对我国经办服务体系提出了更高要求,面对新形势、新需求,我国开始建设便民快捷的社保经办服务体系。

这一阶段社保经办服务体系的目标是逐步实现依法经办、标准化经办、信息化经办和规范经办管理体制。2009 年 7 月,人社部、国家档案局联合发布的《社会保险业务档案管理规定(试行)》(人社部令第 3 号),是我国首个社会保险业务档案管理规章。2010 年 10 月,《社会保险法》颁布,规定了社会保险经办机构的权责及社会保险基金的管理,标志着社会保险事业发展步入法制化轨道。自 2011 年后,人力资源和社会保障部先后印发了《关于贯彻实施社会保险服务总则和社会保障服务中心设施设备要求国家标准的通知》(人社部发〔2012〕10 号)、《关于开展窗口单位改进作风专项行动的通知》(人社部发〔2014〕5 号)等多部文件。2018 年 11 月,印发了《关于深入推进 12333 发展促进人力资源社会保障公共服务便民化的意见》(人社厅发〔2018〕116 号),加强 12333 电话咨询服务能力建设,充分发挥热线专业性强、集成度高、咨询服务量大的优势,以多种方式增加服务供给,进一步提升人力资源和社会保障公共服务能力。

我国社会保险信息系统在这一阶段取得了长足发展。2014 年,社保跨地区系统建设取得成效,养老、医保关系转移系统分别已有 30 个省份的 321 个地市(含省本级)、15 个省份的 72 个地市(含省本级)正式接入社保跨地区系统建设应用。① 2016 年,全国 30 个省份和新疆生产建设兵团均已建设城乡居民养老保险信息系统,并且已正式接入城镇职工养老保险关系转移系统,搭建起地区间基本养老保险关系转移接续业务往来的电子渠道,实现参保缴费等转移信息的及时准确交换,提高社会保险经办效率和服务质量。② 随着我国人口老龄化、人口流动加速、医疗资源分布不均引起的异地就医日益增多,为解决参保人员尤其是老龄参保人员跑腿垫资的问题,人力资源和社会保障部非常重视异地就医结算问题,2017 年,国家异地就医结算系统已覆盖全国 31 个省份和新疆生产建设兵团的所有 400 个统筹地区,入网跨省异地就医定点医疗机构 8499 个,异地就医结算系统不仅可以解决参保人异地就医结算问题,而且加大了

---

① 人力资源和社会保障部:《2014 年度人力资源和社会保障事业发展统计公报》。
② 人力资源和社会保障部:《2016 年度人力资源和社会保障事业发展统计公报》。

医疗保险异地就医医疗费用的结算把关;社会保障卡持卡人员基础信息库正式上线运行,入库人员基础信息达 13.9 亿人,社会保障卡基础信息达 9.8 亿张卡,257 个各地业务系统接入持卡库,信息库与公安部门建立了信息交换协作机制,进行基础数据比对,并获取居民身份证照片等信息,形成完整、准确的社会保障卡持卡人员信息库。[①] 2018 年,全国 31 个省份和新疆生产建设兵团均已建设机关事业单位养老保险信息系统。[②]

2017 年,根据国务院文件清理工作的要求,对涉及"放管服"改革的规范性文件进行了清理,并根据"放管服"改革进程,及时调整完善人力资源社会保障系统及部本级行政审批和公共服务事项清单,及时发布《公共就业和人才服务窗口服务人员行为规范》《社会保险经办人员基本行为规范》等行业标准。2018 年 2 月,中共中央发布《深化党和国家机构改革方案》,统一了社会保险费的征收主体,基本养老保险费、基本医疗保险费、失业保险费等各项社会保险费交由税务部门统一征收。2019年,开始发放电子社保卡,电子社保卡是社保卡的线上形态,是持卡人线上享受人社服务及其他民生服务的电子凭证和结算工具,电子社保卡可以结合全国统一的社会保险公共服务平台、智能公共就业服务信息化平台等建设,实现人社业务的线上化、移动化,线上线下一卡通用、一网通办。这些重要事件反映出这一阶段社会保险经办服务体系发展的主题为构建高质量便民快捷的社会保险经办服务体系。

10.2 国家社会保险公共服务平台的建设现状

随着社会保险事业的快速发展,我国社会保险经办服务也取得了显

---

① 人力资源和社会保障部:《2017 年度人力资源和社会保障事业发展统计公报》。
② 人力资源和社会保障部:《2018 年度人力资源和社会保障事业发展统计公报》。

著成就,社会保险经办服务的信息化和规范化水平明显提升,12333电话咨询服务、社会保障卡、异地就医结算系统、社保关系转移接续系统、异地待遇资格认证系统等极大提升了社会保险的服务效率和服务质量。但是,社会保险经办服务平台往往是急用先行,缺少统一规划和设计,存在着管理分散、信息系统繁杂、服务标准不统一、业务协同困难、风险防控体系不健全现象等突出问题,服务的可及性和便捷性较差。而且,社会保险的参保人数增加,人口流动的频率和速度加快,直接带来社会保险参保信息量、公共服务量以及基金收支数量急剧增加,迫切需要对国民的就业情况、参保记录、享受权益的甄别与发放,以及相关信息的登记、流动、使用等工作进行更精细的管理。数据测算显示,截至2020年末,参加基本养老保险人数为9.99亿人,参加失业保险人数为2.17亿人,参加工伤保险人数为2.68亿人,参保人次决定公共服务量,2020年社会保险公共服务量达到120.32亿人次,具体计算如下:养老保险征收和计发每年12次,即119.86亿人次;2020年末领取失业保险金人数为270万人,年均支付12次,即0.33亿人次;2020年全年认同工伤112万人,抚恤金每年计发12次,即0.13亿人次。同时,流动人口的增加也给社会保险公共服务带来了挑战,据预测,2020—2025年我国省际人口迁移总量均值为7661万人,人口的省际迁移影响着社会保险的转移接续。

10.2.1 完善国家社会保险公共服务平台建设的重要意义

提高参保人员的便捷程度。国家社会保险公共服务平台是提供社会保险公共服务的载体,是党和政府联系群众的重要纽带,是人民群众体会获得感、幸福感、安全感的直接窗口。有学者指出,自然人到政府办事近一半是社保事务,社保事务和所有法人单位都有关系,国家社会保险公共服务平台以用户导向为出发点,使参保人员在不同行业之间、不同地区之间、退休前和退休后进行转换时,省去了不同受托人或不同银行账户管理平台互不衔接的苦恼,提高获得感和安全感。

提高社保公共服务能力和效率。公共服务对满足人民美好生活需要、破解社会保障不平衡不充分具有较强的解释力和适应性。国家社会

保险公共服务平台对贯彻落实"放管服"、加强社会保险能力建设和规范
业务流程具有重要意义,有利于推进国家治理体系和治理能力现代化。
这既是解决社会保险公共服务发展不平衡不充分问题,适应流动性需要,
加快建立更加便民快捷的经办服务体系的客观要求,也为新时期提升我
国社会保险公共服务能力和效率指明了发展方向。

完善社会保障制度体系。作为一项公共政策,社会保障公共服务平
台建设对完善社会保障制度体系也有积极作用。国家社会保险公共服务
平台既能从横向上抹平制度差距,强化社会保障相关制度的协调性,有效
解决发展的不平衡问题,又能从纵向上补齐社会保障制度发展的短板,实
现社会保障充分和高质量发展。

10.2.2　国家社会保险公共服务平台的建设现状

社会保险公共服务能力建设是实现国家社会保障公共服务体系愿景
蓝图的关键一步,是服务型政府的重要组成部分。互联网技术是获取信
息,并且以低成本迅速传递信息的工具,互联网作为公共网络,可以覆盖
到每一个人,为建立大社会保障公共服务体系提供了技术支持。为解决
社会保险公共服务发展不平衡不充分问题,适应流动性需要,提高新时期
社会保险公共服务能力和效率,建立更加便民快捷的经办服务体系,党的
十九大报告中提出了"建立全国统一的社会保险公共服务平台",12333
电话咨询服务、社会保障卡、异地就医结算系统、社保关系转移接续系统、
异地待遇资格认证系统等共同构成了全国统一的公共服务平台的重要支
撑,建立国家社会保险公共服务平台既是对过去 20 多年社保经办服务体
系建设的经验归纳、提升和延展,同时又是一个全新的挑战,是对未来的
一种全新的谋划。

国家社会保险公共服务平台是全国统一的社会保险公共服务的总门
户,重点为参保人员和参保单位提供全国性、跨地区的社会保险公共服
务,目前开通服务的保险有养老保险、医疗保险和失业保险。国家社会保
险公共服务平台关键在于"统一",在于消除现实中存在的各种"不统一"
现象,以增强社保服务的可及性与便捷性。国家社会保险公共服务平台

以全国一体的社会保险经办服务体系和信息系统为依托，以社会保障卡为载体，以标准规范为保障，采用窗口服务、网上服务、移动服务、电话服务、自助服务等多种方式，实现全国社会保险信息系统和数据互联互通，推动跨地区、跨部门、跨层级社会保险公共服务事项的统一经办、业务协同和信息共享，及时与国家政务服务平台对接，实现"一号申请""一窗受理""一网通办"和"一卡通用"，为参保单位和人员提供全网式、全流程、无差别的方便快捷服务。

国家社会保险公共服务平台的负责部门是人力资源和社会保障部社会保险事业管理中心和信息中心。人力资源和社会保障部社会保险事业管理中心是综合管理全国养老保险、失业保险、工伤保险等社会保险经办业务的部直属事业单位，组织建立全国统一的社会保险公共服务平台，指导全国社会保险经办管理服务系统开展资源整合和专业化管理，推动管理服务数字化转型，推动地方工作模式创新，组织完善社会保险标准化体系建设，制定社会保险经办管理服务有关技术标准并组织实施。人力资源和社会保障部信息中心是受部委托综合管理有关人力资源和社会保障网络安全和信息化工作、组织全国社会保障卡建设应用的部直属事业单位，负责组织和推动全国统一的人力资源和社会保障公共服务信息系统建设，负责组织全国统一的社会保险公共服务平台系统建设。

国家社会保险公共服务平台由国家社会保险公共服务平台和地方社会保险公共服务平台组成，地方平台包括实体窗口和信息平台。国家社会保险公共服务平台不是在现有系统之外建立一个全新的平台，而是在各地经办服务系统不统一的现状下，按照适应流动性的需要，便利参保对象办理社保事务的要求，是在不影响现有经办服务的基础上，对现有系统进行改造，通过各种技术和行政的措施，实现公共服务的统一。

国家社会保险公共服务平台提供个人权益记录查询、社保待遇资格认证、养老保险待遇测算、社保关系转移接续、境外互免申请、社保卡状态查询等 10 类 26 项全国"一网通办"的社保服务，12333 电话咨询服务、社会保障卡、异地就医结算系统、社保关系转移接续系统、异地待遇资格认证系统等，共同构成了全国统一的公共服务平台的重要支撑。2019 年 9

月 15 日,"国家社会保险公共服务平台"正式上线运行,截至 2020 年,国家社会保险公共服务平台总访问量超过 15.1 亿人次①,包括农民工在内的各类参保群体,可以更加便捷地享受到跨地区、全国性的社会保险公共服务。

10.3 国家社会保险公共服务平台运行存在的问题

10.3.1 地方平台发展不一,对接困难

国家社会保险公共平台由国家社会保险公共服务平台和地方社会保险公共服务平台组成,国家社会保险公共服务平台需要做到"纵向到底",实现与地方平台的信息共享与交换。目前不同地区、不同层级的社保机构提供的社保服务平台呈多样化特点,省一级和大部分地市县一般都设有单独的社会保障服务中心,也有很多在市民中心或便民服务中心,乡镇一级一般有人社平台或综合服务平台。不同的社会保险服务平台软件开发商不统一、数据不集中,导致了信息无法共享。地方平台在对接国家平台的过程中,受制于人社部转移接续平台校验规则、各省市业务经办水平不一等因素,通过纸质材料办理接续业务占比较大,而重新在部级转移系统中录入,需要重新核对历史业务档案,需要大量的人力投入,地方平台没有完成业务的录入,导致地方平台没有深度对接国家平台。已对接完成的地方平台也存在着名称不统一、对接深度不一的现象,甚至接入的地方平台是省级平台。以湖北省为例,点击"各地办事大厅",武汉市是武汉社保公共服务平台,黄石市是人力资源和社会保障局网上服务大厅,恩施州是湖北政务服务网,还有部分市没有接入地方平台。

---

① 人力资源和社会保障部:《2020 年度人力资源和社会保障事业发展统计公报》。

10.3.2　失业保险服务机构碎片化,难以统一

失业保险既是社会保险五大险种之一,又是积极就业政策的重要组成部分,具有保障失业救助、促进就业的功能,失业保险的服务对象包括参保企业和失业人员。服务对象的多元化导致了经办服务机构的碎片化,目前失业保险的经办服务机构有3000多个,有社保经办机构、公共就业服务机构、单设的失业保险经办机构,也有独立于人社部门之外的公共服务机构。仅领取失业保险金这一项,社保经办机构负责31%,公共就业服务机构负责51%,单设的失业保险经办机构负责14%,还有4%在行政机构和人社部门之外的其他经办服务机构。失业保险的经办服务机构碎片化,导致了其难以统一到国家社会保险公共服务平台。

10.3.3　信息量大,存在信息安全问题

从当前信息化建设工作的推进过程来看,网络安全管理至关重要。社会保险的服务周期长,从宏观来看,是现代国家必须建立的基本社会制度,是一项长期发展的社会事业;从微观来看,社会保险包含的管理项目对人从出生到死亡进行管理,即"记录一生、服务一生、保障一生",管理周期长。社会保险具有服务对象的广泛性,服务对象的千差万别,导致了对于社会保险的需求差异大,服务工作量增加。社会保险服务周期长和对象差异大导致社会保险服务产生的信息量大,据估算,一个有十万参保职工的中小城市,一年产生的需要保存的社会保险信息量约为350M,约1.8亿个汉字,相当于600本每本500页的书籍。国家社会保险公共服务平台集中了参保人养老保险、失业保险、工伤保险信息,整个信息系统所包含的数据为公民的养老保险数据和医疗保险数据,整个数据关系到社会的稳定和员工的基本待遇,如果数据被盗用或恶意篡改,将会严重影响社会保险秩序,使整个社会保险工作面临较大的风险。且参保信息以电子的形式储存,一旦平台出现软硬件故障、通信故障或配套设施的故障,使得数据破坏或丢失,会给经办工作带来风险。

但是从目前建设工作来看,在网络安全管理方面还存在不足,导致网

络安全管理没有达到预期目标,既影响了网络安全管理效果,同时也导致网络安全管理在实施过程中不能够有效地识别存在的风险并有效化解风险,网络安全管理工作存在漏洞。

10.3.4 社保经办机构层次过多,纵向信息集中困难

社保经办机构层次过多,管理体制不一,纵向信息集中难度大。目前全国社保经办机构数量达数千个,分为部、省、地(市)、县(市)4级。机构多的原因一是按险种分设,二是统筹层次低。社会保险缴费、收支、管理和基金投资运营等事权又主要集中在市县一级政府,所以出现经办机构设置的规划不统一、名称不统一、险种划分不统一等问题,收集的数据格式和标准不统一,造成数据纵向集中存在区域分割问题。在社保发展之初这种状况是难免的,但目前已严重制约社保信息化建设。

10.3.5 缺乏大数据运用

社会保险集中了大量的数据,有海量储存、动态更新的关乎百姓收入、就业、医疗、居住地状况等大数据。如果没有对大数据进行分析,数据的价值就没法体现。大数据的价值不在数据本身,拥有巨量数据的机构却不能让数据释放内在价值,不利于社会保险的发展。

10.4 国外社会保障公共服务平台建设实践

西方发达国家的社会保障公共服务平台建设开始较早,在信息化和科技化浪潮中,西方发达国家已建成相对成熟的社会保障公共服务平台和体系,各国的体制改革实践和平台建设经验为我们提供了宝贵借鉴,诸如,英国社会保障公共服务平台及国家职业储蓄信托(NEST)平台,美国

社会保障公共服务平台信息化建设及社会保障号（SSN）系统，澳大利亚公共服务管理体制及"中联机制"（Centrelink）模式。梳理这些平台建设内涵及特点，将为我们完善"全国统一的保障公共服务平台"提供顶层理念、运行机制、运行模式等方面的启示。

10.4.1　英国社会保障公共服务平台及国家职业储蓄信托（NEST）平台

英国是世界上最早宣告建成"福利国家"的国家，其对电子政务的打造和管理均基于"惠及全体公民"的根本立意上。英国将福利国家的内在发展规律与外在服务需求有效衔接，推动了本国电子政务、社保公共服务信息化的进程。

一、法律制度为保障，指明社保公共服务平台发展方向

英国社保公共服务平台的建设由国家统一部署，设置"电子大臣"职务，成立电子大臣委员会，对政务平台的运营、监管、维护负责，从一开始形成规范化、标准化的正确指引。建设期间颁布了包括《21世纪政府电子服务》《信息时代公共服务战略框架》以及《电子政务协同框架》等在内的法律法规，为社保公共服务平台的发展提供国家高度的战略部署。

英国政府从全面推进"政府信息化"到明确定位"电子政府"共经历了五年的探索发展。在英国电子政府的打造进程中，各级政府和部门普遍建立起缜密细致的领导—监督机制，从中央到地方，均设立主管机构，负责协调、指挥线上平台的运营与维护。此外，英国还最早推出双向监测机制，对电子政务进行定期评估和监督。在法律法规方面，针对电子政务发展需要，积极调适现有法律，颁布新法规，为电子政务建设提供共同遵循，其中包括政府各部门网络工作权限、电子数据管理、线上咨询中心等在内的多种服务。在保障信息安全方面，英国政府推进完善自身身份认证制度，制定细致的身份认证规定，利用"电子身份卡"推动身份认证和授权，建立CI认证体系，实现公民与政府、公民与企业交易的安全性。在一系列有力举措下，英国的电子政务发展取得了显著的成果，目前，英国政府上网率位居世界前列，企业在线交易率也位居全球前列。

相较于其他发达国家电子政务建设，英国电子政府显然更具平民化色彩。其中最具代表性的移动政府"英国在线"于 2000 年上线，并于 2003 年基本打通各政府入口。"英国在线"强调"服务型政府"的内核，汇集各类各项信息门户网站链接，以公民实际需求为导引，再造政府部门职能职责和事务办理流程，突破政府对公民的信息获取以及服务障碍，降低制度成本的同时，显著提升服务便捷程度。例如，在医疗方面，公民可以通过国家健康服务中心（NHS）门户入口完成门诊预约、线上咨询等便捷服务，还可以在线获取医疗检测结果、获得医药处方。

英国"电子政务"与社会保障公共服务平台的打造体现出三个特点，第一，强调管理，层层监督，遵循中央统一领导，避免了多头管理的弊端。第二，强调人性化，寓民主信息建设于公共服务之中，既便利公民生活，又不损害信息安全。第三，强调管理团队建设，向事务官提供定期免费培训，消除实操中的数字鸿沟，并向全体公民进行面向电子政务的廉价教育，充分发挥电子信息平台的有益功用。

二、以职业年金改革为契机，依托"国家职业储蓄信托"迈向社保大平台

在人口老龄化背景下，英国率先开展养老保险私有化改革，缓解财政压力。在《2008 年养老金法案》的推动下，英国"国家职业储蓄信托"大平台于 2010 年上线运行，其巧妙地将第二支柱甚至第三支柱养老及计划纳入其中，极大推动英国职业年金的改革进程，同时对我国实现社保基金增值、降低制度成本并发展囊括"大社保"的"大平台"有很好的借鉴意义。

英国《2008 年养老金法案》的首要目的在于提高养老保险第二支柱——职业年金的参保率，从而进一步推动私有化改革。该方案最引人注目的一点当数"自动加入"机制，即所有年龄在 22 岁至法定退休年龄之间，此前未加入职业年金计划的拥有合法身份的雇员均自动（或强制）加入职业年金计划。雇员在一个月的缓冲时间内可以选择退出职业年金计划，若缓冲期内未采取行动，就默认自动加入职业年金计划。"自动加入"制度采取由大及小的实施方式，从大规模用人单位开始，逐渐推行到小型企业,截至 2008 年,各种规模用人单位拥有合法身份的雇员基本被纳入"自动加入"计划中。

　　为支持"自动加入"政策的顺利推行,国家职业储蓄信托(NEST)应运而生。国家职业储蓄信托最初主要面向个体工商户、自雇人员以及各类中小企业,旨在通过"自动加入"机制将所有有能力参加高质量养老服务的群体纳入职业年金计划。整个信托平台由政府资助,主要负责信托型养老金计划的投资和运营,在机构设置上归属于英国个人账户交付管理局的分支机构,本质上是一家独立的非营利性机构,内设信托董事会负责管理。对于加入计划的雇主而言,NEST 不收取管理费用,对雇员而言,NEST 只收取低廉的年度管理费和缴费佣金。NEST 共有 9 家基金管理人,投资产品大致包括生命周期基金和备选基金两类。生命周期基金是参会者的默认选择,由 NEST 自行管理,投资范围主要包括不动产、英国公司债券和发达国家股票等。备选基金则考虑了参会人的风险偏好、道德基金等因素,满足投资人多重需要。多元投资组合方式使职业年金计划整体投资绩效大幅提升。

　　NEST 的运作使"自动加入"机制效果显著。整体来看,实施"自动加入"之前,职业年金计划参与率约为 55%,2012 年之后,职业年金计划参与率上升了 15 个百分点,证明"自动加入"机制对第二支柱养老金计划产生显著效果。[1] 上线至今,NEST 发展迅速,截至 2015 年 3 月,参加 NEST 的成员总数达 2007754 人,国家职业储蓄信托公司管理的资产达 42000 万英镑。[2] 在储蓄额的增长上,NEST 的作用也十分显著,2014 年所有部门年储蓄总额达到 803 亿英镑,相比 2012 年上线初增幅高达 9%。[3] 可以说,NEST 平台在实现第二、第三支柱养老金增值方面效果显著,极大保障了"自动加入"机制的接续推进。

---

　　① Automatic Enrolment Commentary and Analysis, April 2014-March 2015, The Pension Regular.

　　② National Employment Savings Trust Corporation Annual Report and Accounts(2014-2015), NEST Corporation.

　　③ Official Statistic on Workplace Pension Participation and Saving Trends of Eligible Employees:2004-2014, DWP.

10.4.2　美国社会保障公共服务平台信息化建设及社会保障号（SSN）系统

在美国政府社会保障组织机构的改革进程中,信息技术的推动作用得到了淋漓尽致的体现。作为美国最早建成的电子政务信息系统之一,美国社会保障公共服务平台已经实现了全联邦数据的集中管理,并朝着先实现垂直一体化,再进行水平整合的方向发展。

一、进行整合统一管理,借助信息技术完成社保机构整合

作为信息技术发展的先驱,美国社会保障经办机构率先发展成为独立的政府执行机构。从 20 世纪 60 年代开始,美国社会保障信息化建设由社会安全总署统一负责,以"国家计算机(mainframe-based computing)"为核心,借助网络系统,初步实现"信息管理"。到了 20 世纪 90 年代,互联网时代的到来促使社保服务进入在线办理、在线管理的新阶段,这一时期的社保机构以功能为导向,形成垂直一体化的经办机构。物联网的出现为合并社保业务、打通部门壁垒、建立一站式社保服务窗口创造了契机。异地、快捷的服务需求推动了条块分割垂直管理体系的变革,公众对多部门多窗口服务的不满促进了不同职能部门的业务整合,相似业务被平行整合进同一个执行窗口。公民在服务窗口终端进行线上办理,服务窗口根据业务类别将数据上传至共享数据库,最终再上传到具体的职能部门中(见图 10-1)。如今,美国的社会保障公共服务不仅覆盖全美地区,甚至延伸到全球的美国公民,高度整合的社会保障公共服务平台和信息管理系统,不仅实现了通过社会保障总署终端对信息和业务的线上查询办理功能,还"为实现国家福利提供了可能"。

美国社会保障公共服务平台的建设采取多元化的筹资模式。联邦政府出资进行信息系统的开发、设计、功能完善,全美社保网络构架的搭建和运营维护,以及实体设备的购置更新。同时鼓励非政府组织与企业以资金、技术和实物的形式参与到社保信息化建设中,提供多重保障。由此可见,美国的社会保障服务充分利用了信息技术,将网络服务与公共服务连接,从最初的简单信息化到线上办理服务,再到平行整合打破部门壁垒,最终形成网格化的、一体化的公共服务平台。

图 10-1　美国"一站式"社会保障公共服务流程图

二、提供"一站式"电子政务服务,通过社会保障号(SSN)系统完成信息共享

早在 1936 年,美国政府就开始准行社会保障号制度。在美国的社会保障体系中,社会保障号承担了多重功能,除了在社会保障系统中的标识功能,社会保障号还凭借其长期稳定性和唯一性,成为记载、追踪公民信用记录、档案管理等的重要信息来源。美国社会保障总署通过同政府或私人实体签署信息共享协议,向各个州、监狱、外国政府、私营部门和各联邦机构等对象进行信息共享,共享内容囊括了身份认证、社会保险、医疗救助、死亡登记、儿童健康保险计划、失业保险查询、低收入补贴等业务。社保总署进行数据共享时往往同时考虑信息披露的合法性和安全性,在联邦政府的隐私法和信息披露规定下控制信息共享数量和程度;同时考虑数据共享成本,依托已有系统,在强化系统安全性的要求下,实现数据共享与运营低成本的双重目标。

社会保障总署基于社会保障号向公民提供一站式电子政务服务。借助社会保障号建成的信息共享平台,通过三种信息渠道形成全美范围内跨地区跨部门的服务机制。第一重,由公民向社会保障总署提供基础信息,形成身份认证的原始数据;第二重,由联邦其他部门或企业向社会保障总署提供批量电子数据,形成个人更完整的数据库;第三重,信息需求方通过共享协议从社会保障总署获得数据,完成公民身份的认证或其他"溢出性功能"。社会保障总署终端提供的一站式服务具备跨区域、跨部门、高融合的特点,打破各部门间的信息孤岛,突破时间和空间的界限,通过流程再造,贯彻了"以顾客为中心"的公共服务理念。例如,在政府的门户网站上,美国公民鼠标点击不超过三次即可实现相关业务的查询和办理。

在这种信息共享机制下,公民不需要再同信息需方和供方建立直接联系,免于在两方间传递证明材料而奔波,还大大减少了信息需方对身份认证材料的证伪工作。凭借社会保障号实现信息共享的优势更体现在:政府部门巧妙规避了因利益割据和管理制度差异而导致的数据共享障碍,其具备的规模经济效益和"溢出"效益,为整个社保体系乃至民生发展都产生不可估量的积极作用。对于数字政府的建设而言,更可以实现寓管理于服务之中,形成全员覆盖、动态更新、各环节掣肘监督的联邦数据库,充分发挥各方面的资源与效率优势。该机制的隐患主要体现在数据的集中管理导致隐私泄露造成的损失大幅上升,以及政府对于数据不当管理引发管理合法性的隐患,致使其未能在全球范围内普及。

10.4.3 澳大利亚公共服务管理体制及"中联机制(Centre-link)"模式

一、建立澳大利亚社会保障管理系统(AMIS),进行一体化社保管理服务

自 20 世纪 80 年代开始,澳大利亚联邦政府采用计算机技术改善社会保障的管理工作。经过十余年的改造,建成澳大利亚社会保障管理系统(AMIS)。AMIS 是搭建于计算机信息技术基础上、信息搭载量庞大的高速处理信息系统,为社会保障经办机构提供信息服务,为政策制定和决策规划提供数据依托。澳大利亚社保信息化建设非常成熟,电子政务水平可以媲美英、美等发达国家,并具有自己的独特之处,是值得研究的成功典型。

随着物联网、云服务等新技术的推广应用,澳大利亚联邦政府机构正在迎接云服务时代的到来。2012 年,联邦信息化管理办公室出台《对云服务实施的指导》,对澳大利亚社保机构系统升级、云服务试点的开展提供战略指引。凭借云服务的灵活性特点,满足共享服务动态及时需求,为系统服务对象提供更加便捷高效的云端服务。澳大利亚社会保障管理系统(AMIS)对我国的借鉴意义在于:在系统构建中将以人为本作为底层逻辑,整合经办机构,再造服务流程,重视信息整合与传递的标准化和规范化,从用户端出发,积极促成在一个窗口、一个页面内办理更多的事务。

二、建立"中央联络中心(Centrelink)"提供网格化、无重复公共服务

澳大利亚"中央联络中心(Centrelink)",又称"中联模式",于1997年成立,作为一个非营利性事业机构,承担着政府部门委托的劳动保障等相关服务,是政府与公众间联络沟通的桥梁。所谓"中联",可以理解为一种居于中央的公共服务生产、调配和派送的联动机制,提供高效率、无重复、网格化的社会服务,旨在消减政府执行机构的冗杂状况,实现成本降低、效能提升、公众满意度提高的目标。

"中央联络中心"公共服务框架的设计依据是《1997联邦服务派送机构法案》,根据法案,"中联"是专司负责福利支付的法定机构,2007年,随着公共事业部演化为联邦政府的独立部门,"中联"成为向公民提供社会保障和公共医疗卫生服务的公共事业部下属六大机构之一。"中联"实行首长负责制,向内阁汇报工作,以"助人自助"为服务宗旨,服务内容包含:养老、伤残、失业、救济金等社会保障权益的支付,就业服务、技能培训等就业帮扶项目以及对突发事故的援助等。其服务职能主要体现在客户服务部,包括客户服务设计执行、客户服务配送、客户服务策略三大项。

在服务流程上,"中联"的最大特点体现在实现个人生活方方面面的串联,这依赖于通信技术的推广应用,也得益于联邦内"中联"各网点法律、政策、程序、流程的一致化改造,将业务流程转变为更高效的服务交付,极大地优化了服务流程,促进政府内部机构转变和改革。在服务递送途径上,"中联"也具备独特性,通过四种取代进行服务交付。第一,面对面服务渠道,全国各网点工作人员根据信息系统,整合后台多种服务,为用户提供线下一对一服务;第二,电话服务渠道,呼叫中心不仅提供政府服务和支付,还向偏远地区用户、土著群体提供非英语特殊服务;第三,网络在线服务渠道,网络在线平台提供线上事务办理、信息查询服务等,是日后发展的主要趋势;第四,信件服务渠道,随着通信技术的改善,信件服务的传统渠道未来将逐渐式微。

当前,"中央联络中心"已经成为一个覆盖从中央到地方、从单位到个人的面面俱到的网格化服务平台,触角之深远,成为澳大利亚社会保障公共服务的最得力助手。各类服务经过整合基本实现对个人、家庭、社区的全覆盖,"中央联络中心"则更加准确地完成服务交付环节,使公共资金利用和政府部门工作效率均得到改善。

10.5 国外社会保障公共服务平台建设的经验借鉴与启示

10.5.1 推动"大平台"广覆盖,充分发挥平台功用

完善全国统一的社会保险公共服务平台,要尽快使包含养老、医疗、工伤、失业在内的各项社会保险经办业务上线,真正建成"社会保险公共服务平台"。实现这一目标,我们面临的不仅有各利益部门的权力制衡,还有养老保险制度碎片化的现实问题。英国的 NEST 平台在制度设计上为我们提供了"大平台"建设的有益经验。

为尽快实现扩大企业年金和个人养老金覆盖面的目的,NEST 随即发展为既提供第二支柱养老金,也提供第三支柱养老金的信托型年金受托平台,业务包括为企业提供企业年金计划、为自雇人员提供个人服务、为养老金中介机构提供服务,成为第二支柱和第三支柱实现扩面的重要公共服务平台。对于中国完善"国家社会保险公共服务平台"而言,英国 NEST 平台广泛吸纳各类合法雇员和目标基金,通过高效的基金管理投资运营,保证基金安全的经验值得我们学习。完善"国家社会保险公共服务平台"向集五险于一体,甚至三支柱于一体的方向发展,既可以实现规模经济,为老百姓提供一站式互联网服务终端,还可以将第二、第三支

柱"捆绑"在第一支柱上,推动第二、第三支柱的快速普及,在同一个基础底盘上,既提供雇员个人计划相关服务,又提供各类投资工具和保险产品,供企业、第三方投资机构自行选择。

10.5.2　完善机构与系统,疏通社保卡信息共享障碍

机构与系统的建设和完善不仅体现在国家平台与地方平台两头抓,还包含硬件设施与软件设施的共同精进。在平台建设方面,国家社会保险公共服务平台要与国家政务服务平台对接,实现数据交换、业务推送等跨部门、跨区域的业务协同;地方社会保险公共服务平台要朝着线下提供"一窗式"服务,线上完成信息省级集中,做好地方社会保险公共服务平台与政务服务平台的有效衔接。

在设施完善方面,可借鉴美国社会保障号信息共享机制的搭建,进一步发行和使用全国统一的社会保障卡,不断拓展社会保障卡的功能,建立跨省用卡机制,出台跨省用卡的统一规范,改善用卡环境。进一步提高社会保障号/卡在我国社会保险业务系统中的应用具备较强的可行性。在政策支持方面,我国各级政府密集出台多项政策,推动信息跨部门共享,加速政府部门数据开放共享;在已有平台基础方面,以金保工程为例,各系统的纵向共享平台已经建成,省、市、县的横向共享平台也在不断兼容、进行同步发展;在公众需求方面,"办事少跑路"已经成为民众集体诉求。而当前实现社会保障号一卡通的挑战主要表现为:数据质量参差不齐,政策差异明显,以及共享机制不健全。这三方面矛盾在各地各层级都有不同程度的体现。在实行省级统筹,垂直管理的地区,内部规范性更高;而在实行省级调剂,横向分级管理的部门,内外部均面临较大的挑战。需要通过全面梳理,在改革中加以完善。

10.5.3　创新体制与机制,保障服务便捷可及

完善全国统一的社会保险公共服务平台涉及部门广泛,相关工作的有序进行需要充分调动已有资源,不断创新实现路径。澳大利亚的"中联机制"模式,在整合服务资源、创新服务机制、保障服务可及方面颇有

建树。

　　首先,充分整合了服务资源,多渠道提供社会保障公共服务。澳大利亚的成功经验向我们展示了,即便是在高新技术快速发展的背景下,也不能轻易抛弃传统的、有益的服务递送方式。例如,相较于智能手机,中国的电话、电视普及率更高,可以充分发挥多渠道服务交付功能,利用线上数据共享库,向用户提供更高效的服务。各渠道、各部门之间要加强协调配合,当前我国平台建设中存在一个盲区,即忽视部分特殊群体的实际需求和现实情况,只强调公共服务联网。其次,始终秉持"顾客中心"视角,以需求为导向。我国"全国统一平台"还处于不断优化完善阶段,要始终关注用户需求,开展广泛的需求调研、需求变化,向民众征集意见,不断完善保障体系。最后,要优化服务流程,利用互联服务网络提供集成化公共服务。"全国社会保障公共服务平台"不只是为公众提供一个新的经办窗口,而是基于互联网技术,将各部门机构、应用系统、资源信息等整合成标准化、无差异的服务,实现不同需求和资源的互联互通。由于我国社保各经办部门在技术标准、政策规范上存在不统一的问题,各自建成的信息系统存在不兼容的现象,在未来平台完善的过程中,可以借鉴澳大利亚"中央联络中心"有益经验,进一步统一政策标准、统一业务流程、统一管理服务,这是保障公共服务便捷可及的必然要求。

10.6　完善国家社会保障公共服务平台的建设构想

　　进一步完善全国统一的社会保险公共服务平台,需要坚持统一规范、资源整合、创新引领、联动统筹和风险可控的基本原则,坚持以人民为中心的发展思想,在已经搭建的国家平台和地方平台基础上,采取多种形式,借鉴国外先进经验,加强线上线下的深度融合,推动人民群众满意度的提高。在 2022 年底前,我国全国范围内社会保险服务事项基本要做到标准统一、整体联动、业务协同,全国统一的社会保险公共服务平台全面建成,线上线下深度融合,功能更加完善,服务持续优化,实现全程网上运行和监督。应从以下几个方面来完善国家社会保险公共服务平台,以达到此目标。

10.6.1　抓好顶层设计,实现兼容兼顾全覆盖

全国统一的社会保险公共服务平台,关键在于"全国统一"。完善全国统一的社会保险公共服务平台,要把握好顶层建设。在理念上,落实服务型政府的内涵,落实以人民为中心,从提高便捷化、可及性入手,完善端口业务,优化平台的功能;在功能上,平台作为基础设施建设,不仅向外提供服务窗口,更承担政策落实、数据管理与风险管控的功能,因此,完善平台建设要考虑我国经办机构改革、征收体制以及养老保险全国统筹等现实进程,为这些进程提供后台支撑;在实现模式上,不断推进"前端服务+后台管理"的思路,根据参保人员办理业务实际流程对机构进行调整,可以参照商业银行的后台运营模式,对业务经办、基金管理、风险防控等环节进一步完善;在体制机制设计方面,要充分考虑体制变化的可能性,以"社会保险公共服务"为出发点和落脚点,将社会保险相关业务尽可能地纳入平台服务中;在处理各层级各地区平台关系上,尊重各地服务多样化的同时,尽快统一服务标准与目录清单,为实现各平台兼容并包打下基础。当前平台业务广度仍需拓展、深度仍需挖掘,要始终以"便民"为标准,不断完善各层级各地区平台的兼容性、可兼顾性,不断扩大平台对参保人员、参保单位的覆盖面。

10.6.2　处理好平台关系,地方平台深度对接国家平台

国家社会保险公共服务平台包括国家平台和地方平台,建设全国统一的社会保险公共服务平台,不是推翻、替代各地已经建立的系统,而是要把现有的系统更好地联结在一起。目前不同地区、不同层级的社保机构提供的社保服务平台呈多样化,省一级和大部分地市县一般都有单独

的社会保障服务中心,也有很多在市民中心或便民服务中心,乡镇一级一般有人社平台或综合服务平台,建设统一的平台要处理好与这些平台的关系,同样需要能够兼容或包容。地方平台首先要统一名称,完善地方平台的建设,缺少地方平台的地区应尽快建立地方平台。地方平台深度对接国家平台,有利于共享信息资源,提高统筹层次,社会保险关系转移接续,异地就医。

10.6.3 加强信息共享,统一失业保险经办服务

把失业保险统一到全国社会保险公共服务平台,需要统一失业保险的业务流程和服务标准。从业务流程来看,目前领取失业保险金需要跑两次腿,因为参保信息在社保机构,而就业服务机构负责办理失业登记。加强部门之间的信息共享,不再让失业人员提供部门内部能掌握的信息,统一业务流程才能更好地融入国家社会保险公共服务平台。从服务标准来看,我国目前各地失业金的领取标准、期限不一致,阻碍了转移接续和政策衔接,统一各地的失业保险待遇才能融入国家社会保险公共服务平台。

10.6.4 建设社会保障服务大平台

目前国家社会保险公共服务平台只包括养老保险、失业保险和医疗保险,未能纳入全部社会保险险种。国家社会保险公共服务平台的发展方向是社会保障体系的基础设施,将社会保险公共服务平台建设成社会保障体系的多层次大平台,下设社会保险和第二、三支柱的不同模块,相当于在大平台上建设多个小平台,共用一个系统,为参保人员和参保单位提供一站式、全天候不间断的服务,可以避免重复建设,大大节约了投入和维护成本。首先,应该将各项社会保险纳入平台,成为名副其实的"国家社会保险公共服务平台",提高社会保险的经办服务能力,整合统筹社会保险线上线下资源;其次,尽快上线职业年金的账户平台功能,所有机关事业单位缴费人群和省级(直辖市、计划单列市)基金受托人建立一个统一的接口,先将每个省、直辖市、计划单列市各自相对独立的子系统与

"大平台"衔接起来;再次,纳入第三支柱养老金的账户系统,为第三支柱的养老目标基金和税收优惠养老保险提供第三方的后台账户支持系统;最后,待职业年金和第三支柱个人账户在平台上正常运行之后,企业年金的前端账户服务系统和后端账户管理系统逐渐引入到国家社会保险公共服务平台上。

10.6.5　借鉴地方与行业经验

积极借鉴地方有益的改革经验。例如,广东省佛山市禅城区启动了"互联网+政务服务"改革,市社保局支持区社保局按照区里的统一要求参加这一改革探索,采取了"一门式"服务的做法。即对区内各系统不作改动,不影响各个系统原有的运行,也不要求各系统将数据库中的信息导入区的统一数据库,而是对进入服务大厅(包括实体和虚拟的大厅)的部门业务流程进行标准化梳理,由一个前置的受理平台系统与各部门的系统对接。改革后,区级部门共向镇街和村居委会下沉300余项事项,其中一半是社保事项,而社保事项中又有44项为即办件。系统实施至今社保办了几十万笔业务,实现零差错零投诉。还有不少地方都进行了社保公共服务的改革,如广西南宁实现了刷脸领取失业金,陕西西安实现了网上申请稳岗补贴,河北石家庄实现了网上申请技能提升补贴。

同时,还应注重借鉴行业经验。比如,与银行相比,国家社会保险公共服务平台在功能体现、系统管理、信息一体化建设、风险防控、基金管理运营以及窗口服务等方面与商业银行有高度相似之处。在建设国家社会保险公共服务平台的过程中,充分借鉴地方和银行经验,有利于提高参保人员和参保单位的"用户体验",让参保单位和参保人员办事更方便、更快捷、更有效率。

10.6.6　再造经办流程,落实以人民为中心的发展思想

人力资源和社会保障信息化建设在不断推进,参保对象、服务内容不一样了,可用技术也有很大的不同,业务流程也需要进行系统的梳理和重塑,保证业务流程能够符合发展现状,能够在实施过程中成为推动社会保

障工作有序进行的关键。比如过去需要提供各种各样的证明,现在利用社保卡,可以通过信息共享,得到相应的信息。过去必须到固定的网点办理的业务,今后只要提供唯一的识别码,到哪都可以办理。因此,经办流程要进行再造,并根据新的流程对已经有的服务标准进行更新和优化,建立以前没有的标准。为了达到这一目标,需要了解平台建设的程度以及平台建设对企业社会保障工作的具体影响,通过融合企业管理体系和政府管理流程的方式,使整个政府和企业能够有效优化社会保障业务流程,解决保障工作的业务流程问题,确保业务流程能够达到预期目标。

为落实以人民为中心的发展思想,应继续提升转移接续服务的便利化和智能化水平,加快实现养老保险关系转移接续的网上办理和顺畅衔接。一是继续完善全国转移平台建设和应用,推动养老保险关系转移业务全面通过系统办理,进一步提升转移网上申请审核率。二是指导各地按照优化后转移接续经办流程,压缩业务办理时间,精简有关证明材料和表单,减轻参保群众的办事负担。三是开展养老保险关系转移接续系列宣传,引导参保群众了解相关政策和办事流程,推广转移网上申请等便民新举措,减少农民工办理转移接续的时间、人力成本,提高农民工社保参保率。

10.6.7　加强信息安全管理

基于社会保障信息化系统的要求,在网络安全管理中,应当建立完善的安全措施,实现对网络风险的防控,解决数据的防护问题,使整个网络安全能够达到防范和应对风险的目标。首先,是身份认证安全。社会保险公共服务平台主要通过线上平台完成各项业务申报,而进行网络申报服务业务需要通过互联网的传送进行各部门的信息传输而完成审核等,互联网的开放性决定了其传输安全的脆弱性与不确定性。网上申报系统需要在互联网上确认企业的真实身份,并通过多个维度进行校验确认,以确保企业的身份真实性,只有这样才能通过授权等方式进行相应的服务,并且可以有效地防止非法用户的入侵。其次,是系统安全。互联网上的公共服务器和与之相连的内部服务器不可避免地会遭到恶意的、好奇的人的攻击。需要保证系统具有较强的抗攻击能力。最后,数据传输的保密性、完整性以及数据的不可变性和不可抵赖性。如此对代理商关于产品的设计与产品的技术运用的严谨都提出了相当高的要求,风险管控的难度也更大。

10.6.8 形成统一合力,破除部门信息壁垒

完善全国统一的社会保险公共服务平台,各区域各部门需要形成合力,打破信息孤岛。相关部门方面,要转变观念,通过对参保信息、公安人口数据、单位人员基本信息等数据的比对、整合,整理出可用于社保业务管理和共享的条项,激活数据资源,实现大数据的共建和共享。平台自身完善方面,要重视管理服务效率的提高,保障上线功能的可用性,激发参与主体的积极性,营造参保人员与企业的使用氛围。平衡利益方面,做好沟通协调工作,通过体制机制改革或创新,维护好各利益主体的权益,做好机构利益平衡工作。信息安全方面,要继续强化数据安全防护技术,在"实名实人"环节把好关,在政务公网上对个人隐私相关信息进行脱敏处理,保障数据安全。

11

职工基本养老保险全国统筹的经办管理体制研究[*]

* 本研究的部分内容为中国社会保险学会项目(2018—2019)的阶段性成果。

11.1 基本养老保险全国统筹的社会背景

11.1.1 养老保险及其社会统筹

国家基本养老保险是现代国家最重要的公共职责之一,在老龄化国家,养老金支付责任愈大,政府责任愈重,对经济社会发展的影响愈深,通过社会统筹分散风险的必要性愈强。统筹包括参保政策、信息系统、养老基金、经办机构和服务系统的五个统一。目前各国养老金统筹的模式主要有3种:(1)全国统筹,如美国老遗残持续收入保障由联邦政府直接负责。(2)准全国统筹,如德国法国和欧盟成员国,全国统一经办,包括厘定费率、代征保费、信息系统和服务平台;行业或地方统筹基金。(3)区域性统筹,如中国省级统筹和地市统筹。

2020年,人社部、财政部将组成考核验收工作组,按照规范省级统筹制度六项工作标准,对各省份逐一进行考核验收,确保2020年底前全面实现基金省级统收统支。"六统一"主要是对基本养老保险制度、缴费政策、待遇政策、基金使用、基金预算和经办管理的统一,并未要求实现基金的统收统支。学界和政策界主要有三种解决全国统筹困境的路径,分别为从市级统筹逐步过渡到全国统筹的渐进方案、实行中央调剂金的过渡方案和"一步到位"的基金方案。考虑到全国统筹难以一步到位,国务院确定了"两步走"的策略——首先建立中央调剂制度,并加快完善省级统筹,在此基础上再适时实行全国统筹管理。

11.1.2 我国养老保险统筹发展

20世纪50—60年代,我国《劳动保险条例》规定,以企业和县市级区域统筹为主,结余资金逐级上解,由企业工会和地方工会具体经办。在

20 世纪 80 年代,在地方推进职工退休费用区域统筹的基础上,1991 年国务院确定在全国建立职业职工基本养老保险制度,从县级统筹起步,1997 年初步定型为社会统筹与个人账户相结合的模式。1998 年,与原行业统筹移交地方管理相契合,提出省级统筹。2006 年后,劳动保障部、财政部提出为推进省级统筹,提出两种实施模式,一是基金全省统一收支管理,二是基金分级管理、省级调剂。2010 年《社会保险法》提出"基本养老保险全国统筹";2012 年,党的十八大报告提出"实现基础养老保险全国统筹";2017 年,党的十九大报告要求"加快建立基本养老保险制度全国统筹",同时提出"建设全国统一的社会保险公共服务平台"的运行机制。2019 年 11 月,党的十九届四中全会《决定》再次提出"加快建立基本养老保险全国统筹制度",并将其纳入国家治理体系和治理能力现代化范畴。综上所述,我国职工基本养老保险经办管理体制经历了基层统筹(市县政府)和省级调剂(地方政府)、省级统筹和中央调剂、全国统筹三个发展阶段。2018 年 6 月 11 日,在企业职工基本养老保险基金中央调剂制度贯彻实施工作会议上韩正副总理强调:"2020 年全面实现省级统筹,为养老保险全国统筹打好基础。"基本养老保险全国统筹即指统一缴费比例、缴费基数核定办法、待遇计发和调整办法等,最终实现养老保险各项政策和经办管理体制全国统一。

2012 年,全民普及个人缴费与政府补贴相结合的社会养老保险制度,实行市县级统筹、省级管理模式。2014 年,我国机关事业单位与企业职工养老保险政策并轨,基金运行单独统筹。本课题集中论述企业职工基本养老保险的全国统筹管理体制(以下所称养老保险、全国统筹、管理体制均指这一范畴),但对下一步解决机关事业单位及城乡居民的统筹层次及管理体制问题也有先发引导效应。

11.1.3 我国养老保险全国统筹的紧迫性

当今各国养老金制度均面临三大挑战:人口老龄化、人口流动和灵活就业。党的十九届四中全会提出"适应时代潮流、创新思维","加快建立基本养老保险全国统筹制度"。

一、适应人口老龄化要夯实基本养老保险

大数据显示,发达国家(地区)养老金改革的时间表如表11-1所示,进入老龄社会时65岁及以上人口占总人口比例达到7%,届时需要夯实基本养老金,做到全覆盖、保基本;深度老龄社会时65岁及以上人口占总人口比例达到14%,要完善国家养老金结构,做到政府、企业和个人养老金三支柱并行发展;超级老龄社会时65岁及以上人口占总人口比例达到20%,要实行积极养老金政策,提高劳动人口年龄和就业参与率,建立早减晚增的基本养老金领取机制。

表 11-1　典型国家(地区)老龄社会不同阶段(65 岁及以上人口占总人口比例)时间表

国家(地区)	进入老龄社会(7%)时间	深度老龄社会(14%)		超级老龄社会(20%)	
		过渡期(年)	进入深度老龄社会时间	过渡期(年)	进入超级老龄社会时间
美国	1950 年	65	2015 年	15	2030 年
英国	1950 年	25	1975 年	55	2030 年
德国	1950 年	25	1975 年	35	2010 年
法国	1950 年	40	1990 年	30	2020 年
瑞典	1950 年	25	1975 年	45	2020 年
日本	1970 年	25	1995 年	15	2010 年
澳大利亚	1950 年	65	2015 年	20	2035 年
中国香港	1985 年	30	2015 年	10	2025 年
俄罗斯	1970 年	50	2020 年	30	2050 年
中国	1999 年	~25	2025 年以前	~10	2035 年以前
世界	2005 年	35	2040 年	40	2080 年

资料来源:联合国《世界人口老龄化报告》(1950—2050),OECD Dat,清华大学就业与社会保障研究中心于森博士、胡乃军博士整理。

综上所述,我国养老金改革的窗口期如下,即 1999 年、2025 年以前和 2035 年以前,但有几个因素导致改革窗口期的提前。

(一)1963 年出生高峰(简称"63 婴儿潮")

1963 年我国出生人口 2920 万(见图 11-1),2012 年"63 婴儿潮"人口年满 50 岁后出现女职工退休高峰期,全国养老保险基金出现当期缺口且逐渐加重,2022 年"63 婴儿潮"人口年满 60 岁进入男职工退休高峰,大多数统筹地区将出现当期缺口、用尽累计结余的地区不断增加。前期数据研究证明,结束一胎家庭政策的窗口期在 1995 年、延迟养老金领取年龄的窗口期在 2002 年、实现全国统筹基本养老保险的最后窗口期为 2021 年。

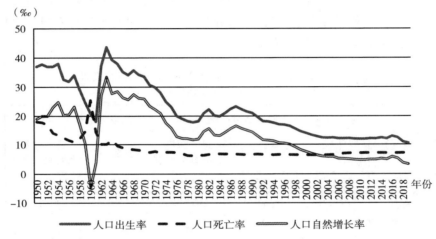

图 11-1　中国人口统计(1950—2019 年)及 1963 年出生高峰

资料来源:《中国统计年鉴》。

(二)计划生育政策(简称"一孩家庭")

20 世纪 80 年代实行"一孩家庭"政策等于人口增长急刹车,伴随人均 GDP 水平提升和总和生育率的下降,持续过久的"一孩家庭"政策导致我国总和生育率过低。发达国家在 20 世纪 70 年代人均 GDP 达到 1 万—2 万美元时出现生育率下降,总和生育率低至 1.8—2.1,主要原因是生活成本、质量和社会保障水平的提高。我国总和生育率难以达到 1.8 的合理水平,对养老保险供养比直接产生影响,2000—2019 年间养老保险参保人增长率从 7%降至 5%以下,领取人数增长率超过 8%,缴费人与领取者供养比从 3∶1 降为 2.5∶1。①

---

①　根据《中国统计年鉴 2019》计算。

（三）转制成本

1998 年,国营企业实行"减员增效"改革,职工养老保险改革是配套措施。从免费型劳动保险到缴费型社会保险,产生两个转制成本。一是制度"中人"(改革前有工龄和改革后有缴费记录的职工)的视同缴费工龄,二是制度老人(改革前退休的职工)低工资时期的权益补偿。1998 年以后,提前退休和陆续退休的制度"中人"的视同缴费工龄形成了转制成本,不得不制定高费率。2019 年以前,我国职工基本养老保险企业费率为工资的 20%、个人为 8%。根据国务院办公厅印发的《降低社会保险费率综合方案》,从 2019 年 5 月 1 日起各地费率可从 20% 降至 16%。由于很多企业以降费基的方式减少企业成本,现行费基约为应缴费基数的60%。为补偿制度"老人"低工资时期的权益,国家连续多年以 10% 的增幅调高养老金,近年增幅降至 5%。总之,职工养老保险基金出现如下不均衡问题:一是部分地区出现当期资金缺口,甚至用尽累计结余资金,财政补贴大幅增加;二是全国企业养老保险基金累计结余还有 5 万多亿元,省际结构性矛盾比较突出;三是为减轻企业负担需要大幅度降费率,职工养老保险基金的长期平衡堪忧。

中国将在 2025 年之前进入深度老龄社会,积极的养老金政策是夯实基础养老金并实现全国统筹、完善三支柱养老金结构、实现早减晚增促进就业的养老金政策。

二、适应人员流动需要全国统筹基本养老保险

伴随城镇化水平的提高人口流动加速。2018 年 3 月,国家卫健委发布的《中国流动人口发展报告》的数据显示,2017 年中国流动人口达到2.44 亿人,其中 80 后占 35.5%、90 后占 24.3%。人口流动促成的都市群主要在长三角、粤港澳和京津冀三个地区。同年,吉林省人口净减少15.6 万人、黑龙江省减少 10.5 万人,辽宁省减少 8.9 万人。以深圳市为例,2018 年户籍人口 480 万人、常住人口 1302.66 万人,新增人口 49.83万人,基本医疗保险参保人口 1466.92 万人,大部分为非户籍职工。

我国早期基本养老保险实行县级统筹和属地管理,不利于异地就业、参保和养老,加重了地区养老保险基金负担的不均衡性。2016 年,有 7 个省份出现当期收不抵支,黑龙江的养老基金累计结余已经为负。2017 年剔除财政补助收入后,有更多省份出现当期缺口。2018 年国家建立了中央调剂金制度,只能暂时解决部分省"保发放"问题。与此同时,尚有 4 万多亿元养老保险基金结余在地区间不均衡分布。农村劳动者逐渐进城还有极大空间,流动就业和居住人口参保仍是目前薄弱环节。全民参保计划已初显成效,但跨省域流动问题只有通过全国统筹、一网(卡)通才能彻底解决。建立全国统筹有利于养老保险基金和公共服务两个均衡发展问题。

三、灵活就业人员需要创新缴费和管理模式

灵活就业原指非全职全日的非正规就业,在西方国家被称为自雇人。企业小型化、低成本和灵活用工也是互联网的产物。金柚网研究院发布的《2019 中国灵活用工及灵活就业研究报告》显示,2018—2025 年间,中国灵活用工市场的 CAGR(复合年均增长率)将高于 23%。以深圳市为例,新增就业人口中的灵活就业人员占比超过 50%。2017 年日本灵活用工占比高达 42%,美国为 32%,中国为 9%。

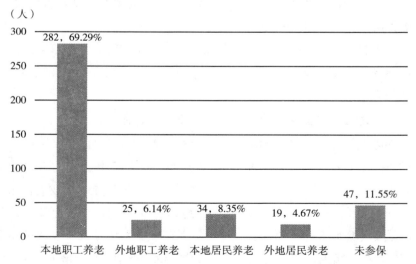

图 11-2 深圳市流动人口社会养老保险参保状况调查统计结果

本课题组与中国银行深圳分行合作,利用其 116 个网点对非户籍和灵活就业人员参保情况进行了为期 2 周的问卷调查和访谈,回收有效问

卷407份。统计结果显示(见图11-2),参加本地职工养老保险的有282人,占比为69.29%;参加本地居民养老保险的有34人,占比为8.35%;参加外地职工养老保险的有25人,占比为6.14%;参加外地居民养老保险的有19人,占比为4.67%;未参加养老保险的有47人,占比为11.55%。深圳市社会保险一体化发展快于全国,在其他地区非户籍和灵活就业人员未参保的数据应当大于本调研结果。

现行政策较高的费基费率和年度申报与缴费方式,与民营企业、小微企业职工和灵活就业人员的需求不匹配,可能导致拒保、退保和断保等问题。需在全国统筹中创新缴费、支付政策来均衡社会各方面负担,提供个性化管理模式以方便灵活就业人员参保。

11.2　基本养老保险统筹与经办体制现状

1951年,我国根据《劳动保险条例》建立了工会组织执行、劳动部门监督的管理体制,于"文化大革命"中损毁。1986年实行劳动合同制和配套措施失业保险、养老保险,逐渐在劳动部门分级设立了经办机构。1991年国务院《关于企业职工养老保险制度改革的决定》(国发33号文件)规定:"劳动部和地方各级劳动部门负责管理城镇企业(包括不在城镇的全民所有制企业)职工的养老保险工作。"1993年党的十四届三中全会决定"社会保障行政管理与经办分开",此后各地设立了社会保险经办机构。2010年《社会保险法》明确规定社会保险经办机构设立和职责。截至2018年底,全国有县级以上社会保险经办机构5794个(含养老保险经办机构5369个,工伤保险经办机构425个,不含各地失业保险、医疗生育保险经办机构),其中,经办企业职工养老保险机构共计3332个。

11.2.1 现状概述

目前我国养老保险统筹主要有两类，即省级统收统支、省级调剂地市统筹；经办管理体制也有两类，即垂直管理和分级管理（分级设立经办机构）；二者整合形成以下三种类型。

一、省级统收统支、垂直管理

2018 年，国务院发布《关于建立企业职工基本养老保险基金中央调剂制度的通知》（国发〔2018〕18 号）要求，在统一基本养老保险制度、缴费政策、待遇政策、基金使用、基金预算和经办管理六统一的基础上，推进养老保险基金全省统收统支和基金缺口各级政府分担机制、责任考核内容，统一经办规程、建立省级集中信息系统。

实行省级统收统支和垂直管理的地区有陕西省（见专栏 1）、吉林省和上海、天津等市。2000 年以后，上海市依靠技术支撑和网络服务设置了一套管理规范、操作便捷、行之有效的社保业务流程、质量控制措施和

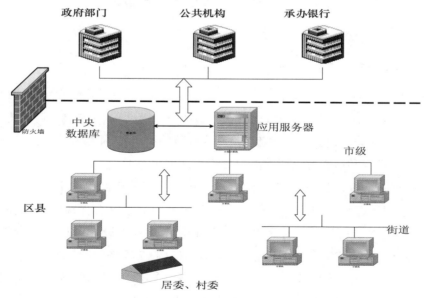

图 11-3　上海市社保市统筹与垂直管理的三级运行机制

组织结构,实现了参保单位和个人账户动态管理,逐渐完善了直辖市统筹和垂直管理体制及一体化运行机制(见图11-3),形成一级管理、二级经办、三级服务的模式。通过市劳动保障局中央数据库连接全市各经办网点,实时准确反映参保单位和个人的缴费、待遇发放及咨询服务情况,为后来发展社会保险基金智能监控,特别是医保基金监督奠定了良好的基础,欺诈冒领的情况很少。

【专栏1】陕西养老保险省级统收统支与垂直管理的经验和挑战

1995年陕西省机构编制委员会印发了《关于社会保险系统内部实行垂直管理体制的实施意见》,省政府设置了社会保险事业管理局,省人社厅制定政策,养老保险经办机构具体落实。各地市及县均按照统一名称设置社会保险事业管理局共50个,除省社保局外,还有市(州)级局10个,县(市)级局39个。陕西省社保局内设18个职能处室和1个直属事业单位,即省社会保险计算中心(省社会保险档案管理中心)。1998年统一了全省养老保险政策,2001年建立了省级统收统支和两级管理、三级服务的运行机制,做到了六个统一。职工基本医疗保险省级统收统支。两级管理即省社保局负责管理全省养老保险经办工作,着重对各市经办机构进行管理,各市对辖区内县级经办机构实行管理。三级服务即省管省企业、市管市企业、县区管县属企业的养老保险经办业务。

垂直管理包括管人、管事、管钱,做到令行禁止和步调一致。(1)管人即指人员编制由省编办统一核定,省社会保障局下达。各市处正、副职及同级非领导职务的干部由厅党组任免。县区的正职由省社保局提出拟任意见,报厅党组任免;县区副职及科室领导干部,由市级经办机构报省社保局任免。经办人员统一执行省级公务员工资福利待遇。(2)管事即指省社保局负责管理全省养老保险经办工作,向省人社厅负责,下级养老保险经办机构对上一级负责。全省经办业务实行统一归口管理。上级经办机构各业务科室对下级业务工作实行对口指导。全省养老保险有关政策、规定等文件,统一由省人社厅征求地方人社行政部门意见后制定,省社保局督促各级经办机构具体执行。(3)管钱即指全省工作经费由省财政统一核拨,省社保局按照年度预算下拨各市处,各市处再把所需经费划拨给各县区经办机构,经费使用、管理、监督一级对一级负责,省社保局负总责。

统一管理、责任分担。全省统一基金管理办法,建立了基金预决算制度、基金收支会计核算制度、定期审计制度、与财政地税定期对账制度,使基金管理规范化、程序化,基金收支完全分离,解决了市、县区基金结构矛盾,杜绝了差额缴拨、协议缴费、随意减免养老保险费等行为,确保了养老保险基金的安全完整。2009年,会同财政、地税部门下发《关于建立基本养老保险政府责任分担机制有关问题的通知》,确定了"基金支出合理分担、与重要工作指标挂钩、与经济发展水平相适应"三个原则。各市政府对本市当年基金支出超出预算部分和当年新增基金支出部分按一定比例进行分担,各县(区)政府分担比例,由各市政府自行确定。

主要问题如下:一是垂直管理职工晋升通道狭窄,无法与地方政府机关进行干部交流。二是后期改革滞后,机关事业单位、城乡居民、企业职工养老保险分设三个处,企业职工养老保险由社会保障局垂直管理,其余属地管理、未实现全城通办(西安市除外),有些区县参保企业及个人数量很少也要设立经办中心。

二、省级统筹、分级管理

实现养老保险基金省级统收统支,经办机构分级设立的也不多。以北京市为例,职工基本养老保险基金统筹管理、信息系统垂直管理,经办机构分级设置(归属区政府)。以广东为例,正在推进企业职工基本医疗保险省级统筹(包括工伤保险),经办实行分级管理,全省统一公共服务平台(见专栏2),市级以下包括市级垂直管理和分级管理两种,险种统筹和管理模式出现差异性叠加现象。

【专栏2】广东省级统筹(推进)、分级经办,一体化平台

2008年广东省印发了《企业职工基本养老保险省级统筹实施方案》,实行调剂与预算管理相结合的省级统筹模式。2017年广东省印发了《完善企业职工基本养老保险省级统筹实施方案》,提出全省统一政策、缴费比例、计发办法和统筹项目、调度使用基金、编制和实施预算、经办机构和规程、计算机信息系统,最终实现统收统支的省级统筹的目标。目前正在统一全省社保公共服务平台,各地市数据在省级集中、地市设终端。省社保公共服务平台为对外提供线上、线下的社保公共服务,对内提供社保业务经办流程管理,以后将与省公共服务平台进行对接,该系统将包括社保、就业、劳动关系等功能。2019年,按照机构改革方案,各地市将"医疗保险服务管理局"更名为"医疗保险服务中心",经办医疗保险监督业务,不经办权益管理具体业务。

广东省计划利用全省统一的社会保险公共服务平台,推行综合柜员制,经办机构负责企业职工养老保险、医疗保险(生育保险)、工伤保险、失业保险、城乡居民养老保险、机关事业单位社会保险权益管理业务,服务下沉到村镇,引入社会力量(如邮储银行)经办日常业务。例如,广州市南沙区已经将80%业务下沉到镇街,镇街有劳动保障中心、政务服务中心、银行、村居服务点等。

社保公共服务平台建设的主要经验如下:(1)首先梳理政策,按照险种确定社保公共服务事项,然后逐项制定业务流程和经办流程,目的是实现经办流程的统一化和业务流程的标准化。(2)各地市派专人在省里参加政策梳理和数据清洗,确保建立全省统一的

标准化和规范化的事项清单,保证数据规范性以便实现全省大集中。(3)全省推行综合柜员制,五险经办一体化,支持社保公共服务平台一体化建设。

主要问题如下:(1)规范化。各地对于政策条文的理解和执行措施不统一,需要进行统一规定。比如社保年度从 1 月开始算还是从 7 月,工伤鉴定的年度也有差异。(2)法制化。现行部分政策与业务流程出现了冲突,比如相关的证件是都要验证原件,电子证件是否有法律效力,这些都需要在政策中进行说明。(3)标准化。目前人社部尚没有统一的标准和规范,广东省在逐步建立全省统一的规范和标准。(4)数据共享。规则及权限需要中央进行统一部署,涉及与公安、民政、税务等部门的信息交换,需要中央建立统一规则。

三、省级调剂、分级管理

建立了省、市两级调剂金制度,实行分级管理的地区比较多,如四川、辽宁等省。黑龙江省曾经实行了省级调剂和垂直管理,2019 年后改为分级管理(见专栏 3)。

【专栏3】黑龙江省垂直管理的经验和教训

2005 年,黑龙江省建立了省级调剂金制度和人、财、物垂直管理体制,将市(地)、县(市、区)社保经办机构从人社局中分离出来归属省政府,变"块块管理"为"条条管理"。改革之初,在规范经办业务管理、统计数据信息、提升基金运行效率等方面发挥了积极作用。此后,伴随养老保险收支压力不断加大,在基金缺口分担机制、人事考核任用、行政经费渠道单一等方面遇到问题。2018 年省机构改革实施意见提出"社保经办、社会经济调查等省直垂直管理的

'条条'单位具备条件的要下放管理权限",省级垂直管理的市(地)、县(市、区)社会保险经办机构实行属地化管理。市(地)、县(市、区)社会保险事业管理局(以下简称社保局),下划为市(地)、县(市、区)政府(行署)工作部门,业务接受上级社保局业务管理、监督和指导;领导干部由地方党委管理,编制均纳入市(地)、县(市、区)编制总额,资产和财务经费由市(地)、县(市、区)财政部门管理;仍为参照公务员法管理的全额拨款事业单位,离退休(养)人员随机构改革一并划转。

主要问题如下:(1)伴随人口老龄化和劳动人口外流,养老保险收支压力逐渐加大,分担机制缺失、省政府压力越来越大。(2)由垂直管理划为属地管理的主要原因是人事管理。垂直管理对社保局没有独立的人事管理权,整个系统2700多人归属于人力资源和社会保障厅人事处,考核考察力量不足,人员晋升、考核缺失。(3)省人力资源和社会保障厅对下级经办机构的垂直管理,人、财、物均由省厅负责,省社保局对下级经办机构只有业务管理权。省厅对下级经办机构的经办业务不熟悉,也缺乏足够能力去管理和考核,同时社保局的业务管理和经办机构工作人员工作绩效及职务晋升不关联,影响到了领导班子调整、人员晋升、机构经费拨付,制约了社保经办机构的发展。

目前,黑龙江省社保局更名为省社会保险事业中心。省社会保险事业中心隶属省人力资源和社会保障厅,为二级预算单位,经费预算由省财政全额拨款,2019年经费预算1651.64万元。市、县社保经办机构2018年12月31日前经费预算由省财政全额拨款,2019年1月1日起社保经办机构经费预算已全部划归属地管理。

国发〔2018〕18号文件决定,建立省级政府扩面征缴和确保发放责任制,中央政府通过转移支付和养老保险中央调剂基金(以下简称"中央调剂基金")进行补助的中央与省级政府分级负责的管理体制。逐步统一缴费比例、缴费基数核定办法、待遇计发和调整办法等,最终实现养老保险各项政策全国统一。某省份上解额=(某省份职工平均工资×某省份职工总数)×某省份在职应参保人数×上解比例(3%),上解资金进入中央纳入中央级社会保障基金财政专户。某省份拨付额=核定的某省份离退休人数×全国人均拨付额。中央补贴和调剂金拨付后的资金缺口由省级和地方人民政府承担。2019 年中央调剂金比例达到 3.5%,2020 年达到 4.0%。2020 年 4 月 21 日,人社部养老保险司负责人在人社部例行新闻发布会上介绍,全国已有 20 个省实行养老基金省级统收统支,年底所有省份都会实现养老基金统收统支,为实现养老保险全国统筹打下比较好的基础。

地方改革差别较大。有持续改革地区,如上海、天津、陕西、吉林等率先实施了垂直管理和一体化服务平台,养老保险基金运营和参保人满意度越来越好;有间断改革地区,以陕西省为例,企业职工养老保险实行省级统筹后,机关事业单位和居民养老保险却回到分级管理;有改革倒退地区,以黑龙江省为例(见专栏 3);还有大量改革滞后地区,停留在市区县属地分级管理的阶段。

综上所述,地方统筹及经办体制改革的核心问题是信息集中程度、资金调配权属、各级政府责任和人事管理制度。省级统收统支和垂直管理主要特点如下:上级政府获得信息快、调剂资源能力强、决策与执行效率高、能适应人员流动;但是调动地方政府资源和人事考核难度大、干部晋升空间小。省内分级管理主要特征如下:易于调动地方政府资源、方便人事考核和干部晋升空间大,上级政府获得信息相对慢、调剂资源能力不足、决策与执行效率较低、不能适应人员流动。实现全国统筹需要信息大集中和中央资金调配事权的垂直管理,但属地分级管理具有现场监督、服务窗口以及干部人事管理的优势,二者的取舍涉及央地事权问题。我国在 1994 年开始划分央地事权,2013 年将部分社会保障事务纳入央地共同事权,长期以来中央政府事权不足、央地共同事权缺乏规范,既存在"上级点菜、下级买单"的问题,也存在"会哭的孩子有奶吃"的问题。

11.2.2 主要问题

经办管理体制的核心问题是信息集中程度、资金调配权属、各级政府责任和人事管理制度。垂直管理主要特征如下：上级政府获得信息快、调剂资源能力强、决策与执行效率高、能适应人员流动，但人事管理难度大（考核与晋升）；分级管理主要特征如下：上级政府获得信息相对慢、调剂资源能力不足、决策与执行效率较低、不能适应人员流动，但人事管理难度小，便于考核、晋升机会多。实现全国统筹需要信息大集中和中央资金调配事权，实行垂直管理；但是，属地管理具有现场监督、服务窗口以及干部人事管理的优势；二者的取舍是个难题，目前仍然以分级管理为主。

我国在 1994 年开始划分央地事权，2013 年将部分社会保障事务纳入央地共同事权，养老保险统筹层级自下而上，长期以来中央政府事权不足、央地共同事权缺乏规范，既存在"上级点菜、下级买单"的问题，也存在"会哭的孩子有奶吃"的问题。

一、责权不清、体制不顺，加大制度风险

经办管理职责分散在央地政府之间、属地政府部门之间、社会保险行政和经办之间，责权不清晰、欠规范。存在差额缴拨、协议缴费、补缴进城、随意减免等行为，增加了养老保险基金的风险。因缺乏全国统一的养老保险待遇清单制，各地调待机构、范围、标准、时点不一致，引起群体上诉。退休人员资格审批在有些地方属于经办机构职责，有些地方属于行政部门职责，行政部门人员少，不得不拖延时间。在广东省等地区出现上下级经办险种不同、管理模式不同的交叉错位。在重庆市调研发现，部分地区将女职工领取养老保险年龄提到 55 岁，得到企业和女工的支持，但工伤保险系统在 50 岁即终止，导致企业和大龄女工担忧在遇到工伤后没有社会保险。一旦实行全国统筹，可能出现央地推诿、政事扯皮，征缴难、支付违规等问题。

二、机构复杂、系统碎片，运行效率不高

机构设置不统一。在中央，国务院没有管理全国统筹养老保险的经办机构。社会保险事业管理中心是人社部设立的机构，其职责是制定规划、标准、办法和组织实施。关于组织实施的职责很模糊,人员和经费不足,不足国税部门的1/4,难以承担全国统筹养老保险的职责。少数省份单设养老保险经办机构,如陕西省,大部分五险合设;少数垂直管理,多数分级管理;机构级别不一致,东莞市、嘉兴市等地的经办机构与行政机构同级。在新一轮机构改革中,部分省成立了事业单位性质的经办机构,如辽宁省将原社保局和其他业务部门整合成立了社会保险事业服务中心,性质为人社部门下属的全额拨款事业单位,去掉了原来参公管理的机构属性。山东省设立了省、市、县社会保险事业中心,机构属性为公益一类事业单位。

人员属性不明确。目前大部分养老保险经办机构工作人员为参公管理的事业单位工作人员。按照2019年3月颁布的《公务员职务与职级并行规定》,公务员将实施职务与职级并行的制度,参公管理的事业单位也实行职务与职级并进。有些地方在机构改革中去掉了参公管理身份,不再享受职务与职级并行政策,影响了社保经办队伍的稳定性。还存在同单位、同岗位不同身份的问题。

业务规范、流程和信息系统不统一。尽管人社部有统一的制度和政策,但各地在经办过程中执行的制度标准有所差异,业务流程也不统一。再实行分级管理,各地经办业务流程和标准不统一,无法实现有效对接,不利于提高管理服务效率和建立风险防控体系。例如,在执行中央的养老金调整待遇政策时,全省统一信息系统的可在较短时间内完成参数调整,保障养老金按时足额发放。在分级管理且信息系统不统一的地区则需要等待各地调整后进行省级调整。

国务院办公厅印发的《降低社会保险费率综合方案的通知》(国办发〔2019〕13号),明确企业职工基本养老保险原则上暂按现行征收体制继续征收,"成熟一省、移交一省"。但缺乏统一标准,各地认识不同,征缴职能转移的范围不同,个别省份税务部门的征缴数据传送到社保经办机构的时间大于1个月。考虑到征缴职能转移,为避免重复建设,很多地区暂停了对信息系统进行改造。

11.3　国家治理与养老保险管理体制的文献研究

党的十八届三中全会提出了"推进国家治理体系和治理能力现代化"的目标。治理(Governance)不同于管理(Management),其中隐含了一个众多利益主体发挥作用和取得共识的政治过程,是指利益相关人长期合作与实现共赢的制度安排和实施过程。[①] 党的十九届四中全会报告进一步提出建立国家治理体系和提高治理能力的重大意义和总体要求。一是国家治理针对国家重大制度。二是国家治理体系是以价值取向、目标追求、体制机制为基础的,具有结构功能优势的系统;是实现社会利益、政治权力和公民权利关系的有机系统[②][③]需要理念、制度、组织和治理方式的创新。三是国家治理能力即指发挥既往国家制度优势、立足当今社会潮流(互联网的发展趋势)、迎接未来发展趋势的预见与管控能力。最后,衡量国家治理体系现代化的标准至少包括:公共权力运行制度化、规范化;公共治理过程民主化、法治化。[④]

11.3.1　基本养老保险是国家民生保障的重要制度

党的十九届四中全会公报提出"坚持全国一盘棋,调动各方面积极

---

① 杨燕绥等:《医疗服务治理结构和运行机制:走进社会化管理型医疗》,中国劳动社会保障出版社 2009 年版,第 87—88 页。
② 张雅勤:《论国家治理体系和治理能力现代化的价值目标——基于现代性分化与融合的视角》,《中国行政管理》2015 年第 10 期,第 54—60 页。
③ 王浦劬:《全面准确深入把握全面深化改革的总目标》,《中国高校社会科学》2014 年第 1 期,第 5—19 页。
④ 俞可平:《衡量国家治理体系现代化的基本标准——关于推进"国家治理体系和治理能力的现代化"的思考》,《北京日报》2013 年 12 月 9 日。

性,集中力量办大事;坚持以人民为中心的发展思想,不断保障和改善民生、增进人民福祉"的总体要求。基础养老金是抵御国民老残风险的国家制度和公共服务之一,要坚持政策公平、运行高效、财务可持续三项原则,完善国家养老金治理体系(见图11-4)。

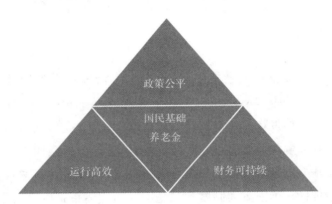

图11-4 基础养老金治理的铁三角定理

1951年建立和1997年改革的职工基本养老保险已经覆盖3.7亿人口,是国家养老金制度体系的第一支柱。目前遇到人员流动、人口老龄化、地区经济差异的挑战,存在统筹层级低、待遇差异大,公平性、流动性、基金可持续性不足的问题。党的十九届四中全会提出"扬优势、补短板、强弱项,构建系统完备、科学规范、运行有效的制度体系",在夯实基础养老保险制度(第一支柱)的基础上,完善企业和职业年金制度(第二支柱)和发展个人养老金(第三支柱)制度。

11.3.2 基本养老保险改革应当纳入国家治理体系

一、提高国家养老金决策权威性和科学性

养老金制度改革(非参数调整)的决策权高于政府部门职责范畴。党的十九届四中全会公报提出"健全党中央对重大工作的领导体制,强化党中央决策议事协调机构职能作用,完善推动党中央重大决策落实机制"。养老金制度改革应当基于我国《宪法》第14条关于"根据国家经济

发展水平建立和完善社会保障制度体系"的规定,建立党中央决策和人民代表大会表决的国家决策机制。

二、完善国家养老金制度结构和治理机制

20世纪70年代以来,针对人口老龄化和人口流动性带来的社会风险,各国均采取了分散风险的多元养老金体系和互补的运行机制。国家养老金体系包括政府担保的基础养老金、企业养老金和个人养老金三个支柱(见表11-2)。

表11-2　国家养老金制度体系、架构与运行机制

	基础养老金	企业养老金	个人养老金
初期老龄社会1950—	上升↑	启动	
深度老龄社会1970—	平稳	上升↑	启动
超级老龄社会2010—	降低	平稳	上升↑
管理模式	公共账户	集体账户—个人账户	

第一支柱养老金也称法定养老金、政府养老金、基础养老金,其工资替代率可以达到30%—40%,还有贫困人口的养老补贴,俗称养命钱。在进入人口老龄化初期,基础养老金的治理目标为"全覆盖、保基本",以解决国民老残的后顾之忧。

第二支柱养老金也称企业养老金、职业养老金、补充养老金,其工资替代率可以达到40%—50%,对于连续工作和缴费的人群而言甚至更高。在进入深度人口老龄化之前,企业养老金的治理目标为"覆盖职工的50%、激励就业与增加养老金",在政府养老金替代率下降时具有补充作用。

第三支柱养老金也称个人养老金、私人养老金和补充养老金,其工资替代率因人而异。在进入超级人口老龄化之前,个人养老金的治理目标为"覆盖居民30%以上、建立养老金资产管理账户和投资规制",不仅是延税型商业保险。中青年人更倾向于"拥有产权和资产流动性"的信托型资产管理,大龄和老龄人口会配置部分养老金资产进入"放弃产权和

缺乏资产流动性"的契约型保险产品。在政府养老金替代率下降和企业养老金不足时发挥补充作用。

仅有一份养老金的消费能力较低,有悖积极老龄化。国家需要将三支柱养老金纳入治理体系,在人社部的指导下,国家社会保险经办机构要建立健全"一个国家法定计划、两个政府与企业和个人合作的合格计划(即有法可依的合作计划)"的信息平台和监督机制,规范政府与市场互补的运行机制,增加国民养老金积累,提高老龄人口的消费能力。

11.3.3 创新经办体制机制促国家治理能力现代化

全国统筹基本养老保险是国务院承担事权责任的第一个国家级准公共品,需要强化中央事权和规范央地共同事权,建立与之匹配的"大机器"和"生产线"。"大机器"即指以国务院主管部门(如国家社会保险管理局)为核心的各级政府和经办机构的管理体制(见美国社会保障总署案例);"生产线"即指各级政府职责一致、垂直属地网格体制和全国一体化的运行机制(见澳大利亚中央公共服务平台案例)。

但是,传统政府组织部门分割、过程繁杂、行政权与立法权相互抵触,很难围绕共同利益结成一体[1],组织僵化、条块分割、等级制、不透明等问题与举国体制的公共服务发生冲突。把由层级和条块组合的政府转变为无缝隙组织,需要寻求一种新的思维方式和一整套不同的组织原则对政府进行再造。管理体制要围绕过程和结果进行整体设计,而不是围绕职能和部门进行设计。[2] 从公共行政(逐级发号施令)到公共管理(看绩效结果),再到公共服务(满足人民需求),标志着官僚组织和传统行政模式的时代正在消失。[3] 官僚政府以逐级发送文件为主,政策结果与责任制并不清晰,服务型政府要对公共品的质量和效率负责。为此,党的十九届

---

[1] [美]拉塞尔·M.林登:《无缝隙政府:公共部门再造指南》,中国人民大学出版社 2002年版。

[2] [美]拉塞尔·M.林登:《无缝隙政府:公共部门再造指南》,中国人民大学出版社 2002年版。

[3] [澳]欧文.E.休斯:《公共管理导论(第 2 版)》,中国人民大学出版社 2001 年版,第8 页。

四中全会公报提出"创新行政方式,提高行政效能,建设人民满意的服务型政府"。这项改革将从全国统筹基本养老保险做起。

一、加强中央事权,减少并规范央地共同事权

党的十九届四中全会公报提出"适当加强中央在知识产权保护、养老保险、跨区域生态环境保护等方面事权","在养老保险方面减少并规范中央和地方共同事权",是创新基本养老保险管理体制的基本原则。一是加强中央事权,如参保人信息大集中和养老保险资金调配权;二是减少央地共同事权,建立国家待遇清单制度,减少地方政府调待空间;三是规范必要的央地共同事权,如异地转移养老保险关系的信息上传和平行对接,再如养老保险基金责任分担职责和考核机制。

二、全国统筹养老保险业务需求分类及职责

党的十九届四中全会公报提出"制度的生命力在于执行",执行即科学管理与人性化服务。垂直管理和属地分级管理的选择需要依据养老保险业务属性来确定。

全国统筹养老保险业务需要与分类如下:(1)数据需求与垂直管理。以社会保障号为载体,从参保人登记的源头捕捉信息,在计算机、条形码、数据库、区块链和网络的支持下可以一站式完成,实行数据大集中垂直管理,一是支持中央预算、分级考核与资金调配;二是分级使用,支持人口异地转移携带养老保险关系,从迁出地窗口申请到迁入地入户,同时变更省内系统信息或者全国系统信息。(2)财务需求与分级管理。一是依赖国税系统进行征收;二是建立超支部分各级政府分担政策,中央考核地方、地方考核基础的监督机制;三是中央制定待遇清单和支付政策,地方有限的调整待遇权限。(3)服务需求与属地管理。服务窗口建设主要是基层政府的责任,根据国家相关法律法规、标准和要求,整合各项社会保险、社会保障和就业登记、社会救助、残疾人管理乃至居住证、健康档案等相关公共服务对接或者整合,实现一门式或者一窗式服务,无须单独设立养老保险服务大楼。此外,根据国家法律和地方政府要求进行现场监督检查也是基层政府的职责。

三、网格式管理体制和经办机构组织建设

全国统筹基本养老保险需要网格管理体制和经办机构组织建设。网格体制与条块体制不同,需要通过规范各级政府的共同事权,在计算机和网络的支持下,可以从源头捕捉信息,实现跨部门和跨地区的业务整合,在一个机构内实现垂直业务与属地业务的整合(见专栏4)。为此,一要明确中央事权、央地共同事权、地方和基层的事权;二要创新机构、组织文化和人事制度;三是支持以人为本进行整合,实现跨部门和跨地区的一体化和一站式服务。

【专栏4】美国州职业发展中心与联邦社会保障系统的整合

20 世纪 80—90 年代,美国在 40 个州创建了一站式服务的职业发展中心(就业促进中心),与各类用工企业、相关培训机构和服务机构建立了横向联系,并嵌入了联邦社会保障纵向业务系统。此后,一个单亲母亲可以在 1—2 个小时内完成求职签约、岗前培训、社保税、孩子托管等一系列注册工作。

党的十九届四中全会公报提出"优化政府组织结构。推进机构、职能、权限、程序、责任法定化","健全权威高效的制度执行机制,加强对制度执行的监督"。全国统筹基本养老保险经办机构组织建设应当具有如下三个特征:一是在中央、地方和基层政府统一设立社会保险经办机构(以基本养老保险业务为主),承担中央垂直管理业务和属地管理业务(分级)。二是各级政府社会保险局的分工不同,中央以垂直业务管理为主、对地方业务指导和监督为辅;地方以央地分担业务为主、指导和监督基层业务为辅;基层以公共服务为主、现场监督为辅。三是人事制度实行两级管理。国家社会保险经办机构归属国务院管理(人、财、物),以公务员为主,可以参考企业和高校职称管理聘任技术人员;包括本级任职和向

地方派任。地方社会保险经办机构归属地方政府管理(人、财、物),以公务员为主,可以参考企业和高校职称管理聘任技术人员。由国家社会保险经办机构派任局长和业务总监。基层社会保险经办机构归属基层政府管理(人、财、物),以公务员为主,可以参考企业和高校职称管理聘任技术人员。服务窗口实行聘用柜员制,可以实行单位合同制或者劳务派遣制。

四、以社保号为载体的一体化公共服务平台

全国统筹基本养老保险一体化公共服务平台为国家、政府、机构和个人提供服务,包括前台、中台和后台。

(1)前台服务窗口,包括各级部门、机构和社区设置的服务窗口。主要业务包括以参保登记与权益记录的信息管理,是牵动国家和公民的社会保障关系的信息系统。一是国家依法授予公民一个社会保障号、打造一体化公共服务平台、提供一窗式服务,包括社保窗口、银行领取养老金窗口等,即管理寓于服务。二是终生记录公民社会保障权益,信息向上大集中垂直管理(见美国社会保障总署案例),支持中央顶层设计、资金调配和运行监督,即服务寓于管理。

(2)中台管理平台,包括养老保险基金运行及其监督管理。中央政府负责养老保险基金预算、自下而上征缴、各级政府分担责任和考核、养老金支付;省市地方政府负责本级和下级责任分担与考核;省级公共平台建设、合作伙伴协议管理、监控系统和监督基层监督工作;市区县基层政府负责服务窗口、派出机构和现场监督检查等;以及各级政府委托的相关工作。

(3)后台支撑系统,以中央和地方两级为主的技术支持和数据管理,基层和服务窗口设立终端服务。后台支撑的主要特征是一系列库,如知识库,包括理论、方法、案例、政策和法律法规,计算机和互联网技术人才库,各类大数据库支持社会保障号及其相关管理和服务、网格体制和一体化运行机制的公共服务平台的建设。例如,养老保险参保登记前台柜员处理,领取养老金资格交中台业务主管审核,受益人生存证明需要有后台支持的手机 APP 人脸、声音等识别或者大数据甄别。

在互联网社会,后台支持系统越来越重要,要确保基本养老保险业务及时、准确和安全,一旦后台出问题都是天大的事,日本养老金信息丢失导致自民党下台的教训必须引起重视(见专栏 5)。

【专栏 5】日本公共养老金管理危机事件及教训

2015 年,日本年金管理在厚生年金与共济基金"并轨"时业务衔接出现疏漏和遭到黑客攻击,导致 5000 多万人的养老金记录丢失,2017 年外包公司数据出错导致 130 万人领取养老金不足,即全球著名的日本公共养老金管理危机事件。在野党和执政党内阁围绕养老金制度改革和危机事件大做文章,直接导致自民党下台,倒逼政府从组织人事、信息系统和监督体系方面全面改革养老金管理体制。

表 11-3   日本公共养老金管理危机事件及改革对策一览

年金管理危机事件	养老金管理体制改革
2007 年 5000 万人的养老金记录遗漏	独立于政府的国民年金专门委员会,监督国民年金缴费记录活动;取消社会保险厅设立日本年金机构;制定新的国民年金法
2015 年厚生年金与共济基金"并轨"业务衔接疏漏	厚生省加强对年金机构行政监督;日本年金机构组织、业务、人事变革
2015 年黑客攻击信息泄露	厚生劳动省加强信息安全;年金机构加强组织纪律和信息安全;建立与主管部门信息实时共享平台
2017 年外包数据公司错误使 130 万人养老金少发	总部和站点一体化重构,成立现场管理部门和决策系统。加强外包审查;建立基于规范的执行和个人信息保护系统

党的十九届四中全会公报提出"创新行政管理和服务方式,加快推进全国一体化政务服务平台建设"。2019 年 9 月 15 日,国家社会保险公共服务平台正式上线(见专栏 6),是提高国家社会保险治理能力的体现。

【专栏6】国家社会保险公共服务平台

　　该平台将先行提供社保年度参保信息查询、待遇资格认证、养老金测算、社保关系转移查询、异地就医查询、境外免缴申请、社保卡和电子社保卡状态查询等功能,实现全国性跨地区服务。该网站平台提供两种注册方式,一种是按照身份证号码注册,一种是按照社保卡及社保银行卡注册。后续,国家社会保险公共服务平台还将推出更多全国统一的社会保险线上服务,逐步开通更多的授权访问渠道,让参保人真正感受到"社保服务就在我身边"。

11.4　改革目标原则、模式选择和政策建议

11.4.1　改革发展目标

　　按照党中央和国务院的要求,坚持"顶层设计、分步实施、实际运行"的思路,中国可能在2025—2030年间建立职工基本养老保险全国统筹制度,包括管理体制、运行机制和一体化公共服务平台,逐步实现政策、体制机制、基金收支、信息系统、公共服务平台五个统一。

11.4.2　改革基本原则

一、以参保人为本完成一窗式服务的顶层设计

　　职工社会保险初期的金保一期工程是以"钱"为主,搭建了链接缴费单位、经办机构和养老金受益人的运行机制,五险一金各自独立运营。坚持以人为本原则,以信息化、智能化为手段,整合机构、合并同类项、简化

流程,整合各项公共服务的基础信息和操作平台是可能的,也是必要的。

二、站在国家治理的高度创新管理体制和运行机制

行政管理与业务经办分离,增加中央政府事权和规范央地共同事权,创新党管干部的理念、打破地方格局和部门利益,打造垂直管理与属地分级管理整合的网格体制和经办机构,明确三级经办机构从管理到服务的分工协作关系;统一国家社会保障总局或国家社会保险局的名称、机构和人员参公管理属性;打造全国一体化运行机制、公共服务平台和一窗式服务。同时,建立领导干部全局职责和考核机制、建立三级社会保险局的工作绩效评估制度。

三、把握时间窗口期且稳步推进

中国人口老龄化速度快,1963 年出生高峰将导致 2022 年男职工退休高峰。要按照党中央和国务院的部署,在 2020 年完成从"中央调剂金、省级统筹到全国统筹"的政策体系和管理体制的顶层设计,统一规程和标准,清洗各地社会保险经办数据,导入全国一体化公共服务平台,并逐步实现与税务、银行、公安、民政等部门共享信息。2021 年已完成省级统筹的省市可以先行一步进入全国统筹;其余省市伴随中央调剂金比例的逐步提高,在 2025—2030 年间完成全国统筹。

四、借鉴但并不照搬国外经验

中国养老保险管理服务具有规模压力,应当以借鉴大国经验为主,如美国负责联邦老遗残持续收入保障的社会保障总署、澳大利亚中央连接机构、英国适应人口流动性的体制创新、德国合并东德西德养老金的治理能力、日本养老金管理危机后的体制改革等。可以研究小国的成功做法作为补充。

11.4.3 管理模式选择

全国统筹养老保险要求增加中央事权和规范央地共同事权。增加中央养老保险事权需要机构建设,本课题组提出两个选择。一是设立正部级国家社会保障总局和副部级国家社会保险局(养老金局),一举理顺全国社会保障管理体制和基本养老保险经办体制（含管理体制、运行机制）。二是强化人社部设立的国家社会保险事业管理中心，从指导机构成为具有权威性的执行机构。

一、国家社会保障总局管理模式（正部级）

在国务院设立正部级社会保障总局（如美国社会保障总署、澳大利亚公共服务中央联合机构等），作为国家民生保障执行机构（见图11-5），主管以社会保障号为载体的公共管理和公共服务体系，整合与减少相关部委的执行机构，是服务型政府建设的必由之路。目前国务院的执行机构以国防、监管、征税为主，尚缺少公共服务机构。

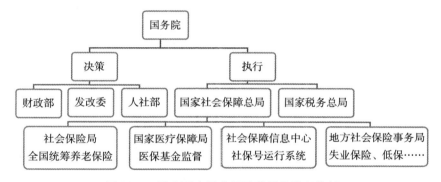

图11-5　设立国家社会保障总局的管理体制

内设副部级国家社会保险局（以养老保险业务为主）、国家医疗保障局（2018年已设立，以基本医疗保险、生育保险为主）、地方社会保险事务局（以工伤保险、失业保险为主，对接促进就业与劳动合同登记等）和社会保障信息中心（以社会保障号和权益记录业务为主）。执行国家社会保险法律法规、人社部的社会保险政策，实行公务员编制，市区和县市及其以下经办机构执行公益一类编制，可以聘用合同制柜员。

主要职责如下：（1）以社会保障卡为载体建立养老保险（含医疗保险、生育保险，医疗保险和生育保险基金支付和监督业务归属医疗保障局；失业保险、工伤保险等）权益记录管理的集中控制系统。（2）养老保险基金预算、收支、调待的运行系统和数据库。（3）全国统筹养老保险业务工作;企业年金和职业年金监督工作;个人养老金指导与信息平台管理工作。

政府部门协作。国家社会保障总局为国务院正部级机构和公务员编制。以社会保障卡为载体统筹管理社会保障事项,对接国务院相关部门,包括财政部、国家税务总局、人社部、国家医保局、民政部、退役军人事务部等,建立数据交换平台、一体化、网格式公共服务管理体制。其社会保障信息中心直接隶属总理办公室,报告就业数据、社会保障权益记录等涉及人口管理、居民收入和信用管理数据。

国家税务总局负责社会保障税费征收,包括五项社会保险费的征收工作。在国家税务总局未完成征收系统建设之前,仍由社会保险经办机构代征,各地方酌情转移,可以不同步进行。

二、国家社会保险局管理模式(副部级)

将人社部设立的社会保险事业管理中心改制为副部级国家社会保险局(见图11-6),完善行政管理与经办服务分离的法律法规,内设养老保险司、地方社会保障事务指导局、社会保障号与信息中心等。

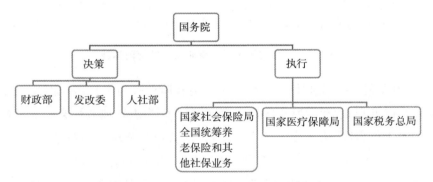

图11-6 设立国家社会保险局的管理体制

三、两个模式的比较

建立国家社会保障总局是一步到位的改革,在国务院层面一举理顺国家社会保障治理体系,是完成服务型政府建设的重要标志。如1964年美国建立联邦社会保障总署管理体制,1990年澳大利亚建成中央公共服务平台(central-link),同期欧盟也完成一体化的社会保障服务平台建设。此后,这些国家和地区的社会保障管理体制没有再发生重大改革。

一旦国家社会保障总局以社保号为载体,建立起国民社会保障权益大集中、一体化的社会保障公共服务体系,则从以下五个方面促进国家治理能力现代化:一是理顺社会保障决策和行政与管理和服务分离的管理体制;二是支持国务院建立国民基础信息库和支持宏观决策;三是整合现在无序叠加和碎片的管理体制,如养老保险与医疗保障(含生育保险)、工伤保险、失业保险、社会救助、住房保障等事务的关系;四是一个接口理顺社会保障与财政、国税、民政、卫健委等协作关系;五是带动地方政府和基层政府理顺社会保障公共服务管理体制,强化省市地方政府的管理责任和区县基层政府的服务能力。由此,夯实了实现全国统筹养老保险的体制基础。

建立国家社会保险局的改革力度小、阻力小、成本相对低。但是,未能解决国务院层面社会保障部门林立的局面,不利于基于互联网和大数据的管理,建设一体化和一窗式公共服务平台的阻力较大。日后还需在此基础上改革。

综上所述,两个管理模式一字之差,前者优势大于后者。快速的人口老龄化和复杂的国际竞争压力,要求中国看准方向、把握好时间窗口期,深化改革、不畏艰难。为此,本课题组更主张实施第一个方案。

11.4.4 配套措施和政策建议

一、建设事权明确与系统整合的网格体制

党的十九届四中全会公报提出"以推进国家机构职能优化协同高效为着力点,健全部门协调配合机制"。建议党中央和国务院成立由政研室、组织部、中央编办、财政部、人社部等部门工作人员和专家组成的专题小组,坚持责权明确、系统整合、网格体制的原则,完成全国基本养老保险管理体制的顶层设计。

一是增加中央事权。全国养老保险数据大集中垂直管理、统一待遇清单和资金调配、业务规程和系统建设示准、监督法制机制建设等。

二是规范央地共同事权。(1)自下而上地筹集养老保险基金,面对人口老龄化导致的超支部分,由基层政府和地方政府按照支付人口缴纳人头费,约束基层政府严格审查养老金领取资格;(2)国家立法建立社会保险基金监督机制、地方政府打造监督监控平台、基层政府做到时时监控和必要的现场监督;(3)顶层设计一体化运行机制和一窗式服务模式;地方政府利用区块链技术建设智能化信息系统,承担上传、平转和下发功能;逐渐取消基层行政职责,强化信息采集、现场监督和服务职责。

总之,建设系统集成、垂直属地业务对接、三级政府分工与协同的网格式管理体制和高效运行体系(见图 11-7)。

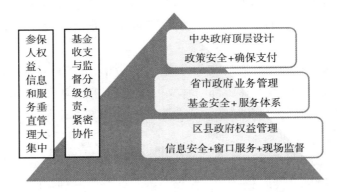

图 11-7 三级政府责权分工协作的网格体制

二、树立全局观念和创新干部业绩考核原则

有两个配套措施是必要条件。一是建立各级政府的一把手的 3∶7 的责任制和绩效考核制。各级政府的一把手是焊接"互联网+网格"治理模式下政府组织的螺丝钉,30%责任对垂直管理业务负责、70%责任对属地管理业务负责。要拆除政府机构内部的"柏林墙"再造无缝隙的服务型政府。[①] 二是完善相关法制和各级人大的审核内容,全国人大审议以国民养老保险权益和养老保险基金预算与运营情况为主、基金监督和公

---

① [美]拉塞尔·M.林登:《无缝隙政府:公共部门再造指南》,汪大海等译,中国人民大学出版社 2001 年版,第4—5页。

共服务情况为辅;地方人大审议则以基金监督和公共服务为主。

三、统一机构名称、设置及规范人事制度

首先要统一名称建设三级经办机构。设置国家社会保障总局(正部级)或国家社会保险局(副部级),省和直辖市社会保障局(局级,负责省级统筹事务)或社会保险局(副局级),地市社会保障局(处级)或社会保险局(副处级);市区和县只设社会保险局(副处级),不设社会保障局。2018年,在各地成立医疗保障局后,很多地市医保局编制5人、市区医保局编制3人,二者可通过合署办公提高效率。

按照垂直管理与属地业务对接的网格体制设计三级社会保险经办机构的职责。

其次要规范人员管理。(1)关于人员属性。社会保障经办机构是服务型政府的重要组成部分,承担居民基本信息管理,核心岗位应当纳入政府人员编制和预算。在美国和大部分欧洲国家社保经办机构均实行公务员制,在中国可以实行参公一类事业单位聘任制,不主张将社会保险经办机构改为靠提取社会保险基金运营的民间非营利机构,非核心数据和专业性强的业务可以委托具有资质的商业机构代理。(2)关于人员管理,包括人财物。国家社会保险局人员属于国务院管理,向地方社会保险局派任一把手和业务总监,并负责其薪酬、经费和绩效考核;对地方政府任命的局级领导实行备案制,享有垂直业务管理绩效的考核权,向地方组织部门报告考核结果。各级政府设立的社会保险经办机构的人财物归属地方政府管理。服务窗口实行社会保险柜员制,柜员实行合同制或者劳务派遣制。

四、统一规则、标准和信息系统促简化流程

由国家社会保障局制定业务标准、规程和信息系统,建立全国统一的三级机构操作流程,合并同类项、简化流程,提高系统运行效率。为此,需要建立中央和地方的大数据操作平台,利用区块链建立诚信和安全系统,支持垂直业务与属地业务对接、各项社会保险业务的有效对接,做到管理规范化、服务标准化;支持全国统筹基本养老保险制度,建立健全统揽三支柱养老金的信息平台、监控系统和税务系统。吸取日本养老金管理危机事件的教训,确保养老金数据的安全性。

全国统筹养老保险,一要开发参保登记业务受理的前置系统,分别满足纵向业务的长期稳定性与横向业务的当期巨大容量,还要支持纵横交错的全国一体化社会保险公共服务平台;二要调整完善跨地区跨险种跨身份(职工、居民、机关事业单位)的社会保险关系的转移接续、养老金异地支付和医保异地结算等;三要按照少而精的原则构建核心业务集中控制系统,运用区块链等新技术,搭建贯穿中央—地方—基层的业务管理和服务系统。

五、打造社保号下的一体化公共服务体系

社会保障是公共服务的龙头,社会保障号是龙鼻子。2018 年,国务院已经发布实现公共服务一窗式的基本要求和行动计划的时间表。2020年底,我国社会保障卡的持卡人超过 13.35 亿人,并实现了电子社保卡。社会保障卡比身份证更具有居民与政府互动的优越性,便于统计与更新,以社会保障卡为载体整合身份证、健康卡功能是发展趋势。确保实现社会保障及相关公共服务均使用全国一卡通、实行一窗式办理,禁止增设第二个窗口。

完善社会保障权益与信息管理。社会保障权益即指公民在履行参保缴费义务后依法享有的权利和利益。这是服务公民一生的纵向业务,要求准确无误地记录和保管公民的社会保障权益记录,包括参保登记和权益管理、申报缴费与保费征缴、养老金调待机制、领取资格审核、养老金支付和养老保险基金监督六个主要环节,要做到"信息向上集中、服务向下派送,属地监督管理"。

六、依法完善公共服务外包治理机制

部分非核心业务和技术性工作可以依法外包,由省级具体操作和制定补偿预算,与具有资质和能力的学术机构、商业机构、社会组织等建立联合共建协议制度。制定全省服务系统和技术支持的使用规则和分担费用的规则,禁止在县市及基层机构开展"蚂蚁作战"、免费提供服务或漫天要价。打造公共服务外包的国家治理体系和治理能力。养老保险基金托管和个人养老金发放可以与具有相应资质的商业银行订立长期合作协

议,委托商业银行代理。

七、灵活就业弹性缴费和个性化管理

一是在全国统一的社会保险公共服务平台上,建立灵活就业人员实名制养老金账户业务监督平台;二是实行年龄阶梯缴费率,借鉴新加坡的经验,在 35 岁以前实行低费率、45 岁以后提高费率;缴费方式适度灵活;三是委托具有企业年金账户管理人资格且服务人员达到一定规模的大型商业银行做经办机构,实现全国联网、随身携带、终生记录;四是该账户的缴费、税收、待遇计发、领取年龄和支付均按国家养老金法律和政策办理,即有管制的个人养老金账户。

八、带动社会保障公共服务体制改革

按照党的十九届四中全会公报提出的"对人民负责、受人民监督,创新行政方式,提高行政效能,建设人民满意的服务型政府"的要求,完善全国统筹养老保险制度可以发挥如下带动效应:一是实现五险整合的权益管理和业务流程的集中控制系统,包括基本医疗保险和生育保险,做到记录一生和服务一生,确保信息安全(100 年记录)和高效运行。二是带动社会保障业务与其他公共服务的整合,提供一窗式服务,满足互联网时代和人员流动的需要。

11.5 国外全国统筹养老金
制度典型案例分析

11.5.1 美国联邦老遗残社会保障全国统筹

1935 年,美国颁布《联邦老年人持续收入保障法》,1964 年扩展到遗属、残疾人的持续收入和老遗残的医疗保险与救助。这一管理体制的主要特征如下:

第一,建立联邦社会保障总署,直接隶属总统办公室。1935 年,根据

《联邦老年人持续收入保障法》设立了社会保障董事会,作为美国联邦政府的独立机构开始工作,不是内阁组织的一部分。1939 年,社会保障董事会成为新内阁的联邦级机构。1946 年,社会保障董事会成为社会保障管理局,即"卫生和人类服务部"的一个运营机构。在 20 世纪 80 年代到 90 年代,两党支持社会保障管理局从大部门下独立出来,成为一个独立机构。1994 年《社会保障独立和项目改进法案》由国会一致通过,同年 8 月克林顿总统签署成为法律。社会保障总署是美国联邦政府主管社会保障的独立机构(服务型政府的执行机构),直接隶属总统办公室,其业务范围包括覆盖全美的退休、老残人口的养老金计划和遗属津贴计划。

第二,建立网格式管理体制。社会保障总署位于马里兰的巴尔的摩(Baltimore),在全美设立 10 个区域,联邦社会保障业务属于垂直管理的纵向业务,劳动与养老金部的系统嵌入州政府的社会保障与就业管理服务平台,与属地管理的促进就业、工资保障和失业救助等服务平台对接,实现网格化管理。社会保障总署与劳动与养老金部共享就业信息,根据工资收入调整养老金和抚恤金待遇;与海关总署的出入境人口管理部门共享人口信息,建立了美国居民信用管理机制。

与社会保障总署协作的相关部门:一是美国劳工部,这是联邦政府的行政部门之一,主管全国劳工事务,包括劳动标准、工资和工作时间、劳动统计等。二是美国国内公共税费征收署,社会保障税包括个体自行申报缴税和企业工薪代扣,由财政部下的国内公共税费征收署负责征收,由财政专户管理。三是社会保障信托基金(非政府非营利机构),负责投资政府债券,再根据需要拨付社保总署支付。

11.5.2 澳大利亚中央公共服务平台建设

澳大利亚家庭和社区服务部(FaCS)等联邦机构的中央公共服务平台中联(Centre-link),被公认是服务型政府的产物。该平台包括全部公共服务和社会福利项目派送的联营机制、联营的绩效考评制度和经济补偿办法。在这个组合体中还包括儿童保护机构、澳大利亚家庭研究院和

澳大利亚社会保障法庭等机构。据 2005 年的统计数据,中联拥有 27000
名工作人员,在分布全澳的 1000 多个网点中工作,客户高达 640 万人,占
澳总人口的三分之一。中联有 312 个现场工作站,直接为居民办理各项
业务;同时,拥有 28 个电话服务中心,每年接受 2250 万人次的电话咨
询。拥有全澳第四大信息网络系统,每年给客户发出 9700 万封信件,
处理 29 亿条计算机业务往来,提供 230 万个互联网页供用户查询,并
接待 650 万人次访问。此外,中联还在全国各地设有 33 个专门服务中
心(如青年服务中心,学生服务中心,职业信息服务中心等),260 个城
镇社区服务中心,16 个农村地区服务中心,15 个退休人员服务中心等。
中联负责的各类福利的支付性服务多达 70 多项,几乎囊括了涉及居民
切身利益的各个方面,每年支付金额高达 510 亿澳元。① 此外,还根据
政府需要提供非福利性的服务,包括危机救济、行业援助以及旅途信息咨
询等服务。

11.5.3 德国统一基本养老保险的治理能力

1989 年,德国统一后原东西德养老金制度也实现了统一,养老保险
的公共性和可持续性大大提高。这也为我国解决地区发展不均衡的问题
提供了可借鉴的经验。

第一,东西德统一后德国整体劳动人口的年龄结构,老龄社会发展时
间表②发生变化。东德劳动人口进入西德劳动力市场以后,德国从深度
老龄社会进入超级老龄社会持续了 35 年,与日本比较赢得了 20 年(见表
11-4),先于日本进入深度老龄社会,与日本同期进入超级老龄社会。可
谓积极老龄化的成功举措。

---

① 《澳大利亚就业与培训考察报告之二:几项有特色的改革和做法》,2005 年 9 月 2 日,见
http://www.lm.gov.cn/ gb/news/2005-09/02/content_84155. htm。

② 老龄社会发展时间表即指基于一定的总和生育率和老年系数(老龄人口占比)计算和
排列出的各国(地区)人口老化发展阶段及其速度的时间表,可以用于衡量一个国家(地区)的
老龄社会发展阶段。

表 11-4　部分国家（地区）的老龄社会发展时间表

	初级老龄社会（7%）	深度老龄社会（14%）		超级老龄社会（20%）	
		过渡期/年	进入时点	过渡期/年	进入时点
美国	1950	65	2015	15	2030
英国	1950	25	1975	55	2030
德国	1950	25	1975	35	2010
法国	1950	40	1990	30	2020
瑞典	1950	25	1975	45	2020
日本	1970	25	1995	15	2010
澳大利亚	1950	65	2015	20	2035
中国香港	1985	30	2015	10	2025
俄罗斯	1970	50	2020	30	2050
发达国家	1950	50	2000	25	2025
欠发达国家	2055	40	2095		
中国	2000	不足 25	2025	10	2035
世界	2005	35	2040	40	2080

资料来源：United Nations, Department of Economic and Social Affairs, Population Division（2015）；World Population Prospects：The 2015 Revision, DVD Edition。清华大学就业与社会保障研究中心于淼博士整理。

第二，东西德统一养老金制度后促进了民族团结。民族团结、家庭团聚和劳动力市场活跃，使进入深度老龄社会的德国保持了经济活力，人均 GDP 保持较高的增长水平（与 OECD 成员国家比较），在欧盟经济社会发展中起到龙头作用。

第三，东西德统一后提高了社会养老保险制度的公平性、流动性和可持续性。一是社会养老保险的覆盖范围扩大；二是缴费人增加；三是费率稳定且可持续；四是支持人员流动。为此，2002 年德国养老金立法规定，直至 2020 年，社会养老保险的费率封顶线为工资的 20%，雇主和雇员各自承担 50%。而且，德国社会养老保险基金还要承担参保人退休后雇主应缴纳的社会医疗保险费（养老金的 7% 左右）。

11.5.4 英国个人养老金全国统一管理

2017 年,英国完成了三支柱养老金体系建设和管理体制,包括国家养老金计划(State Pension)、职业养老金计划(Occupational Pension)以及个人养老金计划(Personal Pension Plan)。起初,个人养老金由专业金融机构提供产品、自行购买。1986 年英国《养老金法》引入个人养老金计划,由银行、保险、基金以及建房互助协会(Buildings Society)等机构提供,个人自行加入,享受 EET 税延优惠模式。[①] 2008 年,英国私人养老金资产规模占 GDP 比例为 61.32%。

2012 年英国《养老金法》提出"全国养老金储蓄计划",并引入全国统一管理的国民个人养老金账户。为此,英国成立了个人养老金登记局,规定个人缴费为其工资的 4%、雇主供款为个人工资的 3%,政府税收减免相当于个人工资的 1%。2004 年根据英国《养老金法》设立了养老金监管局(The Pensions Regulator),这是一个负责监管英国养老金计划的非政府公共机构,还有受到议会监督的个人养老金投资委员会、个人养老金申诉专员署、国民个人养老金网站等。英国政府开设了"个人养老金"专题网站,向公众详述有关知识、政策和指南;同时还开设有"智慧养老金"专题网站,对个人养老金选择提供免费且无偏的政府指南。此外,政府还支持建立了养老金咨询服务和财务咨询服务网站,提供包括个人养老金在内的免费且无偏的咨询建议。通过网站建设,有助于政府宣传个人养老金的重要性,普及相关基础知识和政策信息;网站相应部分设有养老金计算器,消费者输入相应信息,就可以计算获知个人养老金的未来给付金额;如果选择购买年金保险,网站还可以给出符合条件的保险公司的报价,消费者可以自主对比选择。在个人养老金的发展中,政府的责任非但没有减轻,反而需要扮演更加积极的角色,如普及宣传个人养老金知识和政策、提供税优激励、实施严格监管、提供兜底保障,构建多层次的养老保障体系,积极应对即将到来的人口老龄化高峰,使经济社会步入良性可持

---

① Personal Pensions Statistics,HM Revenue and Customs,24th February 2017.

续的发展轨道。

11.5.5 日本养老金管理危机后的体制改革

日本养老保险制度由基础养老保险（日称"年金制度"或"公共养老金制度"）和私人养老金制度构成。公共养老金部分包括国民基础养老金（亦称"国民年金"）和厚生年金保险（即"雇员养老金保险"），私人养老金以个人定额供款养老金为主。日本是实行地方自治制度的单一制国家，其政府机构分为中央、都道府县和市町村三级，其中后两级政府在法律上被称为地方自治体，依法拥有自治立法权、自治行政权与自治财政权并负责实施团体自治和居民自治①。日本福利制度由中央政府和地方自治体分担责任，特定事务兼顾中央政府统筹责任和地方政府自治性需求，发挥两者优势，增加国民福祉。国民年金执行"中央买单、管办分离、一体化执行"的管理体制。

在 2005—2007 年发生养老金管理危机事件之后，日本政府实行独立行政法人化改革，政府规划职能与执行机能被分离。将国民年金管理体制由原厚生劳动省为主转向中央政府，建立了后生劳动大臣、社会保险管理委员会、审计委员会和基金管理协同机制（GPIF）；同时设立了国家年金机构及其各级地方经办机构。

2010 年 1 月，日本废除了原年金主管机构"社会保险厅"，设立新的日本年金机构（Japan Pension Service），该机构作为特殊法人受厚生劳动省委托经办年金事务，其工作人员为非政府雇员，约有 11000 名正式员工（截至 2019 年 4 月 1 日）。设有中央—地区—县—市四级机构，分别提供管理和服务。在面向百姓的年金咨询服务中引入社会团体和商业机构，设立了街角养老金咨询和呼叫咨询等服务。

养老金管理投资基金（Government Pension Investment Fund，GPIF）作为公共养老基金管理与运营机构于 2016 年 4 月成立，是独立行政法人。

---

① 团体自治，是指一定区域内的公共团体以法人身份从中央政府中独立出来，在不受中央政府干涉的前提下自主管理该地区事务。而居民自治是指居民基于自主意愿，通过直接参与等方式参与地区治理。

	法律规定	法定事务的央地权责	养老金管理体制
中央政府	《日本地方财政法》规定,"国民年金…属于只关乎国家利益的事务" 由国家承担经费,国家为这类事务支出的费用称为地方补助金	国家通过立法规定地方事务实施细则时,国家应当同时承担与规定范围相应的财政责任	负责筹资财政提供国民年金的1/2
地方政府	《日本地方财政法》规定,"地方对本地事务应全额负担经费,法定事务和国家利益事务地方则需负责执行" 日本《地方自治法》规定。地方自治体须"以谋求居民福祉之增进为根本"确保"民主且高效地实施行政事务"	立法规定地方事务实施细则,地方必须按照法律规定来执行	负责执行协助宣传、管理、审核

养老金管理与运营法人组织(GPIF)

公共养老金资产管理与审查	厚生劳动大臣 制定和指示中期目标(例如投资收益) 批准中期计划和业务方法文件 ↓	→ → →	**社会保障委员会** 审议中期计划等
	管理委员会 经济,金融,资产管理,业务管理等(9人)+主管 主席和委员由部长任命、主席除外,根据社会保障理事会的讨论,制定了任命标准 运营负责人可以对相关提案发表意见 决定重要政策、如基本投资组合		
	审计委员会 作为审核委员会成员由部长任命的管理人员组成	稽↓ 核↓	**董事委任协议** 执行监管
	行政办 董事长任命		
	执行 运营总监批准			

日本年金机构

公共年金事业实施体制	养老金融服务供给体系	国家级机构	厚生劳动(政府)年金局 负责雇员养老金保险,国家养老金等公共养老金制度,企业养老金计划,养老金储备的管理和运作 **日本年金机构** **非公务员法人(特殊法人)** 受政府(厚生劳动省)委托和委托的,负责公共养老金申请,收取,记录管理,咨询,决策,支付等业务 负责公共养老金系列管理业务
		地区总部	北海道、东北、北美东信、南关东、中部、中国、四国、九州、近畿
		县级机构	45个县级事务中心
		市级机构	年金事务所
		社会参与	呼叫中心 外包给企业 / 街角养老金咨询中心 (全国80个地点) 外包给日本社会保障劳动专业者协会联合会

图11-7　国民年金"中央买单、管办分离、一体化执行"体制

资料来源:作者根据2019年厚生事务所、GPIF、日本年金机构相关数据自制。

通过管理厚生省年金并将其收益支付到特殊养老金账户中,以提供养老保险业务和国民养老金,截至 2019 年 12 月,日本养老基金管理总额高达约 1.68 万亿美元。

日本年金监督和服务管理机制强调年金机构独立性,厚生劳动省主要行政监察和业务指导,通过设立第三方监督机构,通畅参保人监督和信息反馈,设置了民间非常勤理事等强化监督和服务。

12

强化就业优先政策

12.1 2020年以来我国劳动力市场就业状况

从总体就业形势来看,2020年以来新冠肺炎疫情冲击叠加国内外经济下行的压力使得我国就业面临多年少有的巨大挑战。2020年全国城镇新增就业1186万人,比上年少增166万人(见图12-1);受新冠肺炎疫情冲击,2020年2月份全国城镇调查失业率升至6.2%,比1月份和2019年同期均高0.9个百分点;截至2020年底,领取失业保险金人数同2019年相比增加41.7万人。在各级政府一系列稳就业措施综合调节下,我国就业形势日趋好转,但是从城镇新增就业人数、调查失业率及领取失业保险金人数来看,我国总体就业压力依然较大。

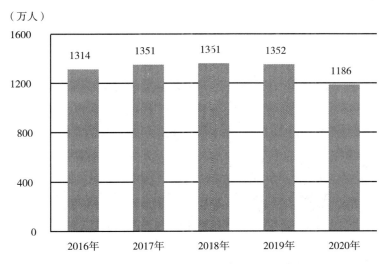

图12-1 2016—2020年城镇新增就业人数

资料来源:国家统计局《中华人民共和国2020年国民经济和社会发展统计公报》。

12.1.1　2020 年以来三次产业就业状况

受疫情防控期间停工停产、限制出行和减少人员聚集等因素影响,第二产业和第三产业就业均受到严重冲击。2020 年一季度全国规模以上工业企业实现利润总额 7814.5 亿元,同比下降 36.7%;其中,汽车、化工、金属、电气等行业受疫情冲击最为明显,利润总额同比分别下降 80.2%、56.5%、55.7% 和 47.0%[①],制造业吸纳就业能力明显减弱。随着企业复工复产,截至 4 月 14 日,全国规模以上工业企业平均开工率已达 99%,人员复岗率达到 94%[②]。然而由于国际国内产业链受损、市场需求不足、人员流动受阻等问题,已经复工复产的企业仍然面临再次减产停产的风险,一季度工业企业从业人数增长处于停滞状态。

第三产业作为吸收了我国 47.7% 就业人口的产业部门[③],年初就业形势严峻。由于服务业具有人口集中且流动性强的特点,交通运输、餐饮、住宿、旅游等服务行业就业均在短期内受到很强的负面冲击。据文旅部发布的数据显示,2020 年一季度我国国内旅游人数同比下降 83.4%[④],游客减少也使得民航旅客运输量同比下滑 84.5%,航空公司亏损 209.6 亿元[⑤],航空运输业企业面临着较大经营压力。文化旅游行业收入大幅缩水,致使大量从业者收入受到影响,甚至面临被裁员的风险。此外,疫情期间,大多数餐饮企业都执行了停业休市或者调整营业时间的举措,同期营业收入呈断崖式下跌,餐饮企业人员待岗问题严重。[⑥]

---

① 数据来源于国家统计局网站,见 http://www.stats.gov.cn/tjsj/zxfb/202004/t20200427_1741735.html。

② 数据来源于工信部的统计网站,见 https://www.miit.gov.cn/ztzl/rdzt/xxgzbdgrdfyyqfkgz/mtbd/art/2020/art_933e70c157d641fb87d05b37889dcfaf.html。

③ 人力资源和社会保障部:《2020 年度人力资源和社会保障事业发展统计公报》,见 http://www.mohrss.gov.cn/SYrlzyhshbzb/zwgk/szrs/tjgb/202107/t20210726_419319.html。

④ 文旅部:《2020 年国内旅游数据情况》,见 http://zwgk.mct.gov.cn/zfxxgkml/tjxx/202102/t20210218_921658.html。

⑤ 数据来源于民航局网站,见 http://www.scio.gov.cn/xwfbh/gbwxwfbh/xwfbh/mhj/Document/1675425/1675425.htm。

⑥ 《新冠疫情下中国餐饮业发展现状与趋势报告》,人民网,见 http://health.people.com.cn/n1/2020/0303/c14739-31614207.html。

　　在此背景下,为稳定劳动力市场就业形势,国家空前加大了"保就业"政策的实施力度,各地政府和各级部门出台多项稳就业支持政策,对就业市场产生了积极影响。随着疫情防控取得积极成效,企业复工复产持续推进,就业岗位逐渐恢复。2020 年,城镇调查失业率在 4—12 月份不断降低,从 4 月的 6.0%下降至 12 月的 5.2%的年内低点(见图 12-2);2021 年上半年,城镇新增就业 698 万人,同比增加 134 万人,完成全年目标任务的 63.5%;全国城镇调查失业率均值为 5.2%,低于 5.5%左右的预期目标①,劳动力市场就业形势日趋改善。

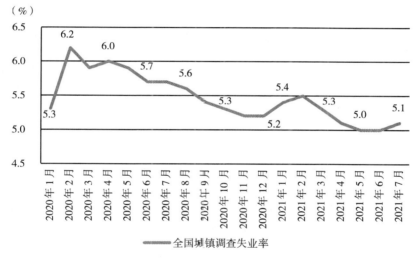

图 12-2　2020 年 1 月至 2021 年 7 月全国城镇调查失业率

资料来源:国家统计局。

　　值得注意的是,疫情防控期间,信息传输、软件、电子商务等高技术服务业抓住数字化变革契机,有力拉动了服务业增加值增长、促进了服务业转型升级,对释放劳动力市场活力发挥了显著作用。以信息软件行业为例,据统计,疫情期间支付宝上新增 25 万个小程序,带动 75 万个小程序

---

　　①　数据来源于国家统计局网站,见 http://www.stats.gov.cn/tjgz/tjdt/202108/t20210806_1820315.html。

开发和运营岗位;短视频直播、在线教育、网上会议、远程诊疗等信息需求亦大幅增加。2020 年初至 2021 年上半年,全国新增个体工商户 16.6%,全国灵活就业人员达 2 亿人,依托互联网平台的新业态、新产业、新模式成为吸收就业的强大引擎。

12.1.2 城镇单位就业人员平均工资情况

从国家统计局公布的年度数据来看,2020 年及 2021 年上半年城镇单位就业人员平均工资持续增长。2020 年全国城镇非私营单位就业人员年平均工资为 97379 元,较 2019 年增长 7.6 个百分点。其中,受益于新媒体、电子商务、线上办公平台需求的持续旺盛,互联网和相关服务行业平均工资增长 10.0%,增速比上年加快 0.7 个百分点;此外,疫情防控常态化还带动了公共管理、社会保障和医药制造业行业的平均工资增长。相比之下,传统服务行业受疫情冲击较大,交通运输、仓储和邮政业平均工资增速回落;私营教育行业、住宿和餐饮业平均工资水平均较 2019 年有所下滑。[①]

12.1.3 青年及农民工等重点群体就业状况

2020 年以来,尽管总体就业形势保持稳定,但是从就业人员构成来看,结构性矛盾仍然存在。其中,高校毕业生和农民工既是劳动力市场中的脆弱群体,也是受疫情影响最大、最直接的群体,其求职就业面临明显阻碍。

近年来,进入劳动力市场求职的高校毕业生不断增多,2021 年高校应届毕业生规模达到 909 万人,创历史新高。在新冠肺炎疫情全球持续蔓延的背景下,许多企业采取缩减规模等方式节省成本,对高校毕业生的招聘需求下降,毕业生实习、求职、面试都受到一定限制。统计显示,2020

---

① 数据来源于国家统计局网站,见 http://www.stats.gov.cn/tjsj/sjjd/202105/t20210519_1817670.html。

年6、7月份大学生集中进入就业市场,大学生失业率升至19.3%①;全年来看,全国16—24岁人口城镇调查失业率呈现周期性波动特征(见图12-3)。长期内,优化就业服务、扩大就业容量,仍是解决毕业生就业问题的重要环节。

图 12-3　2020 年 1 月至 2021 年 7 月全国 16—24 岁人口城镇调查失业率

资料来源:国家统计局。

　　农民工就业具有稳定性低、灵活就业比重高的特点,2020 年我国农民工总量接近 2.9 亿人,其中 1.7 亿人外出打工,跨省就业比重占41.6%②。疫情暴发以来,吸收农民工较多的交通、住宿餐饮业和劳动密集型制造业受冲击严重,大量企业面临市场需求缩减、防控期间停工停产、产业链上下游断供等问题,裁员现象普遍;与此同时,由于春节期间返乡农民工聚集的农村和县域地区疫情防控封锁措施更加严格,人员流动受到限制,农民工短期内返岗就业难度骤增。据统计,截至 2020 年 3 月,

　　①　数据来源于国家统计局网站,见 ht:p://www.stats.gov.cn/tjsj/sjjd/202007/t20200716_1776345.html。

　　②　《2020 年农民工监测调查报告》见 http://www.stats.gov.cn/tjsj/zxfb/202104/t20210430_1816933.html。

春节返乡的农民工返岗率仅为 60%。① 为此，国家发布多项政策加强农民工返城服务保障，主要包括：建立点对点、一站式服务通道，通过专车专列等方式组织农民工返岗；鼓励支持灵活就业，推动农民工就近就地就业等等。通过一系列扶持农民工就业的政策措施，农民工就业状况逐步改善。截至 2021 年第二季度，我国外出务工劳动力总量增至 1.8 亿人，基本恢复到疫情前水平②；外出务工农村劳动力月均收入同比增长17.6%③，"聚焦重点群体"的就业支持政策取得成效。

12.2　2020 年以来政府促进就业政策

在当前全球疫情蔓延、国内疫情防控常态化的背景下，稳定就业是我国经济高质量发展的必要条件。为应对疫情对我国劳动力市场带来的冲击，国务院、各地政府和各级部门出台了一系列就业支持政策，帮助企业复工复产、为重点就业人群提供精准支持，并且让"就业优先"的短期措施紧密服务于经济结构深度调整的长期战略。本节将从企业、劳动者和完善就业保障三个角度，梳理和总结 2020 年以来政府出台的促进就业政策。

12.2.1　帮扶中小企业复工复产，实现减负稳岗扩就业

我国中小微企业数量众多，且多分布于劳动密集型部门，是吸纳就业"主力军"。"稳就业"首先在于"稳企业"，扶持中小微企业复工复产、维

---

① 数据来源于人社部网站，见 http://www.gov.cn/xinwen/2020 - 03/08/content _ 5488551. htm。

② 数据来源于国家统计局网站，见 http://www.stats.gov.cn/tjsj/sjjd/202108/t20210816_ 1820621. html。

③ 数据来源于国家统计局网站，见 http://www.stats.gov.cn/tjgz/tjdt/202108/t20210806_ 1820315. html。

持现有就业岗位,是确保就业形势总体稳定的关键。为此,各级政府部门密集出台减税降费、金融支持、鼓励创新和数字化转型等措施,帮助中小微企业及个体工商户渡过难关。具体措施可分为以下几个方面。

一是强化金融支持。银保监会等部门出台《关于对中小微企业贷款实施临时性延期还本付息的通知》①《关于加强产业链协同复工复产金融服务的通知》②等规定,通过贷款展期、续贷等方式,给予困难中小微企业一定期限的临时性延期贷款还本付息安排;为湖北地区配备专项信贷规模,实施内部资金转移定价优惠;明确支持发展前景良好的中小微企业及受疫情影响特别严重的行业,加大产业链核心企业金融支持力度,为企业招聘员工、发放工资和采购原材料提供保障。江苏、广东等地政府出台政策鼓励当地高评级的小贷公司加大小额贷款和再贷款投放力度,适度放宽融资杠杆、下调贷款利率,对疫情防控相关企业和受疫情影响较大企业提供贷款支持。③

二是加大减税降费力度。财政部和国家税务总局发布《关于支持个体工商户复工复业增值税政策的公告》④,自2020年3月1日至5月31日,对湖北省增值税小规模纳税人免征增值税,其他省市征收率由3%减至1%。人社部、医保局等部门陆续发布《关于阶段性减免企业社会保险费的通知》⑤《关于阶段性减征职工基本医疗保险费的指导意见》⑥等规

---

① 《银保监会 人民银行 发展改革委 工业和信息化部 财政部关于对中小微企业贷款实施临时性延期还本付息的通知》,见 http://www.gov.cn/zhengce/zhengceku/2020-03/02/content_5485597.htm。

② 《中国银保监会办公厅关于加强产业链协同复工复产金融服务的通知》,见 http://www.gov.cn/zhengce/zhengceku/2020-03/27/content_5496229.htm。

③ 《江苏省地方金融监督管理局关于制定小额贷款公司支持疫情防控和复工复产激励措施的通知》,见 http://jsjrb.jiangsu.gov.cn/art/2020/3/26/art_4664_9024030.html;《广东省地方金融监管局、广东省工业和信息厅、人民银行广州分行等关于加强中小企业金融服务支持疫情防控促进经济平稳发展的意见》,见 http://gdjr.gd.gov.cn/jrzx/tzgg/content_post_2895617.html。

④ 《关于支持个体工商户复工复业增值税政策的公告》,见 http://www.gov.cn/zhengce/zhengceku/2020-02/29/content_5484995.htm。

⑤ 《人力资源社会保障部 财政部 税务总局关于阶段性减免企业社会保险费的通知》,见 http://www.gov.cn/zhengce/zhengceku/2020-02/21/content_5481861.htm。

⑥ 《国家医保局 财政部 税务总局关于阶段性减征职工基本医疗保险费的指导意见》,见 http://www.gov.cn/zhengce/zhengceku/2020-02/23/content_5482279.htm。

定,指导统筹地区根据基金运行情况,适当延迟征缴或减征职工社保单位缴费部分,阶段性、有针对性地减轻企业用工成本负担。国家发改委陆续出台降低企业用电、用气、宽带和专线成本的措施①,支持企业复工复产,降低企业生产经营成本。

三是实施稳岗补贴、以工代训政策,扩大就业容量。人社部和财政部出台《关于实施企业稳岗扩岗专项支持计划的通知》②,提出加快落实失业保险稳岗返还政策,对中小微企业 2020 年底前返还标准最高可提至企业及其职工上年度缴纳失业保险费的 100%,支持当地困难企业不裁员、少裁员。此外,人社厅发布《关于大力开展以工代训工作的通知》③,2020年 12 月底前,补贴企业面向新吸纳的劳动者开展以工代训;对受疫情影响出现生产经营暂时困难导致停工停产的中小微企业给予职业培训补贴,支持其开展在岗培训,提升劳动者职业技能。

四是支持大中小企业融通创新,促进高质量就业。疫情期间,在传统服务业、劳动密集型制造业就业受到较大冲击的同时,以大数据、人工智能、互联网为技术支撑的数字经济异军突起,为经济发展方式由要素依赖型向创新驱动型转变提供了契机。为此,国务院在《"十四五"就业促进规划》中鼓励大企业与中小企业共享场景、应用和需求,打造基于产业链供应链的创新创业生态,拓宽高技能人才就业领域。《2020 年政府工作报告》明确进一步推动制造业升级,发展工业互联网,推进智能制造,培育新兴产业集群,打造数字经济的新优势。

---

① 《国家发展改革委关于阶段性降低非居民用气成本支持企业复工复产的通知》,见 https://www.ndrc.gov.cn/xxgk/zcfb/tz/202002/t20200222_1220996_ext.html;《国家发展改革委关于阶段性降低企业用电成本支持企业复工复产的通知》,见 https://www.ndrc.gov.cn/xxgk/zcfb/tz/202002/t20200222_1220993.html?code=&state=123;《国家发展改革委、工业和信息化部、财政部、人民银行关于做好 2021 年降成本重点工作的通知》,见 http://www.gov.cn/zhengce/zhengceku/2021-05/10/content_5605687.htm。

② 《人力资源社会保障部 财政部关于实施企业稳岗扩岗专项支持计划的通知》,见 http://www.gov.cn/zhengce/zhengceku/2020-05/18/content_5512519.htm。

③ 《人力资源社会保障部办公厅关于大力开展以工代训工作的通知》,见 http://www.gov.cn/zhengce/zhengceku/2020-05/26/content_5515092.htm。

12.2.2　加强对重点群体就业支持,千方百计稳定和扩大就业①

一、针对农民工就业创业的支持政策

2019 年我国农民工总量已达到 2.9 亿人,灵活就业占大多数,因此受到疫情的影响最为直接。2020 年 2 月 25 日李克强总理主持召开国务院常务会议,指出应该通过加大稳岗和就业补助、拓宽就业渠道、加强职业技能培训等措施,多渠道扶持农民工群体就业创业。具体可总结为以下几个方面。

一是组织返岗复工,加强返程保障。由于疫情防控期间各地采取封锁措施,交通尚未完全恢复,大量中西部地区农民工滞留在家乡,而东部一些企业复工复产时面临用工短缺。人社部等部门发布关于做好农民工返岗复工"点对点"服务保障工作的通知②,建立"点对点、一站式"的服务通道,动员时间段相近、务工目的地相近的农民工集中时间出行,通过专车专列包车厢等方式,成规模、成批次组织低风险地区农民工返岗复工。在返城途中,强调对农民工出行的健康核验、健康信息互认工作,统筹疫情防控和返岗复工③。

二是拓宽外出就业渠道,促进就地就近就业。在农民工外出就业方面,通过减税降费、失业保险稳岗返还、以工代训等援企稳岗政策帮助企业纾困解难,加大对住宿餐饮等服务行业的针对性政策扶持,最大限度稳定农民工就业岗位④;开展线上招聘活动,各级公共就业服务机构线上发

---

① 《2020 年政府工作报告》,见 http://www.gov.cn/zhuanti/2020lhzfgzbg/index.htm。
② 《人力资源社会保障部办公厅关于做好农民工返岗复工"点对点"出行线上服务工作的通知》,见 http://www.gov.cn/zhengce/zhengcek/2020-03/07/content_5488255.htm。
③ 《人力资源社会保障部办公厅 国家卫生健康委办公厅关于做好农民工返岗复工"点对点"出行健康服务工作的通知》,见 http://www.gov.cn/zhengce/zhengceku/2020-03/08/content_5488616.htm。
④ 《人力资源社会保障部 国家发展改革委等十五部门关于做好当前农民工就业创业工作的意见》,见 http://www.gov.cn/zhengce/zhengceku/2020-08/07/content_5533136.htm。

布各类就业岗位信息,组织定向劳务协作,帮助农民工外出求职就业①。对于就地就近就业的返乡农民工,各部门也推出了一系列支持举措,包括:鼓励重大项目优先吸纳本地农民工和贫困劳动力,深入挖掘当地重大工程、重大项目的用工潜力,带动本地农民工就业②;开发生产性服务业等新型业态,吸引返乡留乡农民工在农资供应、代耕代种等农业前端行业和共享农庄、农村电商等新业态就业和创业③。

三是组织职业技能培训,提升农民工职业技能和就业创业能力。人社部出台《农民工稳就业职业技能培训计划的通知》④,指导各行业、企业和各级人力资源和社会保障部门做好职业培训组织工作,动员农民工参加培训,对新招用农民工、待岗农民工和返乡农民工等群体的企业给予培训补贴;针对农民工特点,支持职业院校、企业培训中心等开展定向、定岗、订单培训,提升培训质量;对通过职业技能鉴定的参训人员,给予技能鉴定补贴。

二、加大对高校毕业生就业服务和创业支持

受新冠肺炎疫情影响,高校毕业生就业形势严峻。各地政府部门及高校采取了拓展渠道、精准服务等举措,帮助毕业生升学、就业和创业。

一是拓宽就业渠道,增加就业机会。《教育部关于应对新冠肺炎疫情做好2020届全国普通高等学校毕业生就业创业工作的通知》⑤提出了促进毕业生多渠道就业的一系列措施:第一,引导基层就业,选调应届优秀高校毕业生到基层培养锻炼,对基层就业的毕业生实行学费补偿、贷款代偿、考研加分等优惠政策;第二,建设校企合作对接平台,在重点区域、

① 《人社部:大力推进返岗复工信息对接服务 重点启动线上招聘》,见 http://health.people.com.cn/n1/2020/0307/c14739-31621637.html。

② 《国务院常务会议推出鼓励吸纳高校毕业生和农民工就业的措施》,见 http://www.gov.cn/premier/2020-02/25/content_5483215.htm。

③ 《农业农村部办公厅 人力资源社会保障部办公厅关于印发〈扩大返乡留乡农民工就地就近就业规模实施方案〉的通知》,见 http://www.gov.cn/zhengce/zhengceku/2020-03/30/content_5497102.htm。

④ 《人力资源社会保障部关于印发农民工稳就业职业技能培训计划的通知》,见 http://www.gov.cn/zhengce/zhengceku/2020-06/02/content_5516681.htm。

⑤ 《教育部关于应对新冠肺炎疫情做好2020届全国普通高等学校毕业生就业创业工作的通知》,见 http://www.gov.cn/zhengce/zhengceku/2020-03/07/content_5488414.htm。

重大工程、重大项目、重要领域中加强人才供需对接;第三,丰富就业形态,充分利用平台经济、众包经济、共享经济等新经济形态平台,支持毕业生灵活就业,在教育、医疗、养老等民生领域创业;第四,引导大学毕业生参军入伍,针对毕业生群体开展精准宣传动员和重点征集;第五,加大补充教师队伍力度,招录高校毕业生到急需教师的中小学和幼儿园任教。

二是强化精准招聘服务。在线上招聘方面,各地纷纷搭建便捷高效的求职招聘通道,常态化开展线上招聘,广泛归集发布招聘信息,推广应用高校毕业生精准招聘平台。针对热门行业、重点企业、地方特色,联合社会力量推出"直播带岗""直播政策""新职业体验"等,积极促进供需对接。① 2020 年 4 月起,工信部和教育部联合举办"全国中小企业网上百日招聘高校毕业生活动"②,搭建校企信息沟通平台,推动企业组织实习和岗前培训,提高高校毕业生与中小企业对接成功率。

三是加大职业技能培训,提升毕业生职业发展能力。人社部等部门出台《百万青年技能培训行动方案》③,鼓励企业立足青年特点,开展新型学徒制培训、技能研修培训、以工代训计划;面向新职业、新技能和新就业形态,重点开展人工智能、大数据、云计算等新技术培训,媒体运营、网络营销、电子竞技、健康照护等新职业培训,建设知识型、技能型、创新型的劳动者大军,扩大和稳定青年就业。

四是增加升学深造机会,面向部分重点专业扩招。2020 年 2 月 25 日召开的国务院常务会议明确提出,扩大 2020 年硕士研究生招生和专升本规模。④ 其中,硕士研究生扩招向国家战略和民生领域急需的临床医学、公共卫生与预防医学、先进制造、人工智能等相关学科和专业学位类

---

① 《人力资源社会保障部关于做好 2021 年全国高校毕业生就业创业工作的通知》,见 http://www.gov.cn/zhengce/zhengceku/2021-03/19/content_5593988.htm。

② 《工业和信息化部办公厅 教育部办公厅关于开展 2020 年全国中小企业网上百日招聘高校毕业生活动的通知》,见 http://www.gov.cn/zhengce/zhengceku/2020 - 05/01/content_5508028.htm。

③ 《人力资源社会保障部 财政部 共青团中央关于印发百万青年技能培训行动方案的通知》,见 http://www.gov.cn/zhengce/zhengceku/2020-07/31/content_5531384.htm。

④ 《国务院常务会议推出鼓励吸纳高校毕业生和农民工就业的措施》,见 http://www.gov.cn/xinwen/2020-02/25/content_5483215.htm。

别倾斜;专升本扩招向电子信息、生物医学和预防医学、健康服务与管理、护理等产业升级和改善民生急需的专业倾斜。①

12.2.3 支持和规范新就业形态发展,增强灵活就业人员保障

新冠肺炎疫情对线下经济造成了直接冲击,而线上数字经济发展进入快车道。各类新产业、新业态、新模式发展壮大,涌现出直播销售、网约配送等各种各样的灵活就业模式,是吸纳就业的"蓄水池"。目前,全国灵活就业人员达2亿人。国务院办公厅《关于支持多渠道灵活就业的意见》②指出,要将支持灵活就业作为稳就业和保居民就业的重要举措。但也需要看到,当前就业歧视现象仍然存在,灵活就业人员和新就业形态劳动者权益保障亟待加强。③

2021年5月12日李克强总理主持召开国务院常务会议,确定进一步支持灵活就业的措施:一是完善灵活就业人员参加社会保险的措施,推动放开灵活就业人员在就业地参加社保的户籍限制;二是加强劳动保障,合理界定平台企业责任,探索用工企业购买商业保险、保险公司适当让利、政府加大支持的机制;三是完善法律法规,清理和取消不符合上位法或不合理的收费罚款规定,为灵活就业创造良好环境。④

为落实这一会议精神,人社部等部门出台《关于维护新就业形态劳动者劳动保障权益的指导意见》⑤,要求各地逐步放开灵活就业人员在就

---

① 《教育部关于应对新冠肺炎疫情做好2020届全国普通高等学校毕业生就业创业工作的通知》,见 http://www.gov.cn/zhengce/zhengceku/2020-03/07/content_5488414.htm。

② 《国务院办公厅关于支持多渠道灵活就业的意见》,见 http://www.gov.cn/zhengce/zhengceku/2020-07/31/content_5531613.htm。

③ 《国务院关于印发"十四五"就业促进规划的通知》,见 http://www.gov.cn/zhengce/zhengceku/2021-08/27/content_5633714.htm。

④ 《李克强主持召开国务院常务会议 决定将部分减负稳岗扩就业政策期限延长到今年底 确定进一步支持灵活就业的措施等》,见 http://www.gov.cn/xinwen/2021-05/12/content_5606028.htm。

⑤ 《关于维护新就业形态劳动者劳动保障权益的指导意见》,见 http://www.gov.cn/zhengce/zhengceku/2021-07/23/content_5626761.htm。

业地参加基本养老、基本医疗保险的户籍限制,组织未参加社会保险的灵活就业人员按规定参保;强化职业伤害保障,以出行、外卖、即时配送、同城货运等行业的平台企业为重点,鼓励平台企业通过购买人身意外、雇主责任等商业保险,灵活就业人员保障水平。国家医保局等部门发布的《关于做好 2021 年城乡居民基本医疗保障工作的通知》①也提出推进参保人员办理参保登记、申报缴费线上线下办理,高频医保服务事项跨省通办。这些措施对于提高灵活就业人员保障水平、支持灵活就业和新就业形态发展提供了重要支撑。

12.3　失业保险的发展及其问题

随着产业转型步伐加快,对劳动力需求出现结构性变化,主要表现为制造业自动化程度提升对低技能蓝领工人需求下降,同时生活服务业、现代服务业等行业对劳动力需求持续上升,这些趋势在"十四五"期间仍将持续。近期劳动力市场又叠加了来自新冠疫情的冲击,保就业成为"十四五"重要的政策目标之一。在各类政策选项中,一方面失业保险制度长期不被重视,参保企业和参保个人对失业保险待遇缺乏了解,很多参保人并未意识到参加失业保险应得的权益;另一方面,政府在失业保险基金运行方面缺乏有效政策设计,基金累计结余较高。

失业保险主要有两大功能,一是保障失业职工在失业期间的基本生活;二是为失业职工提供培训、就业信息等服务,帮助其重新就业。但我国失业保险在这两个方面的功能都还比较弱。

---

① 《国家医保局 财政部 国家税务总局关于做好 2021 年城乡居民基本医疗保障工作的通知》,见 http://www.gov.cn/zhengce/zhengceku/2021-06/10/content_5616535.htm。

12.3.1 失业保险覆盖面增长缓慢，保障基本生活的功能未能充分发挥

我国城镇非私营单位的参保人是失业保险制度缴费的主力军，占95%左右。但这些就业人员失业风险小，所以我国登记失业率一直较低，与经济周期关系不紧密，失业保险在保障失业人员基本生活方面的功能未充分发挥。

失业保险参保职工与养老保险参保职工人数比一直趋于下降，截至2020年，只有养老保险参保人数的66%左右（见图12-4）。失业保险不覆盖灵活就业的劳动力，这是其覆盖面低于养老保险的主要原因。

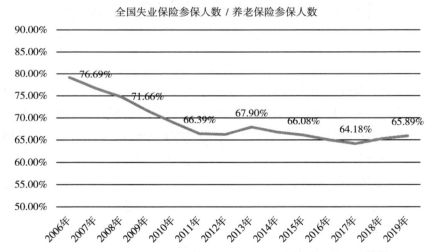

全国失业保险参保人数 / 养老保险参保人数

图 12-4 2006—2019 年失业保险参保人数与城镇职工养老保险参保职工人数比较
资料来源：根据 CEIC 数据库提供的统计年鉴数据整理。

失业参保人员在失业后对于政策缺乏了解从而未去登记失业状况是其作用发挥不充分的主要原因。事实上，全国大部分城市的失业保险待遇为最低工资的70%左右，对于相当一部分工资为最低工资的外来劳动力而言，失业保险金待遇并不低。按照规定，在法定劳动年龄以内（16周岁至退休年龄），本市行政区域内的城镇企事业单位、社会团体、民办非

企业单位及职工和国家机关的劳动合同制职工,均应办理失业保险登记,缴纳失业保险费,其失业人员依照本实施意见规定,享受失业保险待遇。但外来劳动力一旦在本地失去工作,可能会到外地寻找工作,未能领取失业保险,失业保险对这部分群体而言作用不大。

12.3.2　结构性失业是主要的失业问题,失业保险需对高风险群体就业分类引导

结构性失业是失业的主要特征。结构性失业主要是由于经济结构(包括产业结构、产品结构、地区结构等)发生了变化,现有劳动力的知识、技能、观念、区域分布等不适应这种变化,与市场需求不匹配所引发的失业。从本质上讲,结构性失业是求职者的劳动力技能与岗位技能要求不匹配造成的一种劳动技能缺口现象。三类人群是结构性失业风险最高的人群。

一是大学生群体,大学生所学技能与市场需求不匹配,大学毕业生的就业问题仍然非常严峻。根据人口普查数据,失业者中毕业未找到工作人员的学历分布显示,大学本科、专科和研究生毕业未找到工作的占全部失业人员的比重为 9.6%。

二是农民工群体,农民工的人力资本处于明显劣势,受到产业转型调整影响较大,在从制造业向服务业就业过渡过程中,需要在职业培训方面给予帮助。农民工流动性强,尽管属于就业困难群体之一,但流入地和流出地政府都未将其视为就业援助对象。

三是高龄劳动力就业形势严峻。随着现代生产技术不断发展,企业更愿意招收接受能力相对较强的年轻人,而有些"4560"人员并没有意识到自身竞争力较弱的现况,对工资待遇的期望值较大,基于这两点,"4560"人员是最为严重的"就业弱势群体"。需要引导低技能老龄劳动力改变就业观念,从事社会需求缺口较大的工作。

我国失业保险基金结余水平一直较高,2018 年全国失业保险结余与当年支出之比已经高达 635.53%,2019 年降至 346.95%,但仍然处于较高水平。失业保险基金在促进就业方面的利用率不高。

我国已经有多种形式的失业保险促进就业措施,从基金使用用途看,

用于发放失业待遇的约占四分之一,岗位补贴和社会保险补贴支出占比最高,约占70%,用于各类培训的占比较少。以上海为例,失业保险主要的促进就业措施根据人群区分种类已经很齐全(见表12-1),但对劳动者就业促进的作用仍然有限。

表 12-1 上海现有失业保险对三类人群的促进就业措施

人群	促进就业措施	存在的主要问题
大学生和青年群体	1. 公益性岗位就业托底安置、落实就业援助政策、每年开展就业援助月活动 2. 创业带动就业。创业扶持政策逐步落地。推出"海纳百创"公共创业服务平台 3. 实施"启航计划"推动长期失业青年实现就业 4. 畅通"乐业上海"公共就业服务渠道。创建"乐业上海"公共就业服务品牌,推出乐业招聘、乐业指导等乐业系列服务,拓展公共就业服务维度 5. 培训补贴。针对性开展就业导向、订单式的技能培训;根据人社部部署和企业需求,对企业新招用或转岗的技能人员,全面推广"招工及招生、企校双师联合培养"的企业新型学徒制,提高补贴标准,扩大培训规模 6. 提供专业化、精细化职业指导服务。通过实施首席职业指导师制度、职业指导能力提升计划等举措,专业化打造职业指导师队伍 7. 建设就业见习基地。加强对学生的实岗经验锻炼和求职模拟训练	项目种类繁多,公共创业服务提供的指导有限,有针对性的培训项目不多
农村劳动力	1. 实施"一人一策"推动建档立卡且具有户籍的农民培训就业。对未就业且有就业意愿的农民,实名制、全过程、动态化跟踪培训就业情况,实现线上建档、线下立卡、定期上报 2. 重点推进特殊职业人群的培训。通过"直通式双证融通"试点工作,优化新生代农民职业培训模式。落实养老护理人员技能提升专项行动计划,培育了一批养老护理培训机构,配合长护险试点工作,制定了过渡期开展养老护理、养老护理(医疗照护)技能培训补贴相关政策,并探索开展了技能水平评价落实工作 3. 健全"强供给"的技能培训体系,提升整体就业能力	需要鼓励年轻人改变观念,从制造业向服务业职业转型 提高培训支付能力

人群	促进就业措施	存在的主要问题
"4560"人员等就业困难群体	1. 确立公益性岗位安置、企业吸纳和自主灵活就业相结合的困难人员就业帮扶机制;确保"零就业家庭"在确认后一个月内至少一人实现就业,"就业困难人员"在认定后三个月内实现就业 2. 开展职业技能培训,针对性开展就业导向、订单式的技能培训 3. 援企稳岗"护航行动"助力稳定就业。向不裁员少裁员企业返还失业保险费	订单式技能培训,需要明确就业导向性培训的内容和培训的提供方

12.4　未来就业优先政策的方向

12.4.1　总结和评估各项促进就业政策的效果

从各国实践看,多数国家通过失业保险和劳动力市场政策配合促进再就业。其中比较普遍的措施有:(1)提供就业服务,如帮助失业者寻找工作、帮助他们提高面试技能、提供简历书写服务。(2)提供培训。如开设课程,如设立学徒制、帮助工人提高就业技能,从而提高再就业率。(3)鼓励创业。如法国对自行创办微型企业的失业者,除采取给予技术支持、咨询服务外,还由失业保险基金给予担保,由银行给予贷款;或者将失业津贴转为创业补贴,如西班牙规定,失业者如从事任何自谋职业活动,都可以将其应领取的全部失业津贴作为创业资金进行一次性领取。(4)促进公共就业。鼓励失业工人参与社区工作。(5)对企业给予一定的补贴,减少企业裁员的概率。

表 12-2　不同劳动力市场政策的优劣及改革关键点

政策	目标	优点	缺点	未来改革的关键点
就业服务、求职帮助	对接劳动力市场信息和劳动者	成本低	效率不高	整合内容,与市场中的其他招聘信息平台合作,提高信息共享程度
培训	提升工作技能	提高劳动力质量	政府提供的培训不一定满足需求	形成公共和市场机构合作的培训体系
工资补贴	补贴雇用低技能者的企业	帮助实现长期就业	主动权在企业手中	需要明确补贴数量和补贴持续时间
促进企业发展	信贷支持	缓解企业借贷难题	扭曲竞争	不鼓励采用这一方式
公共部门就业	政府资助,为失业贫困工人提供收入	提供就业机会	劳动者不愿在公共部门就业(如社区工作)	确定合理工资,激励失业工人参与该项工作
公共投资促进就业		提供就业,同时也提供商品和服务	扭曲竞争	需要有合适的项目

12.4.2　构建公共和私人机构合作的职业培训体系

对失业人员进行职业培训是促进就业最有效的途径。因此,各国都几乎无一例外地将职业培训作为就业促进工作的重点。英国对参加受训并取得资格证书的失业人员,分别按资格等级增加失业保险给付;美国规定参加职业培训的失业人员,可适当延长失业保险给付期;德国、意大利对参加培训的失业人员提供生活补贴,失业保险负担部分培训费用,包括注册费、书费、交通费等;澳大利亚和西班牙等国规定,参加培训的失业人员可以享受疾病、工伤、失业和养老保险待遇。

近年来,我国开展了大规模的职业技能培训。但存在一些不可忽视的问题,主要表现为,一方面公共性职业技能培训的供给数量和质量不能满足需求;另一方面,劳动者个体支付能力有限。

从其他国家的模式看,有如下几种(见表12-3)。就我国情况而言,自由市场型的职业技能培训模式不利于满足低收入低技能劳动者的职业技能培训需求;政府主导型的职业技能培训模式不利于职业技能培训机构的创新。比较好的做法是低端劳动力职业技能培训供给以政府为主体,而高端就业群体职业技能培训供给选择以企业和市场为主体的模式,政府给予适当补贴。

表12-3 典型国家培训模式总结

培训模式	典型国家
企业为主体的职业技能培训供给模式	日本和韩国
企业和学校合作的职业技能培训供给模式	德国
自由市场型的职业技能培训供给模式	美国和英国
政府主导型的职业技能培训供给模式	法国

政府为主体并不代表政府直接提供培训,具体的做法有两种。一是政府作为独立出资人,委托公共教育机构提供公共知识培训,这些培训机构多为财政拨款单位或带有公益性质的单位,不以营利为主要目标,政府只需保证培训组织方有适当的收益即可。二是政府作为主要出资人,委托市场化职业院校或培训机构提供通用技能培训。接受培训的劳动者需适当交纳部分费用,其余部分由财政出资补贴,确保市场化的职业技能培训机构获益水平能够大致达到市场平均收益率。比如,对于一些稀缺的特定专业人才,可以通过订单式培养来增加供给。

对于市场化为主体提供的培训,相当一部分潜在学员是刚刚走出学校尚无财务能力的大学毕业生或者青年农民工,由于负担不起高昂的学费,不少人放弃了职业技能培训的机会。对于这部分有职业技能培训需求但是缺少支付能力的人员,可以考虑通过失业保险基金设立职业技能培训专项贷款服务解决个人支付能力不足的问题。这部分人学习能力比较强,未来是失业保险基金主要参与者和贡献者,还贷能力也比较强。

13

健全就业需求调查和失业监测预警机制

就业是民生之本，是关乎我国经济发展、社会和谐、政治稳定的重大问题。随着社会经济发展进入新的阶段，就业被置于更优先的位置，稳定和扩大就业是做好民生保障工作的内在要求。2021年6月，人社部印发的《关于人力资源和社会保障事业发展"十四五"规划的通知》（人社部发〔2021〕47号）中提出："健全就业需求调查和失业监测预警机制，有效防范规模性失业风险。"因此，健全就业需求调查和失业监测预警机制，是稳定就业局势、防范失业风险、促进经济社会全面协调稳定发展与构建和谐社会的重要举措。

13.1 我国就业形势的总体状况与挑战

13.1.1 就业形势总体状况与主要特征

"十三五"时期，我国经济发展进入新常态，经济增长从高速转向中高速，发展方式从规模速度型粗放增长转向质量效率型集约增长，发展动力从传统增长点转向新增长点。[①] 与此同时，我国经济增长带动就业能力不断提高，经济新常态下就业形势总体保持基本稳定。

从就业总量来看，2011—2020年全国就业总人数呈现先升后降的趋势，但总体来看较为稳定，并未因经济增速放缓而出现较大的波动，2020年全国就业人员75064万人，而且城镇吸纳就业能力不断增强，城镇就业人员比重逐年提高，从2011年的47.25%上升到2020年的61.64%，见表13-1；从城镇每年新增就业人数来看，新增就业人数依旧保持在一个较高的水平，2020年城镇新增就业1186万人，其中有511万城镇失业人员实现再就业，就业困难人员就业167万人，见图13-1；从失业人口和失业

---

① 《深入认识经济发展新常态》，中国共产党新闻网，见 http://theory.people.com.cn/n1/2018/0103/c416126-29743053.html。

率来看,城镇登记失业率基本稳定在 4% 左右,2019 年城镇登记失业率最低,为 3.6%。受新冠疫情影响,2020 年末城镇登记失业人员有所增加,为 1160 万人,城镇调查失业率和城镇登记失业率分别为 5.2%、4.24%,低于 5.5% 左右的预期目标,见图 13-2。就业状况具备以下三个典型特征。

表 13-1　2011—2020 年就业总量

年份	2011 年	2012 年	2013 年	2014 年	2015 年
就业人员(万人)	76196	76254	76301	76349	76320
其中,城镇就业人员(万人)	36003	37287	38527	39703	40916
乡村就业人员(万人)	40193	38967	37774	36646	35404
年份	2016 年	2017 年	2018 年	2019 年	2020 年
就业人员(万人)	76245	76058	75782	75447	75064
其中,城镇就业人员(万人)	42051	43208	44292	45249	46271
乡村就业人员(万人)	34194	32850	31490	30198	28793

资料来源:历年《人力资源和社会保障事业发展统计公报》。

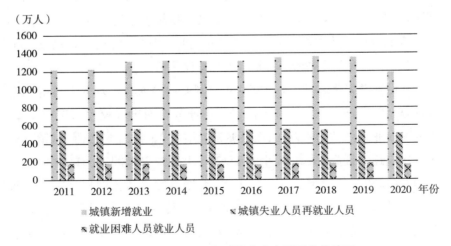

图 13-1　2011—2020 年城镇失业人员再就业情况

资料来源:历年《人力资源和社会保障事业发展统计公报》。

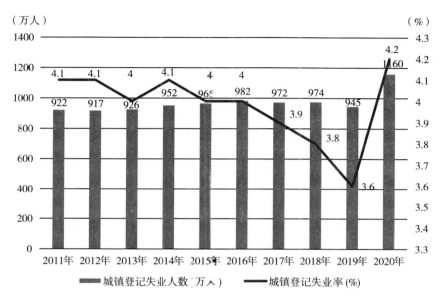

图 13-2　2011—2020 年城镇登记失业情况

资料来源:历年《人力资源和社会保障事业发展统计公报》。

一、三次产业就业结构更加优化

图 13-3 整理了近 10 年来三次产业就业人数及其占总就业人数的比重。首先,第一产业对就业的吸纳能力逐渐下降。随着工业化、城镇的快速发展,农村劳动力大规模地流向城市,2020 年全国农民工总量 28560 万人,比 2011 年增加 3282 万人,2011 年第一产业就业人数占总就业人数的比重被第三产业超越,随后在 2014 年被第二产业超越,2011—2020 年我国第一产业就业人数占总就业人数的比重下降了 11.14 个百分点。其次,第二产业对就业的拉动作用有所下降,但幅度不大。2012 年我国第二产业就业人数为 23226 万人,占总就业人数的 30.46%,在接下来的几年里,其就业人数占总就业人数的比重不断下降,这与我国产业结构性优化升级息息相关,"去产能"被列为五大结构性任务之首,以煤炭、钢铁、水泥为代表的传统行业对劳动力的需求不断下降。2020 年,我国第二产业就业人数占总就业人数的 28.70%,仅比 2011 年下降了 0.88 个百

分点。最后,第三产业成为解决就业问题的主力军。统计数据显示,2011年我国第三产业就业人数为 27185 万人,占比 35.68%,十年时间内其就业人数增长了 8621 万人,就业人数占比上升了 12.02 个百分点,2020 年第三产业就业人数为 35806 万人,占比 47.70%,成为劳动力最大的"蓄水池"。其中,以技术创新和模式创新为内核的新型经济形态发挥了重要作用。产业结构变化将继续带动服务业对就业的吸纳作用,传统的建筑业和制造业吸纳就业的能力在下降,现代服务业将会为劳动者提供更多的就业机会,对劳动力的需求仍然十分旺盛,呼唤劳动者进入新的业态。

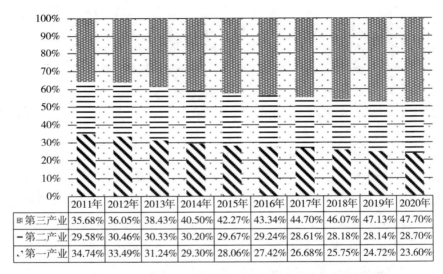

	2011年	2012年	2013年	2014年	2015年	2016年	2017年	2018年	2019年	2020年
第三产业	35.68%	36.05%	38.43%	40.50%	42.27%	43.34%	44.70%	46.07%	47.13%	47.70%
第二产业	29.58%	30.46%	30.33%	30.20%	29.67%	29.24%	28.61%	28.18%	28.14%	28.70%
第一产业	34.74%	33.49%	31.24%	29.30%	28.06%	27.42%	26.68%	25.75%	24.72%	23.60%

图 13-3　2011—2020 年三次产业就业人数占总就业人数的比重

资料来源:历年《中国统计年鉴》。

二、新型经济形态发展迅速,成为吸纳就业主要阵地

新型经济形态一般是指基于互联网经济平台而产生的新的经营形态或运营形态,包括新兴的平台经济、共享经济、众包经济、众筹经济等。近年来,新业态广泛渗透于各个行业,尤其在生活服务业、交通服务业、餐饮外卖行业、快递业表现最为明显。企查查大数据研究院联合中国社科院

城市与竞争力研究中心发布的《2020 中国企业发展数据年报》数据显示，2020 年我国新增注册市场主体 2735.4 万家，同比增长 12.8%[1]，外卖、直播、在线教育、宠物经济等基于新场景的新经济模式正在大范围地点燃发展新引擎。迅速崛起的新经济新业态为劳动者创造了大量新岗位，使得灵活就业有了更广泛的市场需求和应用场景。依托共享平台的新就业涉及的领域宽，既有创意策划、软件设计、在线教育等适合大学生群体的知识密集型复杂劳动岗位，也有外卖骑手、网约车司机、云客服等适合文化水平相对不高群体的熟练性劳动岗位，为社会各群体的就业创造了更广阔的空间和更多机会，因此在新产业、新业态、新模式等新经济中就业的人员日益增多。例如，2018 年阿里零售平台创造的就业机会高达 4082 万个[2]；2020 年上半年通过美团平台获得收入的骑手总数为 295.2 万人，同比增长 16.4%[3]；抖音平台上，2019 年 8 月至 2020 年 8 月，共有 2097 万人通过从事创作、直播、电商等工作获得收入[4]；百度文库 2020 年上半年知识店铺的开店量超过 4 万家，直接带动近 100 万兼职或全职的内容创作者就业[5]。与此同时，新业态劳动用工形式表现出具有较高的包容性和灵活性。例如，滴滴平台上大约 20.4% 的专职司机是由于下岗、失业等原因从事网约车工作，41.1% 来自制造业，13.6% 来自交通运输业，4.9% 来自钢铁、煤炭等去产能行业[6]；2020 年上半年美团平台上的新增骑手中，来自国家建档立卡贫困户的近 8 万人[7]。

---

① 中国社科院、企查查大数据研究院：《2020 中国企业发展数据年报》，见 https://www.sohu.com/a/453328225_293225，2021—11—07。

② 中国人民大学劳动人事学院课题组：《阿里巴巴零售平台就业机会测算与平台就业体系研究报告》，2019 年。

③ 美团研究院：《2020 年上半年骑手就业报告》，2020 年。

④ 中国人民大学国家发展与战略研究院课题组：《抖音平台促进就业研究报告》，见 http://nads.ruc.edu.cn/docs/2020-09/e45e512c135f40aca56c0cf3d4573b90.pdf，2021—11—08。

⑤ 周琳：《让灵活就业成稳就业重要抓手》，《经济日报》2020 年 8 月 17 日，第 3 版。

⑥ 国家信息中心：《中国共享经济发展报告（2021）》，见 https://www.ndrc.gov.cn/xxgk/jd/wsdwhfz/202102/P020210222307942136007.pdf，2021—11—08。

⑦ 美团研究院：《2020 年上半年骑手就业报告》，2020 年。

三、就业的所有制结构和地区结构有所变动

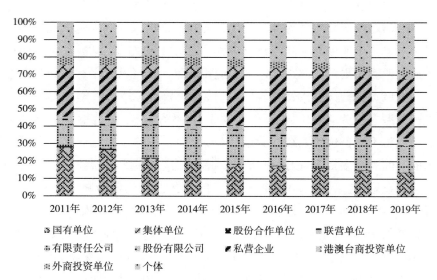

图 13-4　2011—2019 年不同性质单位吸纳就业情况

资料来源:历年《中国统计年鉴》。

　　一方面,就业的所有制结构转变主要表现在国有企业对就业的拉动作用下降,非公经济就业比重的上升。如图 13-4 所示,2011 年我国城镇国有单位和集体单位就业人数分别为 6704 万人、603 万人,占城镇总就业人数的比重分别为 8.80%、0.79%,其他单位人员为 68889 万人,比重为 92.41%;2019 年城镇国有单位和集体单位就业人数分别下降了1231 万人和 307 万人,占城镇就业总人数的比重分别相应下降了 1.54个百分点和 0.40 个百分点,而城镇其他单位就业总人数为 69678 万人,比 2011 年增长了 789 万人,比重上升了 1.94 个百分点,其中个体就业增长最为显著,2019 年城镇个体就业人数 11692 万人,与 2011 年增长了 6465 万人,比重上升了 8.64 个百分点,这与“大众创业、万众创新”的蓬勃发展密切相关,外卖、快递、直播等产业链中个体经营者的大量涌现,是个体就业人数增长的主要因素。另一方面,东部地区仍然是吸纳劳动力最多的区域,但是也出现了向中西部回流的趋势。长期以

来,由于经济发展水平的差异,东部地区吸引了一大批中西部富余劳动力。然而近年来由于劳动力成本的提高以及中西部经济的发展,在东部地区务工人数逐渐减少,而中西部地区吸纳就业的农民工不断增加,2020年在东部地区就业的农民工比上年减少568万人,下降3.6%,而在中部和西部地区就业农民工分别比上年增加4万人和106万人,分别达到6227万人和6279万人[①]。

13.1.2 新时代就业形势面临的挑战

新常态下,我国经济正在向形态更高级、分工更复杂、结构更合理的阶段演化。[②] 尽管我国劳动年龄人口绝对数量开始下降,但是降低的幅度并不大,劳动力参与率仍处于高位水平,经济活动人口的数量同样不会出现大幅减少。基于此可以判断,我国劳动力供给的总量压力依旧较大。

一、就业结构性矛盾依然突出

当前,我国就业领域不确定性因素依旧存在,"就业难"和"招工难"的"两难"现象并存,就业结构性矛盾不容忽视。一方面,高校毕业生就业形势依然严峻。近年来各地和有关部门通过系列政策,以支持企业和基层吸纳更多毕业生,支持毕业生自主创业和扩大升学深造规模等方式,实现了高校毕业生就业局势的总体平稳,"十三五"以来全国高校毕业生累计达4088万人,初次就业率连续多年保持在77%以上[③],但仍不能忽视超过五分之一的大学生未实现就业。随着我国受教育程度持续改善,我国人力资本水平有了较大的提高。2020年我国劳动年龄人口平均受教育年限达到10.8年,新增劳动力平均受教育年限达到13.8年,相当于

---

① 国家统计局:《2020年农民工监测调查报告》,见 http://www.stats.gov.cn/tjsj/zxfb/202104/t20210430_1816933.html。

② 《习近平经济发展新常态重大论断,引领中国经济行稳致远》,央广网,见 http://news.cnr.cn/native/gd/20200511/t20200511_525084337.shtml。

③ 《全国高校毕业生初次就业率多年超77%》,见 http://www.gov.cn/xinwen/2020-12/01/content_5566221.htm。

已进入到高等教育阶段。① 但是值得注意的是在美国、英国等地大学本科及以上学历的劳动者在制造业、教育和公共管理等行业的分布大都比较平均,但是在我国大学本科及以上学历劳动者主要分布在科学研究和技术服务业、教育、公共管理、社会保障和社会组织、卫生和社会工作、金融业以及文化体育和娱乐业等市场化程度较低、受政府管制较多的行业和部门,而在制造业和批发零售业就业的比例明显偏少。劳动密集型产业在促进就业方面起到了积极作用,但是劳动密集型行业就业人员的平均受教育程度和平均教育年限依旧偏低且并没有发生太大的变化。因此,人才的分布和层次、类型等结构有待优化。另一方面,伴随着农村富裕劳动力的转移和逐渐减少,以及劳动力市场面临"刘易斯拐点"的情况,劳动力市场出现了农民工"招工难"的现象,而劳动者横向流动过大和企业稳定用工需求不适应,又进一步放大了招工难。其中劳动者技能素质与产业升级用工需求增长不适应,"技工荒"成为我国制造业发展的一个瓶颈。目前我国技能劳动者超过 2 亿人,技能劳动者占就业人口总量仅为 26%,高技能人才仅占技能人才总量的 28%,这个数据与发达国家相比,仍然存在很大差距②。此外,劳动就业短期化现象突出,就业稳定性较低,流动性较大。

二、科技进步对就业有所冲击

随着中国经济向高质量发展转型,科技进步已经成为我国 GDP 增长的主要引擎。"十三五"期间科技进步贡献率从 55.3% 提升到 59.5%。③ 2020 年中国创新指数达到 242.6(以 2005 年为 100),比上年增长 6.4%。④ 随着经济发展到一定水平,科技进步、全要素生产率的贡献率会越来越高。而科技进步成为提高劳动生产率最大动力的同时,也对劳

---

① 佘颖:《我国劳动年龄人口平均受教育年限为 10.8 年》,《经济日报》2021 年 4 月 1 日,第 8 版。

② 《中国技能劳动者超过 2 亿人 其中高技能人才超过 5000 万》,光明网,见 https://m.gmw.cn/baijia/2021-03/19/1302174530.html。

③ 《数字的回响恢弘的擘画》,《中国统计》2020 年第 11 期。

④ 国家统计局:《2020 年中国创新指数增长 6.4%》,见 http://www.stats.gov.cn/tjsj/zxfb/202110/t20211029_1823940.html。

动力市场提出了新的挑战。对于科技进步对就业产生的影响一直是一个存在争议的话题。但一般认为虽然科技进步在短期内会导致劳动力市场中"技术性失业"的增加,但会促使工作岗位会在不同的行业间进行分配,甚至会创造更多的岗位,对劳动力市场的总体影响是偏于正面。但也需要注意到,对于综合素质较低的劳动人口而言,科技进步对他们的就业替代性更强,伴随着用人成本的上升,企业为了节省人成本,企业亦开始重视机器人的引进和使用。随着未来技术进步加快和产业优化升级,社会给劳动力带来一些新就业机会的同时,也会对传统行业带来一定的冲击,以科技创新为主导的新兴产业对劳动者素质的要求不断提高,劳动者的素质及就业需求与岗位要求不匹配的问题将继续存在,"招工难"和"就业难"的结构性矛盾将进一步突出。

三、"后疫情时代"的不确定因素对稳就业、保就业工作带来压力

2020年以来新冠疫情与原有的周期性、结构性、摩擦性等就业矛盾相互交织同时迸发,推动就业工作的传统手段又被阻断,对劳动力市场的冲击巨大。一是经济明显下滑增加稳就业的困难。此次新冠肺炎疫情对工业生产、全球贸易流以及全球物流网络带来了严重干扰。[①] 大多数的行业,尤其是交通运输、餐饮娱乐、旅游等服务业都受到了不同程度的影响。按照奥肯定律,一个国家的短期失业率与经济增长率之间呈反向变化关系,高经济增长率使失业率降低,低经济增长率则会提高失业率。虽然我国经济增长对就业增长仍具有较强的拉动作用,但不可否认受经济下行压力影响,与经济高速增长阶段相比,经济增长对就业的吸纳作用将会减弱。二是对中小企业特是小微企业的巨大冲击削弱其就业吸纳能力。截至2020年底,中国中小企业数量已超过3000万家,贡献了80%以上的劳动力就业[②],也是就业和创新创业的主要阵地。由于承受风险能力普遍较弱,中小企业受到疫情的打击尤为严重,这直接影响着各群体

---

① Brodzicki,T.,"Impact of COVID-19 on the Chinese and Global Economy",https://ihsmarkit.com/research-analysis/impact-of-covic19-on-the-chinese-and-global-economy.html.

② 《要成为制造业强国,中国需要更多隐形冠军》,见 https://baijiahao.baidu.com/s? id = 1710111710638090451&wfr=spider&for=pc。

的就业问题。从重点群体来看,新冠肺炎疫情对应届大学生、农民工的冲击都较为严重。三是对外贸易形势更加严峻抑制出口型企业用工需求。当前我国已经是世界上贸易额最大的国家之一,与外贸有关的企业吸纳就业有数千万人之多。受新冠肺炎疫情的影响,国与国之间的经贸往来受到很大冲击,必将对与此相关的进出口企业产生影响,并由此对关联的就业产生冲击。此外,我国对外劳务输出也很可能受到疫情的影响而缩减。

13.2　我国就业政策的演变和实践状况

13.2.1　我国就业政策的演变

失业问题与工业化、市场化和城市化的发展相伴而生,是各国努力要解决的社会问题。新中国成立以来,我国城镇就业模式经历了从"终身雇佣制"到"合同制"到"非正规化"的过程,就业方式实现了由"单位就业"向"组织起来就业"再向"自主灵活就业"和"创业式就业"发展。[①] 我国是人口大国,劳动者的就业需求和劳动力总量过大、素质不相适应的矛盾是长期存在。为实现充分就业,党和政府制定出台了一系列的政策和措施,千方百计扩大就业。党的十八大把"就业更加充分"作为未来经济社会发展的重要目标,党的十九大要求"坚持就业优先战略和积极就业政策",同时明确提出了"实现更高质量和更充分就业"的新目标。2020年,为统筹推进新冠疫情防控和经济社会发展,加快恢复和稳定就业,我国政府密集出台了一系列稳就业、保民生的文件,如《关于做好新型冠状

---

① 邹东涛主编:《以民为本:中国全面建设小康社会 10 年(2002—2012)》,社会科学文献出版社 2012 年版。

病毒感染肺炎疫情防控期间稳定劳动关系支持企业复工复产的意见》（人社部发〔2020〕8 号）、《关于应对新冠肺炎疫情影响强化稳就业举措的实施意见》（国办发〔2020〕6 号）、《关于支持多渠道灵活就业的意见》（国办发〔2020〕27 号），2020 年 4 月中共中央政治局会议首次提出"六保"，其中，保就业是"六保"之首。在就业扶持政策支持下，我国就业形势保持了基本稳定。

　　长期以来我国政府在就业问题上坚持分类施策、精准发力。当前，农民工、高校毕业生、退役军人等群体是我国重点就业群体。其中，农民工和高校毕业生这两个群体的就业人数占了全国就业主力人群的大部分，也是当前社会最关切的两个群体，习近平总书记在党的十九大报告中提出："大规模开展职业技能培训，注重解决结构性就业矛盾，鼓励创业带动就业。提供全方位公共就业服务，促进高校毕业生等青年群体、农民工多渠道就业创业。"同时，退役军人作为重要的人力资源，促进退役军人的就业创业可更好实现退役军人的自身价值，助力社会经济的发展。为保障和促进农民工、高校毕业生和退役军人群体的就业，我国政府陆续出台了一系列政策文件。近些年出台的针对农民工、高校毕业生和退役军人等重点就业群体的就业政策梳理如下。

一、农民工就业支持政策

　　农民工就业是农民工群体的核心问题。2020 年，我国政府及时出台一系列优惠政策，减轻疫情防控期间农民工外出就业的压力和稳定疫情期间农民工的劳动关系，引导农民工安全有序转移就业。农民工就业支持政策体系包括就地就近就业政策、职业技能培训政策和返乡创业政策。[①] 主要政策梳理见表 13-2。

---

　　① 蔡潇彬：《完善重点群体就业支持体系研究》，《中国劳动关系学院学报》2021 年第 4 期，第 116—124 页。

表 13-2　2015—2020 年农民工主要就业政策梳理

序号	政策名称	发文字号	内容/意义
1	《关于进一步做好新形势下就业创业工作的意见》	国发〔2015〕23 号	提出"鼓励有文化、有技术、有市场经济观念的各类城乡劳动者根据市场需求到农村就业创业"
2	《农业部办公厅关于加强农民创新创业服务工作促进农民就业增收的意见》	农办加〔2015〕9 号	明确了农民创新创业服务体系建设,引导各类发展资源向农民创业示范基地倾斜
3	《国务院办公厅关于支持农民工等人员返乡创业的意见》	国办发〔2015〕47 号	指出要"在调查分析农民工等人员返乡创业总体状况和基本需求基础上,对农民工返乡创业园布局作出安排"
4	《关于切实做好就业扶贫工作的指导意见》	人社部发〔2016〕119 号	提出"鼓励农民工返乡创业、当地能人就地创业、贫困劳动力自主创业"
5	《"十三五"全国新型职业农民培育发展规划》	农科教发〔2017〕2 号	提出全面建立"以公益性教育培训机构为主体、多种资源和市场主体有序参与的'一主多元'新型职业农民教育培训体系"
6	《新生代农民工职业技能提升计划（2019—2022 年)》	人社部发〔2019〕5 号	提出"健全培训需求调查、职业指导、分类培训、技能评价、就业服务协同联动的工作机制。到 2022 年末,努力实现新生代农民工职业技能培训'普遍、普及、普惠'的目标"
7	《关于推动返乡入乡创业高质量发展的意见》	发改就业〔2020〕104 号	对完善农民工返乡入乡创业服务体系提出了全新要求,为各类人员返乡入乡创业提供全方位政策制度支撑
8	《关于进一步做好春节后农民工返城服务保障工作的通知》	农工办发〔2020〕1 号	对疫情防控期间农民工返城服务保障工作做了细致安排,引导农民工安全有序返城
9	《扩大返乡留乡农民工就地就近就业规模实施方案》	农办产〔2020〕2 号	全面强化农民工就地就近就业政策,并对返乡留乡农民工就业创业情况进行摸底调查,加强返乡留乡农民工就业和创业动态监测

二、大学生就业政策

目前,我国已初步形成了大学生就业政策体系,自《国家中长期教育改革和发展规划纲要（2010—2020 年)》提出加快"教育信息化进程"以来,高校以就业网络化平台为载体,为大学提供就业信息化服务,提高了就业信息的共享率以及与招聘企业岗位的供需匹配效率,对于大学生就业和就业需求调查起到了重要的促进作用。近年来,国家陆续出台系列就业政策文件,从鼓励大学毕业生到基层就业、推动和支持大学生创业、引导大学生到第三产业工作等①,到将登记失业的高校毕业生纳入各地失业人员扶持政策体系,都注重就业需求调查和促进大学生就业保障。特别是党的十九大以来,各地方相继出台了"人才新政",也为大学生发展创造了良好的政策环境。主要政策见表13-3。

表13-3　近年来大学毕业生主要就业政策梳理

序号	政策名称	发文字号	内容/意义
1	《关于做好 2013 年全国普通高等学校毕业生就业工作的通知》	国办发〔2013〕35 号	提出"各地区要对自主创业高校毕业生进一步放宽准入条件,降低注册门槛"
2	《国务院关于进一步做好新形势下就业创业工作的意见》	国发〔2015〕23 号	提出"鼓励高校毕业生多渠道就业。把高校毕业生就业摆在就业工作首位,深入实施大学生创业引领计划、离校未就业高校毕业生就业促进计划"
3	《国务院关于大力推进大众创业万众创新若干政策措施的意见》	国发〔2015〕32 号	提出"深入实施大学生创业引领计划",从统筹高校资源、整合创业资金、鼓励成功创业者兼职创业导师、建立健全弹性学制管理办法等方面支持大学生创业
4	《关于在打赢脱贫攻坚战中做好人力资源社会保障扶贫工作的意见》	人社部发〔2016〕71 号	提出"做好从'三支一扶'计划、大学生村官等服务基层项目人员中定向考录公务员工作"
5	《国务院关于做好当前和今后一段时期就业创业工作的意见》	国发〔2017〕28 号	首次提出"支持高校毕业生到国际组织实习任职"
6	《关于推动高校形成就业与招生计划人才培养联动机制的指导意见》	教高〔2017〕8 号	提出"充分利用'互联网+就业'新模式,准确掌握毕业生求职意愿和用人单位岗位需求信息,建立精准推送就业服务机制"

① 鄂义强:《中国大学生就业中政府责任研究》,东北师范大学博士学位论文,2020 年。

续表

序号	政策名称	发文字号	内容/意义
7	《关于应对新冠肺炎疫情影响强化稳就业举措的实施意见》	国办发〔2020〕6号	首次提出"扩大大学生应征入伍规模,健全参军入伍激励政策,大力提高应届毕业生征集比例"将扩大招生入伍规模作为吸纳就业的渠道

三、退役军人就业政策

自 2011 年新修订的《中华人民共和国兵役法》和首次制定的《退役士兵安置条例》公布,城乡一体的退役士兵安置改革正式施行,退役士兵安置工作进入新的历史时期。随后,国家陆续从教育培训、就业创业、就业培训等方面出台政策文件,加强对退役军人的就业和失业保障力度。主要政策见表 13-4。

表 13-4　近年来退役军人主要就业政策梳理

序号	政策名称	发文字号	内容/意义
1	《关于退役军人失业保险有关问题的通知》	人社部发〔2013〕53号	就军人退出现役后失业保险有关问题作出了明确规定
2	《工商总局关于进一步发挥工商行政管理职能作用做好退役士兵安置工作的通知》	工商个字〔2013〕163号	提出"进一步发挥工商行政管理职能作用,大力扶持自主就业退役士兵就业创业"
3	《关于加强和改进退役士兵教育培训工作的通知》	民发〔2014〕11号	从政策宣传、教育培训、就业指导方面提出加强和改进退役士兵教育培训工作
4	《关于调整完善扶持自主就业退役士兵创业就业有关税收政策的通知》	财税〔2014〕42号	对自主就业退役士兵创业就业税收政策进行调整完善
5	《关于加强自主择业军队转业干部管理服务工作的通知》	国转联〔2016〕6号	对自主择业军队转业干部的接收服务、日常管理、就业创业、服务经费和队伍建设等方面进行了规定

序号	政策名称	发文字号	内容/意义
6	《关于促进新时代退役军人就业创业工作的意见》	退役军人部发〔2013〕26号	全面围绕提升退役军人就业创业能力、加大就业支持力度、积极优化创业环境、健全服务体系等方面作出规定
7	《关于加强困难退役军人帮扶援助工作》	退役军人部发〔2019〕62号	对生活陷入困境的退役军人和领取定期抚恤补助的"三属"提供资金、实物和社会化服务进行了规定
8	《关于加强军人军属、退役军人和其他优抚对象优待工作的意见》	退役军人部发〔2020〕1号	对退役军人的荣誉激励、生活、养老、医疗、住房、教育、文化交通等方面的优待工作进行了完善

13.2.2 我国就业政策的实践状况

2009年,人力资源和社会保障部根据《就业促进法》关于"建立失业预警制度"的规定和国务院《关于做好当前经济形势下就业工作的通知》(国发〔2009〕4号)关于"建立失业动态监测制度"的要求,决定在全国建立失业动态监测制度,并下发了《关于做好失业动态监测工作有关问题的通知》(人社部发〔2009〕152号)。在各类就业优先政策和失业监测预警制度的贯彻落实下,全国就业大局总体稳定。然而,农民工、高校毕业生、退役军人、困难人员等重点群体的就业压力仍旧较大,就业难与招工难并存的结构性矛盾依然突出,就业率统计数据"失真"现象依旧存在,求职需求也存在地域集中性和行业差异性现象。近年来,互联网、物联网、人工智能等的快速发展催生了许多新型就业岗位,带动了大量就业并促进供需的高效对接。然而,也加速了结构性失业的风险,引发了人们对于人工智能影响就业的担忧。就业和失业问题是综合性的社会和经济问题,须将失业率控制在社会可承受的范围内。当前政策在就业需求调查和失业监测预警方面仍有不足。

一、就业调查信息质量和共享水平偏低

就业数据采集与统计信息化平台建设滞后,主要表现在以下两个方面。一是就业数据的统计存在着就业总量数据失真、就业质量数据缺乏和就业供求数据偏差的问题[①],尤其是针对各类就业群体的数据库建设相对滞后,导致对就业需求的"底数不清、情况不明"。二是公安、人社、民政、残联等众多部门和系统之间不能完全共享数据库信息,使得多部门协同保障各类就业群体的就业更加困难。其中,数据库数据登记方面,没有实现合理分类和各部门合理分工。例如无就业能力的个体的登记由社区来登记效果最好,用人单位合同工登记由人社部门来登记效率最高,但是有的地区没有实现多部门分工合作和分类登记,这对信息登记工作的开展带来了不便,实行分类信息登记十分有必要。

就业需求信息调查方面的不足直接导致了就业技能培训的适应性相对不足。一是培训授予的技能和市场技术需求难以相匹配。随着目前公共技能培训周期缩短,很多的培训对象经过短期培训后就立刻安置就业,使得培训质量没有得到保障,所掌握的技能难以满足现代产业的可持续发展需求和招聘企业对人力资源的素质要求,学员就业后仍面临着随时被市场淘汰的风险。二是培训对象的需求复杂,难以满足。随着近年来地方对社会人员进行的就业培训范围逐渐增大,监管部门在训前对学员的需求确认、训中对教学的质量把关、训后对技能的鉴定与就业的核定问题上均存在工作难度,部分培训机构会组织没有培训需求的人参加培训,难以充分利用国家政策补贴资金的优势,同时有部分学员主动参与培训的意识淡薄,更关心如何让组织直接安排就业,而不愿意通过技能培训实现再就业,这些问题都给公共就业培训工作带来了一定难度。

二、就业和失业统计指标存在局限

当前,反映社会失业状况的失业率数据不精准。失业数据统计口径存在限制,不能有效反映真实情况。

---

① 《当前我国就业形势分析与就业数据质量的完善》,见 http://www.sic.gov.cn/News/455/6165.htm。

一是失业率监测存在覆盖面较窄问题。2018 年,我国首次将城镇调查失业率和城镇登记失业率两个指标并行使用纳入失业统计指标,并在2021 年政府工作报告中用城镇调查失业率替代城镇登记失业率。但目前城镇调查失业率的调查和发布由统计部门以省为单位进行,且在某些省份未全面铺开城镇调查失业率数据的采集,缺乏细化到市、区(县)的具体数据。二是目前采用城镇登记失业率进行失业数据统计时,由于户籍排斥现象的存在,在统计失业人员的时候,存在一定规模的隐性失业人员。七普人口数据显示,我国跨省流动人口已经达到 12484 万人。当前人户分离、异地就业已经成为劳动力就业的显著特征。实际上,户籍身份限制已经使得非本地户籍的就业群体呈现"两头占,两头空"的尴尬局面。同时,随着城镇化的发展,存在大量非农人员在农村地区就业的情况,而这部分在农村地区的就业人员不在监测范围内。① 三是缺乏有效社会调查失业率数据的支持,样本的代表性有待提高。虽然失业监测的行业和企业范围不断扩大,但存在监测行业和企业的代表性不强、样本企业正常退出及替换难等问题,例如监测的企业大多为国有大型企业,而私营和个人企业以及就业人员流动性高的企业较少。②

三、失业监测预警系统功能性不足

第一,对失业风险指标数据的采集和分析缺乏统一性。数据采集端涉及就业人员和企业以及就业服务机构三方数据,欠缺统一口径的指标体系,容易出现数据冗杂和有效信息利用率偏低的问题。对失业风险数据的统计分析和评估未形成精细化和系统化的工作机制,对搜集的指标数据缺乏科学有效的分析方法,专业性和综合性不足。

第二,失业监测有效预警模型功能缺失。关于失业监测相关数据的调查,更多是停留于对现实状况的描述,而并不是对未来失业状况进行有效的预测。失业监测预警体系应具备对失业趋势进行科学分析和判断的

① 王春明:《河北省失业动态监测预警机制的建设现状及完善措施》,《保定学院学报》2020 年第 4 期,第 19—25 页。
② 陈珍、张旭阳、张博文:《甘肃失业预警系统构建与实证研究》,《现代经济信息》2016 年第 10 期,第 468—469 页。

功能,如在对失业有关数据收集、分析后,对未来情况进行有效预测并建立响应机制。

第三,失业监测预警级别设定最优性不足。由于失业预警指标数据的采集涉及宏观经济指标、不同行业和不同性质企业的失业就业指标等,那么怎样针对各类大小指标去设定最优的动态预警级别,虽然各地目前设定的预警级别是依据人力资源和社会保障部相关文件或者各地开展有关失业预警研讨得出的预警级别,但并没有直接的科学理论依据以及实践检验数据支撑。[①]

13.3 健全我国就业需求调查和失业监测预警机制框架

就业需求调查和失业监测预警机制有助于及时跟踪掌握就业、失业动态变化情况,对未来一段时间的就业、失业趋势进行预测,提前预判可能出现的失业风险,从而为各级政府有效采取措施防范和化解失业风险提供依据。因此,做好就业需求调查和失业监测预警这项工作,对于防范潜在的失业风险,增强政府失业风险调控能力,保持就业局势的总体平稳,具有重要的现实意义。健全就业需求调查和失业监测预警机制应从以下两个方面着手。

13.3.1 优化就业需求调查和失业监测的指标体系

就业和失业监测指标是就业需求调查和失业监测预警的基础。指标选择是影响整个机制科学性的关键环节。通常情况下失业率被作为反映

---

① 张春蓓、钟新峰、莫冰、李飞冰、黄劲:《关于甘肃、四川两省失业预警试点工作的调研报告》,《人事天地》2014 年第 11 期,第 18—21 页。

就业和失业状况的指标,但仅依靠该指标并不能全面反映各群体的就业需求和失业状况,尤其是长期以来我国关注城镇登记失业率,也很难对未来的就业与失业状况进行研判,为此需要引入结构性指标以及前置性指标,通过有关数据的筛选和处理来找到影响失业的主要因素,但是目前的统计数据还不能全面反映就业、失业现状,为此要建立健全全面的需求调查和失业监测的指标体系。

指标体系的建立直接影响到失业状况的描述,指标的选取应具备以下几个原则:一是代表性原则。就业和失业是复杂的社会问题,所涉及的指标较为丰富,因此,在指标体系构建中应考虑指标选择的全面性和与国家政策的相关性,即所选取的指标能全面反映就业增长、失业水平和劳动力市场供需状况。同时,要着重抓住具有代表性的关键指标,使得指标的分析和预警操作便捷、运行科学,且能达到可大范围推广的效果。二是可测量性原则。可测量性是指能够迅速获得就业和失业的有关指标准确可靠的资料数值,并进行相应的分析判断。在实际操作过程中,有些变量和指标无法采集和处理,这就要求我们在追求科学性的同时应当注意指标的可测量性,并对于不完备的数据,采用合理的处理方法。同时,应当在设计指标时注意指标间的相互影响和相互补充,避免指标信息上的重叠,增强指标的独立性,让指标的选用和测量起到"信号灯"的作用。三是连续性原则。由于就业和失业问题是社会经济运行的一种长期体现,就业需求调查和失业预警的指标体系也是一个需连续和不断健全完善的动态过程,选取指标时应当注意相关指标的可得性和动态连续性,不仅要准确反映劳动力市场就业和失业的变化情况,还能够减少有关制度办法的调整对就业需求调查和失业监测预警工作带来的影响。为了更好地了解我国整体的就业状况、各群体的就业需求、失业状况,以及建立健全失业监测机制,遵循以上原则,借鉴国际劳工组织的劳动力市场关键指标和我国的统计基础,我国需求调查和就业监测的指标体系应包括以下三大类项。

一、劳动力供需指标

就业是劳动力供求匹配的结果,了解整体就业情况需要从劳动力供给、劳动力需求以及劳动力供求匹配方面进行衡量。

　　一是劳动力供给指标。劳动力供给状况可以通过劳动年龄人口比重、劳动参与率、就业人口比率三个指标来衡量。劳动年龄人口比重为劳动年龄人口数占总人口数的比重，随着我国延迟退休政策的落地，劳动年龄将所有延长；劳动参与率是指一国劳动年龄人口中通过工作或求职方式参与到劳动力市场的人口比例，是经济活动人口与劳动年龄人口之比，在统计中要对各个年龄段的劳动者进行分别分析；就业人口比率反映的是经济发展创造的工作岗位对劳动力利用的情况，是就业人口占 16 岁及以上人口总数的之比，尽管该指标与劳动参与率相近，但就业人口比率能显示出不同趋势。二是劳动力需求指标。决定劳动力需求数量与结构的因素涉及经济、社会各个方面，对其衡量可以主要从就业增长率、就业弹性、岗位增长或流失率三个指标。就业增长率反映着就业的变动趋势，指报告期就业增加人数与机器就业人数的比值；就业弹性是衡量就业增长如何随经济产出增长的变化而变化的指标，表示的是 GDP 每增长 1 个百分点带动就业增长的百分点，具体指就业增长率与经济增长率的比值；岗位增长或流失率反映岗位需求的变化趋势，以季度为单位统计新增的企业岗位数量与减少的岗位数量之差与上期企业岗位数总量的比值进行岗位的动态监测，目前部分地区仅对一些重点企业进行了监测，尚无公开数据。三是劳动力供求匹配指标。失业不是劳动力供求数量之差，而取决于两者之间的匹配情况。当两者不能有效匹配时，结构性失业将会出现。因此在就业需求调查和失业监测时要关注劳动力市场供需匹配状况，主要指标包括供需比率、求职成功率、招聘成功率。供需比率是劳动力市场在一个统计周期内求职人数与招聘需求人数之比，表明了当期劳动力市场中每一个求职者所对应的岗位需求，不同行业、岗位求职人数和需求人数比率是反映就业市场结构性矛盾的一个重要指标；求职成功率指标反映着劳动者的求职难度，是指进入人力资源市场求职成功的人数占求职总人数的数值；招聘成功率与求职成功率相对应，反映着用人单位的招聘难度，是指进入人力资源市场招聘成功的人数占招聘总人数的数值。

二、失业监测指标

为全面了解失业的总体情况及其结构,失业监测应重点监测登记失业率、调查失业率,并将失业持续期和长期失业人员比重、失业保险金领取人数、大规模裁员数等作为辅助性指标。

一是登记失业率。从目前对登记失业率所采取的统计口径看,登记对象为非农业人口,在劳动年龄内、有劳动能力、无业而要求就业的人员,并要自主在当地就业服务机构进行求职登记的人员。这就遗漏了未到人社部门进行自愿失业登记的城镇人口以及未取得城市户口的外来人员和农村劳动者。并且,现行登记失业率统计指标体系较为简单,难以获得按性别、年龄、职业、行业等特征分类的结构性失业率数据。未来开展城镇登记失业统计时,应将农村转移人口与登记证制度相结合,并且完善登记失业率指标体系,提高其全面反映城镇居民和农村转移劳动者总体失业状况的有效性。二是调查失业率。城镇调查失业率是有效反映真实失业情况的国际调查通用指标。当前部分省市已经着手进行调查失业率的统计,但是仍有地区尚未有效地推进,"十四五"期间要全国范围内开展调查失业率的统计,而且调查需要将农村失业和城镇失业分别进行统计,并将大学生、农民工、退役军人、就业困难人员等重点群体失业进行分项调查,从而更好地了解当前失业问题最严重的两个群体。三是失业持续期和长期失业人员比重。长期失业者的经济能力下降、心理承受能力较弱,可能引发很多问题,应关注失业者处于失业状态的平均时间,尤其是关注一定时期内失业时长1年以上人数与失业人员总数的比值。四是失业保险金领取人数。该指标的变动也能在一定程度上反映出失业的变化情况。五是企业大规模裁员数。考虑对出现经济性裁员的企业数(裁减人员二十人以上或者裁减人员占企业职工总数百分之十以上)以及大型企业总裁员人数进行衡量。

三、失业预测指标

对就业和失业状况的把握不能仅停留在当前或往期的情况,更重要的是能够对就业和失业趋势就行准确预判,这就需要具有高质量预测性的指标作为预判未来一段时间就业和失业情况的依据。

一是国民经济发展指标。国内生产总值(GDP)是衡量国民经济发展水平的指标,而具体到三次产业增加值也是失业水平预测的重要变量;投资通过增加企业的厂房、设备等固定资产提高企业的生产能力,进而吸纳更多的劳动力,因此固定资产投资总额也是失业预测的重要指标;贸易是经济的"晴雨表",代表着经济的活跃程度,也能间接反映失业的状况,故应关注社会消费品零售总额、进出口总额等指标。二是劳动力指标。劳动力数量和结构是失业预测必不可少的指标,要关注不同性别、年龄、学历的劳动年龄人口数量、就业意愿和就业状态,并基于人口变化和退休政策变化做好趋势预测。三是生活和价格指标。生活和价格指标包含了各种物价指数及构成以及居民收支情况,对失业的影响也较为明显,因此失业预测也要关注城乡人均支出、居民消费价格总指数、商品零售价格指数等。

13.3.2 完善就业统计和失业风险预警系统

一、加强就业指标统计

利用采集到的数据开展失业监测、分析是另一个非常重要的环节。随着数据分析技术和信息技术的不断发展,就业统计模式较以往也发生了较大的改变,政府部门处理相关数据的手段更加多元化、精细化。除了对失业指标绝对水平的判断,还可以通过对各指标数据的处理和计算,分析不同时期、不同群体等就业和失业状况。

第一,不同性别、不同年龄、不同学历、不同户籍、不同时间段等群体的失业特点有所不同,因此要对失业指标进行拆解,分析不同群体的失业状况,即对社会失业状况进行结构性分析,以更加全面、深入地了解各个群体面临的问题,更好地分类施策。

第二,基于社会失业状况的结构性分析,抓住重点群体,对人数较多、容易失业、失业时间较长、失业问题较为严重的群体进行进一步的研究,比如大学生群体、大龄劳动者群体、退役军人群体、就业困难群体等,认真研究问题所在并坚持长期跟踪调查。

第三,根据失业变化特点以及影响失业状况的因素,找出引发变化的主要原因,对未来一段失业的中长期状况进行趋势分析,从而及时有效地处理失业问题,可以为以后的中长期预测积累数据,避免大规模失业引发的社会不稳定。需要指出的是,统计分析既要依靠智能处理系统,又要需要依靠人社和统计部门工作人员、专家及其他相关人员组成的专家团队的智慧。通过统计分析,政府可以实时了解就业状况、失业率的变化,并根据分析结果,针对可能出现的失业风险做好政策预案。

二、健全失业风险预警系统

失业风险预警系统是就业调查和失业监测预警机制的核心模块。前文提到受经济增速放缓、科技发展、新冠疫情等多种因素的影响,我国就业形势面临着一系列挑战,失业问题将长期存在。因此需要在就业需求调查和就业监测的指标体系、就业数据采集与统计系统的基础上,构建失业监测和预测模型,对当前及未来的失业状况进行跟踪和预判,并通过提前报警功能,把劳动力市场中各项就业政策的调整和修正从政策实施之后尽可能提前到政策实施之前,避免爆发性的企业破产潮以及区域失业率急剧上升带来的社会损失,增强对风险的控制力和抵抗力。这对于新形势下加强就业的管理与调控、防范和应对失业风险、保持就业局势的整体稳定,具有十分重要的现实意义。

一方面,综合运用失业预测预警方法和技术,加强失业风险预测。既可以考察各个失业指标本身的时间序列变化规律,根据循环波动长度及递增或递减特点对未来一段失业形势的走势进行预测,又可以重点应用失业预测指标,通过构建扩散指数法和综合指数法等方法分析失业形势的变化趋势,也可以对失业指标和预测指标进行时差相关分析,确定其先导长度与强度,从而依据预测指标的变化情况预测失业的变化情况,也可以建立以失业率为因变量的滞后模型进行预测,其中要推动简单的线性时间序列模型转向更为复杂的非线性时间序列模型以提高预测的准确度,还可以将定性分析与定量分析相结合,全面分析影响失业状况的有利因素与不利因素,通过不同时期的情况进行对比研究,结合预测者的直觉、经验及其他有关专家学者的估计,对失业情况进行预警。多种方式的综合应用以保证失业预测的准确性,从而将政府决策过程中对失业预测可能出现的失误降到最低点。

另一方面,设立失业风险警报。警报模块是根据失业警戒线来确定的。失业是市场经济发展过程中长期存在的客观现象,适度的失业率有利于降低通货膨胀率,缓解供不应求、经济过热的情况,但是当失业率超过社会可接受的程度时,就将产生较大风险,不会对经济发展、社会稳定和人民生活造成严重影响。因此,建立失业风险预警系统的关键是确立失业警戒线。失业警戒线是判断失业状态的重要衡量标准,当失业率低于警戒线,就说明劳动力市场供需处于一个相对平衡状态,就业形势总体稳定,政府无需多加干涉;当失业率在警戒线附近时,政府就要警惕其对社会稳定的影响,及时为失业员工进行再就业技能培训和再就业服务,密切监测失业率和失业人口的变化,避免失业水平进一步上升;当失业率超过所设置的失业警戒线的水平时,系统会发出警报,此时政府应马上启动增加就业的应急预案,加大促进就业的力度,及时通过经济政策和社会政策的调整,降低失业率水平。利用政策手段和经济手段迅速降低失业率,化解大量的失业人口。确立失业警戒线要综合各方面指标,从国内外情况看通常是通过引入相关参数变量、建立数学模型的方法模拟计算得出[1][2],或者基于宏观社会经济预警系统建模测算[3]。《就业促进法》第四十二条规定"县级以上人民政府建立失业预警制度,对可能出现的较大规模的失业,实施预防、调节和控制",近年来伴随着我国政府对失业预警问题的关注,从 2012 年开始北京、上海、南京、杭州等地开展了失业预警探索并取得了一定进展,但就目前看对失业预警模型尚处于理论探讨阶段,且缺乏系统性的考虑,各个指标、各环节之间的关联度不足,"碎片化"现象突出。基于国内外研究和实践经验,我国设定失业警戒线时,需要以当前的失业率和城镇失业承受能力为主要指标,考虑到失业内部结

① Andrew,H.,*Forecasting*,*Structural Time Series Models and the Kalman Filter*,Cambridge University Press,1990.

② Jones,S.,& Riddell,W.C.,"The Measurement of Labor Force Dynamic with Longitudinal Data:The Labour Market Activity Survey Filter",*Journal of Labor Economics*,1995,13(2),pp.351-385.

③ 莫荣、鲍春雷等:《我国失业预警模型构建与应用》,中国劳动和社会保障出版社 2016 年版。

构及地区经济增长等影响各类因素,并根据失业率数据长期变化的趋势和不同失业水平对社会经济造成的压力水准,科学划定相对精确的失业警戒线。鉴于各项数据统计口径和统计持续时间的局限性,当前可采用专家判断法和自然失业率的方法来确定,并在实践中予以检验。在确定了警戒线之后,可以将失业警情按严重程度分为不同警度,比如设置绿灯区(充分就业区)、黄灯区(失业危险区)和红灯区(严重失业危机),相应地用灯色信号系统设计报警灯。通过就业与失业数据采集与统计系统,实时将失业统计结果与失业警戒线进行比对,失业率在不同数值下发出相应的信号并输出报告,该报告不仅是一个简单的警情说明,而且是基于失业监测、预测指标而进行深入分析的失业警情分析报告。从而为政府开展工作提供决策,把失业风险控制在社会能承受的范围内。值得注意的是,失业警戒线不是一成不变的,失业警戒线的数值应随着经济运行态势以及社会发展状况不断变化的。

13.4 提高我国就业需求调查和失业监测预警机制的运行能力

13.4.1 提高就业需求调查信息化水平建设

数据的完整性、数据来源的可靠性以及数据是否对失业监测和预测模型有足够的支撑决定着就业需求调查和监测预警机制的效能。因此,提高就业与失业数据采集能力是就业需求调查和失业监测预警机制的必然要求。

首先,以就业需求为切入点。健全就业需求调查机制和就业信息共享机制。

通过人力资源和社会保障部门、统计部门、教育部门等主体的信息管理系统实时准确的收集,从中挖掘出反映经济运行和劳动力市场供需状况的信息以及各项政策的落实情况。与此同时,各部门、行业要做好就业引导和调查工作,尤其是高等学校要优化就业全程化教育体系,进一步做好不同行业、地区就业引领工作,引导广大毕业生服务国家战略需求,并积极对大学生就业意愿及需求情况进行普查。通过数据平台打破以往各部门之间的"信息孤岛"局面,实现各部门之间信息资源的实时共享,既避免各部门重复统计,又可大幅提高资源利用效率。同时开展线下入户信息校对工作,确保就业人员底数清晰、情况明朗,便于有针对性地对就业人员进行政策宣传。以人力资源和社会保障部门为主体,将指标转化为具体的可视化数据,建立全面的统计数据报表,随时了解劳动力供给和需求之间的动态变化、失业人员的生活状态和再就业状况。

其次,实施五分类登记法。依据社区、人社局、商事登记部门等数据信息,在数据库中对用人单位合同用工、个人灵活就业者、个人自主创业者、无就业意愿者与无就业能力者进行区分与核查,便于政府进行多元化管理。接下来,开通网络申请流程。建立就业困难人员专用微信小程序和 APP 应用软件,便于其自主申请相关补助与公益岗位,收集有效就业需求调查信息、落实就业政策和更新就业信息。

最后,依托信息化平台和数据库,发挥人社部门在促进就业方面的优势,抓好重点群体就业问题。在跟踪了解农民工、高校毕业生、退役军人、城市困难人员等重点群体的失业就业情况、提升职业技能方面提供配套优质服务。跟踪市场需求,提升就业技能培训精准性,提升就业技能培训的时效性和劳动者的技能素质,帮助劳动者提高就业能力并在技术调整中实现就业转型,以有效应对人工智能对就业岗位的冲击,降低结构性和摩擦性失业。例如,针对高校毕业生就业困难问题,通过信息库将市场需求与毕业生专业相匹配,企业可推广"以工代训"模式,从而将专业知识转化为工作能力,政府同时适当加强对吸纳劳动者企业的支持。针对退役军人、农民工等群体,可围绕养老产业、医疗护理、社区治理等需求不断增长的领域进行职业技能培训,在扩大就业的同时更好满足民生需求。此外,地方可搭建创新创业平台和创业孵化基地,为创业者提供项目和融资指导,让创业项目能行稳致远,在适应地区社会发展需要的基础上提供就业岗位。

13.4.2 推动就业公共服务发挥全方位服务功能

第一,实施积极的就业政策,推进就业制度平等,提高就业服务的全面性。取消本地户籍、省内城乡户籍等诸多户籍身份限制,消除户籍、地域等影响平等就业的障碍,营造城乡一体化公平就业环境。在就业需求调查登记方面,依托联网系统,发挥街道和社区的就业公共服务平台作用,以实际居住地或工作地的村(居)委会开展登记管理服务。加强就业扶持政策和市场就业岗位和职业变化趋势的宣传。一是改进政策宣传方式,融合传统媒体和新兴媒体等多种渠道,使用更加通俗易懂的语言对相关就业扶持政策进行细致的讲解和剖析,以便于不同层次的就业群体都能对政策有更加深入的了解,提高政策宣传的透明性。二是通过各级公共就业和人才服务机构工作人员或招募志愿者,通过线上或实地走访等形式定期对就业人员的情况进行了解,在充分了解其实际需求的基础上提供有针对性的对策建议和劳动力市场信息,促进劳动力市场的供需匹配。

第二,增强各机构和部门间的政策合力,促进企业发挥稳定就业的积极作用。一是可结合当地经济发展和就业情况,对当地重点产业的企业人才现状与紧缺专业人才需求情况展开调查,围绕当地企业的基本情况、人才引进培育情况、企业人才服务反馈情况等研究编制《重点产业紧缺专业人才需求目录》,增强地方政府和企业对人才引进、培养的针对性和指导性。二是支持民营企业发展。需继续深化供给侧结构性改革,加大减税降费力度和企业安置就业优惠政策的支持力度,通过为民营企业"定向供氧",增强企业经营活力,促使民营经济企业形成更多的就业岗位需求,增加人才储备量。三是全面推进"互联网+",发挥数字经济平台带动就业的优势。随着技术进步带来的就业替代以及"互联网+"带来的多样化就业方式,应加大政策促进和保障新就业形态的规范发展,完善匹配灵活就业的相关机制。

第三,构建常态化就业促进体系和制定稳就业政策预案。在总结稳就业、保就业政策效果、经验的基础上,将稳定就业放在更加突出位置,建立健全重大政策调整就业评估机制,并以调整失业保险基金收支为杠杆,保持就业稳定并将失业控制在社会可承受范围。①

13.4.3 健全失业监测预警常态化机制

加大顶层设计,健全失业监测预警常态化机制。一是加强失业预警相关指标的智能化监控,优化失业动态监测和预警系统。依托大数据人工智能,规范化、科学化的定期跟踪劳动力市场中就业、失业人员变化趋势,实现失业监测预警的智能化和专业化。将劳动力市场、劳动力构成相关指标以及当地经济发展等关键性指标纳入失业指标统计。将数据挖掘与专题调研工作相结合,定期跟踪和报告不同行业和企业的关键就业指标和岗位流失情况,编制反映行业和企业的用工变化。同时,加强对大规模应用人工智能机器的重点行业和企业的岗位情况进行动态监测,对企业潜在的裁员风险进行研究和预判,防范规模性裁员风险的发生。二是建立失业风险预警启动机制,以地级城市为责任单位落实就业风险管理,建立多部门联动快速反应机制。坚持"早发现、早预警、早处置"的原则,注意各类苗头性和倾向性问题。综合考虑产业发展情况和社会舆情,加大失业监测频率,在对预警指标综合分析基础上,合理科学确定失业预警线。当失业预警指标达到预警线时,启动调控预案,防范社会经济风险,并在预警期间,对企业进行一定的支持保障和帮扶,建立矛盾纠纷化解机制,降低企业裁员概率,减少失业对经济社会的冲击。三是完善专门渠道、专人负责的信息报送制度,实行定点、定时、定人的"三定"监测,确保重要失业信息不漏报、不错报、不迟报的"三不"报送原则。健全信息报送网络,确保监测数据、政策落实、检查情况、统计和文件资料等应急工作信息及时、准确、有效的上传下达,为决策提供及时准确的信息依据,为相关部门行使职能提供参考。四是完善失业的应急预案,进行快速的失业

---

① 黄子璇:《对完善失业保险制度的探析——以武汉市为例》,《中小企业管理与科技(上旬刊)》2017 年第 8 期,第 113—114 页。

应急处理。发生突发失业状况后,要按照突发失业状况的紧急程度,组织召开社会保障、资金保障、治安维护、市场监管、税收减免等应急工作主要负责人的联席会议,做到对突发失业状况的及时通报和沟通以及对有关政策的准确解释,有效部署和采取相关应急工作措施。

14

建立健全社会养老服务体系[*]

---

　　* 本节内容为国家社会科学基金重大项目(20&ZD114)"我国医养结合优化模式筛选及推进医养结合全覆盖对策研究"及教育部哲学社会科学研究重大项目(18JZD045)"老龄事业和产业高质量发展的推进路径与主要措施研究"阶段性成果的节选内容,部分内容已发表,详见《我国社会养老服务发展转变与质量提升——基于新中国成立 70 年的回顾》(《社会科学辑刊》2020 年第 3 期)。

14.1 引　言

　　人口老龄化和高龄化呈全球性态势,给养老带来了极端挑战。人类养老不仅需要养老金保障,更需要养老服务保障。我国的人口老龄化与国外有所不同,虽然人口老龄化来得晚,但是发展速度快,问题更加严峻。我国政府早在 20 世纪 70 年代末至 80 年代中期就预料到会出现今天的人口结构状况,为此,政府很早就关注和投入养老服务事业的建设和发展,特别是 21 世纪以来,对养老服务事业的重视愈加凸显。2019 年 4 月,国务院办公厅发布《关于推进养老服务发展的意见》(国办发〔2019〕5 号),提出"确保到 2022 年在保障人人享有基本养老服务的基础上,有效满足老年人多样化、多层次养老服务需求,老年人及其子女获得感、幸福感、安全感显著提高"。其不仅指出了当前我国社会养老服务发展的重要目标,也提出了摆在国人面前的一项艰巨的任务,更是明确了政府对亿万城乡居民养老问题的承诺和责任。党的十九届五中全会也明确提出"推动养老事业和养老产业协同发展,健全基本养老服务体系,发展普惠型养老服务和互助性养老,支持家庭承担养老功能,培育养老新业态,构建居家社区机构相协调、医养康养相结合的养老服务体系,健全养老服务综合监管制度"[①],为健全和完善现代社会养老服务体系指明了方向。

　　到目前为止,我国基本建成了覆盖城乡居民的社会养老服务体系,在很大程度上保障了我国城乡居民的养老服务需求。但是,我国当前的社会养老服务体系建设还存在诸多问题,也面临着诸多挑战,仍需要积极应对。基于此,本部分从回顾和梳理我国社会养老服务的发展历程和相关

---

　　① 《中共中央关于制定国民经济和社会发展第十四个五年规划和二〇三五年远景目标的建议》。

政策演变出发,总结我国社会养老服务发展阶段、养老服务体系形成、实施现状以及存在的问题,在此基础上,提出健全和完善我国社会养老服务体系的指导思想、原则和相关建议。

14.2 我国社会养老服务 发展历程及特征

伴随着新中国的成立和发展建设,我国社会养老服务体系经历了从无到有,从探索形成到高质量发展的过程,在这一过程中,政府政策发生了巨大的变革,社会养老服务也在不断发展,保障老年人养老服务需求的水平不断提高,取得了巨大的成就。

14.2.1 计划经济时期的补缺型养老服务发展阶段 (1949—1984 年)

新中国成立后,乃至整个计划经济时期,我国的养老服务发展基本处于补缺状态,政府将有限的养老服务资源分配给最需要帮助和救济的老年人,为其提供基本的经济保障和必要的养老服务,其他广大城乡居民的养老服务需求全部由家庭供给和满足。

以 1951 年政务院颁布的《劳动保险条例》为标志,我国的社会保障发展走城乡二元化道路,养老服务保障也开始分城乡提供。在城市,新中国成立后各地政府陆续设立生产教养院,其基本功能是改造、教育、救济特殊人员①,成为当时社会福利机构的雏形,随着功能的细分,生产教养院逐渐分化为养老院、儿童福利院和精神病疗养院,功能转向为城镇无生

---

① 生产教养院的基本职责是改造、教育、救济当时历史时期的孤苦无依的老幼残废及非短期能改造的游民、闲散人员及不正当工作人员等特殊人员,其承担了社会福利管理机构的职能。

活来源、无劳动能力和无依无靠的孤寡老人(简称"三无"人员)、孤残儿童和精神病人等社会弱势群体提供专门救济和教育服务。在农村,土地改革和组建农业合作社两件大事先后取得成功,为农村中的鳏、寡、孤、独等生活十分困难的社会成员获得集体保障奠定了基础。此时期,农村"五保"对象为老弱孤寡和残疾社员。到1956年,《高级农业合作社示范章程》明确提出为符合条件的"五保"人员建立敬老院集中供养。1958年,《关于人民公社若干问题的决议》进一步强调要加强敬老院的建设。自此,我国形成了城镇"三无"人员由社会福利院集中供养、农村"五保"老人由敬老院集中供养的二元养老服务格局,其中城镇社会福利院的建设全部由国家财政承担,而农村敬老院的建设全部由集体公益金保障。这一时期我国养老服务发展的特点是保障特殊对象、城乡差别化提供、强调集中供养、供养资金来源二元化。

14.2.2　改革开放后的社会化养老服务探索阶段(1985—2000年)

改革开放后,我国计划经济体制开始向社会主义市场经济体制转型,"社会化、市场化"的观念逐步深入社会发展的各个领域,国家开始探索社会化的保障及福利体系。1984年11月,民政部召开全国城市社会福利事业单位经验交流会,首次提出社会福利社会办,成为养老服务社会化的契机。此后,养老服务发展进入了第二阶段,即探索建立社会化养老服务体系阶段。

这一时期,一方面,国家继续健全和完善社会福利院和农村敬老院,接收特别困难和特殊老人;另一方面,国家大力倡导和鼓励民间资本参与养老床位建设,并逐步开放养老机构吸纳老人的条件,允许接收困难的社会老人。① 1994年的《中国老龄工作七年发展纲要(1994—2000年)》及1996年的《中华人民共和国老年人权益保障法》提出国家鼓励、扶持社会组织或者个人兴办老年福利院、敬老院、老年公寓、老年医疗康复中心和

---

① 社会老人是指有子女、有义务赡养人的老人。

老年文化体育活动场所等设施,为构建现代社会养老服务体系奠定了基础。1997 年,民政部和国家计委联合发布《民政事业发展"九五"计划和 2010 年远景目标纲要》,明确提出逐步建立"立足民政、面向社会"的以社区服务为重点的社会服务体系,加快了养老服务体系建设力度。1998 年,民政部选定 13 个城市进行福利供给社会化试点。随后,国家通过《关于加快实现社会福利社会化的意见》《关于对老年服务机构有关税收政策的问题的通知》等文件继续深化福利机构改革,以推动养老服务社会化。1999 年,社区建设实验区开始试点,民政部在全国先后选择了 16 个城市的 26 个城区作为试点城市,为实现社区养老服务功能奠定了基础。到 2000 年,《关于加强老龄工作的决定》首次确定我国要"建立以家庭养老为基础、社区服务为依托、社会养老为补充的养老机制",形成比较完善的老年服务体系。由此,我国社会养老服务体系雏形初现,初步实现由传统的家庭养老服务供给向社会养老服务供给的过渡。这一时期养老服务发展的特点是保障对象范围扩大、政府的重视程度加强、引入社会力量参与提供、建设重心在城市。

14.2.3 21 世纪以来的社会养老服务体系形成阶段 (2001—2011 年)

1999 年我国进入人口老龄化社会。一方面,人口老龄化形势日益严峻,养老服务需求不断加大,家庭养老功能快速衰退,养老压力剧增;另一方面,以保障困难老人为主的社会养老服务体系无法适应人口老龄化带来的规模性养老服务需求,迫切需要加大社会养老服务供给,让更多的老年人获得基本的制度保障。特别是 21 世纪以来,受新公共管理、福利多元主义的影响,国家开始重视社会化养老服务体系建设,重视地方实践探索,由此进入养老服务发展的第三阶段,即全面开启老龄事业的发展,加快社会养老服务体系建设,以应对人口老龄化带来的养老服务需求日益增长的态势。

2000 年 2 月,民政部等 11 个部门联合发布《关于加快实现社会福利社会化的意见》,提出了"在供养方式上坚持以居家为基础、以社区为依托、以社会福利机构为补充的发展方向"。同年 8 月,中共中央、国务院发布《关于加强老龄工作的决定》,进一步明确了"坚持家庭养老与社会养老相结合,充分发挥家庭养老的积极作用,建立和完善老年社会服务体系"的原则,同时提出"建立以家庭养老为基础、社区服务为依托、社会养老为补充的养老机制"。2005 年国家发布《关于支持社会力量兴办社会福利机构的意见》,以福利机构社会化为突破口,引导社会力量参与养老服务供给。2006 年《关于加快发展养老服务业的意见》提出"逐步建立和完善以居家养老为基础、社区服务为依托、机构养老为补充的服务体系",首次用"居家养老"概念取代了"家庭养老"。同时,国家对社区服务和居家养老工作进行了专门部署,如《关于加强和改进社区服务工作的意见》(2006)及《关于全面推进居家养老服务的意见》(2008)为社区养老、居家养老提供了针对性的指导和奠定了坚实的基础。此时,部分老龄化程度较高的地区对养老服务体系进行了深度探索,如 2005 年上海率先提出"9073"的养老服务格局。2011 年,在总结各地经验的基础上,国家出台了《社会养老服务体系建设规划(2011—2015 年)》,将家庭养老与社会养老、政府引导与社会参与相结合,确定了我国"居家为基础、社区为依托、机构为支撑的社会养老服务体系",并明确养老服务要面向所有老年人。自此,我国覆盖城乡居民的社会养老服务体系基本形成。这一时期,我国养老服务发展的特点是保障对象的全民性、养老服务体系的全面性、供给主体的多元化、城乡统筹发展。

14.2.4 新时期的养老服务高质量发展阶段(2012 年至今)

党的十八大以后,我国社会经济发展进入新的历史时期,国家对社会保障包括养老服务的发展有了更高的要求,应对人口老龄化成为更加艰巨的任务,国家更加关注养老服务的均衡供给,社会养老服务体系建设步伐加快,医养结合、长期护理保险、社区居家养老三大试点顺利开展,智慧养老、以房养老等新形式出现,国家全面进入养老服务高质量发展时代。这一阶段以党的十八大强调"积极应对人口老龄化,大力发展老龄服务事业和产业"为起点,我国全面步入政府和市场双轮驱动和内涵式发展道路,进入养老服务高质量发展时代。

2013年国务院发布《关于加快发展养老服务业的若干意见》,从服务体系建设、养老产业规模、养老服务环境等多方面提出要求和指导,促进养老服务向规范化、标准化、内涵式的业态方向迈进。2014年民政部牵头联合多个部委下发《关于做好政府购买养老服务工作的通知》,2016年国务院进一步发布《关于全面放开养老服务市场提升养老服务质量的若干意见》,不断鼓励政府通过购买服务,实现职责转型,支持市场参与,提高养老服务供给能力及服务质量。此时,我国养老服务体系建设已经到了高速发展阶段,国家一方面不断出台相关管理办法以规范养老服务供给;另一方面加强和扩大试点,以推动我国养老服务全面发展和提质增效。如2013年和2017年分别出台了《养老机构管理办法》和《养老机构服务质量基本规范》;2016年先后启动居家和社区养老服务改革试点、医养结合服务试点、长期护理保险制度试点等工作。与此同时,国家"十三五"规划纲要将养老服务体系中"养老机构"由"支撑"定位重新回归到"补充",使养老服务体系的基本内涵更加准确。2017年中共中央、国务院发布《关于开展质量提升行动的指导意见》,首次完整地阐释了我国社会养老服务体系内容,即表述为"完善以居家为基础、社区为依托、机构为补充、医养相结合的多层次、智能化养老服务体系",由此"医养结合"成为我国养老服务体系的重要组成部分。2019年国家《关于推进养老服务发展的意见》指出,目前"养老服务市场活力尚未充分激发,发展不平衡不充分、有效供给不足,服务质量不高等问题依然存在,人民群众养老服务需求尚未有效满足"的问题,并提出应健全市场机制,持续完善居家为基础、社区为依托、机构为补充、医养相结合的养老服务体系,建立健全高龄、失能老年人长期照护服务体系,强化信用为核心、质量为保障、放权与监管并重的服务管理体系,大力推动养老服务供给结构不断优化、社会有效投资明显扩大、养老服务质量持续改善、养老服务消费潜力充分释放,确保到2022年在保障人人享有基本养老服务的基础上,有效满足老年人多样化、多层次养老服务需求,老年人及其子女获得感、幸福感、安全感显著提高"的目标。《关于推进养老服务发展的意见》首次强调了以老年人及其子女的幸福感和安全感为目标的社会养老服务体系建设,并从"深化放管服改革,拓宽养老服务投融资渠道,扩大养老服务就业创业,扩大养老服务消费,促进养老服务高质量发展,促进养老服务基础设施建设"等六个方面提出具体的任务和要求,为下一步养老服务体系发展指明了方向,为我国持续追求养老服务高质量发展提供了动力与保障。

这一时期,我国养老服务发展的特点是:养老服务体系内涵不断深化、高质量发展成为主旋律、政府与市场双轮驱动格局基本形成。

14.3　我国养老服务发展取得的成效与转变

新中国成立以来,我国养老服务发展经过艰难探索与实践,取得了显著成效,顺利实现了三大转变:即制度上由家庭养老为主的非正式制度向社会化养老服务制度转变、功能上由单一照料服务功能向养医护结合的综合性服务功能转变、理念上由剩余补缺的价值理念向公平普惠乃至追求幸福感的实施理念转变。这三大转变既反映了我国养老服务发展的历程和成效,也凸显了医养结合为核心的社会化养老服务体系在应对当前中国老龄化现状中的重要地位。

14.3.1　实现了由家庭养老为主的非正式制度向社会化养老服务制度转变

在我国养老保障模式由传统的单位保障、集体保障及家庭保障的混合模式向以社会保险及社会服务为主的现代社会养老保障模式转变,以及制度建设由注重经济保障向经济保障与服务保障并重方向转变的大背景下,我国养老服务制度实现了由传统的家庭养老为主、补缺性服务为辅的制度模式转向社会化的养老服务制度模式(见图 14-1)。

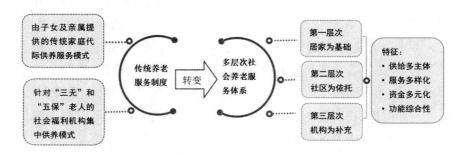

图 14-1 养老服务制度转变结构图

在养老服务发展初期,养老服务供给有两种模式,一种是针对社会老人的传统家庭代际供养服务模式,主要由家庭成员提供,是一种基于血缘、婚姻等亲情关系及有抚养扶养义务关系人给老年人提供照料服务;另一种是针对"三无"和"五保"老人的社会福利机构集中供养模式,其中城镇"三无"老人主要由政府举办的社会福利院集中供养,农村的"五保"老人主要由集体公益金举办的农村敬老院集中供养。享受集中供养服务的老人,在机构可以获得生活照料及与之有关的一切医疗护理服务,这是国家对这类特殊老人提供的保障。

经过 70 多年的发展,一方面我国经济条件好转,有实力、有能力提供社会服务;另一方面是由于人口结构严重失衡,甚至出现严重的三化叠加状况,使得本可以依赖传统家庭代际养老的社会老人也对社会养老服务产生极大需求,在此背景下,面向全社会老人的社会养老服务体系应运而生。到目前为止,我国探索建立了由政府、社会及家庭多方参与提供的以满足老年人生活需要的多层次社会养老服务体系。按照服务提供的场所看,包括居家养老、社区养老、机构养老三种方式,这三种方式定位有所不同,他们之间的关系是居家为基础、社区为依托、机构为补充,三种方式均面向所有老年人。按照服务提供的形式看,有传统的家庭成员提供、居家上门社会服务、有社区机构及专业机构集中提供服务。按照服务享受的性质看,有无偿享受、低偿享受及有偿享受等。从老年人的角度看,对于政府托底保障的老人,无偿和低偿两种获取服务方式,"三无""五保"老人为无偿享受服务对象,他们通常在福利机构集中供养;其他的优待和照顾对象为低偿享受服务的类型,可以居家养老,也可以在福利机构养老。对于广大的社会老人可以根据自己身体特征自由选择适宜的服务方式,但是只有通过统一照顾服务需求评估且达到相应的等级才能享受基本的公共养老服务。政府购买服务是基本公共养老服务提供的重要方式,政府对需要帮助的老人根据情况提供相应的购买服务,包括社区居家养老服务、机构床位养老服务等。

14.3.2 实现了由单一照料服务功能向养医护结合的综合性服务功能转变

伴随着养老服务模式由传统家庭养老为主、补缺性养老服务为辅的模式向社会养老服务扩面乃至覆盖全人口的社会养老服务体系转型,我国养老服务功能也发生了巨大变化,由早期为少数人群提供的注重生存和保基本的养老服务供给,向针对所有老人提供的保发展、提质增效的医养护结合的综合性服务功能转变。

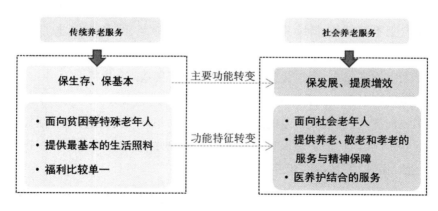

图 14-2 我国养老服务功能转变结构图

早期的"保生存、保基本"养老服务是指为社会保障对象提供满足其生存和生活必需的养老服务,服务内容为家庭养老服务的替代,主要提供最基本的生活照料和护理,福利供给比较单一,强调数量供给。随着养老服务社会化进程的深入,公众对养老服务的需求与社会养老服务供给呈螺旋式上升,针对少数人保生存、保基本的养老服务供给已不能适应社会发展的要求,养老服务功能开始向保发展、提质增效的复合功能转型。"保发展、提质增效的复合养老服务"是指面向所有老人不仅提供他们日常生存、生活所必需的基础性生活照料服务,还要提供与生活照料紧密相关的医疗护理服务、照护保险服务乃至精神慰藉服务等,让老年人有获得感、满足感及幸福感。

从具体的服务形式来看,居家养老不仅可以使老年人在家享受天伦之乐,而且可以通过上门服务获取所需的照料与医疗护理服务;社区养老可以使老年人在社区就能享受日间照料、居家养老及医疗护理服务多重保障;机构养老为那些失能、半失能甚至失智老年人提供集中的生活照料、康复护理、紧急救援及适当的医疗服务,使老年人在养老机构就能享受养—医—康—护—临终关怀五位一体的养老服务。

从未来的发展方向来看,在当前及未来相当长的一段时间里,国家会坚持健康老龄化和积极老龄化的理念,更加注重老年人身心健康及社会参与,为老年人有尊严的生活不断创造条件,在促进居家、社区、机构的功能融合上不断创新,持续并深度开展社区居家养老、医养结合、长期护理保险、智慧养老等大型试点工作,持续推进居家和社区养老服务改革,为满足老年人多层次、多样化的养老服务需求夯实基础。

由此,现行社会养老服务体系基本实现了养老服务保障从基本的养老服务向养老、敬老和孝老的服务与精神保障并重方向发展,从生活照料向医养护结合、长期护理保险和智慧康养服务方向发展,为老年人提供基本生活、医养护、精神慰藉等全面的保障。

14.3.3 实现了由剩余补缺的价值理念向公平普惠乃至追求幸福感的实施理念转变

养老服务制度及政策设计的不断调整体现了我国养老服务理念的转变,首先是福利取向由基于剩余补缺的选择制向普惠制转变。一方面受

根深蒂固的传统家庭养老观念的影响,另一方面受我国早期物质财富贫

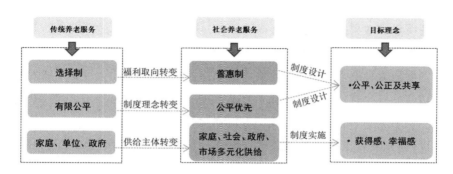

图 14-3 我国养老服务理念转变结构图

乏的制约,促使我国在养老服务政策上,选择了向家庭养老资源匮乏的老
年人以及有特殊贡献的老年人提供有限的服务保障策略,即无论是政策
规划还是服务设施都只限于城镇的"三无"老人、农村的"五保"老人以及
对国家有重大贡献的老年人等。改革开放后,我国社会经济得到全面发
展,各方面条件好转、政府治国理政能力不断增强,加之计划生育政策的
外在因素推动,我国养老服务保障理念开始向适度普惠方向转变,养老服
务供给对象扩大到低收入老人,有些条件好的地方,已经完全向所有的社
会老年人开放。进入 21 世纪以来,特别是党的十八大以后,在中国共产
党的坚强领导下,我国不断强化服务型政府职能,让人人共享社会发展成
果、让所有老年人享有基本养老服务成为政府追求的民生目标和国家应
对人口老龄化的行动,在此指导思想的影响下,目前全国范围内都在积极
开展覆盖所有老年人的社会养老服务体系建设工作。

其次,受上述价值理念的影响,我国的养老服务制度设计理念也从早
期追求有限范围的公平向追求服务效率转变,并最终形成当前追求公平
优先的制度设计理念。几十年来,在养老服务政策制定上,我国不断摒弃
了只对特殊老年人、体制内老年人、城市老年人等提供养老服务的福利局
限,将养老服务福利政策扩大至社会普通大众,缩小体制内外差异,推动
城乡均衡供给,充分体现了我国养老服务制度设计追求公平、公正及共享

的理念。

最后,伴随着价值理念、设计理念的转变,我国养老服务发展也更加重视质量和效果,让老年人及其子女有"获得感"和"幸福感"成为新时期社会养老服务发展及制度实施的新理念、新目标。党的十八大以来,高质量发展成为社会发展主题。党的十九大不但明确指出社会主要矛盾发生了转变而且也强调要"保证让全体人民在共建共享发展中有更多'获得感'"。在这些精神指引下,我国不仅强化社会养老服务制度设计和体系建设,而且开始重视养老服务制度落实与实施效果。为了确保养老服务供给充分、提质增效,国家倡导让市场主体发挥在养老资源配置中的主导作用,供给主体不再拘泥于家庭、单位、政府,而是积极探索和完善由家庭、社会、政府、市场多元化供给的路径和机制;与此同时,政府逐渐改变全权负责、过多干预市场的做法,提倡政府购买、社会资本投入等办法,拓宽市场准入路径,将社会力量充分引入到养老服务业中。这对继续实现社会公平,鼓励老年人共享高质量社会发展成果,提高老年人获得感有重要作用。2019 年国务院下文[①],明确指出"确保到 2022 年在保障人人享有基本养老服务的基础上,有效满足老年人多样化、多层次养老服务需求,老年人及其子女获得感、幸福感、安全感显著提高",从多角度体现了不仅重视制度供给,更加重视供给质量和供给效果的发展理念。

14.4　我国现行养老服务体系实践现状与问题

近年来,我国逐步确立了以居家为基础、以社区为依托、以机构为补充的多层次社会养老服务体系,通过推进医养结合试点、长期护理保险试

---

① 国务院办公厅:《关于推进养老服务发展的意见》(国办发〔2019〕5 号)。

点、居家和社区养老服务改革,养老服务体系更加健全,但是在养老服务体系不断发展过程中,其中的矛盾和问题也逐步凸显出来。

14.4.1　现行社会养老服务体系框架

一、以居家、社区及机构为支架的现代养老服务格局成型

国家《社会养老服务体系建设规划(2011—2015 年)》首次对我国社会养老服务体系做了较为完整和系统的描绘。该规划指出我国现行社会养老服务体系是由居家养老、社区养老、机构养老组成,三种养老服务方式的关系是居家为基础、社区为依托、机构为支撑。其中居家养老服务涵盖生活照料、家政服务、康复护理、医疗保健、精神慰藉等,以上门服务为主要形式。居家养老服务的原则是按需服务,对身体状况较好、生活基本能自理的老年人,提供家庭服务、老年食堂、法律服务等服务;对生活不能自理的高龄、独居、失能等老年人提供家务劳动、家庭保健、辅具配置、送饭上门、无障碍改造、紧急呼叫和安全援助等服务。有条件的地方可以探索对居家养老的失能老年人给予专项补贴,鼓励他们配置必要的康复辅具,提高生活自理能力和生活质量。社区养老服务是居家养老服务的重要支撑,具有社区日间照料和居家养老支持两类功能,主要面向家庭日间暂时无人或者无力照护的社区老年人提供服务。在城市,结合社区服务设施建设,增加养老设施网点,增强社区养老服务能力,打造居家养老服务平台。倡议、引导多种形式的志愿活动及老年人互助服务,动员各类人群参与社区养老服务。在农村,结合城镇化发展和新农村建设,以乡镇敬老院为基础,建设日间照料和短期托养的养老床位,逐步向区域性养老服务中心转变,向留守老年人及其他有需要的老年人提供日间照料、短期托养、配餐等服务;以建制村和较大自然村为基点,依托村民自治和集体经济,积极探索农村互助养老新模式。机构养老服务以设施建设为重点,通过设施建设,实现其基本养老服务功能。养老服务设施建设重点包括老年养护机构和其他类型的养老机构。老年养护机构主要为失能、半失能的老年人提供专门服务,重点实现以下功能:首先是生活照料功能,设施应符合无障碍建设要求,配置必要的附属功能用房,满足老年人的穿衣、

吃饭、如厕、洗澡、室内外活动等日常生活需求;其次是康复护理功能;应具备开展康复、护理和应急处置工作的设施条件,并配备相应的康复器材,帮助老年人在一定程度上恢复生理功能或减缓部分生理功能的衰退。最后是紧急救援功能;具备为老年人提供突发性疾病和其他紧急情况的应急处置救援服务能力,使老年人能够得到及时有效的救援。鼓励在老年养护机构中内设医疗机构。符合条件的老年养护机构还应利用自身的资源优势,培训和指导社区养老服务组织和人员,提供居家养老服务,实现示范、辐射、带动作用。其他类型的养老机构根据自身特点,为不同类型的老年人提供集中照料等服务。

经过多年的实践和发展,我国已经明确并形成了以居家、社区和机构三种养老服务方式为支架的现代养老服务格局。

二、三种养老服务形式之间的关系定位逐渐清晰

居家养老服务、社区养老服务和机构养老服务都是我国社会养老服务的重要组成部分,但我国老年人数量众多,老龄化速度快、未富先老等特征使得三种形式的养老服务在社会养老服务体系中扮演的角色有所不同。2011 年 12 月,国务院办公厅首次发布《社会养老服务体系建设规划(2011—2015 年)》时,对三种养老服务方式的关系做了明确的界定,即居家为基础、社区为依托、机构为支撑,初次表明了三种养老方式在社会养老服务体系中地位与关系。而在 2017 年 2 月国务院办公厅发布的《"十三五"国家老龄事业发展和养老体系建设规划》中明确提出要构建居家为基础、社区为依托、机构为补充、医养相结合的养老服务体系,进一步明确将"机构为支撑"的表述调整为"机构为补充",这无疑说明经过"十二五"期间的实践和总结,对之前的定位进行了调整和完善,使三种养老服务方式所承担的功能有了更加合理的定位,进而使他们在社会养老服务体系中的关系更加清晰。

居家养老服务面向的对象是在家养老的老年人。受传统观念的影响,在养老方式的选择上,我国老年人对于居家养老有着明显的偏好,事实上我国居家养老的老年人口数量在老年人口总数中占据绝对优势,相应的居家养老服务可以最有效地满足我国数量庞大的居家老年人的养老

服务需求。随着我国家庭规模的缩小以及人口流动带来的代际支持的减弱,居家养老服务的重要性更进一步凸显,因此居家养老服务在社会养老服务体系中的基础地位是毋庸置疑的,居家养老服务的发展,要满足不同健康状况、家庭结构、经济状况的老年人的生活照料、医疗保健、精神慰藉等多方面、多层次的养老服务需求。

社区养老服务则是社区和居家养老的重要依托。一方面,社区是居家养老服务供给的基本单位,居家养老服务的提供方式是上门服务,而社区综合养老服务中心等机构的设置是居家养老服务的重要依托和来源;另一方面,社区的日间照料中心等机构可以提供老年人的短期托养和日间照料等服务,有效地满足了老年人暂时的托养需求。社区养老服务的优势在于以下几个方面:第一,社区养老服务的功能更加多样,社区养老服务可以满足老年人的生活照料、医疗保健、精神慰藉等多方面的需求;第二,社区养老服务的资源提供者更加多元,社区养老服务的供给者有个人、家庭、政府、社会组织等;第三,社区养老服务更加灵活,供需匹配度更高,社区养老可以根据老年人的需求提供多样的养老服务,更加灵活便捷;第四,社区养老既可以满足老年人在家养老的偏好也可以满足老年人多样化的养老服务需求。

机构养老服务是我国社会养老服务体系的重要组成部分,是社会养老服务体系的重要补充。一方面,由于家庭规模的小型化以及老年人预期寿命延长带来的带病存活年限的延长,机构养老成为部分失能及半失能老年人的养老选择;另一方面,机构养老的市场化使得机构养老在设施和服务方面更加多元,可以满足不同老年人多样的、多层次的养老服务需求。目前按照不同指标,我国的养老机构可分为多种类别,不同类别的养老机构的运营模式、接收对象、职能定位、分层统筹有所不同。第一,我国的养老机构按照经营目的可分为非营利、营利两类。非营利是指养老机构的经营不以营利为目的,即使有盈余,盈余也不作个人分配,主要用于事业发展;营利是指养老服务的经营,是要考虑成本利润的核算,而且盈余可分配给拥有者或股东。第二,按照运营模式,养老机构可分为公办公营、公办民营、民办公助、民办民营四类。公办是指政府投资(包括建设财力、集体资金、专项建设基金,以及由政府性资金平衡的政府投资机构投资等)建设,且拥有产权;民办是指非政府投资建设,且拥有产权;公营是指事业单位性质,或由隶属于政府的组织运营管理(包括主要负责人由政府相关部门任命、实行财政统一结算,以及由公共财政定额拨款或差额拨款);民营是指非事业单位性质,由市场主体、社会主体运营管理;公助是指由公共财政资金或由福利彩票公益金给予养老机构一定建设补助(资助)、运营补贴。第三,按照职能定位,我国的养老机构可分为保基本养老机构和其他养老机构,保基本养老机构承担着供给基本养老公共服务的职能,其具有公益性、保基本性和兜底性的特征,其享受对象是通过评估需求筛选出来的特定的老年群体,这类机构具有公共属性,而其他养老机构则承担着满足老年人多样化养老服务需求,补充居家养老和社区养老不足的重要角色。

三、以医养结合为核心内涵的社会养老服务体系的基本形成

人口老龄化、高龄化不断加剧,使得人类生命周期不断延长,老病残弱风险不断加大,这就意味着,人们在漫长的老年过程中,不仅需要养老金以应对日常的生活风险,更需要养医护服务来应对病残弱风险,为此,医养结合服务就变得特别需要和迫切。近年来,国家在不断推动社会养老服务体系建设的同时,也将医养结合作为重要的战略在推动。党的十八大提出走内涵式发展道路,直接推动了医养结合理念与行动在我国开启,以国务院发布的《关于加快发展养老服务业的若干意见》(国发〔2013〕35 号)为标志;2016 年国务院发布《“健康中国 2030”规划纲要》,提出实施健康中国战略,实现中国人的健康梦,医养结合必然成为建设健康中国的重要内容;党的十九大更是明确提出要在“病有所医、老有所养、弱有所扶上不断取得新进展”,为推动医养结合服务提出了重要的方针;2019 年国务院发布《关于推进养老服务发展的意见》(国办发〔2019〕5 号),直接将“提升医养结合服务能力”作为养老服务高质量发展的重要内涵,而且明确提出要“持续完善居家为基础、社区为依托、机构为补充、医养相结合的养老服务体系,确保到 2022 年在保障人人享有基本养老服务的基础上,有效满足老年人多样化、多层次养老服务需求,老年人及其子女获得感、幸福感、安全感显著提高"。由此可以看出,医养结合成为社会养老服务体系的核心内涵,是我国推动养老服务高质量发展和确保老年人及其家庭有获得感和幸福感的重要内容,也是健康中国建设的重要方面。

以医养结合为核心的社会养老服务体系具有以下内涵和特点:从目的上看,和传统养老模式一样,旨在为老年人提供养老服务,只不过医养结合服务是特别增加了医疗护理元素的养老服务,以保证老年人安享晚年;从参与的主体看,除了原有的养老机构、社区和家庭等主体提供养老服务以外,还增加了医疗机构及其相关的护理机构等主体参与服务供给;从服务内容看,医养结合不仅包括生活照料、精神慰藉、文化活动,还包括健康检查、疾病诊治、康复护理以及临终关怀等医疗卫生护理服务。目前我国医养结合社会养老服务体系的运行机制可总结如下:首先以老年人的健康状况为起点,基于身体健康、心理健康、患病状况、社会参与状况等维度对老年人的健康状况予以综合评估和分级;其次,把握老年人适合的养老方式,目前主要包括居家养老、社区养老和机构养老三种模式;最后结合老年人的综合健康状况和适宜的养老方式,通过养老机构内设医疗机构、养老机构与医疗机构临近设置、综合设置,或者养老服务机构与医疗机构签约等方式为老年人提供生活照料、医疗保健、康复护理、精神慰藉等医养结合服务。

以医养结合为核心的社会养老服务体系既能满足老年人的基本的生活类养老服务需求,更能为老年人提供便捷的医疗、健康和护理类的服务需求,这一体系的形成和发展对于实现我国健康老龄化和积极老龄化具有至关重要的意义。

14.4.2　国家层面三大试点与实践概况

近年来,为建设以医养结合为核心的社会养老服务体系,国家在推动社会养老服务发展的同时,也在探索医养结合、长期护理保险制度以及居家和社区养老服务改革,做了许多开创性工作,为老年人提供了更加精准高质量的养老服务。

一、医养结合试点与实践

我国医养结合实践,早在探索和形成以居家为基础、社区为依托、机构为补充的社会养老服务体系过程中,就零星出现在一些地区,比如上海、北京、浙江、江苏等地。官方文件首次提出是在 2013 年底,国务院国发〔2013〕35 号文件中提出"积极推进医疗卫生与养老服务相结合",并强调"促进医疗卫生资源进入养老机构、社区和居民家庭;支持有条件的养老机构设置医疗机构;有条件的二级以上综合医院应当开设老年病科;探索医疗机构与养老机构合作新模式"以"推动医养融合发展"。之后,国家接连发文助推医养结合服务的开展,特别是从 2016 年开始,以医养结合为核心的三大试点行动在全国开始启动。2016 年 6 月,由原国家卫计委和民政部联合分两批一共 90 个试点单位推行医养结合国家试点,旨在探索医养资源融合路径,为老年人搭建医养连续服务供给网络平台;同年 6 月,由人社部发起在全国 15 个城市试点长期护理保险,旨在为医养护服务费用的支付问题探寻解决之道;同年 11 月,由财政部联合民政部牵头在全国开启居家社区养老服务改革试点,先后分 5 批累计在 203 个市(区)探索建立具有复合功能的居家社区养老服务供给体系,为医养结合服务搭建基础平台。由此,医养结合试点成为养老服务高质量发展的内源动力,在全国各地全面开启。

对于医养结合概念的内涵,我国学者进行了一系列的探索和阐述,如邓大松和李玉娇(2017)认为医养结合并非一种独立的养老模式,而是指从老年人多元化需求出发,通过将养老和医疗资源有机整合、服务功能有效衔接,在基本生活照料基础上,为老年人提供检查诊断、医疗护理、康复疗养、健康管理和保健教育。董红亚(2018)从养老服务视角界定医养结合的含义,提出医养结合之"医"有独特内涵,主要是健康管理、突发疾病的应急处置和医疗护理等;医养结合之"养"有独特内涵,重点是慢性病老人和失能失智老人的照护服务;同时还指出医养结合是聚焦重点对象和服务项目的资源配置机制,以及推进医养结合的目的是构建长期照护保障机制,提升养老服务质量。张莹和刘晓梅(2019)从医疗的概念、养老的概念、医养结合的概念三个方面进行阐述和释义,认为医养结合是我国特有的名词,由于缺少法律对"医"与"养"的界定,目前对于"医养结合"概念尚无统一标准。同时还提出,"医养融合"是指服务的融合,多种专业人士相互协作,根据老人的服务需求,为老人提供一体化、无缝隙的服务;而"医养结合"则是为了实现这种无缝隙、一体化的服务提供,各相关主体机构之间的合作与协作。基于上述探索和阐述,可以看出医养结合有着较为宽泛的外延,其是指"医"和"养"凝结在一起,之间发生着密切联系,形成养老的社会支持系统。

根据各地的实践来看,现阶段医养结合实践模式大体可分为三种类型八种模式。即按照医养结合资源配置取向,可以划分为医疗资源嵌入养老服务类型(俗称"养中有医')、养老服务资源嵌入医疗服务类型(俗称"医中有养")、医疗服务资源与养老服务资源融合建设类型(俗称"医养共体")三大类型,其中"养中有医"类型,是指在养老服务体系中增加医卫护服务,为老年人在日常养老的场所提供基本的医疗卫生与护理服务,这种"养中有医"类型有五种主要模式,包括养老机构内设医疗机构模式、与医疗机构签约模式、既内设医疗机构又签约模式、与医疗机构邻近设置模式、云端服务模式等。"医中有养"类型,是指在医疗机构中增加养老服务,为老年人在医疗康复过程中提供基本的养老服务,此种"医中有养"类型有两种主要模式,包括医疗机构内建设养护机构模式、医疗机构内设养老床位模式。"医养共体"类型,是指养老机构和医疗机构一体化设置,形成大型的医养综合体,为老年人实现养老、医疗一条龙服务,此种"医养共体"类型为独立模式,常出现在新建社区综合体中。

总体来看,目前医养结合的试点地区取得了显著的成效,几乎所有试点单位的养老服务场所都实现了基本医疗服务的覆盖,不少发达地区非试点区域也已实现了覆盖。但是存在不容忽视的问题是各试点地区几乎全部依赖政府财政推动,虽然短期内很快实现了全覆盖,但是实际运行效果并不理想,还普遍存在医养护服务人员严重紧缺、医卫服务规范与标准的适用性差、医保和长护险政策不能覆盖等一系列问题,有待破解。

二、长期护理保险试点与实践

人类社会的快速老龄化、高龄化和失能失智老年人口的不断增长,已成为当今世界不可逆转的趋势。伴随着年龄的增长,老年人的身体机能和自理能力必然退化,这对我国小型化家庭和独特历史时期的独生子女家庭的传统家庭照料模式提出了冲击和挑战,医养结合的发展对老年人的经济保障提出了更高的要求,探索建立长期护理保险制度是保障老年人支付养老服务的重要手段,也是"健全全民医保体系""推进健康中国建设"的必然要求。党的十八届五中全会公报也提出"积极开展应对人口老龄化行动",中共中央关于制定"十三五"规划的建议更加明确指出"探索建立长期护理保险制度"。由此,建立长期护理保险制度成为我国当前的一项重要任务。2016 年 6 月,人力资源和社会保障部办公厅下发《关于开展长期护理保险试点的指导意见》,发起在全国 15 个城市试点长期护理保险;2020 年 5 月,国家医疗保障局发布的《关于扩大长期护理保险制度试点的指导意见(征求意见稿)》提出扩大试点范围,拟在原来 15 个试点城市的基础上,按照每省 1 个试点城市的原则,将试点范围扩充为 29 个城市,试点期限两年;2020 年 9 月,经国务院同意,国家医保局会同财政部印发《关于扩大长期护理保险制度试点的指导意见》(医保发〔2020〕37 号),将长期护理保险试点城市增至 49 个。长期护理保险试点的开展,成为支付医养结合服务的重要保障。

长期护理保险主要是为被保险人在丧失日常生活能力、年老患病或身故时,侧重于提供护理保障和经济补偿的制度安排。经过几年的试点,目前试点地区的长期护理保险呈现出如下主要特点[①]:第一,从参保人群来看,与职工基本医疗保险参保人群基本一致,仅有承德、齐齐哈尔两市探索覆盖全体基本医保参保对象,上海市在覆盖职工基础上向 60 岁以上居民延伸。第二,从保障人群和内容来看,主要保障重度失能人员的基本生活照料支出以及与基本生活密切相关的医疗护理费用,仅有上海、北京海淀、成都武侯等少部分区域区分轻度、中度、重度失能状况给予不同标准的补贴。第三,从资金筹集方式来看,基本医疗保险基金和财政补贴

---

① 关博、朱小玉:《中国长期护理保险制度:试点评估与全面建制》,《宏观经济研究》2019年第 10 期。

是主要的资金来源,个人缴费机制逐渐建立。试点城市在普遍以基本医疗保险基金作为主要筹资的基础上,注重强化财政补贴责任,明确参保人员个人缴费义务,并挖掘福利彩票等社会资金的筹资潜力。在筹资方式上,承德、长春、上海、青岛和成都采取了按比例筹资的办法,筹资比例普遍在医保缴费基数的 0.4% 左右,其他城市也在积极探索如定额筹资等方式。第四,从基金的待遇支付来看,多数试点城市采取的为现收现付制度,基于失能状况和护理服务确定报销比例,值得一提的是,为解决居家老人的失能护理问题,鼓励居家照料方式,部分城市提高了居家护理报销比例。如广州市规定居家照护报销比例为 90%,机构护理报销比例为75%;上海市规定居家护理支付比例为 90%,机构为 85%;成都市规定居家护理报销比例为 75%,机构为 70%。在支付方式方面,在普遍采用按床日付费基础上,结合按项目、按病种、按服务对象包干等多种方式,针对服务供给方式,构建多元化支付机制,既有效调动了服务机构的积极性,也同时达到了集约利用费用的基本目标。

总体来看,目前我国的长期护理保险试点卓有成效,有效地减轻了失能老人尤其是重度失能老人的照护服务费用负担,减轻了医保基金和个人的医疗支出,并在一定程度上化解了重度失能家庭的灾难性卫生支出和因病致贫风险,也促进了基层医疗机构的转型和养老服务质量的提升。但同时长期护理保险的试点也反映出了诸多痛点亟待解决,主要包括缺乏统一的医疗照护评估机制、基本保障边界不清晰、长期护理保险基金财政依赖度高、区域发展不平衡等,只有解决好上述问题,才能促进长期护理保险的健康推进,保障以医养结合为核心的社会养老服务体系的建设和推进。

三、居家和社区养老服务改革试点与实践

居家和社区养老服务综合改革试点是 2016 年国家部委启动的三大试点之一。2016 年 6 月,民政部、财政部联合发布《关于中央财政支持开展居家和社区养老服务改革试点工作的通知》,指出中央财政决定安排中央专项彩票公益金,通过以奖代补方式,选择一批地区进行居家和社区养老服务改革试点,促进完善养老服务体系。并于 2016 年 11 月确认了

26个市(区)作为首批社区居家养老服务改革试点城市。近年来改革的试点范围逐渐扩大,分别于 2017 年 11 月、2018 年 5 月、2019 年 8 月、2020 年 2 月将试点扩展为 28 个市(区)、36 个市(区)、54 个市(区)、59 个市(区)。该项试点的主要目标为通过中央资金引导,鼓励地方加大政策创新和资金投入力度,统筹各类资源,优化发展环境,逐步认识和把握居家和社区养老服务发展的规律,形成一批服务内容全面覆盖、社会力量竞争参与、人民群众普遍认可的居家和社区养老服务成功经验,形成比较完备的居家和社区养老服务发展环境和推动机制,鼓励其他地区借鉴应用,快速提高我国居家和社区养老服务发展能力和水平,切实增强人民群众的获得感。此外,该项试点还进一步明确了试点资金主要用于打造居家和社区养老服务发展软环境和软实力,而对于硬件设施建设是辅助的。

居家和社区养老服务改革试点重点支持领域包括:第一,支持通过购买服务、公建民营、民办公助、股权合作等方式,鼓励社会力量管理运营居家和社区养老服务设施,培育和打造一批品牌化、连锁化、规模化的龙头社会组织或机构、企业,使社会力量成为提供居家和社区养老服务的主体。第二,支持城乡敬老院、养老院等养老机构开展延伸服务,直接提供居家和社区养老服务,或为居家和社区养老服务设施提供技术支撑。第三,支持探索多种模式的"互联网+"居家和社区养老服务模式和智能养老技术应用,促进供需双方对接,为老年人提供质优价廉、形式多样的服务。第四,支持养老护理人员队伍建设,加强专业服务人员培养,增强养老护理职业吸引力,提升养老护理人员素质。第五,推动完善相关养老服务的标准化和规范化建设,通过购买服务方式,积极培育和发展第三方监管机构和组织,建立服务监管长效机制,保证居家和社区养老服务质量水平。第六,支持采取多种有效方式,积极推进医养结合,使老年人在居家和社区获得方便、快捷、适宜的医疗卫生服务。第七,支持老城区和已建成居住(小)区通过购置、置换、租赁等方式开辟养老服务设施,支持依托农村敬老院、行政村、较大自然村利用已有资源建设日间照料中心、养老服务互助幸福院、托老所、老年活动站等农村养老服务设施,满足城乡老年人特别是空巢、留守、失能、失独、高龄老年人的养老服务需求。

居家和社区养老服务改革试点分为两阶段,前两三年重点针对发展短板,采取有效促进措施,形成综合服务能力,后两三年重点完善政策措施,推广成功试点经验,形成规模,扩大服务覆盖面。经过近年来有计划、有步骤地开展试点工作,第一阶段已经基本完成,基于实地调研和专家评估,民政部汇编了七方面的试点经验①:一是多措并举,增加服务设施供给,部分试点地区通过分区分级规划设置养老服务设施、整合利用社区各类闲置资源、推动在社区设立嵌入式养老机构等方式增加居家和社区养老服务设施供给;二是引入社会力量,实现养老服务多元供给,部分试点地区通过给予建设补贴运营,支持社会力量运营居家和养老服务设施、提供场地和设施、鼓励龙头型企业、社会组织和机构整合服务力量,实现运营的规模化和连锁化等方式优化发展环境,丰富供给主体,鼓励社会力量广泛参与,推动形成以社会力量为主体的居家和社区养老服务多元供给格局;三是有效评估,实现养老服务供需精准对接,部分试点地区通过建立老年人需求评估体系,解决供需信息不对称问题,推动实现养老服务供需的有效对接,并在评估基础上,采取绘制养老"关爱地图"、设立"养老顾问"等多种形式,为老年人提供精准分类服务;四是党建统领,互助自助,提升农村养老服务水平,部分试点地区从提升农村养老硬件水平入手,建立老年人关爱制度,不断改善农村老年人养老水平;五是专业引领,注重养老人才队伍建设,部分试点地区通过创新养老服务人才培训体系、养老服务人才评价制度、统筹多方力量,推动"三社联动"等方式着力解决养老服务人力不足问题,加大专业化养老人才队伍建设;六是探索"互联网+",用科技推动养老服务发展,部分试点地区积极探索"互联网+"在居家和社区养老服务中的应用,建立信息平台,实现大数据管理,运用信息化、标准化管理提升养老服务质量;七是因地制宜,推进医养结合工作,部分试点地区因地制宜推动医疗资源向家庭和社区延伸,利用医疗卫生服务网络,与医院、社区卫生服务站等建立合作关系,定期为社区老年人

---

① 《全国居家和社区养老服务改革试点经验和典型案例汇编》,中华人民共和国民政部,2019—11—08。

开展体检、上门巡诊、健康管理等服务。

综上所述，经过近几年的居家和社区养老服务改革试点，通过政府扶持、社会力量运营、市场化运作，全面提升了居家和社区养老综合服务能力，通过总结推广居家和社区养老服务发展的可推广、可复制、可持续的经验，引领带动了全国居家和社区养老服务发展。但目前居家和社区养老服务的改革仍存在着各地区间差距较大、护理人员缺乏、相关标准模糊等问题，只有破解这些问题才能更好地巩固居家和社区养老服务在养老服务体系中的基础和依托地位，满足绝大多数有需求的老年人在家或社区享受养老服务的愿望。

14.4.3　现行体系存在的问题及挑战

在总结成效与经验的同时，也应看到现有体系的矛盾和问题，面临的困境与挑战，为推动养老服务发展找到突破口和抓手。

一、整体发展不平衡不充分的矛盾突出

养老服务发展不平衡不充分主要体现在现有养老服务供给不仅在数量和质量上的不充分，而且在地区发展上出现严重的不平衡。我国养老服务体系建设在东部、城市等发达地域基本实现了保基本、全覆盖，甚至有些地区已经在追求高质量的发展，而中西部、农村及城市郊区等欠发达地域养老服务体系仍存在不健全、服务项目不充分、服务质量参差不齐等情况。在服务项目方面，总体上机构建设优于社区居家服务建设，社区居家养老服务建设投入不足，未能充分发挥居家养老及社区养老的基础与依托功能。在设施建设上，养老服务硬件设施水平较高，但服务的软件建设不足，比如养老服务的管理水平有限、专业护理人才缺口较大等。从床位建设看，养老床位建设较充分，资源充沛，而护理床位投入有限，不能满足老龄化背景下持续上涨的需求。长期护理保险、医养结合、社区居家养老仍只在部分地区试点，广大的非试点地区虽也有所探索，但提供的养老服务仍不能完全保障辖区内老年人的需要。这些不均衡不充分的情况不仅限制了老年人追求高质量生活，也在老年人中造成了福利供给的不公平。

在社会养老服务体系内部,各要素衔接不够紧密,政府、家庭、社会的职责尚不清晰,机构、居家和社区专注于发挥各自的功能,而弱化了"基础、依托与补充"三个功能的联系,成为养老服务供给水平难以提升的主要原因。此外,医保未完全接入养老服务体系,养老保险、医疗保险、长期护理保险等险种尚未融合形成统一的老年人账户,卫计委和民政部门在医养结合方面仍存在职责交叉的情况,这使养老服务体系的供给能力难以提高。最后我国养老服务呈现养老服务资源冗余与不足并存,供需结构不对称,不仅限制了老年人追求高质量生活,也在老年人中产生了福利供给的不公平性。

二、缺乏成熟且独立的理论指导体系

养老服务是一个跨学科的领域,涉及社会保障、公共管理、医学护理、人口学等多个学科,每一个学科都可以对养老服务领域做出解释和归纳。然而,养老服务的核心理论却难以确定,没有哪个学科或者理论可以对社会养老服务的发展做出独立且全面的解释和指导。社会养老服务随着时代的需求孕育而生,但我国还处于探索和寻求适合国情的特色路径之中,已有的制度乃至服务供给方式都是"摸着石头过河"的经验之作。社会养老服务体系的发展也是从无到有的建设,靠政府的全力支持,才走上高速发展的道路。而这些远不足以支撑一项朝阳事业和产业长期且稳定的发展。没有核心理论的指导就意味着,社会养老服务逐渐走向市场的过程容易缺失方向感,过度追求高档次的服务供给,使市场出现两极分化,发展方向扭曲。更重要的是现有的服务发展,既不能完全满足广大老年人的服务需求,还忽略它本身应具有的福利性质和维护社会公平的初衷,最终难以实现提升老年人幸福感、获得感的美好愿望。

三、养老服务市场化发展存在严重钝感

多年来,我国政府一直强调养老服务的市场化供给,甚至特别提出要让市场发挥养老服务资源配置的基础性作用,然而从现有的养老服务发展业态看,依然处于政府主导或者政府引导状态,不少地方、不少服务项目出现政府扶上马下不来,更有甚者出现只见政府不见市场的局面。事实上,这些年为了激发市场活力,国家出台了不少土地、税费优惠、财政补贴等政策,甚至在"放管服"上下了不少功夫,但是市场对政策的反应迟钝,养老服务业发展缓慢。在需求层面,同样存在对政府严重依赖,对市场化服务消费意识淡薄问题。虽然城乡居民的养老观念较之前已有极大的转变,但是有些传统的养老观念及思维依然固守,不少家庭及个人缺乏养老服务消费意识和购买理念。不少老年人对养老机构及社区服务依旧存在不信任,听天由命,抑或将入住养老机构视为无奈之举。即便选择入住养老机构,老年人更愿意长时间的等待和轮候到公办机构养老,而民办机构却存在大量的闲置养老资源,未能得到充分利用。尤其在政府主导的情况下,公办养老机构及社区养老设施的高质量建设,更强化了老年人及其家庭对政府的依赖,弱化了市场化消费观念,使养老服务市场格局难以建构。

四、深度老龄化使养老服务供需均衡匹配问题更加凸显

在现代社会,"核心家庭""421""8421"的家庭模式屡见不鲜,丁克家庭、单亲家庭、独身家庭也越来越多,社会整体上呈现子女数减少,空巢家庭增多,女性劳动力供给增加,致使家庭养老功能进一步下降,养老责任从家庭逐步转移到社会。然而,自 1999 年我国进入老龄化社会,老龄化问题逐渐成为社会发展的焦点。相比其他国家,我国老龄化呈现高龄化、规模大、速度快的特点,还伴随高失能率。2018 年,我国 60 岁及以上人口 24949 万人,占总人口比重的 17.9%,80 岁及以上人口占总人口的 18.2%,老龄人口基数大,高龄人口占比高。依据 2014 年 ADL 的测算标准,65 岁及以上老年人口失能率在 9.32%左右,85 岁及以上老年人失能率 28.99%。未来我国老年人口规模仍会不断扩大,老年人群失能风险及认知障碍患病概率也将提高,空巢、独居老年人群规模将不断扩大。[①]这将对养老服务质量和数量提出更高且更详尽的要求,直接带动养老服务需求多样化的迅速膨胀,促使养老服务需求向高阶、升级、转型发展,给当前养老服务体系的供给能力带来了极大的压力。

---

① 人口老龄化态势与发展战略研究课题组,执笔人李志宏:《国家应对人口老龄化战略研究总报告》,《老龄科学研究》2015 年第 3 期。

养老服务需求不断升级,反观养老服务供给情况,随着全社会人口老龄化的加深,社会供养人员增多,而参加劳动的人口减少,能提供养老服务的群体和创造的社会财富减少,相应的用于社会养老服务的资源就减少,社会经济对养老服务的承受能力就受到限制。尤其在我国追求高质量养老服务的发展阶段,日益加深的人口老龄化问题直接加重了我国的养老压力,养老金、长期照护费用、养老和医疗等服务的费用将大幅度增长,财政负担将不断加大,养老财务模式不可持续风险增加,致使养老服务资源更加紧张,要同时满足养老服务的高质量和高数量供给就愈加困,供需匹配矛盾愈加凸显。

五、经济波动给养老服务供给的支撑能力带来不确定性

回顾我国社会养老服务的发展历史,我们发现经济的高速发展期也是社会养老服务的蓬勃发展期。从长远来看,在经济稳定发展的基础上形成的养老服务更有利于增加社会成员的获得感与幸福感。改革开放以来,中国靠投资、出口、消费三驾马车带动经济的高速发展,经济总量持续加大,经济保持持续增长态势,GDP 总量由 2000 年的 89404 亿元提高到 2018 年的 896915.6 亿元;人均 GDF 也逐年提高,由 2000 年的 7942 元提高到 2018 年的 64644 元,[①]这为养老服务的发展奠定了良好的经济基础。

然而,在"十二五"时期,经济发展进入新常态,增速不稳定,甚至近 10 年来出现增速下降。在经济增速下降的同时,人均 GDP、城乡居民收入、就业率和财政收入增速也有所下降。经济下行,将挤压企业利润空间,降低职工收入增速,难以形成社会保障服务重要的经济基础。而为了维持已有的养老福利水平,政府就要更多地承担这种刚性支出。但在我国市场经济结构改革的深水区,加上税收结构调整,公共财政收入增速降低。2010 年的财政收入增速为 25.0%,但此后财政收入增速下滑,2018 年仅为 6.23%。[②] 然而,现阶段我国已步入全民保障时期,政府与人民对高质量的养老服务发展的追求是一致的,对经济的稳定发展有较强的依

---

① 由笔者根据《中国统计年鉴》相关数据测算而成。
② 由笔者根据《中国统计年鉴》相关数据测算而成。

赖,面对日益增加的养老服务需求以及需要维持不断提升的福利水平,政府还得肩负起促进发展及确保支出的责任。可是,波动的经济发展与走低的财政收入增速给养老服务发展的支撑能力带来不确定性,将制约着社会养老服务高质量发展。

六、社会主要矛盾的转变对养老服务发展提出更高要求

党的十九大报告指出,我国社会主要矛盾已经转化为人民日益增长的美好生活需要和不平衡不充分的发展之间的矛盾,这一转变揭示了人民当前对老年生活的高质量追求与养老服务发展不平衡不充分的矛盾。尽管我国经济建设、制度建设取得巨大成功,社会生产力基本化解了人民群众的物质需求不能被满足的矛盾。但深究经济社会的各个方面,制度碎片化及体制不完善仍然制约社会生产力的充分释放,结构性失衡、地域间不均等、供给不充分的问题使城乡居民难以公平和充分的共享社会发展成果。从养老服务领域来看,尽管我国覆盖城乡居民的社会养老服务体系基本建成,为老年人获取基本养老公共服务提供了制度性保障,但老年人对养老服务的需求变得更加精细且多样化,对公平和充分共享社会发展成果有更高的要求和期待,对精神慰藉和人文关怀有更加明确的需要及渴望,这就要求社会养老服务供给能力及水平必需同步提升。但我国养老服务制度地方化,养老服务供给结构不平衡,资源分配不均,居家、社区及机构养老建设不均衡,医护人才不足,制约了养老服务充分和均衡供给,难以对老年人形成公平的保障,限制了老年人对美好的养老生活的追求。

14.5 健全和完善养老服务体系的建议

健全和完善养老服务体系是一个长期且持续的过程,应不断从老年人变化的需求趋势出发,总结实践经验,加强顶层设计,完善政策,健全机

制,注重实效,持续推动社会养老服务本系健康运行。

14.5.1　立足顶层设计,做好体系框架建设的整体谋划

社会养老服务作为为老年人提供特定服务的体系,当它形成一套完善的制度嵌入现有的社会制度体系中,将不可避免地与其他制度相互作用。它既可以使现有制度体系变得丰富和完备,推动我国养老保障事业发展,实现政府的服务保障功能,任又容易增加现有制度体系和财政收支的负担,不利于充分的发挥制度优势,实现高质量发展。因而,在设计社会养老服务体系时,应具备战略眼光,将其放在国家宏观发展的角度进行整体谋划,以科学的顶层设计为社会养老服务建设提供指导和方向,使其成为人口战略和化解当前社会矛盾的重要选择。

要充分考量社会养老服务体系需要的制度空间和经济支持空间,建立与经济体制、政治体制、财政体制等领域的阶段性规划改革与升级相互衔接的综合联动机制。同时,整合各方资源,协调对体系内部的各类服务的投入,理顺养老服务体系内部与外部制度关系,设计统一的适应经济社会要求的改革发展框架。以提质增效为核心,解决碎片化、差异化的问题,建立涵盖养老服务供给、需求评估、政策保障与支撑、监督管理、人才培养等功能的便民、高质量、多层次的社会养老服务体系,形成政府主导、社会参与、人才和技术要素的服务网络,实现人民公平共享社会成果的目标。

14.5.2　以试点工作为契机,分类推进社会养老服务体系地区全覆盖

社会养老服务体系是一个包含多类项目且不断更新和优化的综合服务体系,体系内部各类服务发展面临的困难程度不同,因而在实践中要注重各项服务的分类推进与统一联动,应设计各类服务的发展规划并寓于养老服务体系之中,以试点工作的深入开展为核心,全面推进社会养老服务发展。

第一,应充分评估和总结"医养结合""居家和社区养老服务""长期

护理保险"三大试点工作经验、成效与作用,在此基础上继续深化与扩面,使其成为带动养老服务发展与提质增效的重心与孵化器。第二,应充分挖掘居家、社区及机构医养护功能,持续追加三类服务的投入,提高养老服务精细化水平,使其成为提质增效的有效载体。第三,应注意地区间因地制宜及个性化工作开展与全国统一规范发展的协调与匹配性,以促进养老服务发展的整体性与均衡性。第四,要通过结构性改革与因地施策,对当前养老服务发展的洼地、薄弱环节开展突击式填补,要创新城市郊区、农村地区的养老服务供给模式,有效化解养老服务供给不均衡不充分问题,提升整体养老服务发展水平。

14.5.3 以基本养老服务为基础,推动多层次社会养老服务体系的转型升级

社会养老服务体系是一个复杂多元的立体系统,对其理解要从多角度多维度去展开。除了我们惯常以养老服务方式为依据界定的居家养老、社区养老及机构养老多层次体系以外,我们还应从供给主体、服务内容、保障水平等角度对其进行理解。如由政府、社会、家庭及个人等不同主体提供的多元化多层次养老服务体系;提供生活照料服务、医疗卫生护理服务及精神慰藉服务等多样化多层次服务体系;针对困难群体提供的基本养老服务、面向全体老人提供的普惠养老服务乃至面向特殊需求者提供的市场化、个性化服务等多层次服务体系;等等。以下,着重介绍由政府提供的基本养老服务和由市场提供的个性化多样化养老服务。

建立健全社会养老服务体系,旨在保障广大城乡居民能够享有基本的养老服务,能够确保晚年享有起码的养、医、康、护、临终关怀服务。其中,基本养老服务就是面向经济困难、身体困难的老人提供的兜底性服务。这种服务提供有三个特点:一是享受对象要经过经济状况和身体照护等级状况评估,只有达到资格条件的老年人才能享受;二是服务供给主体主要是政府及非营利机构,即使由社会办机构提供,多数情况下也是由政府购买服务;三是所提供的服务为老年人日常生活所必要的服务,包括基本生活照料服务和与之紧密相关的医疗护理服务等。由此可见,在社

会养老服务体系中,完全由政府提供养老服务难以满足不同层次老年人的实际需求,而市场主体丰富多元,其对养老服务的供给有着巨大的潜力,一个完备的、健全的社会养老服务体系,就应该充分发挥市场机制的作用,为广大的老年人提供更加丰富、多样、充分的养老服务。为此,在做好基本养老服务供给的同时,应该着力推动市场化的养老服务供给,实现多层次养老服务的转型与升级。

要推动养老服务的市场供给,价格、服务、监督是核心要素,价格是养老服务供需平衡的标尺,服务通过价格体现其内在价值,而只有通过对二者的监督才能维持价格与服务质量的协调与平衡。因而,通过建立价格、服务、监管三方联动机制,适度地放开养老服务市场,充分调动与发挥市场在养老服务供给中的基础性作用,对于推动养老服务供给由政府主导向市场主导方向转型和升级具有重要意义。

14.5.4　深度推进医养护融合,提升养老服务体系的高质量发展

在深度人口老龄化背景下,有大量的高龄老年人会随着年龄的进一步增高而出现生活能力的快速下滑,继而对养老、医疗、照料及护理服务的综合需求会急剧提高,而推进医养护服务深度融合,可以解决老年人对连续性服务的需求。为此,建立健全社会养老服务体系,应从以下方面着手:一是首先要明晰医养护结合和医养护融合的基本概念及其内涵,从理论上明确其在养老服务体系中的实现方式;二是以夯实养老服务基础设施和提高服务队伍建设为出发点,将医养护服务结合、长期护理保险融入社会养老服务体系,为老年人建立个人医养护档案,实现对老年人医养护的全方位管理;三是在医疗机构、养老机构、居家和社区之间形成良好的医养护服务绿色供给通道,重视硬件设施的建设,建好无障碍环境;四是探索智慧养老服务进居家、社区及机构的途径,鼓励"互联网+"养老服务创新,利用智慧化产品保障老年人生活安全、生命健康;五是扩充养老服务人才队伍,设置定点培训,提升服务队伍的专业能力,完善人才管理机制吸引具备专业能力的护理人员,鼓励各界医养护专业人员、健康管理

师、心理医师等人员或团队与家庭、社区、机构合作,为老年人提供专业的医养护一体化服务,为社会养老服务体系高质量发展夯实基础力量。

14.5.5 探索养老保险、医疗保险、长期护理保险与养老服务的对接机制,完善社会养老服务的支付体系

健全的社会养老服务体系必然会产生高质量的养老服务需求,而养老服务高质量的发展需求又将导致政府、市场、家庭三方的支出压力增大。为了确保社会养老服务体系能够健康运行并持续发挥更好的功能,应将社会养老服务体系放在社会养老保障的大框架中考虑,探索各类保险与养老服务的对接机制,形成老年人的经济保障和服务保障的耦合作用,进而促进社会养老服务体系的功能发挥。首先,应完善我国社会保险体系,加快建立长期护理保险,探索养老保险、长期护理保险以及医疗保险的联动机制,使养老保险、医疗保险、长期护理保险对养老服务、老年病科及护理服务等形成有效的支付链条。其次,应明确医疗保险及长期护理保险对养老服务的支付范围,划清社会、家庭与政府应承担的养老服务责任。最后,充分研究个人养老金对养老服务的支付机制,实现养老服务体系支付功能、保障功能的升级。

总之,面对日益庞大的养老服务需求以及养老服务发展不平衡不充分的供给矛盾,我国应加快建立健全社会养老服务体系建设,加大投入和政策引导,促进养老服务业态转型与质量提升,并以高质量发展为取向,努力推动政府与市场两轮驱动机制,力争早日实现人人享有基本养老服务,有效满足老年人多样化、多层次养老服务需求,提高老年人及其子女获得感、幸福感、安全感的目标。[1]

---

[1] 《国务院办公厅关于推进养老服务发展的意见》(国办发〔2019〕5 号文件),2019 年 4 月 16 日。

参考文献

白维军:《社会保障不平衡不充分的公共服务治理路径》,《中国高校社会科学》2020 年第 1 期。

白维军:《养老服务高质量发展:何以可能? 何以可为?》,《社会科学战线》2019 年第 7 期。

班娟娟:《国务院常务会议部署加快发展商业养老保险》,《经济参考报》2019 年 12 月 31 日。

鲍淡如:《社保信息化发展纵横谈》,《中国社会保障》2017 年第 3 期。

本刊编辑部:《中国社保经办 30 年变迁》,《中国社会保障》2016 年第 8 期。

本刊编辑部摘录:《适应新形势,如何建立全国统一的公共服务平台?》,《中国社会保障》2018 年第 9 期。

边恕、李东阳:《加快建设高质量社会保险经办服务体系研究》,《内蒙古社会科学》2020 年第 5 期。

曹阳、徐升、黄冠:《人口老龄化、延迟退休与养老金财政负担》,《西安交通大学学报(社会科学版)》2019 年第 6 期。

陈芳芳、杨翠迎:《基于政府职责视角的养老机构公建民营模式研究——以上海市为例》,《社会保障研究》2019 年第 4 期。

陈云:《电子政务多渠道递送公共服务——对澳大利亚 Centrelink 的案例研究》,《云南行政学院学报》2011 年第 1 期。

戴昌桥：《美国电子政务建设模式探析》，《中国行政管理》2010年第6期。

邓大松、李玉娇：《医养结合养老模式：制度理性、供需困境与模式创新》，《新疆师范大学学报（哲学社会科学版）》2018年第1期。

邓大松、张怡：《社会保障高质量发展：理论内涵、评价指标、困境分析与路径选择》，《华中科技大学学报（社会科学版）》2020年第4期。

邓大松等：《社会保障概论》，高等教育出版社2019年版。

董红亚：《新中国养老服务60年》，《新中国人口60年——回顾与展望全国学术研讨会》，杭州，2009年11月。

董红亚：《养老服务视角下医养结合内涵与发展路径》，《中州学刊》2018年第1期。

董红亚：《中国政府养老服务发展历程及经验启示》，《人口与发展》2010年第5期。

杜鹏、孙鹃娟、张文娟、王雪辉：《中国老年人的养老需求及家庭和社会养老资源现状》，《人口研究》2016年第6期。

段国圣、段胜辉：《年金投资管理：评价、问题与建议》，《保险研究》2020年第4期。

付晓光：《量能负担，建立居民医保筹资增长机制》，《中国医疗保险》2021年第2期。

耿志祥、孙祁祥：《延迟退休年龄、内生生育率与养老金》，《金融研究》2020年第5期。

关博、朱小玉：《中国长期护理保险制度：试点评估与全面建制》，《宏观经济研究》2019年第10期。

关博：《"十四五"时期"全民医保"的风险挑战与改革路径》，《宏观经济管理》2021年第3期。

郭林：《中国养老服务70年（1949—2019）：演变脉络、政策评估、未来思路》，《社会保障评论》2019年第3期。

韩艳：《中国养老服务政策的演进路径和发展方向——基于1949—2014年国家层面政策文本的研究》，《东南学术》2015年第4期。

何励钦、周劲松:《浮动费率在企业工伤保险中的应用研究》,《安全与环境学报》2013年第1期。

何文炯:《中国社会保障:从快速扩展到高质量发展》,《中国人口科学》2019年第1期。

胡静林:《不忘初心,继往开来 推进医保研究工作新发展》,《中国医疗保险》2021年第2期。

胡静林:《推动医疗保障高质量发展》,《学习时报》2021年3月5日第1版。

胡晓义:《职业年金结余6100亿,迫切需要市场化投资》,《中国养老金融50人论坛·2019年养老金融文集汇编(下)》,2019年。

胡志挺:《国常会部署人身险发展举措,支持开发更多针对大病的保险产品》,《澎湃新闻》2020年12月。

黄华波:《基本医保跨省联网结算对建设全国统一社保公共服务平台的启示》,《中国医疗保险》2018年第3期。

黄健元、贾林霞:《社会主要矛盾视角下社会养老服务模式平衡发展研究》,《社会学研究》2018年第9期。

霍艾湘、赵常兴:《个税递延型商业养老保险:实践困境与优化建议》,《西南金融》2021年第3期。

景鹏、陈明俊、胡秋明:《延迟退休能破解养老保险降费率"不可能三角"吗?》,《财经研究》2020年第10期。

景鹏、郑伟:《预期寿命延长、延迟退休与经济增长》,《财贸经济》2020年第2期。

孔泽宇:《失业保险比较研究》,《劳动保障世界》2020年第8期。

李常印:《建立全国统一的社保公共服务平台路径研究》,《中国劳动保障报》2019年8月16日第3版。

李辉文、金泉、李玮:《疫情冲击下的中小微民营企业:困境、对策与希望》,中国企业创新创业调查(ESIEC)课题组。

李建学、蒲英霞、刘大伟:《中国省际人口迁移短期预测分析》,《地理与地理信息科学》2021年第2期。

李磊、席恒:《我国延迟退休年龄政策对青年人的就业效应研究》,《管理评论》2019 年第 1 期。

李明、严玉兔、李洪吉、张建忠、尚芳:《建立全国统一的社保公共服务平台,如何"纵向到底,横向到边"?》,《中国社会保障》2019 年第 12 期。

李倩倩、陈鹏军:《中国城镇职工同龄退休意愿影响因素研究——基于延迟退休背景》,《财经问题研究》2020 年第 3 期。

李心萍:《社保基金累计结余 6.13 万亿元》,《人民日报》2021 年 2 月 2 日。

李亚青:《城乡居民基本医疗保险筹资动态调整机制的构建》,《西北农林科技大学学报(社会科学版)》2018 年第 5 期。

李章程、王铭:《英国电子政务建设进程概述》,《档案与建设》2004 年第 3 期。

李珍、黄万丁:《全民基本医保一体化的实现路径分析——基于筹资水平的视角》,《经济社会体制比较》2017 年第 6 期。

刘均:《坚持并持续完善符合我国国情的居民医保筹资政策》,《中国医疗保险》2021 年第 2 期。

龙怡、李国秋:《美国社会保障号系统的信息共享机制研究——基于政府信息生态链视角》,《情报资料工作》2018 年第 1 期。

卢驰文:《中国社会保险统筹层次研究》,中共中央党校博士学位论文,2007 年。

鲁迎春、陈奇星:《从"慈善救济"到"权利保障"——上海养老服务供给中的政府责任转型》,《上海行政学院学报》2016 年第 2 期。

路春艳、张景鸣:《城镇职工延迟退休意愿分析》,《调研世界》2019 年第 9 期。

吕国营:《新时代中国医疗保障制度如何定型?》,《社会保障评论》2020 年第 3 期。

吕兴元:《医疗保险筹资存在的问题及治理对策研究》,《中国医疗保险》2017 年第 6 期。

倪婷婷:《浙江省失业保险存在问题的研究》,浙江财经学院硕士学位论文,2012年。

邱牧远、王天宇、梁润:《延迟退休、人力资本投资与养老金财政平衡》,《经济研究》2020年第9期。

仇雨临、王昭茜:《从有到优:医疗保障制度高质量发展内涵与路径》,《华中科技大学学报(社会科学版)》2020年第4期。

仇雨临:《以待遇为基础　健全基本医疗保险动态筹资机制》,《中国医疗保险》2021年第2期。

人口老龄化态势与发展战略研究课题组,执笔人李志宏:《国家应对人口老龄化战略研究总报告》,《老龄科学研究》2015年第3期。

邵敏、武鹏:《出口贸易、人力资本与农民工的就业稳定性——兼议我国产业和贸易的升级》,《管理世界》2019年第3期。

申曙光、马颖颖:《中国医疗保障体制的选择、探索与完善》,《学海》2012年第5期。

舒奋:《从家庭养老到社会养老:新中国70年农村养老方式变迁》,《浙江社会科学》2019年第6期。

谭中和:《我国职工医保筹资和待遇水平现状及对有关问题的思考》,《中国医疗保险》2017年第6期。

田大洲:《我国失业保险覆盖灵活就业人员研究》,《中国劳动》2017年第10期。

王军、李向梅:《中国城镇职业女性的延迟退休政策态度研究》,《南方人口》2019年第5期。

王梅、魏杨洋:《工伤保险省级统筹的实践与启示——以贵州省为例》,《中国医疗保险》2019年第12期。

王美桃:《我国社会保险经办服务体系的历史变迁及启示》,《当代经济》2014年第18期。

王浦劬:《全面准确深入把握全面深化改革的总目标》,《中国高校社会科学》2014年第1期。

王勇、刘梦楚、王琳璐:《新冠肺炎疫情对我国大中型企业影响调研报告》,清华经管学院中国企业发展与并购重组研究中心,2020 年。

王喆、王巍、李军、李光明、李树华、尚芳:《建立全国统一的社保公共服务平台,如何提升百姓获得感?》,《中国社会保障》2017 年第 12 期。

翁仁木:《工伤保险基金省级统筹探讨》,《中国人力资源社会保障》2020 年第 12 期。

席恒:《养老服务的逻辑、实现方式与治理路径》,《社会保障评论》2020 年第 1 期。

向春华:《工伤保险十年:成就、问题与展望》,《中国社会保障》2013 年第 5 期。

向春华:《工伤保险一次性给付制度:现状、问题与改革》,《首都经济贸易大学学报》2020 年第 2 期。

向运华、曾飘:《城乡居民医保制度整合后的成效、问题及对策》,《决策与信息》2020 年第 4 期。

许耀桐、刘祺:《当代中国国家治理体系分析》,《理论探索》2014 年第 1 期。

薛澜、张帆、武沐瑶:《国家治理体系与治理能力研究:回顾与前瞻》,《公共管理学报》2015 年第 12 期。

杨翠迎:《我国社会养老服务发展转变与质量提升——基于新中国成立 70 年的回顾》,《社会科学辑刊》2020 年第 3 期。

杨钒:《延迟退休对养老金可持续性影响研究》,《宏观经济研究》2020 年第 5 期。

杨冠琼、刘雯雯:《公共问题与治理体系——国家治理体系与能力现代化的问题基础》,《中国行政管理》2014 年第 2 期。

杨贵华、邓玮:《以需求为导向推进居家养老服务高质量发展》,《前沿》2020 年第 6 期。

杨华磊、沈政、沈盈希:《延迟退休、全要素生产率与老年人福利》,《南开经济研究》2019 年第 5 期。

杨华磊、王辉、胡浩钰:《延迟退休能改善老年人福利? ——基于代际支持视角》,《经济社会体制比较》2019 年第 2 期。

杨华磊、吴远洋、沈盈希、沈政:《延迟退休、劳动人口负担与主观福利》,《贵州财经大学学报》2020 年第 4 期。

杨李唯君、冯秋石、王正联、曾毅:《延迟退休年龄对中国人力资本的影响》,《人口研究》2019 年第 1 期。

杨立新:《无缝隙政府:公共部门再造指南》,中国人民大学出版社 2013 年版。

杨萌:《社保公共服务平台建设现状研究》,《通讯世界》2020 年第 6 期。

杨燕绥、何继明:《医疗保险一本化需打造公共服务平台》,《中国劳动保障报》2017 年 12 月 5 日。

杨燕绥、妥宏武、杜天天:《国家养老金体系及其体制机制建设》,《河海大学学报(哲学社会科学版)》2018 年第 4 期。

杨燕绥、妥宏武:《基本养老保险全国统筹需统一社会保险公共服务平台》,《中国人力资源社会保障》2017 年第 11 期。

杨燕绥、岳公正:《医疗服务治理结构和运行机制——走进社会化管理型医疗》,中国劳动社会保障出版社 2009 年版。

杨燕绥:《举国体制与养老保险中央统筹》,《养老金融评论》2019 年第 6 期。

杨燕绥:《社会保险经办机构能力建设研究》,《天津社会保险》2011 年第 2 期。

杨宜勇、邢伟、李璐、关博、韩鑫彤、张志红:《我国养老服务提质增效研究》,《宏观经济研究》2018 年第 9 期。

殷红:《延迟退休对职工福利水平的影响——基于效用视角》,《人口与经济》2019 年第 1 期。

尹振东:《垂直管理与属地管理:行政管理体制的选择》,《经济研究》2011 年第 4 期。

于金财、唐健:《实现失业保险省级统筹应解决哪些问题?》,《劳动保障世界》2015 年第 19 期。

俞可平:《衡量国家治理体系现代化的基本标准——关于推进"国家

治理体系和治理能力的现代化"的思考》,《党政干部参考》2014 年第 1 期。

俞卫:《新发展阶段全面提升我国医疗保险体系质量的思路与建议》,《人民论坛学术前沿》2021 年第 14 期。

袁涛、仇雨临:《工伤保险省级统筹管理的问题与反思》,《中州学刊》2016 年第 10 期。

曾霞、姚万军:《延迟退休年龄政策的就业冲击效应——基于 OECD 国家数据的实证检验》,《西北人口》2020 年第 2 期。

曾益、魏晨雪、李晓琳、杨思琦:《征收体制改革、延迟退休年龄与养老保险基金可持续性——基于"减税降费"背景的实证研究》,《公共管理学报》2019 年第 4 期。

张泓:《社会保险公共服务平台安全体系的研究与实现》,《情报探索》2008 年第 5 期。

张军:《工伤保险差别费率管见》,《中国社会保障》2013 年第 12 期。

张思锋、张泽滴:《适应多样性需要的养老服务及其质量提升的多元主体责任》,《人口与社会》2018 年第 4 期。

张文涛:《人力资源和社会保障信息化建设现状及对策》,《办公室业务》2021 年第 9 期。

张雅勤:《论国家治理体系和治理能力现代化的价值目标——基于现代性分化与融合的视角》,《中国行政管理》2015 年第 10 期。

张盈华、张占力、郑秉文:《新中国失业保险 70 年:历史变迁、问题分析与完善建议》,《社会保障研究》2019 年第 6 期。

张莹、刘晓梅:《结合、融合、整合:我国医养结合的思辨与分析》,《东北师大学报(哲学社会科学版)》2019 年第 2 期。

赵斌、尹纪成:《我国城乡居民医保筹资机制的完善思考——基于"三险合一"改革和结构性变革的探讨》,《中国医疗保险》2017 年第 6 期。

赵丽萍:《我国失业保险基金结余及可持续性分析》,《劳动保障世界》2018 年第 14 期。

赵晓燕、王娟:《山东:工伤保险基金省级统筹探索及实践》,《中国人力资源社会保障》2020 年第 7 期。

郑秉文:《"国家社会保险公共服务平台"上线运行:从哪里来,到哪里去——兼论来自英国的启示》,《全球化》2019 年第 10 期。

郑秉文:《供给侧:降费对社会保险结构性改革的意义》,《中国人口科学》2016 年第 3 期。

郑秉文:《机关事业单位职业年金"委托代理"中的风险与博弈》,《开发研究》2017 年第 4 期。

郑秉文:《商业保险参与多层次社会保障体系的方式、作用与评估——基于一个初步的分析框架》《辽宁大学学报(哲学社会科学版)》2019 年第 6 期。

郑秉文:《中国社会保险经办服务体系的现状、问题及改革思路》,《中国人口科学》2013 年第 6 期。

周弘:《125 国(地区)社会保障资金流程图》,中国劳动社会保障出版社 2011 年版。

周弘:《30 国(地区)社会保障制度报告》,中国劳动社会保障出版社 2011 年版。

周心怡、邓龙真、龚锋:《人口老龄化、养老保险缴费率与基本养老金目标替代率》,《财贸研究》2020 年第 2 期。

朱坤、林玲:《我国基本医疗保险筹资机制研究》,《卫生经济研究》2020 年第 8 期。

朱坤、张小娟、朱大伟:《整合城乡居民基本医疗保险制度筹资政策分析——基于公平性视角》,《中国卫生政策研究》2018 年第 3 期。

《关于加快发展商业养老保险的若干意见》,2017 年 7 月 4 日国务院发布。

《关于建立全国统一的社会保险公共服务平台的指导意见》,2019 年 9 月 24 日人力资源和社会保障部发布。

《关于建立统一的城乡居民基本养老保险制度的意见》,2014 年 2 月 21 日国务院发布。

《基本养老保险基金受托运营年度报告（2019 年度）》，全国社会保障基金理事会，2020 年。

《中国老龄工作七年发展纲要（1994—2000 年）》，1994 年 12 月 14 日国家教育委员会、民政部、财政部、国家发展计划委员会、劳动部、中华全国总工会、人事部、卫生部发布。

《中华人民共和国老年人权益保障法（1996）》，1996 年 8 月 29 日第八届全国人民代表大会通过。

《中央层面划转部分国有资本充实社保基金全面完成》，中华人民共和国财政部 2017 年 11 月 18 日发布。

中国银保监会办公厅：《银保监会国务院政策例行吹风会答问实录》，2020 年 11 月。

中国银保监会普惠金融部：《2020 年一季度银行业保险业扶贫工作情况》，2020 年 6 月。

CISS, 2008, "Innovating Models of Social Insurance", *The Americas Social Security Report*, 12, p.166.

Goldfarb, A., Tucker, C., 2019, "Digital Economics", *Journal of Economic Literature*, 57(1), pp. 3-43.

Hughes O.E.: *Public Management and Administration：An Introduction*，中国人民大学出版社 2015 年版。

Pension Act 2008, Chapter 1, Section 5：Automatic Re-enrolment.

策划编辑：陈　登
责任编辑：徐媛君
封面设计：胡欣欣

图书在版编目（CIP）数据

中国社会保障改革与发展报告.2020—2021/邓大松　等　著. —北京：
人民出版社,2022.11
（教育部哲学社会科学系列发展报告）
ISBN 978－7－01－025017－5

Ⅰ.①中… Ⅱ.①邓… Ⅲ.①社会保障体制-体制改革-研究报告-
中国-2020-2021②社会保障-发展战略-研究报告-中国-2020-2021
Ⅳ.①D632.1

中国版本图书馆 CIP 数据核字（2022）第 156529 号

中国社会保障改革与发展报告 2020—2021
ZHONGGUO SHEHUI BAOZHANG GAIGE YU FAZHAN BAOGAO 2020—2021

邓大松　刘昌平　等　著

人民出版社 出版发行
（100706　北京市东城区隆福寺街99号）

北京盛通印刷股份有限公司印刷　新华书店经销

2022 年 11 月第 1 版　　2022 年 11 月北京第 1 次印刷
开本:710 毫米×1000 毫米 1/16　印张:35
字数:486 千字

ISBN 978－7－01－025017－5　定价:108.00 元

邮购地址　100706　北京市东城区隆福寺街 99 号
人民东方图书销售中心　电话　（010)65250042　65289539